2022-2023 미용사 일반

필기 & 기출문제

10일 만에 합격하기

유튜버 제이 PARK 헤어미용사 시험대비

Preface(머리글)

저자 박효정

- 이용 기능장 · 미용 기능장 · 창원대학교 향장미용학 이학 박사 졸업
- 창원대학교 연구교수 · 마산대학교 겸임교수 · 아뜰리에미용학원 창원점 원장
- 유튜브 채널 제이park 운영

제이PARK의 10일 합격 플랜, 따라만 오시면 됩니다.

본 교재는 2020년에 처음으로 미용사(일반) 자격증 과정 필기 부분 시험을 대비하기 위해 발간하였으며, 그 후에 다시 2편을 발간하게 되었습니다.

처음 교재에서는 이론과 예상 문제의 비중을 비슷하게 하였다면 2편에서는 여러 가지 장단점을 보완하였습니다. 장점은 10일 동안의 기간을 정해 놓고 이론과 예상 문제를 공부하여 합격할 수 있게 하였습니다.

교재의 구성은 1일에서 5일까지 요약이론과 기출문제를 함께 공부하여 실력을 다진 후 6일에서 10일까지는 모의고사를 반복하여 풀어 실력을 상승시킨 후 합격할 수 있도록 하는 것이 목적입니다.

또한, 매회 차 시험을 쳤던 학생에게 반복적으로 정보를 수집하고 이러한 기간을 10년 이상의 기간을 반복하여 다양한 문제와 새로운 문제의 정보를 수집하여 완성할 수 있었습니다.

제이PARK을 항상 응원해주시고 믿어주시는 유튜브 구독자분들과 제자들에게 미용사(일반) 자격증 필기시험을 준비하기 위해 많은 도움이 되길 바랍니다.

앞으로도 미용사(일반) 자격증 과정 필기 부분과 실기 부분을 **YouTube 제이park 채널**과 네이버 카페 **https://cafe.naver.com/bsup**를 통해 업로드하여 수험생들과 소통할 계획입니다.

교재를 만들기 위해 항상 응원을 아끼지 않고 도와주신 남편 김도현 대표님과 곁에서 늘 함께 해주는 사랑하는 제자들이 있기에 완성할 수 있었습니다.

항상 아낌없이 제이PARK를 응원해주시고 사랑해주셔서 다시 한번 감사드립니다.

저자 **박 효 정**

따라하면 누구나 합격할 수 있는 10일 완성 헤어 필기!!

part.1 (1일차)
1. 미용의 이해
2. 피부의 이해
✓ 한번에 외워지는 기출 문제풀이

part.2 (2일차)
1. 화장품 분류
2. 위생관리
3. 안전사고 예방
4 .고객응대 서비스
5 헤어 샴푸
6 두피 모발관리
✓ 한번에 외워지는 기출 문제풀이

part.3 (3일차)
1 원랭스 커트
2. 그래쥬에이션커트
3. 레이어 커트
4. 쇼트 헤어커트
5. 베이직 헤어펌
6. 매직 스트레이트
✓ 한번에 외워지는 기출 문제풀이

part.4 (4일차)
1. 기초 드라이
2. 베이직 헤어컬러
3. 헤어전문제품사용
4. 베이직 업스타일
5. 헤어스타일 연출
✓ 한번에 외워지는 기출 문제풀이

part.5 (5일차)
1. 공중보건학
2. 소독학
3. 공중위생관리법
✓ 한번에 외워지는 기출 문제풀이

part.6 (6일차)
모의고사 1회 및 문제 풀이
모의고사 2회 및 문제 풀이
모의고사 3회 및 문제 풀이

part.7 (7일차)
모의고사 4회 및 문제 풀이
모의고사 5회 및 문제 풀이
모의고사 6회 및 문제 풀이

part.8 (8일차)
모의고사 7회 및 문제 풀이
모의고사 8회 및 문제 풀이
모의고사 9회 및 문제 풀이

part.9 (9일차)
모의고사 10회 및 문제 풀이
모의고사 11회 및 문제 풀이
모의고사 12회 및 문제 풀이

part.10 (10일차)
최종 쪽집게 모의고사 및 문제 풀이 13, 14, 15회

Guide(시험안내)

수행직무

아름다운 헤어스타일 연출 등을 위하여 헤어 및 두피에 적절한 관리법과 기기 및 제품을 사용하여 일반미용을 수행

실시기관명

한국산업인력공단(http : //q-net.or.kr)

훈련기관

직업전문학교 미용 6개월 과정 및 여성발전센터 3개월 과정 등

출제경향

헤어샴푸, 헤어커트, 헤어펌, 헤어세팅, 헤어컬러링 등 미용작업의 숙련도, 정확성 평가

시험과목

- 필기 : 1.미용이론(피부학) 2.공중위생관리학(공중보건학, 소독학, 공중위생법규) 3.화장품학
- 실기 : 미용작업

검정방법

- 필기 : 객관식 4지 택일형, 60문항(60분)
- 실기 : 작업형(2시간 45분)

합격기준

100점 만점에 60점 이상

응시자격

제한없음

시험수수료

- 필기 : 14,500원
- 실기 : 24,900원

출제기준(필기)

- 직무분야 : 이용 · 숙박 · 여행 · 오락 · 스포츠
- 중직무분야 : 이용 · 미용
- 자격종목 : 미용사(일반)
- 직무내용 : 고객의 미적요구와 정서적 만족감 충족을 위해 미용기기와 제품을 활용하여 샴푸, 헤어커트, 헤어퍼머넌트 웨이브, 헤어컬러, 두피, 모발관리, 헤어스타일 연출 등의 서비스를 제공하는 직무
- 필기검정방법 : 객관식
- 문제수 : 60
- 시험시간 : 1시간

주요항목	세부항목	세세항목
1. 피부미용 이론	1. 미용총론	1. 미용의 개요 2. 미용과 관련된 인체의 명칭 3. 미용작업의 자세 4. 고객응대
	2. 미용의 역사	1. 한국의 미용 2. 외국의 미용
	3. 미용장비	1. 미용도구(빗, 브러시, 가위, 레이저, 클리퍼 등) 2. 미용기구(샴푸도기, 소독기 등) 3. 미용기기(세팅기, 미스트기, 히팅기 등)
	4. 헤어샴푸 및 컨디셔너	1. 헤어샴푸 2. 헤어컨디셔너
	5. 헤어커트	1. 헤어커트의 기초 이론(작업 자세 및 커트 유형, 특징 등) 2. 헤어커트 시술
	6. 헤어퍼머넌트 웨이브	1. 퍼머넌트 웨이브 기초이론 2. 퍼머넌트 웨이브 시술
	7. 헤어스타일 연출	1. 헤어스타일 기초이론 2. 헤어 세팅작업(헤어세팅, 헤어아이론(iron), 블로우드라이 등)
	8. 두피 및 모발 관리	1. 두피 · 모발 관리의 이해 2. 두피관리(스캘프트리트먼트) 3. 모발관리(헤어 트리트먼트)

주요항목	세부항목	세세항목
1. 피부미용 이론	9. 헤어컬러	1. 색채이론 2. 탈색이론 및 방법 3. 염색이론 및 방법
	10. 뷰티코디네이션	1. 토탈뷰티코디네이션 2. 가발
	11. 피부와 피부 부속 기관	1. 피부구조 및 기능 2. 피부 부속기관의 구조 및 기능
	12. 피부유형분석	1. 정상피부의 성상 및 특징 2. 건성피부의 성상 및 특징 3. 지성피부의 성상 및 특징 4. 민감성피부의 성상 및 특징 5. 복합성피부의 성상 및 특징 6. 노화피부의 성상 및 특징
	13. 피부와 영양	1. 3대 영양소, 비타민, 무기질 2. 피부와 영양 3. 체형과 영양
	14. 피부장애와 질환	1. 원발진과 속발진 2. 피부질환
	15. 피부와 광선	1. 자외선이 미치는 영향 2. 적외선이 미치는 영향
	16. 피부면역	1. 면역의 종류와 작용
	17. 피부노화	1. 피부노화의 원인 2. 피부노화현상
2. 공중위생 관리학	1. 공중보건학 총론	1. 공중보건학의 개념 2. 건강과 질병 3. 인구보건 및 보건지표
	2. 질병관리	1. 역학 2. 감염병관리 3. 기생충질환관리 4. 성인병관리 5. 정신보건 6. 이·미용 안전사고
	3. 가족 및 노인보건	1. 가족보건 2. 노인보건

주요항목	세부항목	세세항목
2. 공중위생 관리학	4. 환경보건	1. 환경보건의 개념 2. 대기환경 3. 수질환경 4. 주거 및 의복환경
	5. 산업보건	1. 산업보건의 개념 2. 산업재해
	6. 식품위생과 영양	1. 식품위생의 개념 2. 영양소 3. 영양상태 판정 및 영양장애
	7. 보건행정	1. 보건행정의 정의 및 체계 2. 사회보장과 국제 보건기구
	8. 소독의 정의 및 분류	1. 소독관련 용어정의 2. 소독기전 3. 소독법의 분류 4. 소독인자
	9. 미생물 총론	1. 미생물의 정의 2. 미생물의 역사 3. 미생물의 분류 4. 미생물의 증식
	10. 병원성 미생물	1. 병원성 미생물의 분류 2. 병원성 미생물의 특성
	11. 소독방법	1. 소독 도구 및 기기 2. 소독 시 유의사항 3. 대상별 살균력 평가
	12. 분야별 위생·소독	1. 실내환경 위생·소독 2. 도구 및 기기 위생·소독 3. 이·미용업 종사자 및 고객의 위생관리
	13. 공중위생관리법의 목적 및 정의	1. 목적 및 정의
	14. 영업의 신고 및 폐업	1. 영업의 신고 및 폐업신고 2. 영업의 승계
	15. 영업자 준수사항	1. 위생관리
	16. 이·미용사의 면허	1. 면허발급 및 취소 2. 면허수수료
	17. 이·미용사의 업무	1. 이·미용사의 업무

주요항목	세부항목	세세항목
2. 공중위생 관리학	18. 행정지도감독	1. 영업소 출입검사 2. 영업제한 3. 영업소 폐쇄 4. 공중위생감시원
	19. 업소 위생등급	1. 위생평가 2. 위생등급
	20. 보수교육	1. 영업자 위생교육 2. 위생교육기관
	21. 벌칙	1. 위반자에 대한 벌칙, 과징금 2. 과태료, 양벌규정 3. 행정처분
	22. 법령, 법규사항	1. 공중위생관리법시행령 2. 공중위생관리법시행규칙
3. 화장품학	1. 화장품학 개론	1. 화장품의 정의 2. 화장품의 분류
	2. 화장품 제조	1. 화장품의 원료 2. 화장품의 기술 3. 화장품의 특성
	3. 화장품의 종류와 기능	1. 기초 화장품 2. 메이크업 화장품 3. 모발 화장품 4. 바디(body) 관리 화장품 5. 네일 화장품 6. 방향화장품 7. 에센셜(아로마) 오일 및 캐리어 오일 8. 기능성 화장품

Memo

Contents(목차)

1일차

2일차

3일차

4일차

5일차

모의고사

PART 1

:1일차

SECTION 01

미용의 이해

1. 미용의 개요

1) 미용의 정의

① 일반적 정의

인간의 신체를 복식과 더불어 외적 용모의 물리적, 화학적 방법을 통해 외모를 아름답게 꾸미는 것

➔ **복식(服飾)** : 옷과 장신구

② 공중위생 관리법의 정의

손님의 얼굴, 머리, 피부 등을 개선하고 꾸미는 것

➔ **공중위생 관리법** : 얼굴, 머리, 피부 등을 손질하는 영업

2) 미용의 목적

① 인간의 미적 욕구를 만족

② 심리적 욕구를 만족시켜 생산 의욕을 향상

③ 단정한 용모로 타인에게 좋은 인상을 남김

④ 노화를 예방하고 아름다움을 오랫동안 지속

3) 미용의 특성

① 미용은 움직임이 많은 동적 예술이 아니라 움직임이 적은 정적예술

② 미용은 종합예술, 자유예술이 아님

③ 미용의 결과물은 미적 효과를 나타내어야 함

4) 미용의 특수성(제한성)

의사 표현의 제한	고객의 의사를 존중해야 하므로 자신의 의사 표현의 제한
소재 선정의 제한	고객의 신체 일부가 소재가 되므로 소재 선정의 제한
시간적 제한	정해진 시간 내에 작품을 완성
부용 예술의 제한	미용은 조형예술과 같은 정적예술이며, 부용 예술
미적 효과의 고려	작업의 결과물은 미적 효과

➔ **부용 예술** : 업자의 자유에 의한 예술이 아닌 소재, 시간 의사 등에 제한이 있는 특수 예술

5) 미용의 순서

소재의 확인	고객에 대해 신속하고 정확하게 파악, 특징을 관찰, 분석
구상	제작 과정 전 고객의 요구를 기반으로 작업할 내용과 방법을 머릿속으로 생각, 계획하는 단계
제작	고객의 디자인대로 작업이 구체적으로 이루어지는 단계
보정	제작 후, 전체적인 모양을 종합적으로 관찰, 수정 보완 마무리 단계, 만족여부를 확인할 수 있는 단계

« 미용 순서
소재 - 구상 - 제작 - 보정

6) 미용 작업의 자세

① 실내조명 75lux 이상, 시술 대상거리 25cm ~ 30cm 유지

② 작업 대상 높이 심장 높이와 평행

③ 어깨 넓이 발을 벌리고 서서 등을 구부리지 않음

④ 악세서리는 최대한 줄이고 편한 신발과 의상으로 작업에 방해받지 않도록 함

⑤ 미용 의자는 높이 조절, 앉아서 시술할 시 이동이 용이

7) 미용과 관련 두부의 명칭

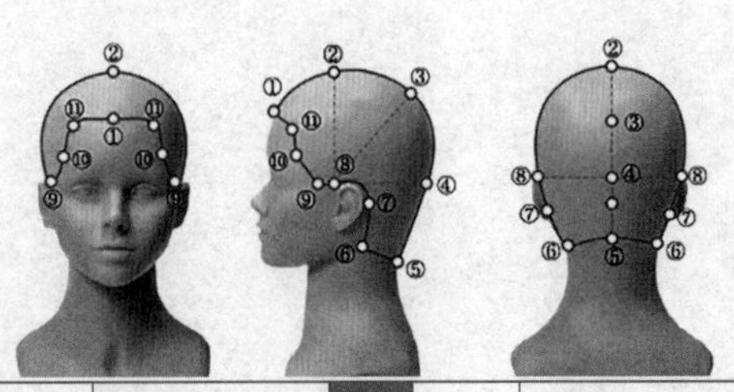

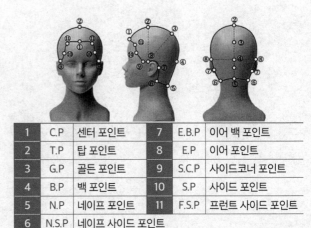

1	C.P	센터 포인트	7	E.B.P	이어 백 포인트
2	T.P	탑 포인트	8	E.P	이어 포인트
3	G.P	골든 포인트	9	S.C.P	사이드코너 포인트
4	B.P	백 포인트	10	S.P	사이드 포인트
5	N.P	네이프 포인트	11	F.S.P	프런트 사이드 포인트
6	N.S.P	네이프 사이드 포인트			

8) 섹션

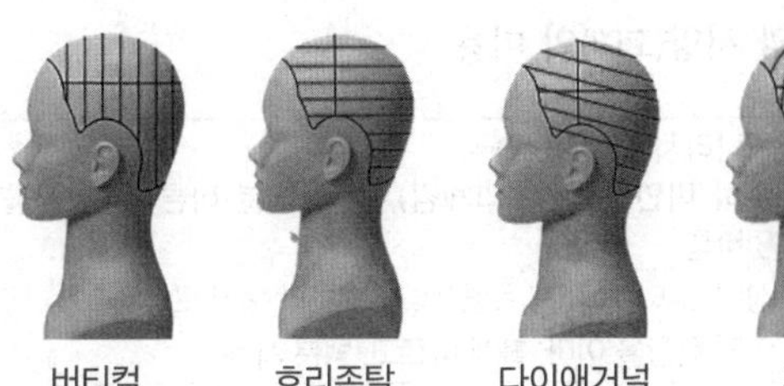

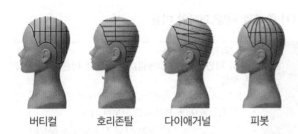

버티컬	지면과 수직으로 섹션, 상하의 층이 있는 스타일 연출
호리존탈	지면과 수평으로 섹션, 무게감 있는 커트, 원랭스 커트 효과적
다이애거널	지면과 사선으로 섹션, 모발의 앞쪽과 뒤쪽의 길이를 다르게 하여 전체적인 아웃라인을 결정하는 섹션, A라인이나 U라인을 표현
피봇	버티컬 섹션을 응용, 탑 포인트에서 사방으로 펼치는 섹션, 방사선 섹션

2. 미용의 역사

1) 한국의 고대 미용

(1) 고조선, 삼한시대(수장 급은 관모)

① 4000년 전 쪽진머리와 상투머리를 한 것으로 추측

② 수장 급(대장급)은 상투를 틀고 관모착용, 노예는 머리를 깎아 표시

2) 삼국시대

삼국시대 및 통일신라시대(신분을 나타냄)

고구려 (B.C31~A.D668) (고분벽화)	고분벽화에 기록 (얹은머리, 쪽머리, 푼 기명식머리, 중발머리, 쌍상투머리, 큰머리, 낭자머리 등)
백제 (B.C18~A.D663) (결혼여부)	• **남성**: 결혼 후 상투 • **여성**: 결혼 전 댕기머리, 결혼 후 쪽머리 • **일본**: 화장술 및 화장품 제조 기술을 전함
신라 (B.C57~A.D668) (가체)	• 가체를 사용하여 신분을 나타냄 • 장발기술 발달 • 금, 은, 주옥, 비단으로 장식하거나 앞가르마를 타서 뒤에서 쪽을 틀어 나타냄
통일신라 (장식용 빗)	장식용 빗이 성행 • **왕족, 귀족**: 자라 껍질, 자개 장식으로 만든 빗 • **일반평민**: 나무, 뿔로 된 빗을 사용

(1) 고구려 여인의 머리 형태

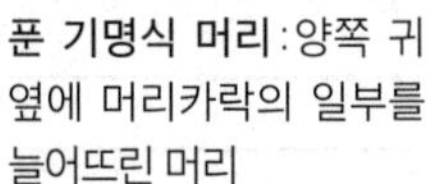

푼 기명식 머리: 양쪽 귀 옆에 머리카락의 일부를 늘어뜨린 머리

쌍계머리: 앞머리 양옆을 틀어 올린 머리

중발 머리: 뒷머리에 낮게 모발을 묶는 머리

3) 고려시대

① 안면 화장품으로 면약이 사용, 모발 염색 시작

② 원나라의 침략 이후 일부 남성은 변발이 유행

상투머리: 미혼 남자들 머리다발을 중간에 틀어 심홍색 갑사로 만든 댕기로 묶음

4) 조선시대

초기	• 유교영향(연한 화장 및 피부 위주의 화장)
중기	• 일반인의 분 화장이 신부 화장에 사용 • 참기름(밑 화장, 화장을 닦을 때 사용) • 신부 화장 시 뺨, 이마에 연지 곤지를 찍음
후기	• 다양한 미용의 서양 문물이 유입

(1) 조선시대 여인의 머리모양

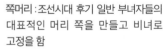

쪽머리: 조선시대 후기 일반 부녀자들의 대표적인 머리 쪽을 만들고 비녀로 고정을 함

얹은머리: 쪽머리와 함께 부녀자들의 대표적인 머리 가체를 위로 얹은 형태의 머리모양

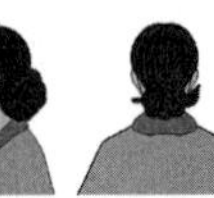
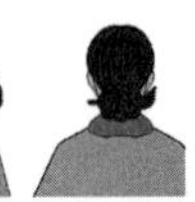

조짐머리: 영조시대 가체의 사용금지령에 맞게 사용되어온 머리모양 쪽머리의 형태를 소라껍데기 모양의 형태로 틀어 쪽머리를 돋보이게 만든 머리모양

첩지머리: 가르마 위 정수리 부분에 착용하며 신분에 따라 다른 모양 (왕비: 도금한 봉첩지, 상궁: 개구리첩지)

비녀를 사용하는 머리
쪽머리, 조짐머리, 낭자머리(쪽머리)

첩지머리
신분에 따라 용, 봉황, 개구리 모양의 금속으로 만들어 앞가르마 위에 얹고 머리카락을 땋아서 마무리함

(2) 장식품

비녀 모양에 따른 분류	봉잠, 용잠, 석류잠, 호두잠, 국화잠, 각잠(무늬새김)
만든 재료에 따른 분류	금잠, 옥잠, 산호잠
기타	첩지, 떨잠, 댕기, 떠구지

5) 현대미용(한국)

① 한일합방 이후로 서구문화의 유입과 함께 현대미용이 발전

② 고종의 단발령 이후 남자들은 머리를 짧게 깎고 양복을 입기 시작

이숙종	• 1920년 높은 머리(**다까머리**) : 우리나라 여성들의 두발형에 혁신적인 변화를 일으킴
김활란	• 1920년 우리나라 최초의 단발머리 여성
오엽주	• 1933년 일본에서 미용 연구를 하고 돌아와 종로에 있는 화신백화점 내에 우리나라 최초의 미용실인 화신미용실 개설
권정희	• 우리나라 최초의 미용학원은 일본인이 설립한 다나까 미용학원 • 해방 후 김상진 선생이 현대 미용학원을 설립 • 6.25이후 일본에서 미용학교를 졸업한 권정희 선생이 우리나라 최초의 미용학교인 정화미용 기술학교를 설립

➔ **한일합방** : 1910년 8월 22일 우리나라가 통치권을 빼앗기고 식민지화된 사건(한일합병, 경술국치와 같은 의미임)

6) 외국의 미용

(1) 중국과 서양(고대)의 미용

중국	• 당나라시대 화장모습 **수하 미인도** : 액황(입체감), 홍장(백분 바른 후 연지를 덧바름 • 십미도 : 아름다운 여인들의 10종류의 눈썹 모양 • 연지 화장을 이마, 볼에 바르고, 백분 사용
이집트	• 고대 미용의 발상지(약 5000천 년 전 서양 최초 화장) • 염색의 기원 : 식물성 염모제 헤나(Henna) 사용(기원전 1,500년경) • **가발의 기원** : 머리를 짧게 깎고 가발과 머리 장식을 함 • **메이크업의 기원** : 아이라인과 아이섀도우 사용(염료 사용) • 퍼머넌트의 기원 : 나무막대기에 모발을 감고 진흙을 바른 후 • 태양열에 건조시켜 컬을 만듦(알칼리토양 + 태양열 = 퍼머넌트 작용)
그리스(로마)	• 화장품 및 향료 제조 사용, 성행 • 기원전 1세기경 부녀자들의 머리 형태 혁신적 유행변화 • 나선형의 키프로스풍의 겹쳐 묶은 형태

➔ 고대미용의 발상지 : 이집트, 현대미용의 발상지 : 프랑스

(2) 서양의 중세, 근세, 현대의 미용

중세	• 비잔틴(4~15세기) • 로마네스크(11~12세기) • 고딕(12~14세기)
근세	• **르네상스(14~16세기)** : 가발사용, 머리 길이를 짧고 단정하게, 머리 착색 • **바로크(17세기)** : 프랑스(파리) 근대 미용 기초(캐더린 오프 메디시 여왕) • 샴페인(champagne) 17세기 초 최초의 남자 결발사 성업 • 로코코(**18세기**) : 머리 형태가 높아지고 생화, 깃털, 보석, 모형선까지 얹은머리 형태로 화려하고 사치스러운 시대
현대	• **뮤슈끄로샤트**(1930) : 프랑스 일류 미용사 • 마셀그라또우(1875) : 아이론 열을 이용하여 웨이브 고안 • 찰스네슬러(1905) : 퍼머넌트 웨이브 창안, 스파이럴식 웨이브(영국) • 조셉 메이어(1925) : 히트 퍼머넌트 웨이빙 고안, 크로키놀식(독일) • J.B.스피크먼(1936) : 콜드 웨이브 성공(영국)

SECTION 02

피부의 이해

1. 피부와 피부 부속기관

1) 피부의 구조

① 인체의 표면을 둘러싸고 있는 가장 넓은 조직, 모든 기관 중 가장 큰 기관

② 성인의 경우 체중의 15% 차지, 두께는 1.5~4mm, 눈꺼풀이 가장 얇다.

③ 손, 발바닥이 가장 두껍고, pH는 4.5~5.5 정도의 약산성이다.

> **피부의 감각점 분포**
> 통각 > 압각 > 촉각 > 냉각 > 온각

2) 피부의 기능

① 보호 기능

② 체온조절 기능

③ 감각 기능

④ 분비 및 배출 기능

⑤ 흡수 기능

⑥ 호흡 기능

⑦ 비타민 D 합성 기능

⑧ 저장 기능

⑨ 면역 기능

3) 피부의 구조

(1) 표피(0.1~0.4mm) 외배엽에서 시작

표피는 피부의 가장 바깥층으로 신체 내부를 보호해주는 기능과 외부로부터 세균 등 유해물질과 자외선의 침입을 막아주는 역할

무핵층	각질층	• 표피의 가장 바깥층 • 각질이 기저층에서 만들어져 탈락하는 층 • 천연보습인자(N.M.F) • 세포간 지질은 콜레스테롤, 지방산, 세라마이드로 구성 • 그중 세라마이드가 가장 많이 함유(40% 이상)
	투명층	• 손바닥 발바닥에 분포 • 엘라이딘이라는 단백질이 있는 층
	과립층	• 투명층과 과립층 사이에 레인 방어막이 형성 • 수분증발을 방지하는 층
유핵층	유극층	• 표피 중 가장 두꺼운 층 • 랑게르한스세포(면역 담당)
	기저층	• 표피의 가장 아래 있는 층 • 진피의 유두층에서 영양분을 공급받음 • 각질형성세포(각질형성 담당) • 멜라닌형성 세포(피부색 담당) • 머켈세포(촉각 담당)

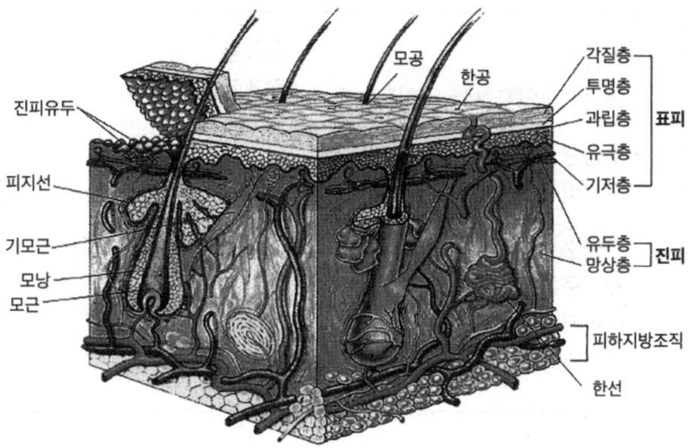

① 각질층(천연보습인자, 세라마이드, 4주 각화 주기)

ㄱ. 표피의 바깥쪽에 위치, 피부를 보호 역할

ㄴ. 20층의 핵이 없는 편평한 세포, 비늘과 같은 모양, 다각화된 세포의 라멜라 구조

ㄷ. 박테리아와 외부자극으로부터 보호 작용, 수분 증발을 억제, 각질 간의 접착제 역할

ㄹ. 주성분은 케라틴이라는 단백질과 세포 간지질, 천연보습인자, 수분으로 구성

ㅁ. 각질 박리현상, 하루에 약 0.5~1.0g의 죽은 세포들이 떨어져 나감

ㅂ.**피부의 주기**: 기저층에서 각질층까지 올라가는데 2~4주, 이후 각질층에서 떨어져 나감

ㅅ.각질층 15% 정도 수분, 10% 이하일 때 피부가 건조

ㅇ.외부의 자극을 보호 역할, 세포 간 지질과 천연보습인자(NMF)로 인해 각질층의 최소한의 함유량을 조절

각화주기
기저층에서 만들어진 각질은 4주, 28일을 지나 각질층까지 올라와 탈락

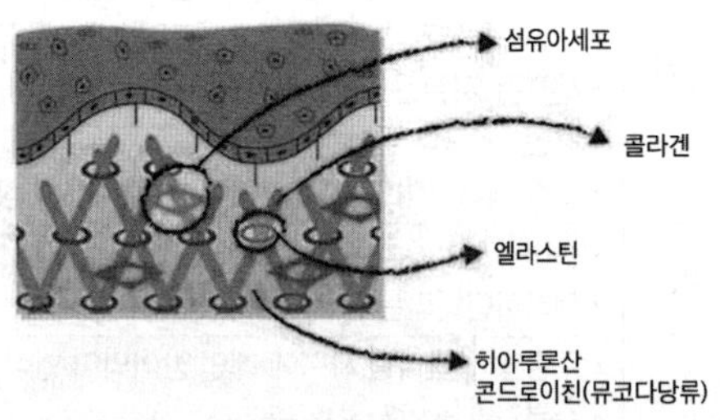

« 각질층 존재하는 세포

- **세라마이드**: 피부 표면에 손실되는 수분을 방어하고 외부로부터 유해 물질의 침투를 막는 역할
- **천연보습인자(N.M.F)**: 피부의 수분 보유량을 조절하며 결핍 시에는 노화의 원인. 암모니아, 아미노산, 젖산, 요소 등으로 구성되어 있으며 그중 아미노산이 40%이상 차지

- 각질층
  천연보습인자, 세라마이드
- 투명층
  손발바닥, 엘라이딘
- 과립층
  케라토하일렌
  수분저지막
  레인방어막
- 유극층
  랑게르한 세포
- 기저층
  멜라닌 세포
  머켈세포
  각질형성세포
  새로운 세포 형성

② 투명층(손, 발바닥)

ㄱ.핵이 없는 죽은 세포, 각화된 세포, 무색, 밝고 투명한 2~4층 구성

ㄴ.손바닥 발바닥에 분포, 보호, 얇고 투명한 층, 인체 분포, 엘라이딘(elaidin) 특수한 단백질

ㄷ.세포질 안의 빛 차단, 굴절

ㄹ.반유동성 물질로 존재, 두피에 존재하지 않는 층

③ 과립층(수분 저지 막, 레인 방어막)

ㄱ.케라토하이알린(keratohyalin) 과립세포 2~5층, 타원형의 형태

ㄴ.구성 각화 효소 성분, 각화 작용 관여하는 마지막 층

ㄷ.수분 저지막이 존재 표피의 추가적 보호 역할, 죽은 세포와 살아있는 세포가 공존

ㄹ.수분 증발, 과잉, 수분 침투억제 유해 물질 침투 억제기능, 피부 건조방지의 중요한 역할

ㅁ.레인 방어막, 피부보호 역할의 각화 작용, 자외선으로부터의 피부 보호 작용

ㅂ.주로 피부 트러블의 원인

ㅅ.유수분의 유실은 막아 미용 층, 약 30% 정도의 수분을 함유

④ 유극층(랑게르한스세포 면역, 표피 중 가장 두꺼운 층)

ㄱ.표피층 중 가장 두꺼우며 접착반(desmosome, =교소체), 핵이 존재하는 층

ㄴ.표피에서 대부분 5~10층 다각세포, 가시모양 돌기 세포로 연결된 유극층에 랑게르한스세포가 존재

ㄷ.피부 면역, 세포 간의 연결 즉 세포 간교가 영양물질, 정보전달, 역할, 물질대사

ㄹ.림프액 순환 인체의 노폐물 및 독소를 운반, 혈액순환, 영양공급에 관여, 기저층에서 유극층까지 70%의 수분 함유

ㅁ.표피 전체의 영양과 피부미용, 피로 회복 관여

« 랑게르한스세포

- 피부에서 면역학적 반응, 알레르기 반응에 관여, 외부의 이물질이 침투하면 즉시 반응
- 랑게르한스세포는 알레르기 반응에 관여, 화장품이나 피부가 접촉, 즉각 반응
- 면역을 담당하는 세포

⑤ 기저층(머켈세포, 각질 형성세포, 멜라닌세포)

ㄱ.표피에서 가장 아래층

ㄴ.새로운 세포가 형성 되는 층

ㄷ.원주형의 세포가 단층으로 이어져 있고 각질형성세포, 색소형성세포, 멜라닌세포가 존재

ㄹ.진피와 가까이 있으며, 모기질(털의 기질부)이 존재

ㅁ.피부색 결정, 멜라닌 세포를 생성

➔ **티로시나제**: 멜라닌 생성 저하 물질

ㅂ.진피의 유두층과 연결, 모세혈관 영양공급, 기저막이라는 보호막 물질의 이동을 통제

ㅅ.하부는 교소체, 기저층이 손상 표피세포의 재생이 어려워 흉터가 남거나 심할 경우 사람의 목숨을 잃을 수도 있다.

ㅇ.수분의 함유량은 약 70%

« **색소형성세포(멜라닌 세포)**
- 피부색을 결정짓는 멜라닌 색소를 형성하는 세포
- 멜라닌세포의 수는 피부색과 상관없이 동일, 피부색은 멜라닌의 배열, 크기에 따라 다름

« **머켈세포**
- 기저층 위치, 손바닥, 발바닥, 입술 등에 인체 피부에서의 촉각을 감지하는 세포, 피부에서 신경 섬유세포의 말단과 연결
- 신경세포와 연결, 촉각을 감지하는 세포로 작용하는 촉각 세포

각질 형성세포(각질을 만들어 내는 세포)
- 기저층에서 만들어진 각질층으로 올라가서 탈락됨
- 4주(28일) 주기

(2) 진피

- 표피 14~20배 정도 두께 피부의 90%이상, 피부의 탄력을 결정
- 진피는 표피 바로 밑에 위치
- 풍부한 결합조직, 신체의 움직임에 따라 신축 현상, 세 가지 섬유로 상호 연결
- 교원섬유(콜라겐섬유), 탄력섬유, 망상섬유

① 유두층

ㄱ.표피의 건강 상태를 좌우

ㄴ.기저층 아래와 진피층 상부에 위치

ㄷ.피부 가운데 층에서 가장 활발한 활동, 기저세포에 영양과 산소를 공급

ㄹ.유두층은 감각세포와 피지선, 모공, 한선이 존재

② 망상층

ㄱ.그물 모양의 결합조직, 세망층

ㄴ.두께가 두꺼우며 세포 간 물질의 콜라겐과 엘라스틴, 기질 물질의 섬유조직

ㄷ.피부가 과도하게 늘어나거나 파열되지 않도록 탄력성을 지니고 있음

ㄹ.진피층의 대부분을 차지, 넓게 혹은 길게 늘어날 수 있는 구조

« **교원섬유-콜라겐 collagen**
- 진피 성분의 90%를 차지하는 단백질로 피부의 주름을 예방, 수분 보유 능력
- 물리적, 화학적 자극에 방어 작용

« **탄력섬유-엘라스틴 elastic**

진피의 섬유 중 비교적 적은 부분을 차지, 피부의 탄력을 결정짓는 역할

③ 진피 내 존재하는 기관

모낭	털을 감싸고 있는 주머니 모양
피지선	모낭의 옆에 위치, 피지 분비 역할
한선	땀의 분비로 체온조절 역할
모유두	혈관과 신경이 연결되어 있어 털의 성장과 영양에 관여
입모근	근육을 수축시켜 털을 세우는 역할
동맥	산소와 영양분 공급
정맥	이산화탄소와 노폐물을 심장으로 보내는 역할
신경	체내 모든 부위에 연결

(3) 피하조직

① 피하조직은 지방을 다량 함유, 진피와 근육, 골격 사이에 존재, 결체조직 구성

② 지방세포와 섬유성

③ 소성결합조직으로 교원섬유와 탄력섬유로 구성

④ 지방세포는 열을 보존하고 체온 유지, 영양분 저장 역할, 보호, 완충 역할

⑤ 기계적 유동성과 깊은 관계, 그 두께는 나이, 성별, 영양 상태, 개인의 체형이 결정

⑥ 눈꺼풀, 고환, 경골, 유전적 요인, 연령에 관해서는 피하조직에 존재하지 않음

⑦ 여성 호르몬과 깊은 관계, 여성의 신체 곡선에 영향, 피하지방 과잉 시 셀룰라이트 형성

(4) 피부 부속기관

① 한선

ㄱ.땀샘, 땀의 분비, 체온조절, 분비물 배출 역할

ㄴ.성인 평균 700~900cc 정도 배출, 땀의 주성분은 99%가 물로 구성

ㄷ.에크린선(소한선)과 아포크린선(대한선)

에크린선(소한선)	아포크린선(대한선)
• 입술을 제외한 전신에 분포 • 손, 발바닥, 이마, 코 부분에 많이 분포 • 털을 통하지 않고 피부로 바로 배출 • 냄새가 나지 않음 • 체온조절의 역할	• 사춘기 이후 왕성하게 발달 • 갱년기 이후 감소 • 체취선(땀의 양은 적으나 고약한 냄새가 많이 남) • 겨드랑이, 유두, 배꼽 등에 많이 분포 • 남성보다 여성이 발달 • 흑인>백인>동양인

« **에크린선과 아포크린선**
- 에크린선과 아포크린선의 구분법은 대부분 털과 관련 있음
- 아포크린선은 털을 통해 분비, 털이 있는 부분은 냄새가 많이 남(대한선)
- 에크린신은 털을 통하지 않고 피부로 바로 분비되어 냄새가 나지 않음(소한선)

② **피지선**

ㄱ.진피의 망상층 위치

ㄴ.1일 분비량은 1~2g, 손, 발바닥을 제외한 전신 분포

ㄷ.여성보다 남성이 사춘기 때 왕성하게 발달, 사춘기 이후 퇴화

≪ **한선과 피지선**
- 한선은 여성 호르몬인 에스트로겐의 영향을 받아 여성이 발달
- 여성이 남성보다 한선이 발달되어 있음
- 피지선은 남성 호르몬인 피지선을 자극, 피지의 분비 촉진
- 여성 호르몬은 피지의 분비 억제 역할
- 여성보다 남성이 지성 피부가 많음

ㄹ.**신체 부위별 피지선 분포**

큰 피지선	입과 입술 구강 점막, 눈과 눈꺼풀, 유두
작은 피지선	이마, 코, 턱, 두피
독립 피지선	손·발 바닥을 제외한 전신에 분포

③ **입모근**

ㄱ.피부의 모근에 붙어있는 작은 근육, 기온의 변화, 정신감정의 변화, 수축

입모근

ㄴ.털을 세우는 근육, 교감 신경의 지배

ㄷ.민무늬근, 입모근의 수축, 털은 옆으로 회전 시 털이 서게 된다.

ㄹ.보통 털 하나에 입모근이 하나 또는 둘씩, 코털, 속눈썹 및 얼굴의 솜털 일부에는 입모근이 없다.

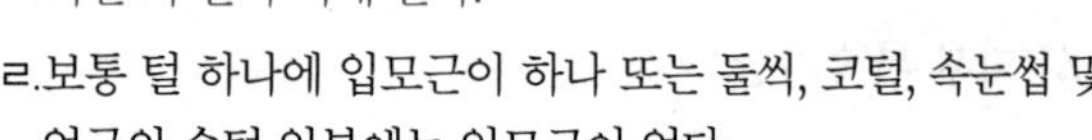

- **모발의 멜라닌**
  검정-유멜라닌, 적색-페오멜라닌
- **건강한 모발**
  단백질 70%, 수분 10%, pH 3.3
- **모발의 성장**
  1일 0.2~0.5mm

④ **손톱, 발톱**

ㄱ.손, 발의 끝 부분을 보호, 경단백질, 케라틴과 아미노산

ㄴ.하루 0.1mm, 1개월 3mm 정도 성장하며 손톱이 발톱보다 더 빠르게 자람

≪ **에피큐티클(epicuticle)**
- 친유성
- 화학 약품에 의한 저항력은 강
- 물리적인 힘에는 약

≪ **엑소큐티클(exocuticle)**
- 중간적 성질
- 불안정한 층
- 펌 제의 작용

≪ **엔도큐티클(endocuticle)**
- 친수성으로 가장 안쪽에 위치
- 알칼리제의 화학약품에 작용
- 세포막의 복합체(CMC : Cell Membrane Complex)가 존재
- 접착제 역할을 하여 모표피에 밀착

2. 피부유형분석

(1) 정상 피부

유분의 양과 수분의 양이 균형을 이루어 정상적으로 유지되는 피부

(2) 지성 피부

모공이 넓고 각질층이 두꺼우며 환경적인 요인도 있지만 유전적 원인이 더 커서 피지가 과다하게 분비되는 피부

(3) 건성 피부

유분과 수분이 부족하여 탄력과 윤기가 없으며 표면 주름이 생기기 쉬운 피부

(4) 민감성 피부

피부결이 섬세하고 건조하기 쉬워 자극에 예민한 피부

(5) 복합성 피부

피부에 피지 분비량이 일정하지 않아 두 가지 이상의 피부유형이 나타나는 피부로, 얼굴의 T-zone과 U-zone 또는 목의 피부가 지성, 건성, 정상 등 부위별로 다른 피부 타입

3. 피부와 영양

1) 영양소

① 식품의 성분 중 체내에서 영양적인 작용을 하는 유효 성분

② 우리 몸을 만들고 에너지를 제공하며 몸의 생체 기능을 조절

③ 우리가 먹는 것은 건강의 모든 단계에서 중요한 역할

열량 영양소	탄수화물, 지방, 단백질
구성 영양소	단백질, 무기질, 물
조절 영양소	비타민, 무기질, 물

2) 3대 영양소

단백질(proteins)	조직의 성장과 유지
	호르몬과 효소, 항체 형성
	체온조절 및 피로회복
	산 염기 균형
	영양소 운반
	에너지 공급원
탄수화물(carbohydrates)	에너지 공급원
	단백질 절약
	체온 조절 및 피로 회복
	장내 운동성
	신체 구성성분
지방(lipids)	체지방 축적
	피부 윤기와 탄력 부여
	필수 지방산
	체온조절 및 장기 보호
	지용성 비타민의 흡수를 도움

3) 비타민

① 우리 몸에서 충분한 양을 생산할 수 없으며 음식에서 섭취해야 하는 필수 영양소

② 인체의 생리기능 조절에 중요한 역할

③ 현재 13종의 비타민, 지용성 비타민과 수용성 비타민

④ **지용성 비타민**: 지방에 녹으며 과잉섭취 시 체내에 축척되며 중독증상

구분	특징	결핍 증상
비타민 A (레티놀)	• 피부 상피조직의 신진대사에 관여 • 레티노이드라고 통칭	야맹증, 각막연화증, 성장방해, 홍반
비타민 D	• 칼슘이나 인의 대사에 관여 • 뼈와 치아 구성에 큰 영향	구루병, 골다공증, 골연화증, 체중감소
비타민 E (토코페롤)	• 호르몬 생성에 도움 • 항산화 작용으로 노화 방지, 혈액순환 촉진	피부노화, 피부 건조, 불임, 유산, 생식기능 저하
비타민 K	• 혈액 응고 • 모세혈관 기능 강화 • 피부염과 습진에 효과적	모세혈관 확장과 파열, 출혈성 질병 등 외상

⑤ **수용성 비타민**: 물에 녹는 비타민으로 섭취 후에 쉽게 소변으로 배설하고 매일 필요한 만큼 보충해야 좋음

구분	특징	결핍 증상
비타민 B 복합체	• 면역체계 강화 • 신진대사 작용 촉진 • 피부색과 근육 건강 유지	
비타민 P	• 모세혈관 강화 • 피부염 치료에 도움	피하 출혈
비타민 C	• 열에 약한 비타민 • 멜라닌 형성을 저지하고 미백에 도움 • 콜라겐 합성 촉진으로 노화 방지 • 기미 주근깨 치료에 이용	괴혈병, 발육장애 저항력 약화, 빈혈
비타민 H	• 신진대사 활성화 • 탈모 방지	피부염, 피부 출혈

4) 피부와 광선

① 적외선(760nm~1mm), 가시광선(380~760nm) 및 자외선(10~380nm)

② 태양광선은 인간을 비롯한 모든 생명체에게 매우 중요

③ 적외선은 따뜻하게 지낼 수 있게, 가시광선은 사물을 눈으로 볼 수 있게, 식물이 광합성작용, 영양분을 만드는 것

④ 자외선은 인간의 피부에서 비타민 D를 생성, 살균작용

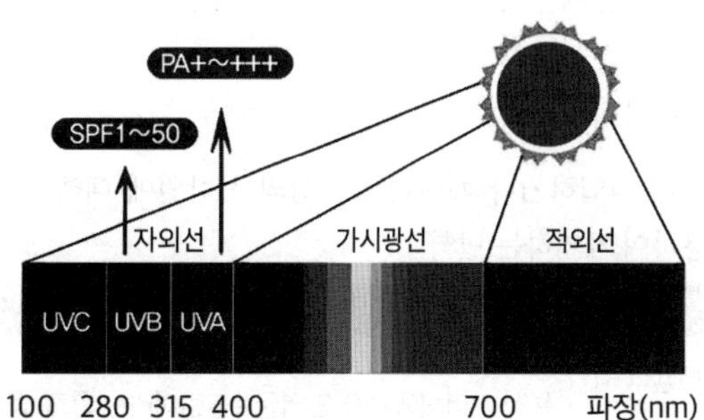

(1) 자외선

① uv-A(315nm~400nm)

ㄱ. 장파장이라고 하며 인공 선탠 시 사용하는 광선

ㄴ. 진피층까지 침투하여 주름을 형성시키며 과 색소 침착에 영향

② uv-B(280nm~315nm)

ㄱ. 중파장이라고 하며 기미, 피부 건조, 홍반, 광노화의 원인

ㄴ. 표피의 기저층까지 침투하여 장시간 노출 시 2도 화상을 입게 되어 수포가 발생

③ uv-C(100nm~280nm)

ㄱ. 단파장이라고 하며 대부분 오존층에서 흡수

ㄴ. 표피의 각질층까지 침투, 장시간 노출 시 피부암의 원인

≪ 자외선 차단 지수(SPF)

- 자외선으로부터 피부가 보호되는 수치(Sun protection factor)
- SPF가 높을수록 자외선차단지수가 높다는 의미
- 실제로 uv-B를 차단하는 지수

≪ PA 지수

- uv-A를 차단하는 지수로 +가 많을수록 uv-A를 많이 차단해 준다는 의미
- PA+가을 겨울에 사용
- PA++봄, 여름에 사용
- PA+++야외 활동이 많을 때 사용

SPF 1은 15분 동안 자외선을 94% 정도 차단한다는 의미로 SPF 50은 750분 동안 98% 차단한다는 의미이지만 실제로는 그 시간보다는 차단하지 못하는 경우가 많으므로 수시로 덧바르는 것이 효과적

(2) 적외선

가시광선보다 파장이 긴 전자기파이며 피부를 이완시키고 혈액순환을 촉진, 혈관 확장, 통증 완화 등 주로 치료기기 활용

5) 피부 면역

(1) 특이성 면역

체내에 침입하거나 체내에서 생성되는 항원에 대해 항체가 작용하여 제거하는 면역

구분	특히
B림프구	• 체액성 면역 • 특정 면역체에 대해 면역글로불린이라는 항체 생성
T림프구	• 세포성 면역 • 혈액 내 림프구의 70~80% 차지 • 세포 대 세포의 접촉을 통해 직접 항원을 공격

(2) 비특이성 면역

태어나면서부터 가지고 있는 자연면역체계

구분	특히
제1 방어계	• **기계적 방어벽**: 피부 각질층, 점막, 코털 • **화학적 방어벽**: 위산, 소화효소 • **반사작용**: 재채기, 섬모운동
제2 방어계	• **식세포 작용**: 대식세포, 단핵구 • **염증 및 발열**: 히스타민 • **방어 단백질**: 보체, 인터페론 • **자연살해세포**: 작은 림프구 모양의 세포로 종양세포나 바이러스에 감염된 세포를 자발적으로 죽이는 세포

6) 피부노화

① 나이가 들거나 기타 원인에 의해 피부에 일어나는 쇠퇴 현상

② 유분과 수분, 탄력성이 줄어들며 피부 건조, 주름이 생기고 색소 침착 현상

③ **노화의 종류**

내인성 노화	외인성 노화
• 외부적으로 받는 자극 없이 자연스럽게 노화하는 과정 • 피부 내 콜라겐, 엘라스틴, 히아루론산, 감소하여 유분과 수분, 탄력성이 줄어들어 피부가 약해지고 건조해지며 주름과 색소 침착 현상 • 표피와 진피의 두께가 얇아짐 • 피하지방의 감소 • 피지분비 감소	• 자외선 노출, 환경오염, 흡연, 스트레스, 음주 등이 주된 요인 • 표피, 진피의 두께가 두꺼워짐 • 모세혈관 확장과 색소 침착 • 자외선에 의한 노화(광노화) • 피부가 건조해지고 거칠어짐

7) 피부 장애와 질환

(1) 피부 장애

① **원발진**

ㄱ.건강한 피부에 처음으로 나타나는 병적 변화

ㄴ.원발진에는 팽진·구진·결절·수포·농포·낭종 등

ㄷ.**종류**

팽진(wheal)	일과성인 부종성 병변
구진(papule)	직경 1cm 미만의 융기된 병변
결절(nodule)	구진보다 크고 단단하며 피부 깊숙이 위치
수포(vesicle)	맑은 액체가 포함된 물집 직경 1cm를 기준으로 소수포와 대수포로 구분
농포(pustule)	농을 포함한 융기된 병변
반점(macule)	융기나 함몰 없이 피부 색조의 변화만 있음
종양(tumor)	큰 결절을 말함

② **속발진**

ㄱ.원발진에 이어서 일어나는 병적 변화

ㄴ.속발진에는 인설, 가피, 미란, 균열, 궤양, 반흔, 태선화

인설(scales)	피부 표면으로부터 탈락되는 층상의 각질 덩어리
가피(crusts)	혈청과 농 및 혈액이 말라붙은 병변
미란(erosions)	피부 또는 점막의 표층이 결손된 것을 말함
반흔(scars)	흉터, 외상이 치유된 후 그 자리의 피부 위에 남는 변성 부분
찰상(scratch)	소양 증 등으로 긁어 생긴 병변
궤양(ulcers)	표피와 함께 진피까지 소실된 병변 반흔이 생김
균열(fissures)	표피에서 생기는 틈
태선화(lichenification)	피부를 자꾸 긁게 되면 피부가 두꺼워지는 현상

③ 피부 질환

ㄱ.세균성 질환

모낭염	세균에 의해 모낭에 발생한 염증 질환
농가진	주로 무더운 여름철에 어린이들 팔, 다리 등에 잘 생기며 번식력이 뛰어남
종기	모낭에서 발생한 염증성 결절
단독	세균에 감염되어 피부가 부어오르는 피부 질환
봉소 염	피하조직에 세균이 침범하는 화농성 염증 질환

ㄴ.바이러스성 질환

수두	전신의 피부 점막 등에 작은 수포가 생기는 바이러스성 전염병
대상포진	피부의 한 곳이 심한 통증과 함께 수포가 발생
단순포진	급성 수포성질환으로 입술이나 눈, 코 등에 발생하며 흉터없이 치유
수족구병	입, 손, 발에 물집이 생기고 소아에서 주로 발생하는 급성 바이러스 질환
돌발성 발진	3세 이하 유아에게 주로 발생

ㄷ.진균성 질환

칸디다 질염	진균이 질이나 외음부에 번식하여 생기는 염증
백선	무좀, 피부사상균이 피부의 각질층에 감염을 일으켜 발생하는 표제성 질환
어루러기	말라세지아 라는 효모균의 감염에 의해 발생하는 표재성 곰팡이증

ㄹ.색소 이상 증상

과 색소 침착	기미	눈 밑, 이마에 발생하는 갈색의 색소
	주근깨	얼굴에 발생하는 다갈색의 작은 색소
	검버섯	일광 흑색점, 노인에게 주로 발생하는 거무스름한 얼룩점
저 색소 침착	백반증	피부에 다양한 크기의 형태의 백색 반점이 생기는 현상
	백피증	신체의 일부 또는 전체에 색소가 없어지는 현상

ㅁ.온도에 의한 손상

화상	1도 화상	표피, 각질층까지 손상	통증과 열감 동반
	2도 화상	표피, 진피층 일부	통증이 심하며 수포 발생
	3도 화상	진피층	감각이 없어짐
한진(땀띠)	• 날씨가 더울 때 나타나는 붉은 색의 발진과 물집		
홍반	• 피부가 붉게 변하고 혈관의 확장으로 피가 많이 고이는 현상 • 다양한 원인에 의해 발생		
동상	• 심한 추위에 노출된 후 피부조직이 얼어버려 국소적으로 혈액공급이 없어진 상태		

ㅂ.기계적 손상

굳은살	지속적인 피부 압박이나 마찰로 인해 피부가 두꺼워지는 현상
티눈	각질이 외부 압력으로 인해 원뿔 모양으로 두꺼워지는 현상
욕창	지속적이나 반복적으로 압박이 가해져 혈액순환에 장애를 일으켜 생기는 순환장애

ㅅ.그 외의 피부질환

사마귀	바이러스성 표피 종양
쥐젖	각질형성 세포와 아교질 섬유의 증식으로 생긴 양성 피부 종양
무좀	피부사상균이 피부의 각질층에 감염을 일으켜 발생하는 표제성 질환

1일차

예상문제1

01 ★ 다음 중 미용사(일반)의 업무범위에 해당되지 않는 것은?

① 머리피부 손질　　② 조발 및 면도
③ 퍼머넌트　　④ 머리감기

해 조발 및 면도는 미용사 업무가 아닌 이용사의 업무 범위에 해당한다.

02 ★★★ 미용의 제작 과정으로 적당한 것은?

① 구상 · 소재 · 제작 · 보정
② 구상 · 제작 · 소재 · 보정
③ 소재 · 구상 · 제작 · 보정
④ 소재 · 제작 · 구상 · 보정

해 미용제작은 소재 · 구상 · 제작 · 보정 과정으로 이루어진다.

03 ★★★ 고객의 만족여부을 알 수 있는 과정은?

① 소재　　② 구상
③ 제작　　④ 보정

해 보정은 미용연출 과정의 끝맺음 단계에서 불충분하거나 불만족 사항을 보완 및 수정하는 단계를 의미한다.

04 ★★★ 미용의 필요성과 가장 거리가 먼 것은?

① 인간의 심리적 욕구는 만족시켜주고 생산의욕을 높이는데 도움을 준다.
② 미용의 기술로 외모의 결점부분까지 보완하여 개성미를 연출해 준다.
③ 노화를 전적으로 방지해주므로 필요하다.
④ 현대생활에서는 상대방에게 불쾌감을 주지 않는 것이 중요하기 때문에 필요하다.

해 미용은 노화를 전적으로 방지해 주지는 못하며 예방적 부분이 있다.

05 ★ 미용의 특수성에 해당되지 않는 것은?

① 미용은 소재선정이 자유롭다.
② 미용은 시간적 제한을 받는다.
③ 미용은 부용예술에 속한다.
④ 미용은 표현에 제한을 받는다.

해 미용의 소재는 고객의 신체로서 제한적이다.

정답　01 ②　02 ③　03 ④　04 ③　05 ①

06 ★ 미용사의 올바른 작업 자세가 아닌 것은?

① 작업 대상의 높이는 작업자의 심장높이가 적당하며, 작업 대상과의 거리는 정상시력의 경우 안구에서 25cm 정도가 좋다.
② 샴푸 시 작업 자세는 두 발은 어깨너비 정도로 벌리고 등은 곧게 펴서 바른 자세를 유지한다.
③ 신발의 굽이 지나치게 높으면 다리 관절과 허리에 무리를 줄 수 있으므로 발이 편하고 굽이 적당한 신발을 신도록 한다.
④ 앉은 자세에서 가급적 발을 의자 밑으로 넣도록 한다.

> 해 **앉은 자세**
> - 발바닥이 땅바닥에 닿도록 하고, 두 발을 나란히 모아 무릎보다 약간 앞쪽으로 놓는다.
> - 발을 의자 밑으로 넣지 않도록 한다.

07 ★ 두부의 기본 라인 중 한 쪽 이어 포인트(E.P)에서 탑 포인트(T.P)를 지나 다른 한 쪽 이어포인트(E.P)를 수직으로 연결한 선은?

① 정중선 ② 측중선
③ 수평선 ④ 측두선

> 해
> - **측중선(이어 투 이어 라인)**: 한 쪽 이어포인트(E.P)에서 탑 포인트(T.P)를 지나 다른 한 쪽 이어포인트를 수직으로 연결한 선
> - **수평선**: 한 쪽 이어 포인트에서 백 포인트(B.P)를 지나 다른 한 쪽 이어 포인트를 수평으로 연결한 선
> - **측두선**: 프런트 사이드 포인트(F.S.P)에서 측중선으로 연결한 선

08 ★★★ 두부 라인의 명칭 중에서 코의 중심을 통해 두부 전체를 수직으로 나누는 선은?

① 정중선 ② 측중선
③ 수평선 ④ 측두선

> 해 **정중선**: 코를 중심으로 두상전체를 수직으로 가른 선

09 ★★★ 조선중엽 상류사회 여성들이 얼굴의 밑화장으로 사용한 기름은?

① 동백기름 ② 콩기름
③ 참기름 ④ 피마자기름

> 해 동백기름, 피마자기름 등은 머릿기름으로 사용하였으며 얼굴의 밑 화장으로 참기름을 사용하였다.

10 ★ 고대 중국 미용의 설명으로 틀린 것은?

① 하나라 시대에 분을, 은나라의 주왕 때에는 연지 화장이 사용되었다.
② 아방궁 3천명의 미희들에게 백분과 연지를 바르게 하고 눈썹을 그리게 했다.
③ 액황이라고 하여 이마에 발라 약간의 입체감을 주었으며 홍장이라고 하여 백분을 바른 후 다시 연지를 덧발랐다.
④ 두발을 짧게 깍거나 밀어내고 그 위에 일광을 막을 수 있는 대용물로서 가발을 즐겨 썼다.

> 해 강한 햇볕을 차단하기 위해 가발을 즐겨 썼던 나라는 고대 이집트이다.

11 ★★ 삼한시대의 머리형에 관한 설명으로 틀린 것은?

① 포로나 노비는 머리를 깍아서 표시했다.
② 수장 급은 모자를 썼다.
③ 일반인은 상투를 틀게 했다.
④ 귀천의 차이가 없이 자유롭게 했다.

> 해 삼한 시대에는 신분의 귀천에 따라 머리 형태의 차이가 있었다.

정답 06 ④ 07 ② 08 ① 09 ③ 10 ④ 11 ④

12 ★★★ **조선시대 후반기에 유행했던 일반 부녀자들의 머리 형태는?**

① 쪽진머리 ② 푼 기명머리
③ 쌍상투머리 ④ 댕기머리

해 조선시대에 유행했던 일반 부녀자들의 대표적인 머리 형태는 쪽진머리(쪽머리)이다.

13 ★★★ **분대화장(짙은 화장)을 행한 시기는?**

① 삼한시대 ② 삼국시대
③ 조선시대 ④ 고려시대

해 **고려시대**
- **분대화장** : 기생 중심의 짙은 화장
- **비분대화장** : 여염집 여성의 옅은 화장

14 ★★ **고대 중국 미용술에 관한 설명으로 틀린 것은?**

① 기원전 1,120년부터 백분, 연지를 사용하였다.
② 눈썹모양은 십미도라고 하여 열가지 종류 였으며, 대체로 진하고 넓게 눈썹을 그렸다.
③ 액황은 입술에 바르고 홍장은 이마에 발랐다.
④ 희종, 소종 때 붉게 입술을 바르는 것은 미인이라 평가하였다.

해 액황은 이마에 바르고 홍장은 입술에 발랐다.

15 ★★ **조선시대 가체로 인한 사치풍조를 막고자 <가체금지령>을 내렸던 사람은?**

① 영조 ② 정조
③ 순종 ④ 고종

해 가체로 인한 사치풍조를 막고자 영조 때 '가체금지령'을 내렸다.

16 ★ **다음 각 파트의 설명 중 맞는 것은?**

① 라운드 파트-뒷머리 중심에서 똑바로 가르는 파트
② 스퀘어 파트-사이드 파트의 가르마를 대각선 뒤쪽 위로 올린 파트
③ 백 센터 파트-둥글게 가르마를 타는 파트
④ 센터 파트-헤어 라인 중심에서 두정부를 향한 직선 파트

해 센터 파트는 헤어라인 중심에서 두정부를 향한 직선으로 나눈 것이다.

17 ★★ **미용의 과정이 바른 순서로 나열된 것은?**

① 소재의 확인→구상→제작→보정
② 소재의 확인→보정→구상→제작
③ 구상→소재의 확인→제작→보정
④ 구상→제작→보정→소재의 확인

해 소재의 확인을 한 뒤 구상하며 제작과정을 거쳐 보정 작업을 한다.

18 ★★ **다음 중 우리나라 고대미용에 관한 사항 중 옳게 연결된 것은?**

① 첩지머리-왕비가 사용하는 첩지는 개구리 모양이었다.
② 어여머리-조짐머리라고도 불려졌다.
③ 쪽진머리-머리카락을 모아 끌어올려 틀어 감아 맨 모양으로 하였다.
④ 큰머리-조선시대 궁중의식이 있을 때 하던 머리모양이다.

해
- **왕비가 사용한 첩지** : 봉황 모양
- 어여머리 = 둘레머리 = 또야머리
- **쪽진머리** : 뒤통수에 낮게 틀고 비녀를 꽂아 두발 모양을 만들었다

정답 12 ① 13 ④ 14 ③ 15 ① 16 ④ 17 ① 18 ④

19 ★ **조선시대 때 외명부나 반가의 부녀자들과 일반인이 혼례용으로 사용하였던 머리형태는?**

① 큰머리 ② 새앙머리
③ 어여머리 ④ 첩지머리

해 큰머리는 떠구지머리라고도 하며 궁중에서 시행하여 민가의 혼례식 때는 일반 백성에게도 사용을 허락하였다.

20 ★★ **다음 중 고대 미용의 발상지는?**

① 로마 ② 그리스
③ 이집트 ④ 프랑스

해 고대 미용의 발상지는 이집트이다.

정답 19 ① 20 ③

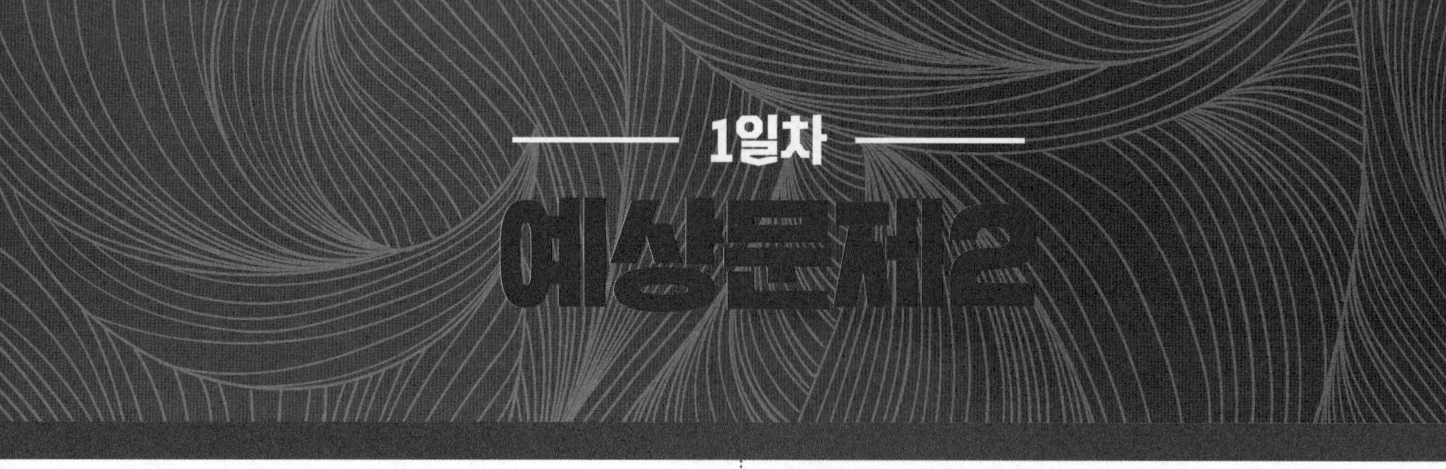

01 ★ 미용에 대한 설명이다. 옳지 않은 것은?

① 미용을 짧은 시간 내에 예술품을 제작, 완성해야 한다.
② 미용은 부용예술이며 다양한 특수성을 지닌다.
③ 미용의 소재는 고객 신체의 일부이다
④ 미용의 소재는 제한적이지 않고 무궁무진하다.

해 미용의 소재는 정면에서 손님 신체의 일부라는 제한적 특성을 지닌다.

02 ★★ 미용의 정의로 볼 수 없는 것은?

① 미용은 인위적인 작품의 제작이다.
② 미용은 종합예술이라고 볼 수 있다.
③ 미용은 물리적, 화학적 기교를 행하는 행위이다.
④ 미용은 문화발달의 영향을 받는다.

해 미용은 부용예술이라 하며, 여러 가지 조건에 제한되는 예술이다.

03 ★★ 미용의 과정으로 옳은 것은?

① 소재의 확인 - 제작 - 보정 - 구상
② 제작 - 소재의 확인 - 보정 - 구상
③ 소재의 확인 - 구상 제작 - 보정
④ 구상 - 소재의 확인 - 제작 - 보정

해 미용의 과정은 가장 먼저 소재를 충분히 관찰 후 구상하여 제작하고 종합적으로 보정을 한다.

04 ★★ 미용 작업대상의 높이와 자세에 대한 설명으로 옳지 않은 것은?

① 심장보다 높은 위치에 두고 시술하면 혈액순환이 잘 된다.
② 심장보다 낮은 위치에 두고 시술하면 울혈을 일으킨다.
③ 심장의 높이와 평행한 것이 좋다.
④ 작업대상의 높이를 조절할 수 있는 의자를 사용한다.

해 심장높이와 평행한 것이 가장 바람직하다.
울혈 : 몸속의 장기나 조직에 피가 모인 상태

05 ★★ 미용작업 시 시술 대상자와의 거리는 몇 cm가 가장 적당한가?

① 10cm ② 25cm
③ 35cm ④ 45cm

해 미용작업 시 정상시력의 사람은 안구에서 약 25cm 거리에서 시술하는 것이 가장 적당하다.

06 ★ 미용사가 가져야 할 사명감에 대한 부적절한 설명은?

① 용모를 아름답게 변화시키기 위해 최선을 다하는 직업의식
② 공중위생에 만전을 다하는 준수자로서의 사명감
③ 고객이 요구하면 무조건 다 들어주는 봉사자의 사명감
④ 건전한 사회 풍속을 조장하는 사명감

해 미용사는 고객의 의사를 충분히 존중하고 반영하지만 무조건 수동적일 필요는 없다.

정답 01 ④ 02 ② 03 ③ 04 ① 05 ② 06 ③

07 ★ **미용시술에 따른 작업자세로 올바른 것은?**

① 샴푸 시 시술자는 일반적으로 발을 벌리지 않고 등을 구부려 시술하여야 한다.
② 샴푸 시 시술자는 등을 곧게 펴서 바른자세를 유지해 시술하여야 한다.
③ 헤어 세팅 작업 시 두부의 네이프 부분의 시술은 고객이 앞으로 숙이지 않고 시술자가 무릎을 굽혀서 시술하여야 한다.
④ 고객이 앉은 의자의 높이는 함부로 조절해서 불안감을 주어서는 안 된다.

해 샴푸 시 등을 곧게 펴서 바른 자세를 유지해야 한다.

08 ★★ **미용의 특수성에 속하는 것은?**

① 소재가 풍부하다.
② 시간이 제한되어 있다.
③ 시간적인 자유가 있다.
④ 자유롭게 표현할 수 있다.

해 미용의 특수성으로 의사표현의 제한, 소재 선정의 제한, 시간적 제한 부용예술로서의 제한적 특징을 지닌다.

09 ★★ **미용시술시 T.P.O에 속하지 않는 것은?**

① 시간 ② 장소
③ 체형 ④ 목적

해 Time-시간, Place-장소, Occasion-상황

10 ★ **다음 중 틀리게 설명한 것은?**

① 이집트의 목동과 나무꾼은 태양으로부터 피부를 보호하기 위해 피마자유를 온몸에 발랐다.
② 고대에는 문신을 통해 마귀로부터 몸을 보호하려는 주술적 의미가 강했다.
③ 이집트의 목동과 사냥꾼은 독충으로부터 눈을 보호하기 위해 검은 먹 등으로 눈을 강조하여 크게 칠했다.
④ 고대의 주술적이고 자기 방어적이던 것이 현대에서도 그대로 유지되고 있다.

해 현대에서는 주술적이고 방어적이 아닌 미용적인 부분에 우선을 두고 있다.

11 ★★★ **우리나라 고대의 여성 머리가 아닌 것은?**

① 얹은머리 ② 쪽진머리
③ 푼 기명머리 ④ 높은머리

해 높은머리는 1920년 이숙종 여사에 의해서 유행된 스타일로 현대미용에 해당된다.

12 ★ **우리나라 고대 미용에 영향을 많이 준 나라는?**

① 중국 당나라 ② 중국 명나라
③ 중국 은나라 ④ 중국 송나라

해 우리나라는 고대 미용은 중국 당나라의 영향을 많이 받았다.

13 ★★★ **우리나라 현대미용이 시작된 시기는?**

① 경술국치 이후 ② 고려 중엽
③ 조선 초엽 ④ 조선 중엽

해 경술국치는 경술년에 한일 합방한 사건을 말하며, 그 이후로 현대미용이 시작되었다.

정답 07 ② 08 ② 09 ③ 10 ④ 11 ④ 12 ① 13 ①

14 ★ 우리나라 여성이 분을 바르기 시작한 때는?

① 고구려 ② 경술국치 이후
③ 조선중엽 ④ 고려

해 얼굴 화장은 조선중엽부터 시작되어 발전하였으며, 신부화장에 사용되었다.

15 ★ 1933년 서울 종로에 처음 미용원을 개설한 인물은?

① 김활란 ② 임형선
③ 권정희 ④ 오엽주

해 1933년 오엽주 여사는 일본에서 미용을 연구하고 귀국하여 종로 화신백화점 내에 화신미용원을 개설하였다.

16 ★★★ 삼한시대의 머리형에 관한 설명으로 옳지 않은 것은?

① 포로나 노예는 머리를 깎았다.
② 수장 급은 모자를 썼다.
③ 일반인에게는 상투를 틀게 하였다.
④ 계급의 차이 없이 자유롭게 하였다.

해 삼한시대에는 머리형에 따라 신분과 계급을 알 수 있었다.

17 ★★ 고대미용의 발상지는?

① 이집트 ② 그리스
③ 로마 ④ 미국

해 이집트는 고대부터 눈썹, 크림용기 제작, 향수, 가발 등이 발달하였다.

18 ★★★ 다음 중 스퀘어 파트에 대하여 설명한 것은?

① 이마의 양각에서 나누어진 선이 두정부에서 함께 만난 세모꼴의 가르마를 타는 것
② 이마의 양쪽은 사이드 파트를 하고 두정부 가까이에서 얼굴의 두발이 난 가장 자리와 수평이 되도록 모나게 가르마를 타는 것
② 사이드 파트로 나눈 것
④ 파트의 선이 곡선으로 된 것

해 ① **스퀘어 파트**: 이마의 양쪽은 사이드 파트를 하고 두정부 가까이에서 얼굴의 두발이 난 가장 자리와 수평이 되도록 모나게 가르마를 타는 것
② **삼각파트, 트라이앵글 파트, V파트**: 이마의 양각에서 나누어진 선이 두정부에서 함께 만난 세모꼴의 가르마를 타는 것
③ **사이드 파트**: 사이드 파트로 나눈 것
④ **라운드 파트**: 파트의 선이 곡선으로 된 것

19 ★ 다음 중 머리에 하는 장신구에 대해 잘못 설명한 것은?

① 비녀-한자로는 잠이라고 하며 삼한시대부터 사용하였다.
② 첩지-조선시대 부녀자가 예장할 때 머리 위에 얹었던 장식품이다.
③ 댕기-삼국시대부터 있었던 것으로 머리를 장식하던 헝겊이다.
④ 아얌-어여머리 위에 장식한 가채대용의 나무틀을 사용한 머리모양이다.

해 **아얌**: 겨울에 부녀자들이 나들이할 때 추위를 막으려고 머리에 쓰는 것이다.

20 ★ 다음 설명 중 옳지 않은 것은?

① 센터 파트-헤어라인 중심에서 두정부를 향한 직선 가르마
② 라운드 파트-둥글게 가르마를 타는 파트
③ 스퀘어 파트-사이드 파트의 가르마를 대각선 뒤쪽 위로 올린 파트
④ 백 센터 파트-뒷머리 중심에서 똑바로 가르는 파트

정답 14 ③ 15 ④ 16 ④ 17 ① 18 ② 19 ④ 20 ③

1일차

예상문제3

01 ★★ 미용의 의의와 가장 거리가 먼 것은?

① 복식을 포함한 종합예술이다.
② 외적 용모를 다루는 응용과학의 한 분야이다.
③ 시대의 조류와 욕구에 맞춰 새롭게 개발된다.
④ 심리적 욕구를 만족시키고 생산 의욕을 향상시킨다.

해 미용은 복식(의복)은 포함하지 않는 예술이며 종합예술이 아닌 정적이며 부용예술이다.

02 ★★ 우리나라 최초의 미용원을 개설한 사람은?

① 이숙종 ② 김활란
③ 임형선 ④ 오엽주

해 1933년 3월 초순에 오 엽주는 화신백화점 내에 화신미용원을 개설하였다.

03 ★★★ 조선시대의 머리가 아닌 것은?

① 큰 머리 ② 높은 머리
③ 얹은머리 ④ 새앙 머리

해 1920년대 이숙종의 높은 머리는 여성의 두발 형에 혁신적인 변화를 일으켰다.

04 ★★ 낮 화장을 의미하며 단순한 외출이나 가벼운 방문을 할 때 하는 보통 화장은?

① 소셜 메이크업
② 페인트 메이크업
③ 컬러 포토 메이크업
④ 데이 타임 메이크업

해 • **소셜 메이크업**: 성장 화장으로 일반적인 의미로는 짙은 화장
• **페인트 메이크업**: 무대 화장, 스테이지 화장
• **컬러 포토 메이크업**: 천연색 사진을 찍기 위한 화장

05 ★★ 중국 당나라 때의 그림으로 여러 가지 눈썹 모양을 나타낸 것은?

① 십미도 ② 수하미인도
③ 월하미인도 ④ 황제내경

해 중국의 현종은 십미도라고 하여 열 종류의 눈썹 모양을 소개하였다.

06 ★ 올바른 미용인으로서의 인간관계와 전문가적인 태도에 관한 내용으로 가장 거리가 먼 것은?

① 예의 바르고 친절한 서비스를 모든 고객에게 제공한다.
② 고객의 기분에 주의를 기울여야 한다.
③ 효과적인 의사소통 방법을 익혀두어야 한다.
④ 대화의 주제는 종교나 정치 같은 논쟁의 대상이 되거나 개인적인 문제에 관련된 것이 좋다.

해 대화의 주제는 종교나 정치 같은 논쟁의 대상이 되거나 개인적인 문제에 관련된 것은 좋지 않다.

정답 01 ① 02 ④ 03 ② 04 ④ 05 ① 06 ④

07 ★ **신라 시대부터 조선 시대에 이르기까지 사용된 가체에 대한 설명 중 틀린 것은?**

① 현재의 피스와 비슷한 것으로 장발의 처리 기술로 사용되었다.
② 쪽머리를 하기 위하여 사용되었다.
③ 신분의 높낮이를 표시하는 큰머리 등의 처리 기술로 사용되었다.
④ 댕기머리 등의 처리 기술로 사용되었다.

해 **쪽머리**: 뒤통수에 낮게 머리를 땋아 틀어 올리고 비녀를 꽂은 머리 모양으로, 조선 시대 후반기에 유행하였던 일반 부녀자들의 머리 형태이다.

08 ★★ **우리나라에서 최초로 화신 미용원을 개설한 사람은?**

① 오엽주 ② 김활란
③ 권정희 ④ 이숙종

해
- **1920년**: 이숙종 - 높은 머리/김활란 - 단발머리
- **1933년**: 오엽주 - 우리나라 최초의 화신 미용원 개설
- **해방 후**: 권정희 - 최초로 정화 고등기술학교 설립

09 ★★ **미용사의 많은 경험 속에서 지식과 지혜를 갖고 새로운 기술을 연구하여 독창력 있는 나만의 스타일을 창작하는 기본 단계는?**

① 보정 ② 구상
③ 소재 ④ 제작

해 미용의 순서는 소재의 확인, 구상, 제작, 보정 단계이며 스타일을 창작하는 기본단계는 구상이다.

10 ★★★ **우리나라 미용사에서 옛 여인들이 가발을 사용하고 머리형으로 신분과 지위를 나타냈던 시대는?**

① 삼한시대 ② 고구려
③ 신라 ④ 백제

11 ★★★ **신라시대부터 조선시대에 이르기까지 사용된 가체에 대한 설명 중 틀린 것은?**

① 현재의 피스와 비슷한 것으로 장발의 처리기술로 사용되었다.
② 쪽머리를 하기 위하여 사용되었다.
③ 신분의 높낮이를 표시하는 큰머리 등의 처리기술로 사용되었다.
④ 댕기머리 등의 처리기술로 사용되었다.

해 가체는 다른 사람의 머리카락을 이용하여 머리를 장식하는 방법으로 댕기머리나 큰머리 등의 처리기술로 사용되었으나, 쪽머리 등을 하기 위하여 사용되지는 않았다.

12 ★★★ **우리나라에 있어 일반인의 신부화장의 하나로서 양쪽 뺨에는 연지를, 이마에는 곤지를 찍어서 혼례식을 하던 시대에 해당되는 것은?**

① 고려말기부터 ② 조선말기부터
③ 고려중엽부터 ④ 조선중엽부터

13 ★★★★ **고대 중국 당나라시대의 메이크업과 가장 거리가 먼 것은?**

① 백분, 연지로 얼굴형 부각
② 액황을 이마에 발라 입체감 살림
③ 10가지 종류의 눈썹모양으로 개성을 표현
④ 일본에서 유입된 가부끼 화장이 서민에게까지 성행

해 당나라 시대에 액황과 홍장을 하여 입체감과 얼굴형을 부각시켰으며, 현종은 십미도에서 10가지 눈썹모양을 소개하여 눈썹화장에 대한 관심을 나타내었다.

정답 07 ② 08 ① 09 ② 10 ③ 11 ② 12 ④ 13 ④

14 ★★ **다음 중 표피층에 존재하는 세포가 아닌 것은?**

① 각질형성세포 ② 색소형성세포
③ 머켈세포 ④ 섬유아세포

해 표피층에 존재하는 세포각질형성세포, 색소형성세포, 머켈세포, 랑게르한스세포

15 ★★★ **다음 중 모근부의 모낭 아래쪽에 붙은 작은 불수의근으로 놀람, 공포, 추위 등에 의해 경직되는 것은?**

① 내모근초 ② 외모근초
③ 기모근 ④ 모유두

해 기모근(입모근)은 모낭의 아래쪽에 붙은 작은 불수의근으로 놀람, 공포, 추위 등에 의해 경직되며, 눈썹, 콧털, 겨드랑이 털 등에는 없으며 그 외의 모든 털에 존재한다.

16 ★★ **사람의 피부 표면은 주로 어떤 형태를 이루고 있는가?**

① 삼각 또는 마름모꼴의 다각형
② 삼각 또는 사각형
③ 삼각 또는 오각형
④ 사각 또는 오각형

해 피부의 표면은 작고 불규칙한 삼각형이나 마름모꼴의 다각형을 이루고 있다.

17 ★★ **표피와 진피의 경계선의 형태는?**

① 직선 ② 사선
③ 물결상 ④ 점선

해 표피와 진피의 경계선은 물결상을 이룬다.

18 **서구 미용역사에 있어 높은 트레머리로 생화, 깃털, 보석장식과 모형선까지 얹어 머리형태가 사치스러웠던 시대는?**

① 로코코 시대 ② 1920~1930년대
③ 프랑스 혁명기 ④ 르네상스 시대

해 로코코 시대는 18세기 루이14세 사후부터 프랑스 혁명까지의 시대로 지극히 사치스럽고 화려한 작식을 사용한 시대를 말하며, 프랑스를 중심으로 성행하였다.

19 ★★★ **마셀 웨이브 방법을 고안한 시기는?**

① 1875년 ② 1858년
③ 1758년 ④ 1765년

해 마셀 웨이브는 아이론의 열을 이용하여 웨이브를 만드는 방법으로 1875년 마셀 그라또우가 고안하였다.

20 ★★★ **외국의 미용에 대한 설명 중 잘못 연결된 것은?**

1. 중국 미용-후란기파니 향료
2. 이집트 미용-형형색색의 환상적 가발
3. 로마 미용-향장품의 제조와 사용 성행
4. 프랑스 미용-파리는 세계 미용의 중심지

해 후란기파니는 로마의 귀족으로 향료를 제조하였고, 그 후손인 멜그치 후란기파니는 향료에 알코올을 가해서 향수를 제조하였다.

정답 14 ④ 15 ③ 16 ① 17 ③ 18 ① 19 ① 20 ①

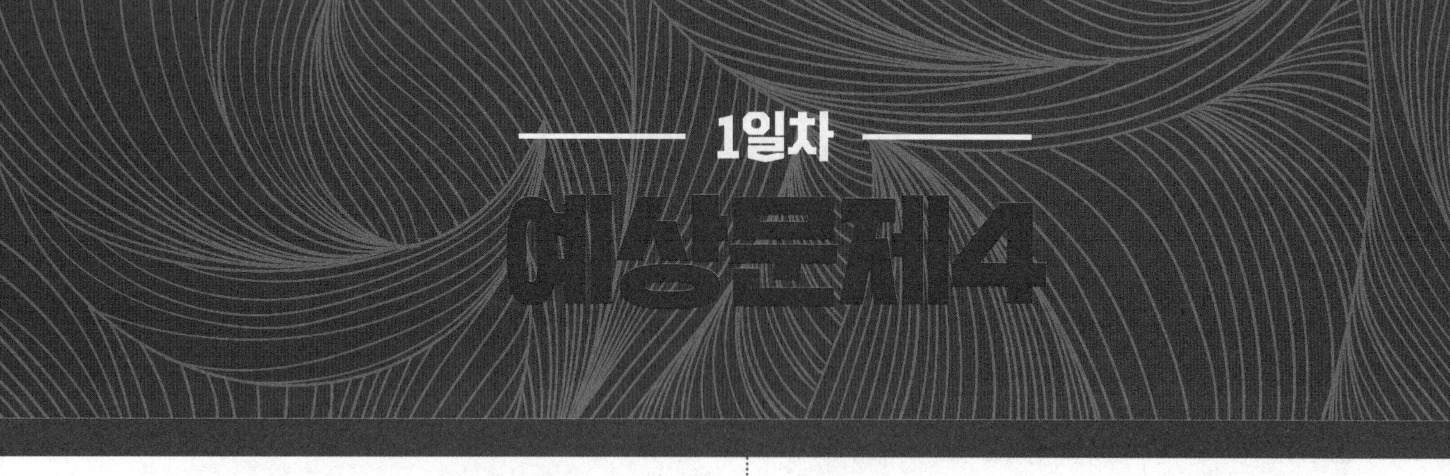

01 ★★★ **피부의 주체를 이루는 층으로서 망상층과 유두층으로 구분되며 피부조직 외에 부속기관인 혈관, 신경관, 림프관, 땀샘, 기름샘, 모발과 입모근을 포함하고 있는 곳은?**

① 표피 ② 진피
③ 근육 ④ 피하조직

해 • 피부는 표피, 진피, 피하지방으로 구분되어 있다.
• 진피는 유두층과 망상층으로 구분되며, 피부 부속기관은 망상층 내에 자리 잡고 있다.

02 ★ **피부의 노화 원인과 가장 관련이 없는 것은?**

① 노화 유전자와 세포 노화
② 항산화제
③ 아미노산 라세미화
④ 텔로미어(Telomere)

해 항산화제는 노화를 지연시키는 물질이고, ①, ③, ④는 노화를 촉진 시키는 원인이다.

03 ★★ **진피에 자리하고 있으며 통증이 동반되고, 여드름 피부의 4단계에서 생성되는 것으로 치료 후 흉터가 남는 것은?**

① 가피 ② 농포
③ 면포 ④ 낭종

해 • 낭종 액체나 반고형 물질이 표피, 진피, 피하지방층까지 침범하여 피부에 융기되어 있는 상태이다.
• 제4단계 여드름은 여드름 중 가장 심한 단계로 결절과 낭종이 동반되고 전문적인 치료가 필요하다.

04 ★★ **기미에 대한 설명으로 틀린 것은?**

① 피부 내에 멜라닌이 합성되지 않아 야기되는 것이다.
② 30~40대의 중년 여성에게 잘 나타나고 재발이 잘 된다.
③ 선탠기계에 의해서도 기미가 생길 수 있다.
④ 경계가 명확한 갈색의 점으로 나타난다.

해 기미는 멜라닌 세포의 과도한 생성으로 유발된다.

05 ★★ **다음 중 비타민에 대한 설명으로 틀린 것은?**

① 비타민 A가 결핍되면 피부가 건조해지고 거칠어진다.
② 비타민 C는 교원질 형성에 중요한 역할을 한다.
③ 레티노이드는 비타민 A를 통칭하는 용어이다.
④ 비타민 A는 많은 양이 피부에서 합성된다.

06 ★★ **자외선에 대한 설명으로 틀린 것은?**

① 자외선 C는 오존층에 의해 차단될 수 있다.
② 자외선 A의 파장은 320~400nm이다.
③ 자외선 B는 유리에 의하여 차단될 수 있다.
④ 피부에 제일 깊게 침투하는 것은 자외선 B이다.

해 • UV-A 장파장으로 피부의 진피층까지 침투
• UV-B 중파장으로 피부의 기저층 진피 상부까지 침투
• UV-C 단파장으로 대기의 오존층에서 대부분 흡수

정답 01 ② 02 ② 03 ④ 04 ① 05 ④ 06 ④

07 ★★★ **멜라닌 세포가 주로 분포되어 있는 것은?**

① 투명층 ② 과립층
③ 각질층 ④ 기저층

해 멜라닌 색소는 표피의 가장 아래층인 기저층에 위치하고 있으며 기저층에는 각질 형성 세포와 색소 형성 세포가 분포한다.

08 ★★ **피부의 면역에 관한 설명으로 맞는 것은?**

① 세포성 면역에는 보체, 항체 등이 있다.
② T림프구는 항원 전달 세포에 해당한다.
③ B림프구는 면역글로불린이라고 불리는 항체를 생성한다.
④ 표피에 존재하는 각질 형성 세포는 면역조절에 작용하지 않는다.

해 면역 세포에 의한 면역은 B림프구는 체액성 면역으로 면역글로불린이라는 항체를 생성하며, T림프구는 세포성 면역을 말한다.

09 ★★★ **SPF에 대한 설명으로 틀린 것은?**

① Sun Protection Factor의 약자로서 자외선 차단 지수라 불린다.
② 엄밀히 말하면 UV B 방어 효과를 나타내는 지수라고 볼 수 있다.
③ 오존층으로부터 자외선이 차단되는 정도를 알아보기 위한 목적으로 사용된다.
④ 자외선 차단제를 바른 피부가 최소의 홍반을 일어나게 하는데 필요한 자외선 양을, 바르지 않은 피부가 최소의 홍반을 일어나게 하는데 필요한 자외선 양으로 나눈 값이다.

해 SPF는 피부가 자외선으로부터 보호되는 정도 및 시간을 지수로 나타낸 것이며 차단지수가 높을수록 자외선에 대한 차단 능력이 높다는 뜻이다.

10 ★★★ **한선에 대한 설명 중 틀린 것은?**

① 체온조절기능이 있다.
② 진피와 피하지방 조직의 경계부위에 위치한다.
③ 입술을 포함한 전신에 존재한다.
④ 에크린선과 아포크린선이 있다.

해 한선은 냄새가 나는 아포크린선과 냄새가 나지 않는 에크린선으로 나누어진다 한선은 입술, 생식기를 제외한 전신에 존재한다.

11 ★★★ **피부색소를 퇴색시키며 기미, 주근깨 등의 치료에 주로 쓰이는 것은?**

① 비타민 A ② 비타민 B
③ 비타민 C ④ 비타민 D

해 비타민 C는 항산화 비타민으로 세포호흡에 관여하며 열에 약한 특징을 가지고 있다 또한 멜라닌 색소 형성을 억제, 환원하여 기미, 주근깨 등의 색소 침착을 방지하고 콜라겐 합성을 촉진하여 노화방지에 도움을 준다. 결핍 시에는 괴혈병, 발육장애, 저항력 약화 등의 현상이 나타난다.

12 ★★★ **피지와 땀의 분비 저하로 유·수분의 균형이 정상적이지 못하고, 피부 결이 얇으며 탄력 저하와 주름이 쉽게 형성되는 피부는?**

① 건성 피부 ② 지성 피부
③ 이상 피부 ④ 민감 피부

해 건성 피부는 땀과 피지의 분비가 원활하지 못해 자극에 예민하며 피지 보호막이 얇고 피부 손상과 주름 발생이 쉬워 노화 현상이 빨리 온다.

정답 07 ④ 08 ③ 09 ③ 10 ③ 11 ③ 12 ①

13 ★★ **성인의 경우 피부가 차지하는 비중은 체중의 약 몇 % 정도인가?**

① 5~7% ② 15~17%
③ 25~27% ④ 35~37%

해 성인의 경우 피부가 차지하는 비중은 체중의 16% 정도이며 연령, 영양상태, 성별에 따른 차이가 있을 수 있다.

14 ★★ **여드름 발생의 주요 원인과 가장 거리가 먼 것은?**

① 아포크린 한선의 분비 증가
② 모낭 내 이상 각화
③ 여드름 균의 군락 형성
④ 염증 반응

해 아포크린선은 한선으로 냄새가 나는 대한선이며 여드름의 주요 원인은 아니다.

15 ★★ **피부 노화 현상으로 옳은 것은?**

① 피부 노화가 진행 되어도 진피의 두께는 그대로 유지된다.
② 광노화에서는 내인성 노화와 달리 표피가 얇아지는 것이 특징이다.
③ 피부 노화에는 나이에 따른 노화의 과정으로 일어나는 광노화와 누적된 햇빛 노출에 의하여 야기되는 내인성 피부 노화가 있다.
④ 내인성 노화보다는 광노화에서 표피두께가 두꺼워 진다.

해 내인성 노화의 경우 표피, 진피가 모두 얇아지며, 광노화의 경우 노폐물 축적으로 표피가 두꺼워진다.

16 ★★★ **다음 중 표피층을 순서대로 바르게 나열한 것은?**

① 각질층-유극층-투명층-과립층-기저층
② 각질층-유극층-망상층-기저층-과립층
③ 각질층-과립층-유극층-투명층-기저층
④ 각질층-투명층-과립층-유극층-기저층

해 표피층은 각질층-투명층-과립층-유극층-기저층 순이다.

17 ★★★ **다음 중 멜라닌 세포에 관한 설명으로 틀린 것은?**

① 멜라닌의 기능은 자외선으로부터의 보호 작용이다.
② 과립층에 위치한다.
③ 색소 제조 세포이다.
④ 자외선을 받으면 왕성하게 활동한다.

해 기저층에는 멜라닌 색소를 생산하는 멜라닌 형성 세포가 있어 피부의 색상을 결정한다.

18 ★★ **지성 피부에 대한 설명 중 틀린 것은?**

① 지성 피부는 정상 피부보다 피지 분비량이 많다.
② 피부 결이 섬세하지만 피부가 얇고 붉은 색이 많다.
③ 지성 피부가 생기는 원인은 남성호르몬인 안드로겐이나 여성 호르몬인 프로게스테론의 기능이 활발해져 생긴다.
④ 지성 피부의 관리는 피지 제거 및 세정을 주목적으로 한다.

해 지성 피부는 피부 결이 거칠고 일반적으로 피부가 두껍다.

19 ★★★ **다음 중 가장 이상적인 피부의 pH는?**

① pH 3.5~4.5 ② pH 5.0~5.5
③ pH 6.0~6.5 ④ pH 7.5~8.0

해 **pH(Percentago of Hydrogen) 수소 이온 농도**
건성 피부는 알칼리성을 띠며, 지성 피부는 산성을 띠게 된다.

정답 13 ② 14 ① 15 ④ 16 ④ 17 ② 18 ② 19 ②

20 ★★ **각 비타민의 효능 설명 중 옳은 것은?**

① 비타민 E-아스크르빈산의 유도체로 사용되며 미백제로 이용된다.
② 비타민 A-혈액순환 촉진과 피부청정 효과가 우수하다.
③ 비타민 P-바이오플라보노이드(Bioflavonoid)라고도하며 모세혈관을 강화하는 효과가 있다.
④ 비타민 B-세포 및 결합조직의 조기 노화를 예방한다.

해 **비타민 E**: 항산화, 노화 예방
비타민 A: 상피 보호, 주름 개선
비타민 P: 모세혈관을 튼튼하게 하며 순환을 촉진하고 항균 작용을 한다.

정답 20 ③

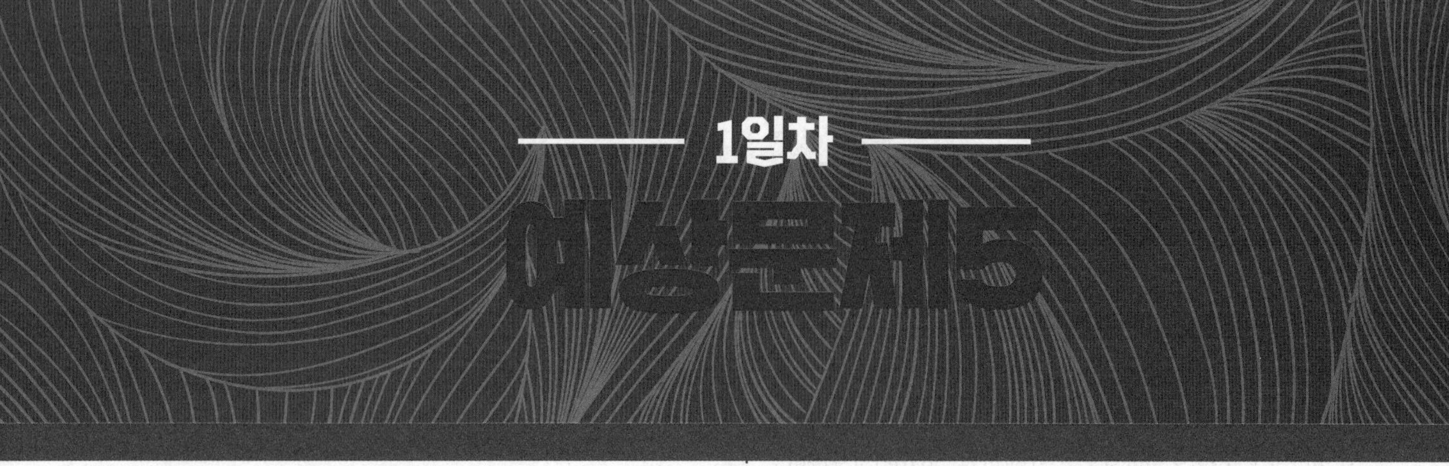

01 ★★★ 피부 구조에 대한 설명 중 틀린 것은?

① 피부는 표피, 진피, 피하 지방층의 3개층으로 구성된다.
② 표피는 일반적으로 내측으로부터 순서대로 기저층, 투명층, 유극층, 과립층 및 각질층의 5층으로 나뉜다.
③ 멜라닌 세포는 표피의 기저층에 존재한다.
④ 멜라닌 세포 수는 민족과 피부색에 관계없이 일정하다.

해 표피는 내측으로부터 순서대로 기저층, 유극층, 과립층, 투명층, 기저층 5층으로 나뉜다.

02 ★★ 성인이 하루에 분비하는 피지의 양은?

① 약 1~2g ② 약 0.1~0.2g
③ 약 3~5g ④ 약 5~8g

해 성인이 하루에 분비하는 피지의 양은 약 1~2g이다.

03 ★★★ 다음 중 원발진이 아닌 것은?

① 구진 ② 농포
③ 반흔 ④ 종양

해 **원발진**
- 1차적 피부장애 증상인 피부질환의 초기병변으로 2차 발병이 없는 상태를 말함
- 반점, 홍반, 구진, 결절, 농포, 팽진, 소수포, 대수포 면포, 종양, 낭종 등이 있다.

04 ★★★ 피부의 각질층에 존재하는 세포 간 지질 중 가장 많이 함유된 것은?

① 세라마이드(Ceramide)
② 콜레스테롤(Cholesterol)
③ 스쿠알렌(Squalene)
④ 왁스(Wax)

해
- 세포 간 지질은 각질층을 단단하게 결합될 수 있도록 해 주고 수분의 손실을 억제한다.
- 주로 세라마이드로 되어 있으며 각질층 사이에서 층상의 라멜라 구조로 존재한다.

05 ★★★ 피부 표피 중 가장 두꺼운 층은?

① 각질층 ② 유극층
③ 과립층 ④ 기저층

해 유극층은 랑게르한이라는 면역 세포가 형성되어 있으며 림프액이 흐르며 수분과 영양을 많이 함유하고 있어 표피에서 가장 두꺼운 층이다.

06 ★★★ 사춘기 이후에 주로 분비가 되며, 모공을 통하여 분비되며 독특한 체취를 발생시키는 것은?

① 소한선 ② 대한선
③ 피지선 ④ 갑상선

해 대한선은 체취선으로 불리며 성, 인종을 결정짓는 독특한 물질을 가지고 있고 모낭과 연결되어 있다.

정답 01 ② 02 ① 03 ③ 04 ① 05 ② 06 ②

07 ★★★ 콜라겐(Collagen)에 대한 설명으로 틀린 것은?

① 노화된 피부에는 콜라겐 함량이 낮다.
② 콜라겐이 부족하면 주름이 발생하기 쉽다.
③ 콜라겐은 피부의 표피에 주로 존재한다.
④ 콜라겐은 섬유아세포에서 생성된다.

해
- 콜라겐은 교원 섬유로 불리우며 피부의 진피의 구성 성분이며 결합 섬유로 피부의 기둥 역할을 한다.
- 탄력성과 신축성을 주며 상처를 치료한다.

08 ★★★ 광노화의 반응과 가장 거리가 먼 것은?

① 거칠어짐 ② 건조
③ 과색소 침착증 ④ 모세혈관 수축

해
- 피부의 노화 현상에는 내인성 노화와 외인성 노화가 있으며 광노화는 외인성 노화에 속한다.
- 광노화는 외부인자에 의한 피부 노화현상으로, 광노화의 특징은 진피 내 모세혈관이 확장되며, 표피와 진피의 두께가 두꺼워지며 피부가 건조하고 거칠어져 주름이 굵고 깊다.

09 ★★ 피부 보호 작용을 하는 것이 아닌 것은?

① 표피 각질층 ② 교원 섬유
③ 평활근 ④ 피하지방

해 평활근은 민무늬근이라고도 부르며 동물의 경우 내장근이라고도 하며 불수의근이다.

10 ★★★ 여드름 치료에 있어 일상생활에서 주의해야 할 사항에 해당 되지 않는 것은?

① 적당하게 일광을 쪼여야 한다.
② 과로를 피한다.
③ 비타민 B_2가 많이 함유된 음식을 먹지않도록 한다.
④ 배변이 잘 이루어지도록 한다.

해 비타민 B_2에는 피지 분비를 억제하는 성분이 들어있어 여드름 예방을 위해서는 비타민 B_2, 비타민 B_6, 비타민 C가 많은 채소 및 과일을 꾸준히 섭취하는 것이 좋다.

11 ★★★ 자각증상으로서 피부를 긁거나 문지르고 싶은 충동에 의한 가려움증은?

① 소양감 ② 작열감
③ 촉감 ④ 의주감

해 작열감은 타는 듯한 느낌을 말하며, 의주감은 개미가 기어가는 듯한 느낌을 말한다.

12 ★★★ 피부의 특징에 대한 설명으로 옳지 않은 것은?

① 손톱, 발톱, 모발은 피부의 변성물이다.
② 피부의 pH는 땀의 분비에 영향을 받지 않는다.
③ 피부는 수분, 단백질, 지방 등으로 구성되어 있다.
④ 피부는 표피, 진피, 피하지방으로 나누어 진다.

해 **피부의 특징**
- 신체 표면을 둘러싸고 있는 조직으로 체내의 모든 기관 중 가장 큰 기관이다.
- 피부는 표피, 진피, 피하지방으로 구분되어 있다.
- 피부는 체중의 16% 정도를 차지하고 있다.
- 손톱, 발톱, 모발은 피부의 변성물이다.

정답 07 ③ 08 ④ 09 ③ 10 ③ 11 ① 12 ②

13 ★★★ **피부 구조에 대한 설명으로 옳은 것은?**

① 피부의 구조는 표피, 진피, 피하조직의 3층으로 구분된다.
② 피부의 구조는 각질층, 투명층, 과립층의 3층으로 구분된다.
③ 피부의 구조는 한선, 피지선, 유선의 3층으로 구분된다.
④ 피부의 구조는 결합섬유, 탄력섬유, 평활근의 3층으로 구분된다.

해 피부 구조는 표피, 진피, 피하조직으로 구분된다.
표피는 각질층, 투명층, 과립층, 유극층, 기저층의 5층으로 구분되며, 진피는 유두층, 망상층의 2층으로 구분된다.

14 ★★★ **다음 중 표피에 있는 것으로 면역과 가장 관계가 있는 세포는?**

① 멜라닌 세포 ② 랑게르한스세포
③ 머켈 세포 ④ 콜라겐

해
- **멜라닌 세포**: 멜라닌 색소 형성
- **머켈 세포**: 촉각 감지
- **콜라겐**: 진피 구성 물질

15 ★★★ **피부 구조에서 진피 중 피하조직과 연결되어 있는 것은?**

① 유극층 ② 기저층
③ 유두층 ④ 망상층

해 진피는 유두층과 망상층으로 되어 있고, 유두층은 표피의 기저층, 망상층은 피하조직과 연결되어 있다.

16 ★★★ **모세혈관 파손과 구진 및 농포성 질환이 코를 중심으로 양 볼에 나비 모양을 이루는 증상은?**

① 접촉성 피부염 ② 주사
③ 건선 ④ 농가진

해
- **접촉성 피부염**: 외부 물질과의 접촉에 의해 피부가 건조해지면서 거칠어지고 각질이 부풀어서 껍질이 벗겨지는 피부 질환
- **건선**: 은백색의 두터운 인설로 덮여 있는 홍반성 구진
- **농가진**: 두피, 안면, 팔, 다리 등에 수포가 생기거나 진물이 나며, 노란색을 띠는 가피가 생기는 질환

17 ★★★ **항산화 비타민으로 아스코르빈산으로 불리는 것은?**

① 비타민 A ② 비타민 B
③ 비타민 C ④ 비타민 D

해 **비타민 C 특징**
- 항산화 비타민이라고 불리며 열에 약한 비타민이다.
- 멜라닌 형성을 저지하며 미백작용에 도움을 주며, 콜라겐 합성을 촉진하여 노화방지에 도움을 준다.

18 ★★★ **약산성인 피부에 가장 적합한 비누의 pH는?**

① pH3 ② pH4
③ pH5 ③ pH7

해 피부의 pH는 약 5.5 약산성이지만 세정 작용과 피부를 보호할 수 있는 중성인 pH 7인 비누를 사용하는 것이 좋다.

정답 13 ① 14 ② 15 ④ 16 ② 17 ③ 18 ④

19 ★★ **다음 중 중성 피부에 대한 설명으로 옳은 것은?**

① 중성 피부는 화장이 오래가지 않고 쉽게 지워진다.
② 중성 피부는 계절이나 연령에 따른 변화가 전혀 없이 항상 중성상태를 유지한다.
③ 중성 피부는 외적인 요인에 의해 건성이나 지성쪽으로 되기 쉽기 때문에 항상 꾸준한 손질을 해야한다.
④ 중성 피부는 자연적으로 유분과 수분의 분비가 적당하므로 다른 손질은 하지 않아도 된다.

20 ★ **아포크린한선의 설명으로 틀린 것은?**

① 아포크린한선의 냄새는 여성보다 남성에게 강하게 나타난다.
② 땀의 산도가 붕괴되면서 심한 냄새를 동반한다.
③ 겨드랑이, 대음순, 배꼽 주변에 존재한다.
④ 인종적으로 흑인이 가장 많이 분비된다.

해 아포크린한선은 냄새를 동반하는 체취선으로 남성보다 여성에게 많이 분비된다.

정답 19 ③ 20 ①

01 ★ 피부 감각 중 가장 많이 분포되어 가장 민감한 감각은?

① 촉각　② 온각
③ 냉각　④ 통각

해 **피부의 감각 분포**
통각 > 압각 > 촉각 > 냉각 > 온각

02 ★★ 다음 중 바이러스성 피부 질환이 아닌 것은?

① 수두　② 대상포진
③ 사마귀　④ 켈로이드

해 켈로이드는 진피층의 결합조직이 과도하게 증식되어 주변에 비해 흉터 부분이 비대해지는 것을 말한다.

03 ★★★ 지용성 비타민으로서 간유, 버터, 우유 등에 많이 함유되어 있으며 결핍하게 되면 건성 피부가 되고 각질층이 두터워지며 피부가 세균 감염을 일으키기 쉬운 비타민은?

① 비타민 A　② 비타민 B_1
③ 비타민 B_2　④ 비타민 C

해
- 지용성 비타민 지방에 녹으며 과잉섭취 시 체내에 축적되고 중독 증상이 나타날 수 있다.
- 비타민 A, 비타민 D, 비타민 E, 비타민 F, 비타민 K 등이 있다.

04 ★★ 다음 중 피부의 보호 작용과 관련성이 가장 적은 것은?

① 피지　② 땀
③ 각질층　④ 수분

해
- 정상 피부 각질층의 수분 함유 상태는 10~20%이다.
- 수분이 많으면 각질층(각질세포)이 압력, 충격, 마찰 등의 외부 자극으로부터 방어 기능을 하지 못한다.

05 ★★ 천연 보습 인자(NMF)의 구성 성분 중 40%를 차지하는 중요 성분은?

① 요소　② 젖산염
③ 무기염　④ 아미노산

해 **천연 보습인자(NMF)**
- 피부의 수분 보유량을 조절하여 건조를 방지는 피부 생리에 가장 이상적인 천연연료 역할을 한다.
- 천연 보습 인자 구성 성분은 아미노산 40%, 요소 7%, 젖산염 12%, 피롤리돈카르본산염 12%이다.

06 ★★★ 다음 보기 중 피부의 감각기관인 촉각점이 가장 적게 분포하는 것은?

① 손끝　② 입술
③ 혀끝　④ 발바닥

해
- 촉각은 손가락, 입술, 혀끝 등이 예민하고 온각과 냉각은 혀끝이 가장 예민하다.
- 통각은 피부의 감각기관 중 가장 많이 분포되어 있다.

정답 01 ④ 02 ④ 03 ① 04 ④ 05 ④ 06 ④

07 ★★★ **홍반, 부종, 통증뿐만 아니라 수포를 형성하는 것은?**

① 제1도 화상　② 제2도 화상
③ 제3도 화상　④ 중급 화상

해 • 수포를 발생하는 경우는 제2도 화상이다.
• **제1도 화상**: 홍반, 부종, 통증
• **제2도 화상**: 수포 발생, 통증
• **제3도 화상**: 표피와 진피 파괴, 감각이 없어짐

08 ★★★ **다음은 어떤 피부 질환에 대한 설명인가?**

• 곰팡이 균에 의하여 발생한다.
• 피부 껍질이 벗겨진다.
• 가려움이 동반된다.
• 주로 손과 발에서 번식한다.

① 흉터　② 무좀
② 홍반　④ 사마귀

해 무좀 곰팡이균에 의하여 피부표면이 벗겨지며 가려움증과 발열증상을 보이며 통증이 따르기도 한다.

09 ★★★ **피부의 특징에 대한 설명으로 옳지 않은 것은?**

① 손톱, 발톱, 모발은 피부의 변성물이다.
② 피부의 pH는 땀의 분비에 영향을 받지 않는다.
③ 피부는 수분, 단백질, 지방 등으로 구성되어 있다.
④ 피부는 표피, 진피, 피하지방으로 나누어 진다.

해 • 신체 표면을 둘러 싸고 있는 조직으로 체내의 모든기관 중 가장 큰 기관이다.
• 피부는 표피, 진피, 피하지방으로 구분되어 있다.
• 피부는 체중의 16% 정도를 차지하고 있다.
• 손톱, 발톱, 모발은 피부의 변성물이다.

10 ★ **인간의 체온조절을 위한 피부반응이 아닌 것은?**

① 모세혈관 확장　② 발한 작용
③ 모공의 일시적 확장　④ 동공의 확장

해 동공의 확장은 체온조절보다는 놀란 행동의 반응에 의한 반응에 가깝다.

11 ★ **손바닥과 발바닥 등 비교적 피부층이 두꺼운 부위에 주로 분포되어 있으며 수분 침투를 방지하고 피부를 윤기 있게 해주는 기능을 가진 엘라이딘이라는 단백질을 가지고 있는 표피 세포층은?**

① 각질층　② 투명층
④ 과립층　④ 유극층

해 **투명층**
• 손,발바닥에 주로 존재하며 엘라이딘이라는 단백질이 수분 침투 방지한다.
• 죽어 있는 세포로 구성된 무핵층이다.

12 ★★ **피부 미백에 가장 많이 사용되는 비타민은?**

① 비타민 A　② 비타민 B
③ 비타민 C　④ 비타민 D

해 비타민 C는 수용성 비타민으로 기미 및 주근깨의 미백 효과가 탁월하다.

13 ★★★ **단파장으로 가장 강한 자외선이며, 원래는 완전 흡수되어 지표면에 도달되지 않았으나 오존층의 파괴로 인해 인체와 생태계에 많은 영향을 미치는 자외선은?**

① UV A　② UV B
③ UV C　④ UV D

해 UV C는 단파장으로 자외선 소독기에 이용되며, 피부암을 일으킨다.

정답　07 ②　08 ②　09 ②　10 ④　11 ②　12 ③　13 ③

14 ★★★ **비타민 C가 인체에 미치는 효과가 아닌 것은?**

① 피부의 멜라닌 색소의 생성을 억제시킨다.
② 혈색을 좋게 하여 피부에 광택을 준다.
③ 호르몬의 분비를 억제시킨다.
④ 피부의 과민증을 억제하는 힘과 해독작용을 한다.

해 비타민 C는 콜라겐 합성에 필요하며, 피부 탄력에 도움을 주고 멜라닌 색소의 형성을 억제한다.

15 ★★★ **얼굴의 피지가 세안으로 없어졌다가 원상태로 회복될 때 까지의 일반적인 소요 시간은?**

① 10분 정도 ② 30분 정도
③ 2시간 정도 ④ 5시간 정도

해 정상적인 피부의 경우 완충능력에 의해 2시간이 지나면 정상적인 상태로 회복되며, 민감성 피부인 경우에는 3시간 이상 소요된다.

16 ★★★ **땀띠가 생기는 원인으로 가장 옳은 것은?**

① 땀띠는 피부 표면에 있는 땀구멍이 일시적으로 막혀 생기는 발한 기능의 장애 때문에 발생한다.
② 땀띠는 여름철 너무 잦은 세안 때문에 발생한다.
③ 땀띠는 여름철 과다한 자외선 때문에 발생하므로 햇볕을 받지 않으면 생기지 않는다.
④ 땀띠는 피부에 미생물이 감염되어 생긴 피부 질환이다.

해 땀띠는 과도한 땀이나 자극으로 인해 피부에 생기는 붉은색의 작은 수포성 발진이다.

17 ★★★ **한선에 대한 설명 중 틀린 것은?**

① 체온조절 기능이 있다.
② 진피와 피하지방 조직의 경계 부위에 위치한다.
③ 입술을 포함한 전신에 존재한다.
④ 에크린선과 아포크린선이 있다.

해 한선은 입술을 제외한 전신에 분포하며 독립 피지선이 존재한다.

18 ★★ **흑갈색의 사마귀 모양으로 40대 이후에 손등이나 얼굴에 생기는 것은?**

① 기미 ② 주근깨
③ 흑피증 ④ 노인성 반점

19 ★★★ **다음 중 지성 피부 관리에 알맞은 크림은?**

① 콜드 크림 ② 라놀린 크림
③ 바니싱 크림 ④ 에모리엔트 크림

해 바니싱 크림은 일반 크림과는 달리 유분이 적게 함유되어 있으며 피부에 바를 때 크림 상태가 즉시 사라지는 것 같은 현상을 나타내는 특징이 있다.

20 ★★★ **피부구조에 있어 기저층의 가장 중요한 역할은?**

① 팽윤 ② 새로운 세포 형성
③ 수분 방어 ④ 면역

해 **기저층**
- 표피 중 가장 아래쪽에 있으며 진피의 유두층으로부터 영양분을 공급받는다.
- 새로운 세포와 각질세포를 형성하며 색소를 형성하는 멜라닌 세포가 존재한다.
- 촉각을 담당하는 머켈세포가 존재한다.
- 멜라닌 세포는 자외선을 흡수 또는 산란시켜 피부 손상을 막는다.

정답 14 ③ 15 ③ 16 ① 17 ③ 18 ④ 19 ③ 20 ②

01 ★★ 다음 중 피부의 중요 작용이 아닌 것은?

① 보호 및 호흡 작용
② 인체 지지대 작용
③ 영양분 교환 및 분비작용
④ 감각 및 재생 작용

해 인체 지지대 작용은 골격계(뼈)의 기능 및 특징이다.

02 ★★★ 다음 피부의 감각 종말신경과 관련이 없는 것은?

① 통각 ② 압각
③ 냉각 ④ 림프각

해 피부의 감각점의 분포는 통각, 압각, 촉각, 냉각, 온각 순서로 분포되어 있다.

03 ★★★ 다음 중 피부색을 결정하는 요소가 아닌 것은?

① 멜라닌 ② 혈관 분포와 혈색소
③ 각질층의 두께 ④ 티록신

해
- 피부색은 멜라닌, 멜라노이드, 카로틴, 헤모글로빈 등의 색소가 상호작용해 나타내는데, 그 중에서도 피부색에 가장 중요한 역할을 하는 것은 멜라닌 색소이다.
- 티록신은 체내의 물질대사에 관여하는 갑상선 분비 호르몬이다.

04 ★★★ 직경 1~2mm의 둥근 백색 구진으로 안면(특히 눈 하부)에 발생하는 것은?

① 비립종(Milium)
② 피지선 모반(Nevus Sebaceous)
③ 한관종(Syringoma)
④ 표피 낭종(Epidermal Cyst)

해 비립종은 피부의 얇은 부분에 발생하는 1mm 내외의 흰색 혹은 노란색을 띠는 공 모양의 작은 각질 주머니이다.

05 ★★★ 75%가 에너지원으로 쓰이고, 에너지가 되고 남은 것은 지방으로 전환되어 저장되는데 주로 글리코겐 형태로 간에 저장된다. 과잉 섭취는 혈액의 산도를 높이고 피부의 저항력을 약화시켜 세균 감소염을 초래하여 산성 체질을 만들고 결핍되었을 때는 체중 감소, 기력 부족 현상이 나타나는 영양소는?

① 탄수화물 ② 단백질
③ 비타민 ④ 무기질

해 글리코겐은 포도당으로 이루어진 다당류로 동물 세포에서 보조적인 단기 에너지 저장 용도로 사용된다.

06 ★★★ 다음 중 피부의 진피층을 구성하고 있는 주요 단백질은?

① 알부민 ② 콜라겐
③ 글로불린 ④ 시스틴

해 진피의 구성 물질은 교원 섬유(콜라겐)와 탄력섬유(엘라스틴), 기질이며 그 중 진피의 90%를 차지하고 있는 교원 물질은 콜라겐이다.

정답 01 ② 02 ④ 03 ④ 04 ① 05 ① 06 ②

07 ★★ **다음 중 진피층에 대한 설명으로 틀린 것은?**

① 피부의 주체를 이루는 층이며 표피보다 20배 이상 두꺼운 층이다.
② 콜라겐과 엘라스틴이 있다.
③ 유극층과 망상층으로 나누어져 있다.
④ 혈관, 신경관, 땀샘, 기름샘, 기모근 등을 포함하고 있다.

해 **진피층**
- 유두층과 망상층으로 이루어져 있다.
- 피부의 주체를 이루는 층으로 피부의 거의 대부분을 차지한다.
- 콜라겐(교원섬유)과 엘라스틴(탄력섬유)로 구성되어 있다.

08 ★★ **피부의 흡수 작용 중 가장 많이 흡수되는 곳은?**

① 피부 각질층 전체　② 모공
③ 한선　④ 모발

해
- 주로 피부에 분포하는 모공을 통해 이루어지며, 일부는 표피를 통해 직접 흡수되기도 한다.
- 표피를 통한, 즉 각질층 전체를 통한 흡수는 피부층마다 존재하는 방어 기전(피지막, 라멜라 층상 구조의 지질 성분, 수분 저지막 등)에 의해 흡수하기 힘들다.

09 ★★★ **다음 중 피부의 진피층에 70%이상 차지하고 있는 주요 단백질은?**

① 알부민　② 콜라겐
③ 글리세린　④ 시스틴

해 **콜라겐**
- 진피의 70% 정도를 차지하는 단백질이며 결합섬유로 피부의 중요한 역할을 한다.
- 콜라겐의 양이 감소하면 피부의 탄력이 감소되며 주름 형성의 원인이 된다.
- 보습 능력이 우수하여 화장품에 많이 사용된다.

10 ★★★ **히아루론산의 설명이 아닌 것은?**

① 탄력섬유의 결합섬유 사이에 존재하는 보습성분
② 갓 태어난 아이의 피부에 많이 존재한다.
③ 많을수록 피부가 부드럽고 촉촉하다.
④ 연령이 많아질수록 증가한다.

해 히아루론산 아미노산과 우론산으로 이루어지는 복잡한 다당류의 하나로 연령이 많을수록 감소한다.

11 ★★★ **염증성 여드름 중 흉터를 유발한 수 있는 여드름의 종류끼리 묶은 것은?**

① 열린 면포, 닫힌 면포　② 구진, 농포
③ 면포류　④ 결절, 낭종

해 제4기 여드름은 여드름 중 가장 심한 단계로 결절과 낭종이 동반되고 전문적인 치료가 필요하다.

12 ★★ **다음 중 피부 표면의 pH에 가장 큰 영향을 주는 것은?**

① 각질 생성　② 침의 분비
③ 땀의 분비　④ 호르몬의 분비

해 피부의 pH에 가장 많은 영향을 주는 것은 땀의 분비이다.

13 ★★ **한선의 활동을 증가시키는 요인으로 가장 거리가 먼 것은?**

① 열　② 운동
③ 내분비선의 자극　④ 정신적 흥분

해 **내분비선**: 체내에 호르몬을 분비하는 기관으로 한선의 활동과는 관계가 없다.

정답 07 ③ 08 ② 09 ② 10 ④ 11 ④ 12 ③ 13 ③

14 ★★★ **피부의 정상적인 피지막의 pH는 어느 정도인가?**

① pH 1.5~2.0 ② pH 7.0~7.3
③ pH 5.2~5.8 ④ pH 8.0~8.3

해 피지막은 피지선에서 분비되는 피지와 한선에서 분비되는 땀으로 만들어지는 pH 5.2~5.8의 약산성의 막으로 피부의 산성도를 유지시켜 피부를 보호한다.

15 ★★★ **다음 중 외부로부터 충격이 있을 때 완충작용으로 피부를 보호하는 역할을 하는 것은?**

① 피하지방과 모발 ② 한선과 피지선
③ 모공과 모낭 ④ 외피 각질층

해 피하지방과 모발은 외부의 충격으로부터 피부를 보호해주는 완충작용을 한다.

16 ★★ **피부의 기능에 대한 설명으로 틀린 것은?**

① 인체 내부 기관을 보호한다.
② 체온조절을 한다.
③ 감각을 느끼게 한다.
④ 비타민 B를 생성한다.

해 **피부의 기능**

- 피부 보호
- 체온 조절
- 감각 인지
- 노폐물 분비
- 영양분 흡수
- 피부 호흡
- 비타민D 합성
- 영양 저장
- 면역

17 ★★★ **피부구조에 있어 물이나 일부의 물질을 통과하지 못하게 하는 흡수방어벽층은 어디에 있는가?**

① 투명층과 과립층 사이 ② 각질층과 투명층 사이
③ 유극층과 기저층 사이 ④ 표피와 진피 사이

해 **레인 방어막**: 투명층과 과립층 사이에 존재하며 피부의 수분 증발을 방지한다.

18 ★★★★ **피부 감각기관 중 피부에 가장 많이 분포되어 있는 것은?**

① 온각점 ② 통각점
③ 촉각점 ④ 냉각점

해 **피부의 감각점 분포**

감각점	밀도(㎠)	감각점	밀도(㎠)
온각점	0~3개	압각점	100개
냉각점	6~23개	통각점	100~200개
촉각점	25개		

19 ★★★ **손바닥과 발바닥 등 비교적 피부층이 두꺼운 부위에 주로 분포되어 있으며 수분 침투를 방지하고 피부를 윤기 있게 해주는 기능을 가진 엘라이딘 이라는 단백질을 가지고 있는 표피 세포층은 ?**

① 각질층 ② 투명층
③ 과립층 ④ 유극층

해 **투명층**

- 손, 발바닥에 주로 존재하며 엘라이딘이라는 단백질이 수분 침투를 방지한다.
- 죽어있는 세포로 구성된 무핵층이다.

20 ★★★ **피부의 생리작용 중 지각 작용은?**

① 피부 표면에 수증기가 발산한다.
② 피부에는 땀샘, 피지선, 모근이 피부 생리 작용을 한다.
③ 피부 전체에 퍼져있는 신경에 의해 촉각, 온각, 냉각, 통각 등을 느낀다.
④ 피부의 생리작용에 의해 생긴 노폐물을 운반한다.

해 피부의 지각작용(감각작용)은 피부 전체에 퍼져있는 신경에 의해 촉각, 온각, 냉각, 통각, 압각을 느끼는 기능이다.

정답 14 ③ 15 ① 16 ④ 17 ① 18 ② 19 ② 20 ③

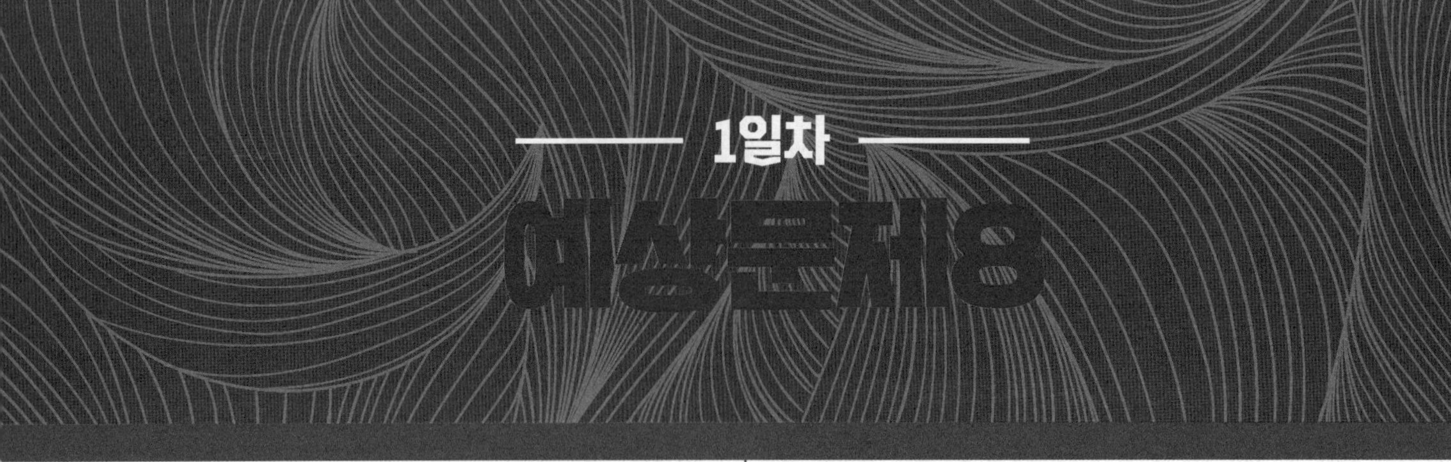

01
★★ 각질층에 대한 설명으로 옳지 않은 것은?

① 표피를 구성하는 세포층 중 가장 바깥층이다.
② 엘라이딘이라는 단백질을 함유하고 있어 피부를 윤기있게 해주는 기능이 있다.
③ 각화가 완전히 된 세포들로 구성되어 있다.
④ 비듬이나 때처럼 박리현상을 일으키는 층이다.

해 엘라이딘이라는 단백질을 함유하고 있어 피부를 윤기있게 해주는 기능을 하는 층은 투명층이다.

02
★★★ 피부 각질층에 대한 설명 중 옳지 않은 것은?

① 생명력이 없는 세포
② 혈관이 얕게 분포되어 있다.
③ 비늘의 형태
④ 피부의 방어대 역할 담당

해 피부의 표피층은 혈관이 없으며, 진피의 유두층에 있는 모세혈관과 림프관을 통하여 표피의 기저층으로 영양을 공급한다.

03
★★★ 천연보습인자(NMF)의 구성 성분 중 40%를 차지하는 중요 성분은?

① 요소　　② 젖산염
③ 무기염　　④ 아미노산

해
- 천연보습인자(NMF)는 각질화과정에서 생성된 친수성 아미노산 물질로 피부에 수분을 공급하여 각질층의 건조를 방지한다.
- 구성 성분은 아미노산 40%, 피롤리돈 카르본산 12%, 젖산염
- 12%, 요소, 염소, 암모니아, 나트륨, 칼륨 등으로 이루어져 있다.

04
★★ 피부의 각질층에 존재하는 세포간지질 중 가장 많이 함유된 것은?

① 세라마이드(ceramide
② 콜레스테롤(cholesterol)
③ 스쿠알렌(squalene)
④ 왁스(wax)

해 각질층에 존재하는 세포간지질로 형성된 라멜라 구조를 구성하는 것은 콜레스테롤, 지방산, 세라마이드가 있으며 그 중 세라마이드가 가장 많이 함유되어 있다.

05
★★★ 다음 중 표피층을 바깥부터 순서대로 나열한 것은?

① 각질층, 유극층, 투명층, 과립층, 기저층
② 기저층, 유극층, 과립층, 투명층, 각질층
③ 투명층, 각질층, 과립층, 유극층, 기저층
④ 각질층, 투명층, 과립층, 유극층, 기저층

해 표피층은 피부의 가장 위에서부터 각질층, 투명층, 과립층, 유극층, 기저층의 순이다.

정답 01 ② 02 ② 03 ④ 04 ① 05 ④

06 ★★ 다음 중 표피에 있는 것으로 면역과 가장 관계가 있는 세포는?

① 랑게르한스세포 ② 머켈 세포
③ 멜라닌 세포 ④ 섬유 세포

해 • **랑게르한스세포**: 유극층에 위치 하고 있으며 면역을 담당하는 세포
• **머켈 세포**: 기저층에 위치하고 있으며 촉감을 담당하는 세포
• **멜라닌 세포**: 기저층에 위치 하고 있으며 피부색을 결정짓는 세포
• **섬유 세포**: 진피층 중 망상층에 존재하며 교원섬유, 탄력섬유가 있다.

07 ★★★ 피부의 기능이 아닌 것은?

① 피부는 강력한 보호 작용을 지니고 있다.
② 피부는 체온의 외부발산을 막고 외부온도 변화가 내부로 전해지는 작용을 한다.
③ 피부는 땀과 피지를 통해 노폐물을 분비 · 배설한다.
④ 피부도 호흡을 한다.

해 피부는 체온조절기능이 있어 온도가 낮아질 때는 체온의 저하를 방지하고 온도가 높아질 때는 열의 발산을 증가시킨다. 또한 외부의 온도 변화를 신체 내부로 전달하지 않은 역할을 한다.

08 ★★ 피부의 기능에 대한 설명으로 틀린 것은?

① 인체 내부 기관을 보호한다.
② 체온조절을 한다.
③ 감각을 느끼게 한다.
④ 비타민 B를 생성한다.

해 피부는 자외선에 의해 비타민 D를 합성한다.

09 ★★★ 3대 영양소에 속하지 않는 것은?

① 탄수화물 ② 지방
③ 비타민 ④ 단백질

해 • **영양소**: 외부로부터 물질을 섭취하여 체성분을 만들고 체내에서 에너지를 발생시켜 생명현상을 유지하는 일
• **3대 영양소**: 탄수화물, 지방, 단백질
• **6대 영양소**: 탄수화물, 지방, 단백질, 비타민, 무기질, 물

10 ★★★ 피부 세포가 기저층에서 생성되어 각질층에서떨어져 나가기까지의 기간을 피부의 1주기라고 한다. 성인에 있어서 건강한 피부인 경우 1주기는 보통 며칠인가?

① 45일 ② 28일
③ 15일 ④ 7일

해 각질의 각화주기는 4주 또는 28일이다.

11 ★★★ 피부의 각화과정이란?

① 피부가 손톱, 발톱으로 딱딱하게 변하는 것을 말한다.
② 피부세포가 기저층에서 각질층까지 분열되어 올라가 죽은 각질세포로 되는 현상을 말한다.
③ 기저세포 중의 멜라닌 색소가 많아져서 피부가 검게 되는 것을 말한다.
④ 피부가 거칠어져서 주름이 생겨 늙는 것을 말한다.

해 각화과정이란 기저층에서 각질이 생겨 표피층에서 탈락되는 현상을 말하며 4주 또는 28일이 걸린다.

12 ★★★ 표피 중에서 각화가 완전히 된 세포들로 이루어진 층은?

① 과립층 ② 각질층
③ 유극층 ④ 투명층

해 각질층은 각화가 완전히 된 세포들로 구성되며, 비듬이나 때처럼 박리현상을 일으키는 층이다.

정답 06 ① 07 ② 08 ④ 09 ③ 10 ② 11 ② 12 ②

13 ★★★ **피부의 바깥층을 표피층이라 한다. 표피층의 표면은 각질층으로 형성되어 있다. 이 각질층의 정상적인 수분 함량은 10~20%를 유지하고 있어야 하는데 다음 중 몇 % 이하가 되면 거칠어지는가?**

① 5% 이하 ② 15% 이하
③ 20% 이하 ④ 10% 이하

해 표피층은 10~20%의 수분을 함유하고 있어야 정상적이며, 10% 이하로 떨어지면 피부가 거칠어진다.

14 ★★★ **일반 성인을 기준으로 기초칼로리는 얼마인가?**

① 600~800kcal ② 1000~1200kcal
③ 1400~1600kcal ④ 1600~1800kcal

해 성인의 기초 칼로리는 1600~1800kcal

15 ★★★★ **다음 중 표피에 있는 것으로 면역과 가장 관계가 있는 세포는?**

① 멜라닌세포
② 랑게르한스세포(긴수뇨세포)
③ 머켈세포(신경종말세포)
④ 섬유아세포

해 랑게르한스세포는 표피의 유극층에 위치하여 피부면역에 관계하는 세포이다.

16 ★★★ **표피의 발생은 어디에서부터 시작되는가?**

① 피지선 ② 한선
③ 간엽 ④ 외배엽

해 외배엽은 신경세포, 표피조직, 눈, 척추 등으로 분화한다.

17 ★★★ **피부 본래의 표면에 알칼리성의 용액을 적정 pH농도로 환원시키는 표피의 능력을 무엇이라 하는가?**

① 환원작용 ② 알칼리 중화능력
③ 산화작용 ④ 산성 중화능력

해 피부 표면의 산성도가 파괴되어 알칼리가 되었다가 다시 산성을 회복하는 표피의 능력을 피부의 중화능력 또는 알칼리 중화능력이라 한다.

18 ★★★ **인체 피부 표피 쪽 각질세포는 어느 정도의 수분을 함유하고 있어야 정상인가?**

① 5~10% ② 25~35%
③ 30~40% ④ 10~20%

해 표피의 각질층은 10~20%의 수분을 함유하고 있다.

19 ★★ **피부 표피의 투명층에 존재하는 반유동성 물질은?**

① 엘라이딘(elaidin)
② 콜레스테롤(cholesterol)
③ 단백질(protein)
④ 세라마이드(ceramide)

해 투명층은 엘라이딘이라는 단백질을 함유하고 있어 피부를 윤기있게 해주는 기능을 한다.

20 ★★★ **레인방어막의 역할이 아닌 것은?**

① 외부로부터 침입하는 각종 물질을 방어한다.
② 체액이 외부로 새어 나가는 것을 방지한다.
③ 피부의 색소를 만든다.
④ 피부염 유발을 억제한다.

해 과립층에 존재하는 레인방어막은 외부로부터 이물질이 침입하는 것을 방어하는 역할을 하는 동시에 체내에 필요한 물질이 체외로 빠져나가는 것을 막아 피부가 건조해지거나 피부염이 유발하는 것을 억제하는 역할은 한다.

정답 13 ④ 14 ④ 15 ② 16 ④ 17 ② 18 ④ 19 ① 20 ③

01 ★★★ 모발의 색은 흑색, 적색, 갈색, 금발색, 백색 등 여러 가지 색이있다. 다음 중 주로 검은 모발의 색을 나타나게 하는 멜라닌은?

① 유멜라닌 ② 페오 멜라닌
③ 티로신 ④ 멜라노사이트

해 • 유멜라닌 - 검은색에서 갈색까지의 어두운 색을 담당하는 멜라닌으로 주로 동양인들의 모발에 나타남
• 페오멜라닌 - 붉은색에서 노란색까지의 밝은 색을 담당하는 멜라닌

02 ★★★ 다음 중 표피의 구성이 아닌 것은 ?

① 무핵층 ② 각질층
③ 투명층 ④ 유두층

해 • 유두층과 유극층의 구분을 잘하여야 하며 유두층은 진피층에 속한다.
• 표피는 크게 무핵층과 유핵층으로 나누어 진다.

03 ★★★ 비듬이나 때처럼 박리현상을 일으키는 피부층은?

① 표피의 기저층 ② 표피의 과립층
③ 표피의 각질층 ④ 진피의 유두층

해 표피의 각질층에서 4주 주기로 각질이 비듬이나 때처럼 떨어져 나간다.

04 ★★★ 천연보습인자의 설명으로 틀린 것은?

① NMF(Natural Moisturizing Factor)
② 피부수분보유량을 조절한다.
③ 아미노산, 젖산, 요소 등으로 구성되고 있다.
④ 수소이온농도의 지수유지를 말한다.

해 천연보습인자(NMF)는 각질층에 있는 수용성 성분을 총칭하는 것으로 피부의 수분보유량을 조절한다.

05 ★★★ 다음 중 멜라닌 세포의 주 기능에 해당되는 것은?

① 지문형성을 한다.
② 피부의 촉각을 감지한다.
③ 자외선을 흡수 또는 산란시켜 피부손상을 막는다.
④ 세포 외부에서 들어온 이물질을 막아준다.

해 멜라닌 세포는 자외선을 받으면 왕성하게 활동하여 자외선을 흡수 또는 산란시켜 피부손상을 막는 작용을 한다.

06 ★★★ 얇은 표피에 진피의 동맥성 모세혈관이 비쳐 보여 붉은 혈색을 나타내는 피부의 색소는?

① 카로틴 ② 알부민
③ 헤모글로빈 ④ 멜라닌

해 헤모글로빈은 피를 붉게 보이게 하는 혈색소로 척추동물의 적혈구에 다량으로 함유되어 있으며, 혈관의 분포나 각질층의 두께에 따라 붉은 혈색이 나타나기도 한다.

정답 01 ① 02 ④ 03 ③ 04 ④ 05 ③ 06 ③

07 ★★★★ **콜라겐과 엘라스틴이 주성분으로 이루어진 피부조직은?**

① 표피상층 ② 표피하층
③ 진피조직 ④ 피하조직

해 진피는 피부의 약 90%를 차지하는 실질적인 피부이며 콜라겐, 엘라스틴, 기질 등으로 구성된다.

08 ★★★ **피부의 주체를 이루는 층으로 망상층과 유두층으로 구분되며 피부조직 외에 부속기관인 혈관, 신경관, 림프관, 땀샘, 기름샘, 모발과 입모근을 포함하고 있는 곳은?**

① 표피 ② 진피
③ 근육 ④ 피하조직

해 진피는 망상층과 유두층으로 구분되며, 망상층에는 피부부속기관이 위치해 있다.

09 ★★★ **피부의 각질(케라틴)을 만들어내는 세포는?**

① 색소세포 ② 기저세포
③ 각질형성세포 ④ 섬유아세포

해 각질형성세포는 표피의 주요 구성성분으로 표피 세포의 80%를 차지한다.

10 ★★★ **수용성 비타민에 대한 설명으로 옳지 않은 것은?**

① 물에 녹는 비타민이다.
② 과다 섭취 시 소변으로 배출된다.
③ 매일 필요한 만큼 보충해주면 좋다.
④ 체내에 축적되는 비타민이다.

해 체내에 축적되는 비타민은 지용성 비타민이다.

11 ★★★ **땀샘에 대한 설명으로 틀린 것은?**

① 에크린선은 입술뿐만 아니라 전신 피부에 분포되어 있다.
② 에크린선에서 분비되는 땀은 냄새가 거의 없다.
③ 아포크린선에서 분비되는 땀은 분비량은 소량이나 나쁜 냄새의 요인이 된다.
③ 아포크린선에서 분비되는 땀 자체는 무취, 무색, 무균성이나 표피에 배출된 후, 세균의 작용을 받아 부패하여 냄새가 나는 것이다.

12 ★★★ **일반적으로 아포크린샘(대한선)의 분포가 없는 곳은?**

① 유두 ② 겨드랑이
③ 배꼽 주변 ④ 입술

해 입술에는 땀샘이나 모낭이 없다.

13 ★★★ **내인성 노화와 광노화의 진피층 내 요소인 엘라스틴, 콜라겐, 뮤코다당류 등의 변화로 바르게 연결한 것은?**

① 내인성 노화-감소, 광노화-감소
② 내인성 노화-증가, 광노화-증가
③ 내인성 노화-감소, 광노화-증가
④ 내인성 노화-증가, 광노화-감소

해

진피층 내 요소	내인성 노화	광노화
엘라스틴	감소	증가, 변성
콜라겐	감소, 불활성	증기, 활성 증가
뮤코다당류	감소	증가

정답 07 ③ 08 ② 09 ③ 10 ④ 11 ① 12 ④ 13 ③

14 ★★★ **자연노화(내인성 노화)와 광노화(외인성 노화)의 피부 두께 변화를 바르게 연결한 것은?**

① 자연노화-얇아짐, 광노화-얇아짐
② 자연노화-얇아짐, 광노화-두꺼워짐
③ 자연노화-두꺼워짐, 광노화-두꺼워짐
④ 자연노화-두꺼워짐, 광노화-얇아짐

해 **노화 피부**
- **내인성 노화**: 피부가 얇아진다.
- **외인성 노화**: 자외선의 만성 노출에 의한 노화, 피부의 표피가 두꺼워진다.

15 ★★★ **결핍 시 비듬과 피부염증을 일으키는 비타민은?**

① 비타민 C ② 비타민 B_1
③ 비타민 B_6 ④ 비타민 B_{12}

해 비타민 B_6가 결핍되면 비듬이 많아지고 입술 등 피부에 염증을 일으키기 쉽다.

16 ★★★ **건성 피부 관리 방법으로 옳지 않은 것은?**

① 충분한 일광욕을 한다.
② 피부 마사지를 한다.
③ 버터나 치즈 등을 섭취한다.
④ 영양크림을 사용한다.

해 일광욕은 피부의 수분을 빼앗아 피부의 건성을 악화시킨다.

17 ★★★ **피부색이 창백하고 탄력성이 적으며 정맥이 피부를 통해 드러나 보이는 약한 피부로서 피부 손질 시 강한 알칼리성 비누나 알코올 함량이 높은 화장수의 사용을 피해야 하는 피부는?**

① 중성 피부 ② 건성 피부
③ 민감성 피부 ④ 지성 피부

해 민감성 피부는 피부색이 창백하고 탄력성이 적으며 정맥이 피부를 통해 드러나 보이는 약한 피부로서 피부손질 시 강한 알칼리성 비누나 알코올 함량이 높은 화장수의 사용을 피해야 한다.

18 ★★★ **다음 중 독립 피지선이 존재하는 곳은?**

① 손바닥, 발바닥 ② 입술, 유두
③ 두피, 가슴 ④ 얼굴 T-Zone 부위

해 모낭과 연결되지 않은 독립 피지선은 입술, 눈가, 유두, 대음순, 성기 등에 분포되어 있다.

19 ★★★ **단파장으로 가장 강한 자외선이며 오존층에 완전히 흡수되어 공기 중에 산란되어 지표면에 도달하지 않으나 염색체 변이를 일으키고 각종 생명체에 해로운 영향을 미치는 자외선은?**

① 자외선 A ② 자외선 B
③ 자외선 C ④ 자외선 D

해 **UV-C(200~290nm, 단파장)**
- 오존층에는 완전히 흡수되어 공기 중에서 산란되어 지표면에는 도달하지 않는다.
- 염색체 변이를 일으키고 단세포 유기물을 죽이며, 눈의 각막을 해치는 등 생태계에 해로운 영향을 준다.

20 ★★★ **다음 중 열에 가장 약한 비타민은?**

① 비타민 D ② 비타민 C
③ 비타민 B ④ 비타민 E

해 비타민 C는 수용성 비타민으로 열에 약하다.

정답 14 ② 15 ③ 16 ① 17 ③ 18 ② 19 ③ 20 ②

01 ★★★ 인공적으로 피부를 태우는 선번(Sun Burn)에 이용되는 광선은?

① UV-A(자외선 A) ② UV-B(자외선 B)
③ UV-C(지외선 C) ④ Infrared Ray(적외선)

> 해 피부를 태우는 선번에 이용되는 광선은 UV-B이고, 피부를 그을리는 선탠에 이용되는 광선은 UV-A이다.

02 ★★★ 다음 중 기계적 손상에 의한 피부 질환이 아닌 것은?

① 굳은살 ② 티눈
③ 종양 ④ 욕창

> 해 • 기계적 손상에 의한 피부질환
> • 굳은살, 티눈, 욕창

03 ★★★ 75%가 에너지원으로 쓰이고 에너지가 되고 남은 것은 지방으로 전환되어 저장되는데 주로 글리코겐 형태로 간에 저장된다. 이것의 과잉섭취는 혈액의 산도를 높이고 피부의 저항력을 약화시켜 세균감염을 초래하여 산성체질을 만들고 결핍되었을 때는 체중감소, 기력부족 현상이 나타나는 영양소는?

① 탄수화물 ② 단백질
③ 비타민 ④ 무기질

> 해 탄수화물(당질)은 중추신경계를 움직이는 에너지원으로 과잉섭취 시 산성체질로 만들고, 비만증과 당뇨의 원인이 되며, 결핍 시에는 발육부진, 기력부족, 체중감소 등이 나타난다.

04 ★★★ 지용성 비타민으로 결핍 시 불임증과 생식 불능을 일으키며, 피부의 노화방지 작용과 가장 관계가 깊은 것은?

① 비타민 A ② 비타민 B 복합체
③ 비타민 E ④ 비타민 D

> 해 비타민 E는 결핍 시 피부노화, 불임, 유산 성기능 장애 등의 작용을 한다.

05 ★★★ 액취증이 원인이 되는 아포크린 한선이 분포되어 있지 않은 곳은?

① 배꼽 주변 ② 겨드랑이
③ 사타구니 ④ 손 · 발바닥

> 해 소한선은 손 · 발바닥〉이마〉등의 순으로 분포되어 있다.

06 ★★★ 피부 표피의 투명층에 존재하며 수분침투를 방지하고 피부를 윤기있게 해주는 반유동성 물질은?

① 엘라이딘(Elaidin)
② 콜레스테롤(Cholesterol)
③ 단백질(Protein)
④ 세라마이드(Ceramide)

> 해 투명층은 엘라이딘이라는 반유동성 물질을 함유하고 있어 투명해 보이며 빛과 수분을 차단하는 역할을 한다.

정답 01 ② 02 ③ 03 ① 04 ③ 05 ④ 06 ①

07 ★★★ **피부 색상을 결정짓는데 주요한 요인이 되는 멜라닌형성세포가 존재하는 피부층은?**

① 과립층 ② 유극층
③ 기저층 ④ 유두층

해 • 색소형성세포 = 멜라닌형성세포
• 피부 등의 색을 결정짓는 멜라닌 색소를 만들어 내는 수지상의 멜라닌형성세포는 주로 기저층에 분포하고 자외선으로부터 피부를 보호한다.

08 ★★★ **다음 중 피하지방층이 가장 적은 부위는?**

① 배 부위 ② 눈 부위
③ 등 부위 ④ 대퇴 부위

해 피하지방층이 가장 적은 부위는 눈 주변이다.

09 ★★★ **피부 색소 침착에서 과색소 침착 증상이 아닌 것은?**

① 기미 ② 백반증
③ 주근깨 ④ 검버섯

해 백반증은 멜라닌 색소가 감소되어 나타나는 저색소 침착증상에 해당되는 피부 질환이다.

10 ★★★ **다음 중 2도 화상에 속하는 것은?**

① 햇볕에 탄 피부
② 진피층까지 손상되어 수포가 발생한 피부
③ 피하 지방층까지 손상된 피부
④ 피하 지방층 아래의 근육까지 손상된 피부

해 • **1도 화상(홍반성)**: 국소가 빨갛고, 약간 따끔따끔하며 자국이 남지 않고 치유된다.
• **2도 화상(수포성)**: 물집이 생기며, 치료에 따라 자국이 남지 않고 치유된다.
• **3도 화상(괴사성)**: 증상이 심하여 궤양을 만들며, 부상 부위에 따라 운동기능 장애 발생이 우려됨

11 ★★★ **결핍 시 변비 및 각기병, 부종 등을 일으키는 비타민은?**

① 비타민 C ② 비타민 B_1
③ 비타민 B_6 ④ 비타민 B_{12}

해 • 비타민 B_1(티아민)은 결핍 시 변비 및 각기병, 부종 등을 일으킨다.
• 변비 예방을 위해서는 현미, 보리, 돼지고기 등의 섭취는 물론 충분한 수분과 식이섬유를 충분히 섭취하는 것이 좋다.

12 ★★★ **다음 중 연결이 바르지 않은 것은?**

① 비타민 D-나이아신
② 비타민 C-아스코르브산
③ 비타민 A-레티놀
④ 비타민 E-토코페롤

해 비타민 D는 칼시페롤이라고 하며 나이아신은 비타민 B_3 이다.

13 ★★★ **다음 중 자외선이 피부에 미치는 영향이 아닌 것은?**

① 색소 침착 ② 살균 효과
③ 홍반 형성 ④ 비타민 A형성

해 **자외선과 피부**
• **긍정적인 영향**: 살균, 비타민 D합성, 우울증, 골다공증 예방 등
• **부정적인 영향**: 색소 침착, 홍반 형성, 화상, 피부 노화 등

14 ★★★ **파장이 가장 길고 인공 선탠 시 활용하는 광선은?**

① UV-A ② UV-B
③ UV-C ④ R선

해 UV-A는 선탠, UV-B는 선번(Sun Burn) 시 이용되는 광선이다.

정답 07 ③ 08 ② 09 ② 10 ② 11 ② 12 ① 13 ④ 14 ①

15 ★★★ 피부 질환의 상태를 나타낸 용어 중 속발진이 아닌 것은?

① 결절 ② 반흔
③ 미란 ④ 가피

해 **속발진(피부의 2차적 장애)**
• 원발진에 이어서 2차적으로 일어나는 병적 변화이다.
• 비듬, 가피, 표피박리, 미란, 균열, 반흔, 궤양, 농양, 위축 등

16 ★★★ 다음 중 태선화에 대한 설명으로 옳은 것은?

① 표피가 얇아지는 것으로 표피 세포수의 감소와 관련이 있으며 종종 진피의 변화를 동반한다.
② 둥글거나 불규칙적인 모양의 굴착으로 점진적인 괴사에 의해서 표피와 함께 진피의 소실이 오는 것이다.
③ 질병이나 손상에 의해 진피와 심부에 생긴 결손을 메우는 새로운 결체조직의 생성으로 생기며 정상치유 과정의 하나이다.
④ 표피 전체와 진피의 일부가 가죽처럼 두꺼워지는 현상이다.

해 **태선화**: 장기간 반복적으로 긁거나 비벼서 표피 전체와 진피의 일부가 가죽처럼 두꺼워지며 딱딱해지는 현상이다.

17 ★★★ 광노화로 인한 피부조직의 변화로 볼 수 없는 것은?

① 피부 결이 거칠고 보다 더 두껍고, 건조하며 피부탄력은 현저하게 감소하여 처진 모습이나 깊은 주름이 관찰된다.
② 내인성 노화에 비하여 변화의 정도가 심하고 나이보다 일찍부터 나타난다.
③ 자외선의 자극으로 인해 피부 표피가 매우 얇아진다.
④ 일광흑자, 검버섯과 같은 양성 종양 이외에 광선각화증 등과 같은 전암성 병변이나 편평세포암, 기저세포암과 같은 악성 변화소견이 나타난다.

해 피부 표피가 매우 얇아지는 것은 내인성 노화의 특징에 해당된다.

18 ★★★ 흔히 말하는 이상적인 피부는?

① 지성 피부 ② 건성 피부
③ 지루성 피부 ④ 중성 피부

해 피지가 많지도 않고 너무 건조하지도 않은 중성 피부가 이상적인 피부이다.

19 ★★★ 피부의 구조 중 콜라겐과 엘라스틴이 자리 잡고 있는 층은?

① 표피 ② 진피
③ 피하조직 ④ 한관

해 교원섬유(콜라겐)와 탄력섬유(엘라스틴)는 피부의 진피층에 존재한다.

20 ★★★ 다음 중 자외선 A, B, C 파장의 범위에 대한 설명으로 올바른 것은?

① UV-A 320~400nm, UV-B 290~320nm UV-C 200~290nm
② UV-A 200~290nm, UV-B 290~320nm UV-C 320~400nm
③ UV-A 320~420nm, UV-B 220~320nm UV-C 100~220nm
④ UV-A 100~220nm, UV-B 220~320nm UV-C 320~420nm

해 UV-A(320~400nm, 장파장) / UV-B(290~320nm, 중파장) / UV-C(200~290nm, 단파장)

정답 15 ① 16 ④ 17 ③ 18 ④ 19 ② 20 ①

MEMO

PART 2

:2일차

SECTION 01

화장품 분류

1. 화장품 기초

1) 정의

인체를 청결, 미화하여 매력을 더하고 용모를 밝게 변화, 피부, 모발의 건강을 유지하기 또는 증진하기 위하여 인체에 바르고, 문지르거나 뿌리는 등 이와 유사한 방법으로 사용되는 물품으로 인체에 대한 작용이 경미한 것

2) 화장품의 4대 요건

① **안전성**: 인체에 부작용이 없어야 함

② **안정성**: 사용 기간 중 내용물의 불변성

③ **사용성**: 사용감이 우수하고 편리함

④ **유효성**: 목적에 적합한 기능의 효과

3) 화장품의 분류

분류	사용 목적	주요 제품
기초 화장품	세안, 목욕	클렌징 워터, 클렌징 로션, 클렌징 크림, 클렌징폼 등 클렌징 제품
	피부 정돈	화장수, 팩
	피부보호	로션, 에센스, 크림류
메이크업 화장품	피부색과 결점 보완	메이크업 베이스, 파운데이션
	색채감과 입체감 부여	립스틱, 아이섀도우, 마스카라, 블러셔
모발 화장품	세정	헤어 샴푸
	컨디셔닝, 트리트먼트	헤어 린스, 헤어 트리트먼트
	정발	헤어 스프레이, 포마드
	퍼머넌트 웨이브	퍼머넌트 웨이브제
	염색 탈색	염모제, 헤어 블리치
	육모, 양모	염모제, 양모제
	탈모, 제모	탈모제, 제모제

분류	사용 목적	주요 제품
바디 화장품	피부 보호	바디로션, 바디오일, 핸드크림
	땀 억제	데오드란트, 파우더
	피부 세정	바디클렌저, 바디스크럽
방향 화장품	향취 부여	퍼퓸, 오데토일렛, 오데코롱, 샤워코롱

« **피부 자극 순서**

양이온>음이온>양쪽성>비이온성

4) 화장품 원료와 성분

(1) 화장품 원료의 조건

① 사용 목적에 따른 기능 우수

② 안전성과 안정성이 우수

③ 품질이 일정하며 냄새가 적은 것

④ 법규상 제한이 없는 것

(2) 화장품 원료 및 특성

① 수성 원료

ㄱ.수분 공급과 용해 기능을 통해 피부를 촉촉하게 하는 역할

ㄴ.정제수는 물에 함유된 불순물을 제거한 물로 화장품의 주성분

ㄷ.에탄올은 청량감, 소독, 수렴작용을 하며 화장수, 아스트린젠트 등에 사용

② 유성 원료

ㄱ.오일

식물성 오일	• 식물의 잎이나 열매에서 추출 • 향이 좋지만 유통 기한 짧음 • 피지와 유사한 오일	• 호호바 오일 • 아보카도 오일 • 올리브 오일
동물성 오일	• 동물의 피하조직이나 장기에서 추출하는 오일향이 좋지 않아 정제 후 사용	• 마유-말 • 스쿠알렌-상어 • 라놀린-양

광물성 오일	• 광물질을 추출한 것 • 무색무취	• 미네랄 오일 • 파라핀 왁스 • 바세린
합성 오일	• 화학적으로 합성한 오일 • 식물성, 동물성에 비해 보존기간이 길다. • 사용감이 좋음	• 이소프로필 미리스테이트 • 이소프로필 팔미네이트

≪ O/W에서
• O : OIL • W : WATER

O/W 타입 - 수분기가 많음　　W/O 타입 - 유분기가 많음

ㄴ.**왁스**
• 고급지방산과 고급알코올이 결합 된 에스테르
• 식물성 왁스 : 칸델리라 왁스, 카르나우바 왁스
• 동물성 왁스 : 밀랍, 라놀린

③ **계면활성제**

ㄱ.수성 원료와 유성 원료의 경계면에 흡착하여 잘 섞이도록 도와주는 역할

ㄴ.습윤, 유화, 기포, 세척 작용

④ **방부제**

ㄱ.미생물의 작용으로 부패를 막아 화장품의 유통기간을 높여주는 역할

ㄴ.파라벤류, 헥산 디올, 1,2헥산 디올

⑤ **산화방지제**

ㄱ.화장품의 제조, 유통, 판매, 사용 시 안정적인 품질을 유지하는 역할

ㄴ.BHA, BHT

⑥ **금속이온 봉쇄제**

ㄱ.화장품에 중금속을 제거하여 금속이온의 촉매를 차단하는 역할

ㄴ.킬레이트제, EDTA, 인산, 구연산

⑦ **점증제**

ㄱ.화장품의 점성을 높여 발림성을 녹여 주는 역할

ㄴ.전분, 펙틴, 잔탄검, 알긴산

⑧ **향료**

ㄱ.원료들의 다양한 냄새를 중화하거나 취향에 맞는 향을 주입해 주는 역할

ㄴ.식물성 향료, 동물성 향료, 합성향료

2. 화장품 제조

1) 가용화

물에 소량의 오일 성분이 계면 활성제에 의해 투명하게 녹아 있는 상태(화장수, 에센스, 향수, 헤어 토닉)

2) 유화

물에 오일 성분이 계면 활성제에 의해 하얗게 섞여 있는 상태

O/W 타입	• 물에 오일이 섞인 상태 • 물이 많음	로션, 크림, 에센스
W/O 타입	• 오일에 물이 섞인 상태 • 오일이 많음	영양 크림, 선크림

3) 분산

물이나 오일에 미세한 고체 알갱이를 균일하게 혼합한 상태(립스틱, 마스카라, 아이섀도우)

4) 혼합

용도에 맞게 원료들을 균일하게 혼합한 상태

5) 화장품 포장 및 판매

(1) 포장

① **1차 포장** : 화장품 제조 시 내용물과 직접 접촉하는 포장

② **2차 포장** : 1차 포장을 수용하는 1개 또는 그 이상의 포장과 보호제

≪ 1차 포장기재 사항
• 화장품의 명칭
• 제조업자 상호 및 주소
• 사용기간 또는 개봉 후 사용기간
• 제조번호

(2) 포장기재 사항

① 화장품의 명칭
② 제조업자 상호 및 주소
③ 사용 기간 또는 개봉 후 사용 기간
④ 제조번호
⑤ 용량
⑥ 전성분
⑦ 가격
⑧ 주의사항

(3) 화장품 영업의 종류

① **제조업**:화장품 제조업은 화장품의 전부 또는 일부를 제조하는 영업
ㄱ.화장품을 직접 제조하는 경우
ㄴ.제조를 위탁받아 제조하는 경우
ㄷ.화장품의 1차 포장을 하는 경우
책임판매업:화장품 책임판매업은 취급하는 화장품의 품질 및 안전을 관리하면서 이를 유통, 판매하거나 수입 대행형 거래를 목적으로 알선, 수여하는 영업
ㄹ.직접 제조한 화장품을 유통, 판매하려는 경우
ㅁ.위탁하여 제조한 화장품을 유통, 판매하려는 경우
ㅂ.수입한 화장품을 유통 판매하려는 경우
ㅅ.수입 대행형 거래를 목적으로 화장품을 알선 수여하려는 경우
② **맞춤형 화장품 판매업**:수입, 제조된 화장품의 내용물에 다른 화장품의 내용물이나 식품의 약품 안전처장이 정하는 원료를 추가하여 혼합한 화장품 제조 수입된 화장품의 내용물을 소분한 화장품

(4) 화장품 사용상 유의사항

① 이상이 있을 시 전문의 등과 상담
② 상처가 있는 부위에는 사용 자제
③ 직사광선을 피해서 보관
④ 어린이의 손이 닿지 않는 곳에 보관
⑤ 개봉 후 최대한 빠른 시간 내 사용

3. 화장품의 종류와 기능

1) 기초 화장품

① **세안용 화장품**:이물질을 제거(세안용 비누, 세안용 폼, 클렌징 크림, 크렌징 로션)
② **피부 정돈용 화장품**:수분과 보습 성분을 보급(화장수)

≪ 우드램프 측정 시
- **청백색**:정상피부
- **오렌지**:지성피부
- **암적색**:노화피부
- **암갈색**:색소침착
- **연보라**:건성피부
- **진보라**:민감성

종류	적합 피부	기능
유연 화장수 (스킨, 로션)	건성, 노화피부에 적합	• 피부를 매끄럽게 하고 세균 침투를 예방 • 보습제, 유연제
수렴화장수 (아스트린젠트)	지성, 중성, 복합성피부에 적합	• 수분을 공급하고 알코올 함양을 높여 피부를 보호, 소독하고 모공을 수축하는 기능 • 피지, 땀 분비 억제
소염 화장수	지성, 여드름, 복합성피부에 적합	• 모공 수축, 살균소독

③ **보습용 화장품**:피부에 보습을 증가하며 향상성 유지(에센스, 세럼, 앰플)
④ **보호용 화장품**:외부 오염물질로부터 피부보호(에멀전, 데이크림, 아이제품)
⑤ **영양공급 화장품**:피부에 영양을 공급(영양 크림, 앰플)
⑥ **기능 활성화 화장품**:피부의 신진대사 활성화(팩, 마스크)

≪ 팩의 제거 방법
- **필오프 타입**:팩이 건조한 후에 형성된 투명한 피막을 떼어내는 형태
- **티슈오프 타입**:티슈로 닦아내는 형태
- **워시오프 타입**:팩 도포 후 일정 시간이 지나 미온수로 씻어내는 형태

2) 메이크업 화장품

피부에 색상을 부여하기 위한 목적으로 사용되며 주로 안료를 사용

베이스 메이크업	메이크업 베이스	피부톤을 보정, 피부보호, 밀착성과 지속성 부여, 색조 성분의 피부 흡수 방지
	파운데이션	피부색 보정, 결점 커버, 자외선 차단, 외부환경으로부터 피부보호
	파우더	파운데이션의 지속성 유지 번들거림 방지
	립스틱	입술의 색채감, 입술 모양수정, 건조방지
포인트 메이크업	마스카라	길고 풍성한 속눈썹 연출용
	아이섀도우	뚜렷한 눈매와 눈이 커 보이는 효과
	아이브로우색	눈썹의 모양 변화로 전체적인 이미지 변화
	블러셔	볼의 음영과 입체감, 전체적인 컨셉부여

3) 모발용 화장품

모발과 두피의 건강을 유지하기 위해 사용되는 제품

세정용	헤어 샴푸	모발의 이물질 제거 및 비듬 방지
	헤어 린스	유연성과 윤기 부여, 컨디셔닝 효과
정발용	헤어 포마드	모발에 지방을 공급, 모양 유지 효과
	헤어스프레이	모발의 스타일 고정 효과
	헤어무스	모발의 모양
트리트먼트용	헤어 컨디셔너	모발의 윤기와 탄력 유지
양모용	헤어 토닉	모발의 건강 유지

≪ **정발용, 양모용**
- **정발용**: 머리모양을 만듦
- **양모용**: 양모 방지용

4) 방향용 화장품

perfumum, 라틴어로 연기를 통한다는 뜻으로 인류 최초의 화장품

(1) 부향률 분류

퍼퓸 > 오데퍼퓸 > 오데토일렛 > 오데코롱 > 샤워 코롱

구분	부향률	지속 시간
퍼퓸	15%~30%	5~7시간
오데퍼퓸	9%~12%	4~6시간
오데토일렛	6%~8%	3~4시간
오데코롱	3%~5%	2~3시간
샤워코롱	1%~3%	1~1시간

≪ **부향률**
향이 차지하는 비율

(2) 천연향의 추출 방법 분류

① **수증기 증류법**: 대량 추출 가능
② **냉압착법**: 과일 추출 시 사용
③ **용매 추출 법**: 동, 식물의 지방유에서 추출
④ **초임계 이산화탄소 추출법**
⑤ **냉침법**: 고비용 저효율

(3) 향수의 발산 속도 분류

탑노트	시트러스, 그린계열	• 향수를 처음 뿌렸을 때 느껴지는 첫 느낌 • 주로 휘발성이 강한 향
미들 노트	플로랄, 프루티	• 알코올이 날아간 뒤 느끼는 향 • 주로 꽃과 과일 향
베이스 노트	머스크, 우디	• 시간이 지난 뒤 본인의 체취와 섞여서 나는 향 • 주로 휘발성이 약한 향

5) 전신 관리 화장품

다양한 목적에 따라 신체를 관리하는 화장품

전신	세정	비누, 바디 샴푸
	트리트먼트	바디 스킨, 바디 로션
손	거칠어짐 방지	핸드 크림, 약용 크림
겨드랑이	방취, 제한	데오드란트
팔꿈치, 무릎	유연	각질 유연 로션
다리	붓기 방지	레그 로션 크림
발	제모, 방취	제모 크림, 방취 로션

6) 아로마, 에센셜, 캐리어 오일

(1) 에센셜 오일

① 식물의 꽃, 뿌리, 껍질, 씨앗 등에서 추출한 고농축 천연오일
② 특유의 향과 살균, 진정, 이완 등 치유 기능
③ 각 성분 마다 다양한 효능이 있음
④ 추출이 어렵고 고가임
⑤ 고농축이라 원액을 캐리어 오일과 혼합하여 사용해야 함
⑥ 휘발성이 있음

(2) 아로마 오일

① 식물의 꽃, 뿌리, 껍질, 씨앗 등에서 향을 추출한 오일
② 주로 캔들, 디퓨저 등에 사용

(3) 캐리어 오일

① 식물의 씨와 과육을 압착 하거나 용매를 통해 추출

② 향이 나는 식물성 오일

③ 고농축인 에센셜 오일은 피부까지 흡수되지 않아 식물성 오일과 희석해서 사용

④ 휘발성이 없어 고정오일(fixed oil), 베이스 오일(base oil)

⑤ 캐리어 오일의 종류

호호바 오일	나무 열매에서 추출하고 장기간 보관에 용이	여드름, 습진, 모발 영양을 주고 지성 피부에 적합하다.
아보카도 오일	스킨케어 용	건성, 노화, 습진 피부에 효과
아몬드 오일	냄새가 없고 영양분이 많다.	건성, 염증성 피부에 적합
살구씨 오일	비타민, 미네랄 풍부	주름제거, 염증, 노화 피부
윗점 오일	피부를 젊고 탄력있게 하며, 무겁고 냄새가 강하다.	건성, 알레르기 피부에 적합
포도씨 오일	가볍고, 피부에 쉽게 스며 듦	여드름이 많은 지성 피부
올리브 오일	염증, 가려움증, 튼살에 효과적	건성 피부
코코넛 오일	사용감이 매우 가볍고 보습 작용이 뛰어나다.	주로 선탠오일로 사용

7) 기능성 화장품(미백, 주름 개선, 자외선 차단)

피부의 미백에 도움을 제품	나이아신 아마이드, 알부틴, 닥나무 추출물, 코직산
피부의 주름 개선에 도움을 주는 제품	레티놀, 레티팔미네이트, 아데노신
자외선으로부터 피부를 보호해주는 데에 도움을 주는 제품	징크옥사이드, 티타늄 옥사이드 옥토 크릴렌
모발의 색상 변화, 제거 또는 영양공급에 도움을 주는 제품	과산화수소
피부나 모발의 기능 약화로 인한 건조함, 갈라짐, 빠짐, 각질화 등을 방지하거나 개선하는데 도움을 주는 제품	징크피리치온, 판데
여드름 피부 완화	살리실릭애시드

(1) 자외선 차단

① **자외선 차단제 지수(Sun protection Factor)** : 피부가 자외선으로부터 차단되는 수치

$$SPF = \frac{\text{자외선 차단 제품을 바른 피부의 최소 홍반량}}{\text{자외선 차단제를 바르지 않은 외부의 최소 홍반량}}$$

② SPF=SPF 15는 93%, SPF 30은 96% UV-B를 차단

③ PA=Protection UA-A란 의미, +가 많을수록 UV-A를 많이 차단

④ 평상시에는 SPF 15가 적당하며 여름철 야외 활동에는 SPF 30 이상이 적당

(2) 자외선 차단

① UV-A

ㄱ.계절 상관없이 항상 내리쬐는 자외선으로 실내에 있어도 침투할 만큼 강력함

ㄴ.피부노화, 기미, 주근깨 유발

② UV-B

여름에 햇볕에 타서 빨갛게 되는 현상을 일으킴

③ UV-C

단백질과 유전자를 변형시킬 정도로 가장 강력한 자외선으로 거의 오존층에서 흡수

(3) 사용 방법

① 야외 활동 전 바르는 것이 좋다.

② 민감한 피부는 자외선 지수가 낮은 것을 사용

③ 시간이 지나면 덧 바른다.

④ 피부병변이 있는 부위에는 사용을 제한

화장품 유형	세부 사항
영·유아용 제품류 (만3세 이하)	1) 영·유아용 샴푸, 린스 2) 영·유아용 로션, 크림 3) 영·유아용 오일 4) 영·유아 인체 세정용 제품 5) 영·유아 목욕용 제품
목욕용 제품류	1) 목욕용 오일·정제·캡슐 2) 목욕용 소금류 3) 버블 배스(bubble baths) 4) 그 밖의 목욕용 제품류
인체 세정용 제품류	1) 폼 클렌저(foam cleanser) 2) 바디 클렌저(body cleanser) 3) 액체 비누(liquid soaps) 및 화장비누(고체 형태의 세안용 비누) 4) 외음부 세정제 5) 물휴지 6) 그 밖의 인체 세정용 제품류
눈화장용 제품류	1) 아이브로우 펜슬(eyebrow pencil) 2) 아이 라이너(eye liner) 3) 아이섀도우(eye shadow) 4) 마스카라(mascara) 5) 아이 메이크업 리무버(eye make-up remover) 6) 그 밖의 눈 화장용 제품류

화장품 유형	세부 사항
방향용 제품류	1) 향수 2) 분말향 3) 향낭(香囊) 4) 콜롱(cologne) 5) 그 밖의 방향용 제품류
두발 염색용 제품류	1) 헤어 틴트(hair tints) 2) 헤어 컬러스프레이(hair color sprays) 3) 염모제 4) 탈염·탈색용 제품 5) 그 밖의 두발 염색용 제품류
색조 화장용 제품류	1) 볼연지 2) 페이스 파우더(face powder), 페이스 케이크(face cakes) 3) 리퀴드(liquid)·크림·케이크 파운데이션(foundation) 4) 메이크업 베이스(make-up bases) 5) 메이크업 픽서티브(make-up fixatives) 6) 립스틱, 립라이너(lip liner) 7) 립글로스(lip gloss), 립밤(lip balm) 8) 바디페인팅(body painting), 페이스페인팅(face painting), 분장용 제품 9) 그 밖의 색조 화장용 제품류
두발용 제품류	1) 헤어 컨디셔너(hair conditioners) 2) 헤어 토닉(hair tonics) 3) 헤어 그루밍 에이드(hair grooming aids) 4) 헤어 크림·로션 5) 헤어 오일 6) 포마드(pomade) 7) 헤어 스프레이·무스·왁스·젤 8) 샴푸, 린스 9) 퍼머넌트 웨이브(permanent wave) 10) 헤어 스트레이트(hair straightner) 11) 흑채 12) 그 밖의 두발용 제품류
손발톱용 제품류	1) 베이스코트(basecoats), 언더코트(under coats) 2) 네일폴리시(nail polish), 네일에나멜(nail enamel) 3) 탑 코트(topcoats) 4) 네일 크림·로션·에센스 5) 네일폴리시·네일 에나멜리무버 6) 그 밖의 손발톱용 제품류
면도용 제품류	1) 애프터셰이브 로션(aftershave lotions) 2) 남성용 탤컴(talcum) 3) 프리셰이브 로션(preshave lotions) 4) 셰이빙 크림(shaving cream) 5) 셰이빙 폼(shaving foam) 6) 그 밖의 면도용 제품류

화장품 유형	세부 사항
기초 화장용 제품류	1) 수렴·유연·영양 화장수(face lotions) 2) 마사지 크림 3) 에센스, 오일 4) 파우더 5) 바디 제품 6) 팩, 마스크 7) 눈 주위 제품 8) 로션, 크림 9) 손·발의 피부 연화 제품 10) 클렌징 워터, 클렌징 오일, 클렌징 로션, 클렌징 크림 메이크업 리무버 11) 그 밖의 기초화장용 제품류
체취 방지용 제품류	1) 데오드란트 2) 그 밖의 체취 방지용 제품류
체모 제거용 제품류	1) 제모제 2) 제모 왁스 3) 그 밖의 체모 제거용 제품류

➔클렌징이 앞으로 나오면 기초화장품
➔클렌징이 뒤에 붙으면 인체세정용으로 암기

SECTION 02

미용사 위생 관리

Check Point!

2022년 추가된 내용
꼭!! 알아보기~

1. 개인 건강 및 위생관리

1) 미용사 위생 관리의 필요성

① 위생적인 환경에서 고객의 미적 욕구를 충족시키는 서비스를 제공, 고객 삶의 질 향상시킴

② 불특정 다수의 출입 허용된 개방된 공간에서 고객과 가까운 거리를 유지, 고객의 두피·모발을 손, 피부 등에 접촉, 대화하며 업무를 수행, 감염을 비롯한 질병에 노출

③ 공중위생의 유지 및 국민 건강 증진에 기여하고 이때 미용업무를 면허 취득자로 제한

④ 면허를 취득한 후 지속적으로 미용업 종사자는 자신은 물론 고객 및 동료들의 안전과 위생을 위해 올바른 위생 관리 방법 숙지하여 이를 생활화

2) 미용사 손 위생 관리

① 미용은 고객의 모발 및 두피에 펌제, 염모제, 중화제, 샴푸제 등 약품이나 에센스, 왁스 등과 같은 스타일링 제품을 사용, 위생적인 손 관리가 필요

② 고객의 모발, 두피 및 피부 등과의 접촉이 필수인 미용 업무 종사자는 손 관리에 소홀할 경우 트거나 갈라져 가려움을 동반한 접촉성 피부염에 노출

③ 세균과 바이러스 등의 병원균으로 인한 질병 감염의 가능성 숙지

④ 업무 전후, 화장실 전후, 식사 전후에는 손 씻기, 손 소독 등의 손 위생관리 습관화

⑤ 고객의 안전 및 위생을 위해 손톱은 너무 길지 않게 손질하고 청결함을 유지

⑥ 손톱 밑에 이물질이 끼어 있거나 염모제 등의 착색으로 인해 불결함이 느껴지지 않도록 주의

⑦ 샴푸 및 두피 관리 시 고객의 두피 혹은 피부에 상처를 낼 수 있으므로 짧고 청결한 손톱을 유지

3) 미용사 체취 및 구취 관리

① 고객의 모발을 손질하고 두피 관리를 위해 고객과 가까운 거리를 유지, 수행

② 미용사는 자신의 체취 및 구취를 위생적으로 관리하는 생활 습관이 필요

SECTION 03

미용업소 위생 관리

Check Point!

2022년 추가된 내용
꼭!! 알아보기~

1. 미용도구와 기기의 위생관리

1) 미용업소 수건 및 가운

(1) 미용업소 수건

- 수건은 고객의 모발, 피부 등 신체에 직접 닿는 물건이므로 세탁 및 건조, 보관에 이르기까지 각별히 주의
- 한 번 사용한 수건은 반드시 세탁, 건조와 보관에 주의
- 수건을 선택할 때 수분 흡수가 빠르고 먼지가 많이 나지 않으며 쉽게 건조
- 35cm×75cm 정도의 크기에 70~90g 정도의 무게의 수건이 적당

(2) 미용업소 가운

미용업소에서는 다양한 종류의 가운을 비치하고 미용 서비스 제공 시 머리카락과 화학 제품으로부터 고객의 피부와 옷을 보호하는 용도로 사용

2) 미용업소 식음료 서비스

제공하는 음료 및 스낵의 유통 기한은 물론 청결한 위생 상태 유지, 수시로 점검, 정기적 소독관리

3) 미용업소 시설 및 설비 관리

① 미용업소에는 전기, 상하수도, 조명, 온수기, 간판 및 현수막, 환풍기, 냉난방기, 소화기 등과 같은 각종 시설과 설비

② 미용업소 종업원과 고객의 안전과 위생에 직결되므로 정기적인 점검을 통해 철저히 관리

4) 미용업소 도구 및 기기 관리

(1) 미용업소 도구 관리

- 도구란 어떤 일을 할 때 사용하는 소규모 장치로 미용 도구의 종류로는 가위, 빗, 핀셋, 브러시, 펌 롯드, 핀 등
- 미용 시술 중 고객의 머리카락이나 두피에 직접 닿았던 도구는 세균 감염의 우려가 있으므로 사용 후 각각 도구의 재질에 맞게 소독, 정해 놓은 위치에 보관

(2) 미용도구의 살균과 소독 방법

미용 업무의 대부분은 미용사가 자신의 손과 미용 기기 및 도구, 전문 제품을 이용하여 고객의 모발과 두피에 행해지므로 미용사와 고객의 위생을 위해 도구 사용 후 철저한 살균과 소독을 필요

2. 미용업소 환경 위생

1) 미용업소 환경 위생

① 공중위생 관리 대상 업종인 미용업은 청결하고 쾌적한 실내 환경을 유지

② 업무 중 사용하는 펌제, 염·탈색제, 샴푸제 등에는 다양한 화학 물질이 함유되어 있지만 인체에 유해한 수준의 양이 아니므로 별다른 인지 없이 사용

③ 업무 중에는 실내 공기를 주기적으로 환기시키는 것, 공기청정기 사용 등으로 쾌적한 환경을 유지하도록 주의

2) 미용업소 위생 관리

① 미용업소의 청결 상태와 사용하는 도구의 위생 수준 및 종사자의 위생에 대한 인식 정도는 미용업 유지에 필수적인 요소, 미용업소가 제공하는 서비스 품질에도 영향을 미치는 요소

② 미용업소를 항상 청결하고 깨끗한 상태로 유지하기 위해서 공간별, 기기 및 도구별, 청소 및 소독 방법별, 시기별, 주기별 등 업소 상황에 맞게 분류하고 담당자를 정해 청소 점검표를 준비하여 관리

3) 미용업소 폐기물

① 폐기물은 폐기물관리법 제2조에 의해 생활 폐기물, 사업장 폐기물, 지정 폐기물, 의료 폐기물, 의료 폐기물로 분류

② 미용업소에서 배출되는 폐기물은 생활 폐기물에 해당

③ 생활 폐기물은 일반폐기물, 음식물 쓰레기, 재활용품 폐기물 등으로 구분

SECTION 04

미용업 안전사고 예방

1. 미용업소 시설·설비의 안전관리

1) 미용업소 전기 안전 지식

① 미용업소는 전기 사용량이 매우 많은 업종이므로 평소에도 전기에 대한 주의사항을 정확하게 숙지, 안전사고가 발생하지 않도록 수시로 점검

② 헤어드라이어, 마샬기, 매직기, 아이론기, 가온기, 미스트기, 디지털 세팅기 등과 같은 기기를 사용할 때에는 젖은 손으로 만지거나 콘센트 하나에 플러그를 여러 개 꽂아 과부하로 인한 화재 등 안전사고가 발생하지 않도록 주의

2) 소방 안전 지식

화재 시 대피 방법, 화재 신고 방법, 소화기 및 옥내 소화전 사용 방법 확인

3) 기타 안전사고 관련 지식

미용업은 다른 업종에 비하여 안전사고 발생률이 매우 낮을 뿐만 아니라 위험성 역시 높지 않지만, 사소한 부주의로 인해 발생할 수 있는 안전사고는 매우 다양하다.

2. 미용업소 안전사고 예방 및 응급조치

1) 응급 상황과 구급약

① 미용업소 종사자 또는 고객에게 안전사고 등 응급 상황이 발생했을 때 상태가 심하면 119에 신고

② 전문 구급대원이 도착할 때까지 증상이 악화되는 것을 방지

③ 증상별로 적절한 응급조치로 안정을 취하며 대기

④ 배탈, 두통 등과 같이 일시적인 증상으로 발생한 응급 상황은 업소에 비치해 놓은 구급약으로 신속하게 대처

« 구급약 및 응급 물품

구급상자의 내용물은 먹는 약, 바르는 약, 응급조치 시 신속하고 간단하게 사용할 수 있는 기재, 응급 처치에 필요한 의료용 물품, 소독약 등은 물론, 긴급 상황에서도 당황하지 않고 참고할 수 있도록 간단한 응급조치 자료, 비상 시 도움 요청할 수 있는 긴급 연락처 등을 적어 놓은 메모장도 함께 준비

SECTION 05

고객 안내 업무

1. 고객 응대

1) 고객 응대의 중요성

① 고객 응대란 모든 직원이 업무 수행상 고객을 대할 때 고객이 회사에 신뢰와 호감을 가지도록 하는 일체의 행동을 의미

② 경쟁이 치열해지는 뷰티 산업에서 고객 만족을 통한 호의적인 고객 관계를 유지하는 것이 중요

③ 차별화된 고객 서비스를 통해 충성 고객을 확보하는 것 또한 성공의 중요한 요인

(1) 고객의 정의

① 고객의 일반적인 정의는 기업으로부터 상품과 서비스를 제공받는 사람

② 기업으로부터 구매하는 소비자로부터 기업과 직간접적으로 거래하고 관계를 맺는 모든 사람을 포함

(2) 고객과의 접점 관리

① 고객 접점이란 고객과 만나는 모든 순간을 뜻

② 진실의 순간(MOT : moment of truth)이라고도 표현, 직원이 고객과 접하는 최초 15초로서, 고객과 접점에 있는 직원의 응대 서비스가 얼마나 중요한지를 의미

ㄱ.대면 접점

ㄴ.비대면 접점

③ 고객 접점에서의 서비스 매너

2) 내점 고객 응대 방법

① 데스크에서의 안내

② 대기 공간으로 안내

③ 라커룸으로 안내

④ 헤어 서비스 공간으로 안내

3) 전화 응대 방법

① 미용실에서 전화 고객 응대 시 고객의 표정, 감정, 동작을 볼 수가 없으므로 올바른 어휘 선택을 통해 상대방이 직접 나를 보고 있는 것처럼 느낄 수 있도록 배려

② 좋은 표정과 바른 자세, 예의 바른 말투, 밝은 목소리가 전화 응대의 기본 매너

③ 미용업소에 걸려오는 전화의 대부분은 위치, 예약, 요금, 주차 등에 관련된 내용이므로 관련 내용을 정리한 자료집을 전화기 옆에 비치 후 전화 응대

④ 최근에는 스마트 폰을 이용하여 고객 스스로가 필요한 정보를 수집하여 활용

⑤ 전화문의 고객은 주로 40대 이상의 고객인 경우가 많다.

⑥ 전화 응대의 기본원칙을 지키는 것도 중요, 미용업소의 주 고객층에 따른 차별화된 매뉴얼의 준비도 필요

SECTION 06

헤어 샴푸

1. 샴푸제의 종류

1) 헤어 샴푸

헤어 샴푸 정의: 세제나 비누 등을 이용해서 두피와 모발의 이물질을 제거, 청결하게 하는 과정

(1) 샴푸의 목적과 효과 및 주의사항

구분	내용
목적과 효과	• 두피와 모발의 청결 유지 • 스타일을 변화시키거나 만들기 위해 시술을 할 수 있는 기초 작업 • 두피를 자극하여 혈액순환을 촉진시켜 모근 강화와 모발 성장에 도움 • 오전보다 저녁에 하는 것이 효과적
주의사항	• 샴푸 전 물의 온도 체크(샴푸 시 적정 물 온도 : 36~38˚C 연수) • 손톱으로 두피를 긁지 않도록 한다. • 손님의 옷이 젖거나 눈, 귀, 얼굴에 물이 튀지 않도록 한다. • 수건을 재사용하는 것을 금지

(2) 샴푸의 종류

① 웨트(Wet) 샴푸(물을 사용하는 샴푸)

구분	내용
플레인 샴푸(일반샴푸)	• 일반적인 모발에 사용되는 샴푸 • 모발의 세정이 주 목적
스페셜 샴푸(Special shampoo)	• 모발에 영양공급, 손상 모발 치유 • 민감성 피부, 모발의 생리기능 향상을 돕는데 주 목적

스페셜 샴푸 종류	스페셜 샴푸 기능
핫오일 샴푸(Hot Oil Shampoo)	• 플레인 샴푸 전에 실시 • 다양한 헤어 시술에 의해 손상되어 건조해진 모발에 따뜻하게 데운 식물성오일(올리브유, 아몬드유, 춘유 등)을 모발에 도포 후 샴푸
에그 샴푸(Egg Shampoo)	• 날달걀을 사용 • **흰자**: 세정작용 • **노른자**: 영양공급, 광택 작용 • 매우 건조한 모발(염색 탈색, 민감성) 모발에 사용
댄드러프 샴푸(Dandruff Shampoo)	• 비듬 제거 시 사용 • 건성, 지성 등 비듬 전용
논스트리핑 샴푸(Nonstrifting Shampoo)	• 약산성 샴푸 • 모발의 자극을 최소화, 손상 모발 사용
프로테인 샴푸(Protein Shampoo)	• 단백질 샴푸(누에고치 성분, 난황 성분) • 다공성 모발(손상 모발)에 영향 공급하여 탄력을 줌

② 드라이 샴푸(물을 사용하지 않는 샴푸)

종류	기능
파우더 드라이 샴푸(더스팅 파우더)	• 붕산, 탄산마그네슘 분말 사용 • 모발에 뿌리고 20~30분 경과 후 브러싱하여 분말을 제거
에그 파우더 드라이 샴푸	• 달걀흰자 사용 • 모발에 도포 후 건조시켜 브러싱하여 제거
리퀴드 드라이 샴푸	• 가발 세정에 사용 • 알콜, 벤젠 등 휘발성 용제를 사용

(3) 모발 상태에 따른 샴푸의 종류

① 정상 모발(건강 두피 pH : 4.5~6.5/건강 피부 pH : 5~6)

종류	설명
알칼리성	• pH: 7.5~8.5의 알칼리 샴푸 • 두피와 모표피의 산성도를 일시적 알칼리 변화시켜 산성 린스로 중화
중성	• pH: 5~6
산성	• pH: 4.5(약산성), 두피의 pH와 같은 산성 • 펌·염색 후 사용, 알칼리성 약을 중화시키는 역할

② 모발 상태에 따른 분류

종류	설명
비듬성 상태	• 댄드러프 샴푸: 항 비듬성 샴푸제(약용샴푸) • 지성 두발, 건성 두발에 사용
지방성 상태	• 중성 또는 합성 샴푸제 • 세정력과 탈지 효과가 크다.
염색 모발	• 논스트리핑 샴푸: 염색이 벗겨지지 않으므로 염색한 두발에 가장 적합 • pH가 낮은 산성샴푸는 두발을 자극하지 않음
다공성 모발	• 단백질, 콜라겐이 풍부한 프로테인 샴푸를 사용 • 모공 속에 침투시켜 모발의 탄력을 회복시킴

(4) 기능성 샴푸의 종류

종류	기능
데오드란트(deodorant) 샴푸	불쾌한 냄새를 제거
저미사이드(germicide) 샴푸	소독, 살균에 용이
리컨디셔닝(reconditioning) 샴푸	손상 모발을 재생, 영양공급
소프트 터치(soft touch) 샴푸	모발의 유연성을 높임

(5) 샴푸 성분(첨가제)

계면활성제

- 물과 기름의 경계면인 계면 즉 피부 또는 모발 표면에 흡착
- 표면의 장벽을 감소시킴
- 표면의 이물질이 잘 빠지도록 하며, 비비거나 마찰을 주면 그 역할이 활성
- **계면활성제의 자극 순서**: 양 이온성 > 음 이온성 > 양쪽 이온성 > 비 이온성

계면활성제 종류	계면활성제 내용
양 이온성	• 살균, 소독하여 피부에 자극이 강함 • 헤어 트리트먼트, 헤어 린스 등 정전기 발생 억제
음 이온성	• 세정력이 우수하지만 피부가 거칠어짐 • 비누, 샴푸, 클렌징 폼
양쪽 이온성	• 피부 자극과 독성이 적음 • 베이비 샴푸, 저자극성 샴푸
비 이온성	• 피부의 자극 적음 • 기초 화장품에 함유

≪ **샴푸의 기타 첨가제**

점증제: 샴푸의 점도와 점착성을 증가

기포 증진제: 기포의 증진과 안전성을 위한 목적

Check Point!

2022년 추가된 내용
꼭!! 알아보기~

2. 샴푸 방법

1) 샴푸 유형

와식 샴푸	• 샴푸대에 고객이 안락하게 누운 상태로 샴푸 • 고객의 목에 부담이 적음 • 샴푸는 보통 1~2회, 노폐물들로 인해 거품이 잘 나지 않을 수 있으므로 1차로 가볍게 헹구어 냄
좌식 샴푸	• 고객이 의자에 앉은 상태로 샴푸 • 두피 유형에 맞는 샴푸제를 물과 1 : 10으로 혼합한 후 두상 전체에 바르면서 손으로 비벼 거품을 냄

2) 샴푸 순서

① 샴푸 준비

ㄱ.고객의 어깨 위에 샴푸보 등을 감싼다.

ㄴ.샴푸대 조절

ㄷ.샴푸마스크(얼굴가리개), 무릎 덮개 덮어주기

② 온도체크, 적시기

ㄱ.시술자의 손목 안쪽, 고객의 두피에 물을 대어서 물 온도 확인

ㄴ.헤어라인 중앙부터 좌우로 골고루 적신다. 이 때, 물의 방향이 얼굴 쪽으로 향하지 않도록 주의

ㄷ.양쪽 귀 위쪽의 모발은 손으로 귀를 가려서 귀에 물이 들어가지 않게 물의 방향을 유도한다.

ㄹ.네이프는 한손으로 살짝 들어올려 손바닥으로 목을 받친 후 물을 흘려주며, 목 쪽으로 물이 흘러 들어가지 않게 주의한다.

③ 샴푸제 도포

ㄱ.두피 타입에 맞는 샴푸제 선정

ㄴ.손바닥에 거품을 내어 도포

ㄷ.거품이 잘 나지 않으면 가볍게 헹군 후 한번 더 샴푸

④ **매뉴얼 테크닉**

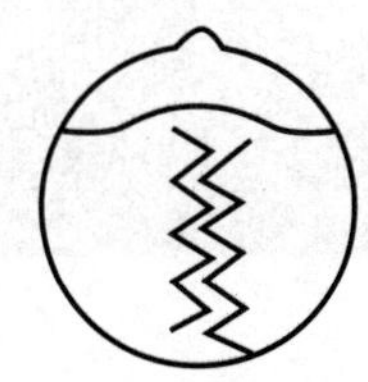	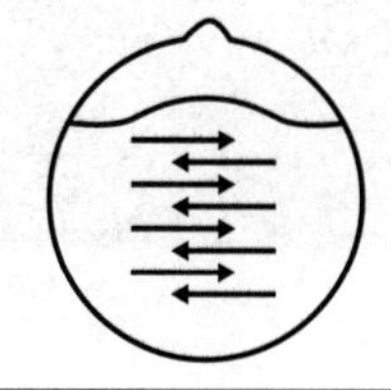
엄지손가락의 지문을 사용하여 헤어라인에서 골든포인트 쪽으로 지그재그	엄지손가작을 제외한 나머지 손가락의 지문으로 양손 교차 문지르기
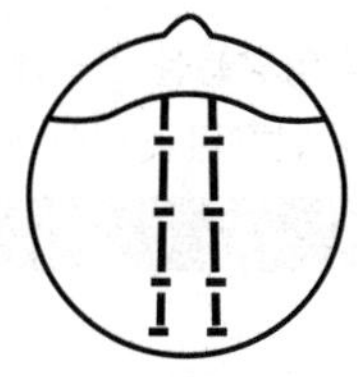	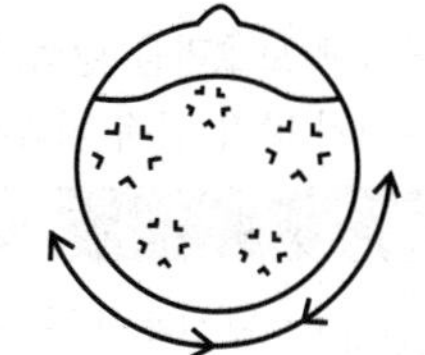
엄지손가락을 사용하여 두피의 압 지압 (신정-곡차-두유-이문) (신정-백회)	양손의 손가락을 이용하여 두피 전체 튕기기

⑤ **헹구어내기**

물 온도체크 후 헹구고 시술자의 손에 묻은 거품도 제거

⑥ **타올드라이**

모발의 물기를 제거한 후 타월 드라이

SECTION 07

헤어 트리트먼트

1. 헤어 트리트먼트제의 종류

1) 린스의 목적과 종류

(1) 목적

① 정전기 방지

② 샴푸 후, 건조된 모발을 윤기 나게 하고 엉킴을 방지

③ 샴푸 후, 모발에 남아있는 금속 피막, 불용성 알칼리성을 제거

(2) 종류

① 플레인 린스

ㄱ.38~40°C 연수 사용

ㄴ.펌 제1액 제거를 위한 중간 린스

ㄷ.펌 직후 처리로 플레인 린스

② 유성 린스

모발이 건성일 때 사용

종류	설명
오일 린스	올리브유 등을 따뜻하게 데워 헹구는 방식 (모발에 유지분 공급)
크림 린스	라놀린, 유액상 린스, 올리브유 등을 물에 타서 사용 (헤어 시술 손상된 부분에 유지분 공급)

③ 산성 린스

레몬 린스	• 레몬즙을 따뜻한 물에 희석하여 사용(5~6배) • 레몬즙을 완전히 제거해야 함
구연산 린스	• 구연산 1.5g을 따뜻한 물 0.5L에 타서 사용
비니거 린스	• 식초를 물에 타거나 초산을 10배 희석하여 사용 • 지방성 모발에 사용, 헹구어 완전히 제거

ㄱ.미지근한 물에 산성의 린스제를 녹여서 사용하는 방법

ㄴ.남아있는 비누의 불용성 알칼리 성분을 중화시키고 금속성 피막을 제거한다.

ㄷ.퍼머넌트 시술 후 모발에 남아있는 알칼리 성분을 중화하여 모발의 pH 균형을 회복시킨다.

ㄹ.퍼머넌트 시술 전에는 산성 린스를 사용하지 않는다.

2) 컨디셔너의 목적과 종류

① 모발에 보호막을 형성하여 수분과 영양분을 공급해 주고, 정전기 방지, 금속 피막제거 불용성 알칼리 성분을 제거

종류	내용
플레인 컨디셔너	• 펌 시술 시 1액 중간 세척용
유성 컨디셔너	• **오일 컨디셔너** : 건성 모에 적합 • **크림 컨디셔너** : 정전기 방지, 제4급 암모늄 첨가
산성 컨디셔너	• pH2~3으로 금속 피막 제거됨 • 단, 장시간 사용 시 모발이 표백되거나 단백질이 응고되어 뻣뻣해질 수 있음 • 비니거(레몬, 구연산, 식초) 컨디셔너가 있음
컬러 컨디셔너	• 샴푸 전까지 일시적 착색 기능

SECTION 08

두피·모발 관리 준비

1. 두피 · 모발의 이해

1) 두피

① 두피는 피부 조직이 두개골을 감싸고 있는 부분을 말하며 개인의 특성에 따라 두피의 색상 · 두께 · 각질의 상태가 다르며, 내적인 면과 외부로부터 여러 가지 요인에 의해 다양한 형태로 분류

② 일반적으로 정상 두피 · 건성 두피 · 지성 두피 · 민감성 두피 · 지루성 두피 · 건성 비듬 두피 · 지성 비듬 두피 · 탈모 두피 등으로 분류

2) 모발이란

① 포유류, 즉 사람의 털

② 인체에서 모발은 약 10% 정도 차지

③ 모발(털)은 빛깔, 형태, 만곡, 단면에서의 차이를 보이는데 이는 몸의 부위, 개인, 인종 등에 따라 다르게 나타난다.

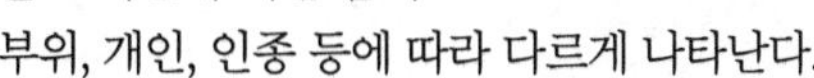

모표피
모표피
모피질
모수질

④ 동양인의 털은 검정색(유멜라닌)인 반면에 백인의 털은 갈색, 황갈색, 적색(페오멜라닌), 멜라닌 색소로 인한 차이인 것을 알 수 있다.

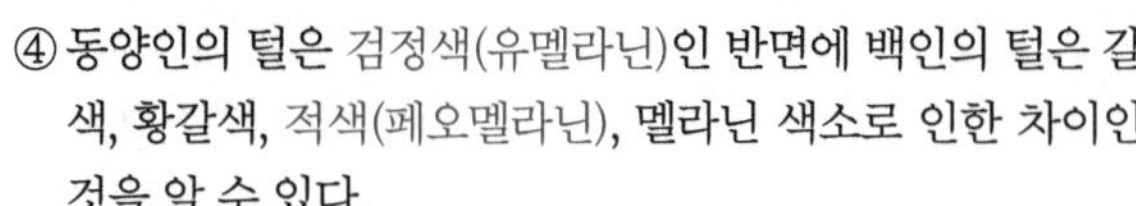

⑤ 모발은 직모, 파상모, 권모, 나선모 등이 있고 단면을 보면 직모는 원형의 형태, 파상모는 타원형, 축모는 삼각형이나 신장형인 것을 알 수 있다.

⑥ 모발은 크게 세 개의 층

⑦ 모표피, 모피질, 모수질

⑧ 모발의 구조는 표피의 외부로 나와있는 모간(毛幹)과 모근(毛根)

3) 모발의 멜라닌

유멜라닌(검정색)	동양인의 검은색, 갈색 모발에 있는 멜라닌
페오멜라닌(빨간색)	서양인의 빨간색, 노란색 모발에 있는 멜라닌

4) 모발의 4대 결합

주쇄결합 (세로 결합)	폴리 펩타이드 결합	모발의 결합 중 가장 강한 결합력, 세로 형태의 결합
측쇄결합 (가로 결합)	수소 결합	수분이 일시적으로 변형되지만 열에 의해 재결합되는 결합(드라이에 의한 결합)
	시스틴 결합 S-S 결합	2번째로 강한 결합, 모발을 태우면 성냥 태우는 냄새가 나는 원인
	염 결합	아미노산 사슬의 양전하와 음전하 사이의 결합

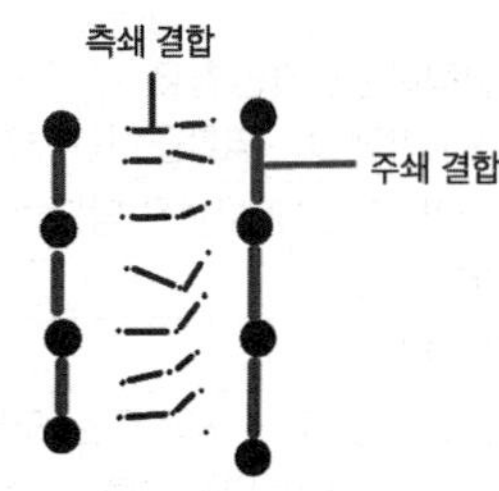

« 주쇄 결합
- 폴리펩타이드 결합
- 세로 결합

« 측쇄결합
- 시스틴 결합, 수소 결합, 염 결합
- 가로 결합

(1) 결합의 조건

결합 명	절단의 수단	재결합의 조건
수소 결합	수분	열에 의한 건조
시스틴 결합	환원제	산화제
염 결합	알칼리(pH)	산성 린스

수소 결합
수분에 의해 일시적으로 변형되며 드라이의 열에 의해 재결합되는 결합

5) 모발의 구조

모발은 크게 피부 밖으로 나와 있는 모간과 모근

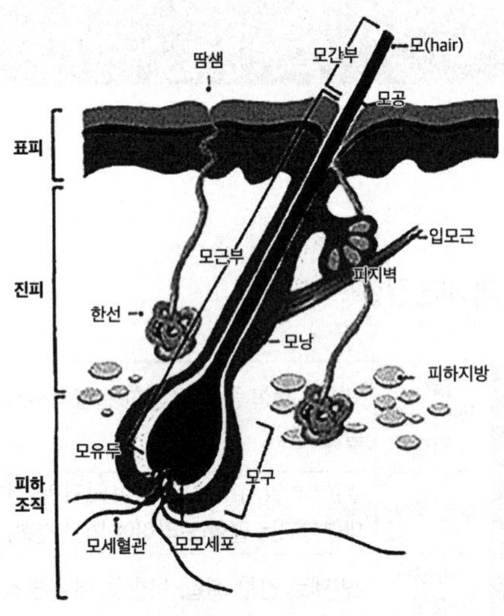

모간	모표피	• 모발의 가장 바깥 부분으로 케라틴과 단백질로 구성
	모피질	• 모발의 가장 중요한 부분으로 모발의 85~90% 차지 • 모발의 색상을 결정하는 멜라닌 함유 • 퍼머넌트와 염색에 가장 많은 역할을 하는 부분
	모수질	• 모발의 중심부, 모발의 광택 부분을 담당하며 연모에는 존재하지 않음
모근	모낭	• 모근을 싸고 있는 부분
	모구	• 모발의 근원지, 모근을 유지 시켜주는 모낭 아래의 둥근 모양으로 부풀어 있는 부분
	모유두	• 모낭 끝에 있는 작은 말발굽 모양으로 원료 저장고 역할 • 모발 성장을 위해 영양분을 공급해 주는 혈관과 신경이 있음
	모모세포	• 모유두 조직 내에 있으면서 모발을 만들어 내는 세포

6) 모발의 성장주기

성장기	• 건강하고 두꺼운 모발의 가장 중요한 단계 • 남성은 3~5년, 여성은 4~6년
퇴화기	• 성장을 멈추고 모낭의 세포분열이 점점 느려지는 기간
휴지기	• 모낭이 위축 모유두와 완전히 분리

모발의 성장주기
성장기→퇴화기→휴지기

SECTION 09
두피 관리

Check Point!

2022년 추가된 내용
꼭!! 알아보기~

1. 두피 분석

1) 정상 두피

정상 두피는 두피관리의 기준이 되는 유형으로 모공에 2~3 가닥의 모발이 전체 두피의 50% 이상, 모공이 열려 있고, 두피 색은 연한 청색, 맑은 살구색

≪ 시술 순서
상담→진단→브러싱 및 마사지→두피 스케일링→샴푸잉→영양 공급→마무리

2) 건성 두피

① 건성 두피는 두피의 유·수분의 이상 분비 현상으로 피지 형성이 원활하지 못하여 발생

② 각질이 쌓여서 건조해지고 두피가 갈라지거나 각질이 들떠있는 상태

3) 지성 두피

① 지성 두피는 과다한 피지 분비로 인해 과산화 지질이 생성되어 모공을 덮어 염증을 유발, 악취와 가려움증을 가져올 수 있다.

② 두피 표면은 투명감이 없고 탁한 상태로 끈적임을, 모발의 연모화 현상을 가져오거나 빈 모공도 발견

③ 지성 두피관리 방법은 두피 스케일링을 하여 피지 응고물을 제거, 매일 샴푸하여 두피를 청결하게 한다.

④ 지성 두피용 샴푸 및 토닉으로 두피의 pH를 조절, 약산성 상태를 유지

4) 민감성 두피

① 모세혈관이 확장, 두피가 얇아서 전체적 또는 부분적으로 모세혈관이 드러나 보이는 상태로 발열 현상, 약한 자극에도 예민하게 반응하여 홍반 및 염증을 동반, 모발이 가늘고 탈모로 진행

② 건성, 지성, 비듬, 탈모 두피 등 어느 두피에서도 민감성

③ 두피를 민감하게 하는 스트레스, 두피에 물리적·화학적 자극을 주지 않도록, 두피를 진정

④ 어깨, 목 등의 뭉친 근육을 풀어 주고, 원인을 개선, 관리를 오랫동안 꾸준하게 관리

- 스캘프 오일리 : 지성 두피 샴푸
- 핫오일 : 건조한 두피와 모발

5) 지루성 두피

① 청결을 유지하지 못하여 비듬균이 과다 증식하여 염증이 일어난 두피 상태

② 두피의 색상은 황색, 붉게 부풀어 오르거나 가려움증을 동반, 탈모를 촉진

③ 약용샴푸, 비듬 샴푸로 아침저녁으로 샴푸, 피지 조절을 위해 B_2, B_6 등 식품을 섭취

④ 스트레스를 풀어 주고, 화학적 피하고, 증상이 심하면 반드시 전문의의 치료

6) 복합성 두피

① 두피는 지성이며 모발은 파마, 염색, 드라이 등으로 인한 손상 때문에 건성인 상태

② 두피 유형에 맞는 샴푸를 사용, 모발에는 영양을 주는 트리트먼트 시술

7) 비듬성 두피

각질세포의 이상 증식으로 인해 비듬균의 증가, 가려움이 동반되는 상태로 건성, 지성 비듬

8) 탈모 두피

① 탈모 두피는 형태, 성장기 모발이 줄어들고 휴지기 모발의 비율이 증가

② 하루 100개 이상의 모발이 빠지는 두피

③ 어깨, 등, 상박에 마사지를 자주 하여 뭉친 근육을 풀어 주며, 적절한 두피 스케일링과 샴푸를 시행하고 두피 토닉과 영양제를 도포

④ 단백질, 비타민, 무기질의 영양소를 충분하게 섭취, 지나치게 자극적인 음식, 즉석식품, 음주, 흡연 등을 자제

2. 두피 관리 방법

1) 정의

(1) 두피관리란?

스켈프 트리트먼트(Scalp treatment)라고 하며 두피를 건강하고 청결하게 유지

2) 효과

① 두피의 노폐물이나 비듬 등을 제거, 혈액순환을 도와 모근을 튼튼하게 한다.

② 모발의 성장을 돕고 탈모를 예방, 모발에 윤기를 준다.

3) 종류

플레인 스켈프트리트먼트 (plain scalp treatment)	정상적인 두피 상태일 때 사용
오일리 스캘프 트리트먼트 (oily scalp treatment)	지성 두피의 과도한 지방 제거를 위해 사용
드라이 스캘프 트리트먼트 (dry scalp treatment)	건성 두피의 지방 부족 두피에 사용
댄드러프 스캘프 트리트먼트 (dandruff scalp treatment)	비듬이 많은 두피에 비듬 제거용으로 사용

4) 방법

물리적 방법	• 약품을 사용하지 않고 물리적인 자극을 주어 두피 및 모발의 생리기능을 건강하게 유지 시키는 방법 • **종류**: 브러시, 빗, 스팀 타올, 자외선, 적외선 등을 이용
화학적 방법	• 화학적인 제품을 이용하여 모발 생리 기능을 건강하게 유지 시키는 방법 • **종류**: 헤어 토닉, 헤어 양모제, 헤어크림, 베아 럼 등

SECTION 10

모발 관리

Check Point!

2022년 추가된 내용
꼭!! 알아보기~

1. 모발 분석

1) 모발의 형태

① 모발의 형태는 직모·파상모·축모의 세 종류로 분류되며 분류의 기준은 모경지수로 확인
② 모경지수는 모발의 최소 지름을 모발의 최대 지름
③ 모경지수가 1일 때 모발의 횡단면이 원형
④ 모경지수가 0.5일 때 평평한 횡단면

(1) 직모(straight hair) 동양인

세포가 자랄 때 모모 세포의 성장 속도가 일정하여 모간 부분이 일직선으로 세워진다.

(2) 파상모(curly hair), 백인종

모발의 형태가 곱슬곱슬하게 자라며, 모발의 단면이 타원형, 파상의 형태는 일정하지 않다.

(3) 축모(kinky hair), 흑인종

심하게 꼬불꼬불하게 성장하며, 모발의 단면은 평평한 형태이다.

2) 모발의 물리적 성질

인장강도	모발을 힘을 주어 당겼을 때 끊어질 때까지의 힘
흡습성	모발이 공기 중의 수분을 흡수, 배출하는 성질
팽윤성	팽윤이 한계에 도달하면 중지, 이 때를 한계 팽윤
열변성	모발의 형태가 곱슬곱슬하게 자라며, 모발의 단면이 타원형, 파상의 형태는 일정하지 않다.
광변성	적외선에 의해 모발의 케라틴은 영향을 받아 손상, 자외선 또한 모발에 광화학적 반응 시 시스틴의 감소
대전성	모발의 마찰로 인하여 전기가 발생

3) 손상 모발

물리적 요인에 의한 손상	마찰에 의한 모표피의 들뜸과 탈락, 커트 불량에 의한 모발 끝의 갈라짐, 잦은 열기구 사용으로 인한 모발의 변성, 다공성 모발 등
화학적 요인에 의한 손상	잦은 펌, 염색, 탈색 시술에 의해 시스틴 함량 저하, 모표피 손실, 열모, 지모, 멜라닌 퇴색 등
환경적 요인에 의한 손상	자외선, 수영장이나 바닷물, 대기 오염 및 건조한 기후에 의해서 모발의 광택이 감소하고 변성이 일어나며 다공성 모발과 건조한 모발이 된다.
생리적 요인에 의한 손상	스트레스, 호르몬의 불균형, 영양소 결핍 등으로 모발 성장이 저해되어 모발이 가늘어지고 모발의 형태 변화가 일어나며 탈모가 유발

4) 강모

손상이 없는 건강한 상태의 모발로, 모표피의 스케일이 들뜨지 않고 잘 겹쳐짐

5) 발수성 모발

모표피의 스케일이 두꺼워 수분이나 모발 제품을 흡수하지 않는 모발

2. 모발 관리 방법

1) 정의

(1) 헤어 트리트먼트(hair treatment)

손상된 모발을 정상적으로 회복시키거나 유지하기 위해 영양을 공급하고 손질

2) 종류

(1) 모발에 영양분을 넣어주는 방법

헤어 팩 (hair pack)	• 건성 모발이나 다공성모에 가장 효과적인 방법 • 샴푸 후 트리트먼트를 충분히 도포 후 마사지
헤어 리컨디셔닝 (hair reconditioning)	• 손상된 모발을 정상화하는 방법

« 백 코밍(back combing)
머리에 볼륨감 목적, 모발을 수직으로 유지, 두피를 향해 빗을 거꾸로 빗질하여 볼륨을 주는 기법

(2) 영양분이 빠져나가는 모발을 잘라 영양분이 빠져나가는 것을 방지하는 방법

클리핑 (clipping)	• 모표피가 손상되거나 갈라진 부분은 영양분이 빠져나가므로 갈라진 부분을 잘라내어 영양분이 빠져나가는 것을 차단
신징 (singeing)	• 신징 왁스나 전기신징기를 이용하여 불필요한 모발을 적당히 그을려 영양분이 빠져나가는 것을 차단 • 온열 자극, 두부의 혈액순환을 촉진

3) 모발 손상의 원인

① 젖은 모발을 헤어 드라이기를 이용하여 높은 온도로 급속하게 건조
② 필요 이상의 브러싱이나 백콤 시술을 할 경우
③ 오랜 야외 활동으로 인한 자외선의 장시간 노출
④ 바닷물의 염분 수영장의 표백분 등을 충분히 씻어내지 못했을 경우
⑤ 지나친 다이어트로 인한 모발 건강 이상 시
⑥ 잦은 모발의 염색 및 퍼머넌트 시술에 의한 약품 처리 경우

SECTION 11

두피 · 모발 관리 마무리

Check Point!

2022년 추가된 내용
꼭!! 알아보기~

1. 두피 · 모발 관리 후 홈케어

1) 두피 · 모발 관리를 위한 홈케어

샴푸나 헤어 스타일링 횟수가 훨씬 빈번한 만큼 전문적인 관리, 두피 · 모발 관리가 더욱 효과적

(1) 두피 상태에 따른 홈 케어

구분	내용
건성 두피	• 2~3일에 한 번 건성 두피용 샴푸를 사용, 두피에 보습제를 자주 사용
지성 두피	• 매일 샴푸, 심한 지성 두피는 하루 두 번 • 세정에 중점을 두고 관리 • 샴푸 후 피지를 조절, 세균을 억제할 수 있는 토닉을 사용
민감성 두피	• 2~3일에 한 번, 지성이면서 저자극성 샴푸제로 매일 샴푸 • 두피 진정용 토닉을 사용
탈모 두피	• 토닉과 영양 앰플을 사용 • 영양 섭취도 중요, 균형 잡힌 식습관과 단백질, 비타민, 무기질 섭취의 필요성을 인식

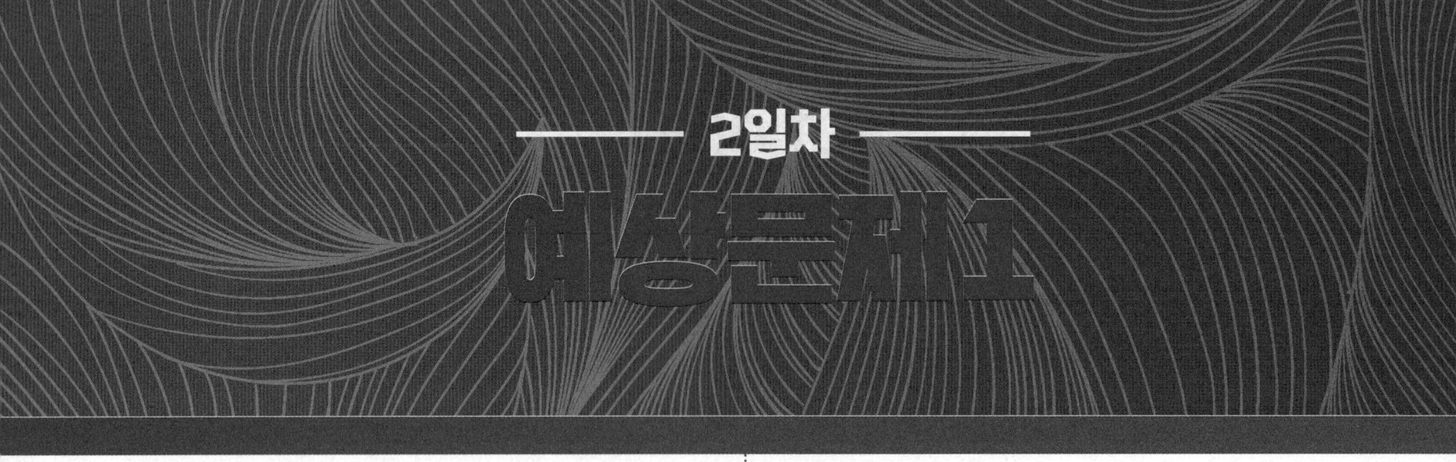

01 ★★★ **화장품을 만들 때 필요한 4대 조건은?**

① 안전성, 안정성, 사용성, 유효성
② 안전성, 방부성, 방향성, 유효성
③ 발림성, 안정성, 방부성, 사용성
④ 방향성, 안전성, 발림성, 사용성

해 **화장품에서 요구되는 4대 품질 특성**
- **안전성** : 피부에 대한 알레르기, 독성이 없을 것
- **안정성** : 변색, 변취, 미생물의 오염이 없을 것
- **사용성** : 피부에 사용감이 좋고 잘 스며들 것
- **유효성** : 미백, 주름개선, 자외선 차단 등의 효과가 있을 것

02 ★★ **미백 화장품의 매커니즘이 아닌 것은?**

① 자외선 차단 ② 도파(DOPA)
③ 티로시나제 활성 ④ 멜라닌 합성 저해

해 미백 화장품의 경우 멜라닌 세포를 사멸시키는 물질, 멜라닌 색소를 제거하는 물질, 도파의 산화 억제 물질, 티로시나제의 작용 억제 물질로 나뉜다.

03 ★★ **캐리어 오일 중 액체상 왁스에 속하고, 인체 피지와 지방산의 조성이 유사하여 피부 친화성이 좋으며, 다른 식물성 오일에 비해 쉽게 산화되지 않아 보존 안전성이 높은 것은?**

① 아몬드 오일(Almond Oil)
② 호호바 오일(Jojoba Oil)
③ 아보카도 오일(Avocado)
④ 맥아 오일(Wheat Germ Oil)

해 호호바 오일(Jojoba Oil)은 액체왁스로 오일에 비해 안정성이 높으며, 피지성분과 유사하여 여드름 피부에 유효하며 피부 친화성이 높다.

04 ★★★ **다음 중 피부 상재균의 증식을 억제하는 항균기능을 가지고 있고, 발생한 체취를 억제하는 기능을 가진 것은?**

① 바디 샴푸 ② 데오드란트
③ 샤워 코롱 ④ 오데토일렛

해 데오드란트는 몸 냄새를 예방하거나 냄새의 원인이 되는 땀의 분비를 억제하는 물질로 항균기능이 있다.

05 ★★★ **다음 중 피부에 수분을 공급하는 보습제의 기능을 가지는 것은?**

① 계면활성제
② 알파-하이드록시산(Alpha-hydraxy Acid)
③ 글리세린
④ 메틸파라벤

해 알파-하이드록시산은 미백(각질층 제거), 메틸파라벤은 방부제의 기능을 한다.

정답 01 ① 02 ③ 03 ② 04 ② 05 ③

06 ★★★ 계면활성제에 대한 설명으로 옳은 것은?

① 계면활성제는 일반적으로 둥근 머리모양의 소수성기와 막대 꼬리모양의 친수성기를 가진다.
② 계면활성제의 피부에 대한 자극은 양쪽성>양이온성>음이온성>비이온성의 순으로 감소한다.
③ 비이온성 계면활성제는 피부 자극이 적어 화장수의 가용화제, 크림의 유화제, 클렌징 크림의 세정제 등에 사용된다.
④ 양이온성 계면활성제는 세정작용이 우수하여 비누, 샴푸 등에 사용된다.

> 해 ① 계면활성제는 둥근 머리모양의 친수성기와 막대모양의 친유성기로 나뉜다.
> ② 계면활성제의 피부에 대한 자극은 양이온성>음이온성>양쪽이온성>비이온성의 순으로 감소한다.
> ④ 음이온성 계면활성제는 세정작용이 우수하여 비누, 샴푸 등에 사용된다.

07 ★★ 핸드 케어(Hand Care) 제품 중 사용할 때 물을 사용하지 않고 직접 바르는 것으로 피부 청결 및 소독 효과를 위해 사용하는 것은?

① 핸드워시(Hand Wash)
② 핸드 새니타이저(Hand Sanitizer)
③ 비누(Soap)
④ 핸드 로션(Hand Lotion)

> 해 핸드 새니타이저는 알코올을 함유하고 있어 손을 소독할 때 사용한다.

08 ★★ 크림 파운데이션에 대한 설명 중 알맞은 것은?

① 얼굴의 형태를 바꾸어 준다.
② 피부의 잡티나 결점을 커버해주는 목적으로 사용된다.
③ O/W형은 W/O형에 비해 비교적 사용감이 무겁고 퍼짐성이 낮다.
④ 화장 시 산뜻하고 청량감이 있으나 커버력이 약하다.

> 해 크림 파운데이션은 유분을 많이 함유하고 있어 피부 결점 커버력이 우수하다.

09 ★★★ 자외선 차단제에 대한 설명 중 틀린 것은?

① 자외선 차단제의 구성 성분은 크게 자외선 산란제와 자외선 흡수제로 구분된다.
② 자외선 차단제 중 자외선 산란제는 투명하고, 자외선 흡수제는 불투명한 것이 특징이다.
③ 자외선 산란제는 물리적인 산란 작용을 이용한 제품이다.
④ 자외선 흡수제는 화학적인 흡수 작용을 이용한 제품이다.

> 해 자외선 산란제는 차단 효과는 우수하나 불투명하고, 자외선 흡수제는 투명하나 접촉성 피부염을 유발할 가능성이 있다.

10 ★★ 땀의 분비로 인한 냄새와 세균의 증식을 억제하기 위해 주로 겨드랑이 부위에 사용되는 제품은?

① 데오드란트 로션 ② 핸드 로션
③ 바디로션 ④ 파우더

> 해 데오드란트는 체취 방지제로 몸 냄새를 예방하기 위해 액와 부위에 사용하며, 데오드란트 로션, 데오드란트 스틱, 데오드란트 스프레이 등의 제품이 있다.

11 ★★ 아로마 테라피(Aroma Therapy)에 사용되는 아로마 오일에 대한 설명 중 가장 거리가 먼 것은?

① 아로마 테라피에 사용되는 아로마 오일은 주로 수증기 증류법에 의해 추출된 것이다.
② 아로마 오일을 공기 중의 산소, 빛 등에 의해 변질될 수 있으므로 갈색병에 보관하여 사용하는 것이 좋다.
③ 아로마 오일은 원액을 그대로 피부에 사용해야 한다.
④ 아로마 오일을 사용할 때에는 안전성 확보를 위하여 사전에 패치 테스트(Patch Test)를 실시하여야 한다.

> 해 아로마 에센셜 오일은 매우 강한 성분으로 피부에 사용할 때는 캐리어 오일에 블랜딩해서 사용해야 한다.

정답 06 ③ 07 ② 08 ② 09 ② 10 ① 11 ③

12 ★★★ 박하(Peppermint)에 함유된 시원한 느낌의 혈액순환 촉진 성분은?

① 자일리톨(Xylitol)
② 멘톨(Menthol)
③ 알코올(Alcohol)
④ 마조람 오일(Marjoram Oil)

해 멘톨은 박하에 함유된 혈액순환 촉진 성분이다.

13 ★★★ 다음 중 기능성 화장품의 범위에 해당되지 않은 것은?

① 미백 크림 ② 바디 오일
③ 자외선 차단 크림 ④ 주름 개선 크림

해 **기능성 화장품**
- 피부의 미백에 도움을 주는 제품
- 피부의 탄력에 도움을 주는 제품
- 피부를 곱게 태우거나 자외선으로부터 피부를 보조하는 데에 도움을 주는 제품
- 모발의 색상 변화 방지 또는 영양 공급에 도움을 주는 제품

14 ★★ 다음의 설명에 해당되는 천연 향의 추출 방법은?

식물의 향기 부분을 물에 담가 가온하여 증발된 기체를 냉각하면 물 위에 향기 물질이 뜨게 되는데 이것을 분리하여 순수한 천연 향을 얻어내는 방법이다. 이는 대량으로 천연 향을 얻어낼 수 있는 장점이 있으나 고온에서 일부 향기 성분이 파괴될 수도 있는 단점이 있다.

① 수증기 증류법
② 압착법
③ 휘발성 용매 추출법
④ 비휘발성 용매 추출법

해 수증기 증류법은 가장 오래된 방법으로 많이 이용된다. 증기와 열, 농축의 과정을 거쳐 수증기와 정유가 함께 추출되어 물과 오일은 분리시키는 방법이다.

15 ★★ 자외선 차단제에 대한 설명으로 옳은 것은?

① 일광에 노출 전에 바르는 것이 효과적이다.
② 피부 병변이 있는 부위에 사용하여도 무관하다.
③ 사용 후 시간이 경과하여도 다시 덧바르지 않는다.
④ SPF지수가 높을수록 민감한 피부에 적합하다.

해 자외선 차단제는 자외선 침투를 막아 피부를 보호하기 위한 것으로 노출 전에 발라야 효과적이다.

16 ★★★ 세정 작용과 기포 형성 작용이 우수하여 비누, 샴푸, 클렌징 폼 등에 주로 사용되는 계면활성제는?

① 양이온성 계면활성제
② 음이온성 계면활성제
③ 비이온성 계면활성제
④ 양쪽성 계면활성제

해 음이온성 계면활성제는 세정 작용, 기포 형성 작용이 우수하여 비누, 클렌징 폼, 샴푸 등에 사용되나 탈지력이 강해 피부가 거칠어지기 쉽다.

17 ★★★ 기능성 화장품에 대한 설명으로 옳은 것은?

① 자외선에 의해 피부가 심하게 그을리거나 일광 화상이 생기는 것을 지연해 준다.
② 피부 표면에 더러움이나 노폐물을 제거하여 피부를 청결하게 해준다.
③ 피부 표면의 건조를 방지해 주고 피부를 매끄럽게 한다.
④ 비누 세안에 의해 손상된 피부의 pH를 정상적인 상태로 빨리 돌아오게 한다.

해 **기능성 화장품** : 미백 화장품, 주름 개선 화장품, 자외선 차단 화장품, 선탠 화장품

정답 12 ② 13 ② 14 ① 15 ① 16 ② 17 ①

18 ★★ **바디 샴푸에 요구되는 기능과 가장 거리가 먼 것은?**

① 피부 각질층 세포 간 지질 보호
② 부드럽고 치밀한 기포 부여
③ 높은 기포 지속성 유지
④ 강력한 세정성 부여

해 바디 샴푸는 세정 후 피부 표면을 보호하고 보습의 기능을 가져야 한다.

19 ★★★ **다음 중 물에 오일 성분이 혼합되어 있는 유화 상태는?**

① O/W 에멀전 ② W/O 에멀전
③ W/S 에멀전 ④ W/O/W 에멀전

해
- **O/W** : 수중유형, 물에 오일이 분산되어 있는 형태(로션, 크림, 에센스 등)
- **W/O** : 유중수형 오일에 물이 분산되어 있는 형태(영양크림, 선크림 등)
- **W/O/W** : 분산되어 있는 입자 자체가 에멀전을 형성하고 있는 상태

20 ★★★ **다음 중 향수의 부향률이 높은 것부터 순서대로 나열된 것은?**

① 퍼퓸 - 오데퍼퓸 - 오데코롱 - 오데토일렛
② 퍼퓸 - 오데토일렛 - 오데코롱 - 오데퍼퓸
③ 퍼퓸 - 오데퍼퓸 - 오데토일렛 - 오데코롱
④ 퍼퓸 - 오데코롱 - 오데퍼퓸 - 오데토일렛

해 **부향률의 농도**
- **퍼퓸** : 15~30% 향이 오래 지속되지만 고가임
- **오데퍼퓸** : 9~12% 퍼퓸보다는 경제적
- **오데토일렛** : 6~8% 가장 많이 사용
- **오데코롱** : 3~5% 향수를 처음 사용하는 사람에 적합
- **샤워코롱** : 1~3% 가볍게 뿌리는 향수

정답 18 ④ 19 ① 20 ③

01 ★★ **향료 사용의 설명으로 옳지 않은 것은?**

① 향 발산을 목적으로 맥박이 뛰는 손목이나 목에 분사한다.
② 자외선에 반응하여 피부에 광 알레르기를 유발시킬 수도 있다.
③ 색소침착된 피부에 향료를 분사하고 자외선을 받으면 색소침착이 완화된다.
④ 향수 사용 시 시간이 지나면서 향의 농도가 변하는데 그것은 조합향료 때문이다.

해 향료는 햇빛에 의해 분해되어 알레르기를 유발할 수 있으므로 가급적 햇빛에 노출되지 않는 부위에 뿌려야 한다.

02 ★★★ **다음 중 진정 효과를 가지는 피부 관리 제품 성분이 아닌 것은?**

① 아줄렌 ② 캐모마일 추출물
③ 비사볼롤 ④ 알코올

해 알코올은 수렴 및 소독 효과를 갖는다.

03 ★★ **제모 시 유의 사항으로 잘못 설명된 것은?**

① 피부감염 방지를 위해 제모 후 24시간 내에 목욕, 비누사용, 세안, 메이크업, 햇빛 자극을 피하는 것이 좋다.
② 사마귀, 점 부위의 털을 먼저 제모한다.
③ 제모 부위는 유분기와 땀을 완전히 제거한 후 완전히 건조시키고 실시한다.
④ 피부가 외부 요인으로 자극 받아 예민해져 있거나 상처 피부 질환 염증이 있는 경우에는 제모하지 않는다.

해 사마귀 점 부위의 털은 제모하지 않는다.

04 ★★ **유성 파운데이션의 기능이 아닌 것은?**

① 유연 효과가 좋아 하절기에 적당하다.
② 피부에 퍼짐성이 좋다.
③ 피부에 부착성이 좋다.
④ 심한 기미나 주근깨 등의 피부 반점을 커버하기에 좋다.

해 유성 파운데이션은 유분이 많아 영양이 필요한 날씨나 추운 동절기에 적당하다.

05 ★★★ **다음 중 수분함량이 가장 많은 파운데이션은?**

① 크림 파운데이션 ② 리퀴드 파운데이션
③ 스틱 파운데이션 ④ 스킨 커버

해 수분이 많아 가볍고 부드럽게 발리는 리퀴드 파운데이션은 초보자들에게도 적당하다.

06 ★★★ **진흙 성분의 머드 팩에 주로 함유되어 있는 성분은?**

① 카올린(Kaolin) 또는 벤토나이트(Bentonite)
② 유황(Sulphur)
③ 캄포(Camphor)
④ 레시틴(Lecithin)

해 카올린이나 벤토나이트는 피지 흡착 능력이 좋아 지성 피부에 좋다.

정답 01 ③ 02 ④ 03 ② 04 ① 05 ② 06 ①

07 ★★★ 클렌징의 가장 기본적인 목적은?

① 각질 제거 ② 색소침착, 잡티 제거
③ 피지, 노폐물 제거 ④ 피부보호

해 클렌징의 가장 기본적인 목적은 공기나 외부환경에서 얻어지는 더러움, 피지 노폐물, 메이크업 잔여물을 깨끗하게 제거하는 데 있다.

08 ★★★ 고형의 유성 성분으로 고급 지방산에 고급 알코올이 결합된 에스테르를 말하며 화장품의 굳기를 증가시켜 주는 것은?

① 피마자유 ② 바셀린
③ 왁스 ④ 밍크 오일

해 왁스는 식물성, 동물성 오일에 비해 변질이 적고 안정성이 높아 립스틱, 크림, 파운데이션에 사용되며 광택이나 사용감을 향상시킨다.

09 ★★★ 세안물로서 경수를 연수로 만들 때 사용하는 약품은?

① 붕사(Borax) ② 에탄올(Ethanol)
③ 석탄산(Phenol) ④ 크레졸(Cresol)

해 경수는 물속에 칼슘, 마그네슘이 많이 포함된 경도 10도 이상인 물로서 해수, 지하수, 우물물 등이 이에 해당된다. 이러한 경수를 연수로 만들 때는 붕사를 사용한다.

10 ★★★ 클렌징 로션에 대한 설명으로 옳지 않은 것은?

① 식물성 기름을 함유하고 있다.
② 진한 화장은 2~3번 반복한다.
③ 물에도 쉽게 잔여물이 제거된다.
④ 가격이 싸지만 쉽게 변질될 우려가 없다.

해 클렌징 로션은 피부타입별로 사용하는 것이 좋으며, 쉽게 변질될 우려가 있기 때문에 장기간 보관하는 것은 좋지 않다.

11 ★★★ 화장수 용도는?

① 피부에 남아있는 잔여물을 닦아내 준다.
② 영양물질을 침투시킨다.
③ 알코올을 함유한 화장수는 피부의 자극을 준다.
④ 여드름, 지성 피부는 알코올 4% 이내 함유한 화장수를 사용하여 강한 소독력을 준다.

해 화장수는 피부에 수분을 공급하여 산뜻한 느낌으로 클렌징 후 잔여물까시 닦아내준다. 알코올 성분이 4% 이내일 때는 무알코올 화장수, 4~10% 정도는 모공 수축효과를 주며, 15% 이상은 소독성이 강하다.

12 ★★★ 유성원료가 아닌 것은?

① 동·식물체 ② 광물체
③ 점액질 ④ 합성제

해 점액질, 알코올류, 보습제는 수성원료이다.

13 ★★★ 기초화장품의 기능이 아닌 것은?

① 피부 정돈 기능 ② 피부 보호 기능
③ 피부 세안 기능 ④ 피부 결점 커버

해 **기초 화장품**
- **세안기능** : 클렌징 폼, 페이셜 스크럽, 클렌징 크림, 클렌징 로션, 클렌징 워터, 클렌징 젤
- **피부 정돈 기능** : 화장수, 팩, 마사지 크림
- **피부 보호 기능** : 로션, 크림, 에센스, 화장유

정답 07 ③ 08 ③ 09 ① 10 ④ 11 ① 12 ③ 13 ④

14 ★★★ 색소를 염료와 안료로 구분할 때 그 특징에 대해 잘못 설명한 것은?

① 염료는 메이크업 화장품을 만드는데 주로 사용된다.
② 안료는 물과 오일에 모두 녹지 않는다.
③ 무기안료는 커버력이 우수하고 유기안료는 알칼리에 약하다.
④ 염료는 물이나 오일에 녹는다.

해 안료는 물과 오일에 잘 녹지 않아 메이크업 제품을 만드는 데 주로 사용 된다.

15 ★★★ 화장품의 분류와 사용 목적, 제품이 일치하지 않는 것은?

① 모발 화장품 - 정발 - 헤어 스프레이
② 방향 화장품 - 향취부여 - 오데코롱
③ 메이크업 화장품 - 색채부여 - 네일 에나멜
④ 기초 화장품 - 피부정돈 - 클렌징 폼

해 클렌징폼은 피부 정돈이 아니고 세안의 기능이 있다.

16 ★★★ 클렌징 크림에 대한 설명으로 옳지 않은 것은?

① 피부의 불순물을 제거한다.
② 피부에 자극이 적다.
③ 수중유형은 W/O이다.
④ 지성 피부는 O/W를 사용한다.

해 수중유형은 O/W형으로 물 중에 기름 분자가 분산되어 있는 것이고, 유중수형은 W/O형으로 기름 중에 물의 입자가 분산되어 있는 것이다.

17 ★★★ 비누의 제조 조건이 아닌 것은?

① 용해성 ② 기포성
③ 세정성 ④ 자극성

해 무자극성, 무변성, 방향성이 포함된다.

18 ★★★ 피부의 탄력을 증가시키며, 두드림의 세기에 따라 피부에 자극을 주어 생기를 주는 동작은?

① 고타법 ② 유연법
③ 진동법 ④ 마찰법

해 유연법은 반죽하기 동작, 진동법은 흔들기 동작, 마찰법은 문지르기 동작이다.

19 ★★★ 보습제 성분은?

① 글리세린 ② 폴리비닐 알코올
③ 펙틴 ④ 젤라틴

해 **보습제의 종류**
- **천연 보습인자** : 아미노산, 젖산, 요소, 암모니아
- **고분자 보습제** : 가수분해 콜라겐, 히아루론산
- **폴리올** : 글리세린, 솔비톨, 프로필렌글리콜

20 ★★★ 점액질 성분이 아닌 것은?

① 올리브유 ② 참기름
③ 카올린 ④ 젤라틴

해 카올린은 분말의 형태이다.

정답 14 ① 15 ④ 16 ③ 17 ④ 18 ① 19 ① 20 ③

01 ★★★ 수성원료가 아닌 것은?

① 보습제 ② 점액질
③ 합성제 ④ 알코올류

해 합성제, 동·식물체, 광물체는 유성원료이다.

02 ★★★ 다음 중 화장품 포장에 기재할 사항이 아닌 것은?

① 화장품의 명칭
② 화장품 제조업자 전화번호
③ 화장품의 성분
④ 제조번호

해 **화장품 포장에기재할 사항**
- 화장품의 명칭 및 가격, 영업자의 상호 및 주소
- 화장품제조 성분, 내용물의 용량 및 제조번호
- 사용기한 또는 개봉 후 사용기간
- 사용시 주의 사항

03 ★★★ 색조 화장품의 원료에서 백색안료의 역할은?

① 색의 농도 조절 ② 미백 역할
③ 가루의 부착 ④ 피복력 조절

해 **1) 염료**
- 물이나 오일에 잘 녹는 염료
- 화장품에 시각적인 색상효과를 부여하기 위해 사용

2) 안료
- 물이나 오일에 잘 녹지 않음
- 빛을 반사 하거나 차단하는 효과가 있음
- 가격이 저렴하고 색상이 다양해서 메이크업 제품으로 사용

04 ★★★ 크림 파운데이션의 가장 큰 특징은?

① 고체 지방산을 많이 배합
② 연한 화장용으로 쓰임
③ 분체 원료의 표면을 계면활성제로 코팅 압축
④ 기름이나 계면활성제의 양이 적은 것

해 ③, ④는 케이크형 파운데이션의 특징이다.

05 ★★★ 알칼리성 화장수에 대한 설명이 아닌 것은?

① 글리세린, 에탄올 5~10%를 함유하고 pH를 조절한다.
② 중년 이후에 사용하는 것이 좋다.
③ 가벼운 정도의 더러움을 제거하는 데 이용한다.
④ 아스트린젠트라고도 불린다.

해 알칼리성 화장수는 알코올이나 글리세린의 함량이 많고, pH 10에 가까우므로 세정용 화장수 대신으로도 사용한다. 아스트린젠트 작용을 하는 것은 수렴화장수이다.

06 ★★★ 진달래과의 월귤나무의 잎에서 추출한 하이드로퀴논 배당제로 멜라닌 활성을 도와주는 티로시나아제 효소의 작용을 억제하는 미백 화장품의 성분은?

① AHA ② 비타민 C
③ 감마 오리자놀 ④ 알부틴

해 알부틴은 유기화합물로 월귤나무에서 추출한 미백 화장품 성분이다.

정답 01 ③ 02 ② 03 ② 04 ① 05 ④ 06 ④

07 ★★★ 화장품의 제형에 따른 특징의 설명이 틀린 것은?

① 유화제품-물에 오일성분이 계면활성제에 의해 우윳빛으로 백탁화된 상태의 제품
② 유용화제품-물에 다량의 오일 성분이 계면활성제에 의해 현탁하게 혼합된 상태의 제품
③ 분산제품-물 또는 오일 성분에 미세한 고체입자가 계면활성제에 의해 균일하게 혼합된 상태의 제품
④ 가용화 제품-물에 소량의 오일성분이 계면활성제에 의해 투명하게 용해되어 있는 상태의 제품

해 화장품의 제형에 따른 분류에는 가용화, 유화, 분산이 있다.

08 ★★★ 페이스 파우더의 원료 중 가루형 파우더의 주성분은?

① 폴리 에틸렌글리콜 ② 산화아연
③ 소르비톨 ④ 글리세린

해 ①, ③, ④번은 피막제의 주성분이며, 페이스 파우더는 산화아연, 산화티타늄이 대부분이다.

09 ★★★ 식물성 향료 설명이 아닌 것은?

① 에센셜 오일 ② 증기 증류법
③ 엡솔루트법 ④ 머스크

해 머스크는 동물의 생식선 분비물이다.

10 ★★★ 에멀전(emulsion)이란?

① O/W형과 W/O형이 있다.
② 가용화를 목적으로 한다.
③ 가용화되는 용질이다.
④ Micelle 수용액이 유기물질을 용해한다.

해 에멀전은 상호 혼합되지 않는 두 액체의 한 쪽이 작은 방울로 되어 다른 액체에 분산한 것이다.

11 ★★★ 음이온 계면활성제에 대한 설명은?

① 크림이나 유액의 유화제 ② 살균제
③ 대전방지제 ④ 샴푸, 린스에 사용

해 ②, ③, ④는 양이온 계면활성제의 설명이다

12 ★★★ 아로마 테라피에 대한 설명으로 틀린 것은?

① 아로마 테라피는 피부와 인체에 영향을 미칠 수 있다.
② 임산부는 사용을 금하는 것이 좋다.
③ 아로마는 식물의 잎, 꽃, 나무, 뿌리 등에서 추출한다.
④ 어린이나 어른에게 동일한 양을 사용한다.

해 어린이나 노약자에게는 1/2을 사용한다.

13 ★★★ 화장품과 의약품의 차이를 바르게 정의한 것은?

① 화장품의 사용 목적은 질병의 치료 및 진단이다.
② 화장품은 특정부위만 사용 가능하다.
③ 의약품의 부작용은 어느 정도 까지는 인정된다.
④ 인체에 사용되는 물품으로 인체에 대한 작용이 경미한 것

해

구분	대상	목적	부작용
화장품	정상인	미화	없어야 함
의약품	환자	질병치료	어느정도 인정

14 ★★★ 호호바 오일(jojoba oil)에 대한 설명이 아닌 것은?

① 액체의 납 에스테르이다.
② 피부에 깊이 침투된다.
③ 지루성 피부에는 좋지 않다.
④ 인간의 지방과 비슷하다.

해 보습, 재생력이 강하고 박테리아의 공격에 강하며 지루성 피부 및 건성 피부에도 좋다. 또한 방부성이 뛰어나 오래 보관된다.

정답 07 ② 08 ② 09 ④ 10 ① 11 ① 12 ④ 13 ③ 14 ③

15 ★★★ **라놀린(lanolin)의 설명으로 옳지 않은 것은?**

① 광물성이라고도 한다.
② 양모지를 정제한 것이다.
③ 지방산과 고급 알코올로 된 에스테르이다.
④ 사람의 피지와 유사하다.

해 라놀린은 화장품을 원료로 널리 사용되며, 뛰어난 에멀전으로 크림, 유액, 립스틱, 두발용품에 이용된다.

16 ★★★ **아로마 오일 보관 방법에 대한 설명으로 옳지 않은 것은?**

① 푸른색 또는 갈색 유리병에 담아 보관한다.
② 순수 식물성 오일이며, 사용 시작 후 6개월 이내에 무조건 사용해야 한다.
③ 블랜딩된 오일은 가능한 빨리 사용하는 것이 좋다.
④ 그늘에 보관한다.

해 아로마 오일은 순수 식물성 오일이지만 오일의 종류와 보관 상태에 따라 6개월~3년 정도까지 사용할 수 있다.

17 ★★★ **다음 중 보습제가 갖추어야 할 조건으로 옳은 것은?**

① 응고점이 높을 것
② 다른 성분과의 혼용성이 좋을 것
③ 휘발성이 있을 것
④ 환경의 변화에 쉽게 영향을 받을 것

해 **보습제 조건**
- 적절한 보습능력이 있을 것
- 환경의 변화에 쉽게 영향을 받지 않을 것
- 피부 친화성이 좋을 것
- 다른 성분과의 혼용성이 좋을 것
- 응고점이 낮을 것
- 휘발성이 없을 것

18 ★★★ **항산화 효과가 우수하며 건성, 습진, 임신선에 좋고 세포재생 효과와 피부탄력에 좋은 캐리어오일로 적당한 것은?**

① 윗점 오일 ② 아몬드 오일
③ 헤이즐넛 오일 ④ 그레이프씨드 오일

해
- 아몬드 오일은 건조하고 민감한 피부에 사용하며, 가려움증을 제거한다.
- 헤이즐넛 오일은 지성, 복합성 피부에 사용하며, 그레이프씨드 오일은 지성피부에 좋다.

19 ★★★ **다음 중 물과 오일에 모두 녹지 않는 색소는?**

① 염료 ② 안료
③ 헤나 ④ 카로틴

해 **안료**
- 물과 오일에 모두 녹지 않는 색소이다.
- 메이크업 화장품에 10~50%의 비율로 사용한다.
- 빛을 반사하고 차단시키며, 커버력이 우수하다.

20 ★★★ **캐리어 오일에 대한 설명으로 옳지 않은 것은?**

① 베이스 오일이다.
② 에센셜 오일과 동량의 비율로 블랜딩한다.
③ 마사지 시 아로마 오일을 침투시키기 위한 매개체 역할을 한다.
④ 호호바, 아몬드, 윗점, 아보카도의 씨를 볶아서 추출한 것이다.

해 블랜딩 혼합 비율은 캐리어 오일에 에센셜 오일을 1~3% 희석한다.

정답 15 ① 16 ② 17 ② 18 ① 19 ② 20 ②

01 ★ **히팅 캡에 대한 설명으로 옳지 않은 것은?**

① 스캘프 트리트먼트 기술에 사용되지 않는다.
② 사용 후에는 잘 닦아내어야 한다.
③ 온도가 자동적으로 조절되어 작동한다.
④ 열이 가해져서 두피에 골고루 내용물이 흡수되도록 도와준다.

해 히팅 캡은 스캘프 트리트먼트나 헤어 트리트먼트 기술에 사용된다.

02 ★★★ **샴푸에 사용되는 물의 적정 온도는?**

① 10℃ 내외 ② 20℃ 내외
③ 38℃ 내외 ④ 50℃ 내외

해 38℃ 내외의 따뜻한 물이 두피와 두발에 자극을 주지 않고 가장 적당하다.

03 ★★ **샴푸에 대한 설명으로 옳지 않은 것은?**

① 강알칼리성 샴푸를 사용하면 두피에 비듬이 생기는 것을 예방할 수 있다.
② 샴푸를 하면 두피와 두발을 청결하게 한다.
② 샴푸 시 손톱을 두피에 세우지 않는 것이 좋다.
④ 샴푸 전에는 두발의 먼지와 노폐물을 먼저 제거하는 것이 좋다.

해 강알칼리성 샴푸는 비듬의 생성을 촉진시킨다.

04 ★★ **염색한 모발의 샴푸제로 적당한 것은?**

① 프로테인 샴푸
② 약용 샴푸
③ 논스트리핑 샴푸
④ 댄드러프 리무버 샴푸

해 논스트리핑 샴푸는 pH가 낮은 산성이며 두발의 자극이 적어 염색한 모발의 샴푸제로 적당하다.

05 ★★ **가발을 세정하는 데 적당한 샴푸는?**

① 에그 파우더 드라이 샴푸
② 파우더 드라이 샴푸
③ 플레인 샴푸
④ 리퀴드 드라이 샴푸

해 리퀴드 드라이 샴푸는 가발 세정용 샴푸이다.

06 ★★ **임산부들이 사용하기에 적당한 샴푸가 아닌 것은?**

① 알칼리성 샴푸 ② 플레인 샴푸
③ 저자극 샴푸 ④ 탈모 방지 샴푸

해 임산부는 자극이 적고 분만 후 탈모가 진행되는 경우가 많아 탈모가 예방되는 샴푸를 쓰는 것이 좋다.

정답 01 ① 02 ③ 03 ① 04 ③ 05 ④ 06 ①

07 ★ **헤어 린싱에 대한 설명으로 옳지 않은 것은?**

① 두발에 영양분을 공급해 준다.
② 퍼머넌트 솔루션을 제거해 준다.
③ 알칼리성을 제거한다.
④ 피지를 제거한다.

해 피지를 제거하는 것은 샴푸의 역할이다.

08 ★ **비듬 방지용 샴푸로 적당한 것은?**

① 핫오일 ② 데드란트
③ 플레인 ④ 댄드러프

해 비듬 방지용 샴푸는 댄드러프 샴푸이다.

09 ★★★ **단백질이나 콜라겐을 원료로 해서 만들어진 프로테인 샴푸제를 사용해야 하는 모발로 적당한 것은?**

① 정상모 ② 발수성모
③ 저항모 ④ 다공성모

해 **프로테인 샴푸**
- 누에고치에서 추출한 성분과 난황성분을 함유한 샴푸
- 모발 영양 공급 목적, 다공성모에 적합하다.

10 ★★ **린스제를 사용하지 않고 미지근한 물로 헹구어 내는 것은?**

① 플레인 린싱 ② 산성 린싱
③ 레몬 린싱 ④ 컬러 린싱

해 **플레인 린스**
- 38~40℃의 연수
- 미지근한 물로만 헹구어 내는 방법이다.
- 펌 제1제를 씻어 내기 위한 중간린스로 사용되는 방법이다.

11 ★★ **다음 중 산성 린스의 종류가 아닌 것은?**

① 레몬 린스 ② 비니거 린스
③ 오일 린스 ④ 구연산 린스

해 **산성 린스**
- 알칼리 성분을 중화시키고, 금속성 피막 제거에 효과적이다.
- 약간의 표백작용이 있어 장시간의 사용은 자제해야 한다.
- 펌 시술 전에 샴푸 후 사용은 피해야 한다.
- 레몬 린스, 구연산 린스, 비니거 린스 등

12 ★★ **다음 중 헤어 트리트먼트 기술에 속하지 않는 것은?**

① 클리핑 ② 신징
③ 싱글링 ④ 헤어 리컨디셔닝

해 **헤어 트리트먼트 기술 4가지**
헤어 리컨디셔닝, 헤어 팩, 클리핑 신징 등

13 ★★★ **다양한 기능의 특수 샴푸에 대한 설명 중 맞는 것은?**

① 져미사이드 샴푸 : 손상모발에 영양공급과 회복을 돕는다.
② 데오드란트 샴푸 : 건강한 모발과 두피를 위한 영양성분을 공급한다.
③ 소프트 터치 샴푸 : 두피의 가려움을 완화시켜 준다.
④ 리컨디셔닝 샴푸 : 손상모발에 영양공급과 회복을 돕는다.

해 **리컨디셔닝** : 손상모를 회복시키는 것이 주목적이며, 스캘프 매니퓰레이션과 샴푸 후에 크림 린스 등을 실시한다.

정답 07 ④ 08 ④ 09 ④ 10 ① 11 ③ 12 ③ 13 ④

14 ★★ 다음 중 약산성의 저자극 샴푸로 염색한 모발에 적합한 샴푸는?

① 프로테인 샴푸 ② 논스트리핑 샴푸
③ 에그 샴푸 ④ 핫 오일 샴푸

해 • **프로테인 샴푸**: 누에고치에서 추출한 성분과 난황성분을 함유한 샴푸로 모발 영양 공급 목적, 다공성모에 적합하다.
• **에그 샴푸**: 날달걀을 이용하여 지나치게 건조한 모발 및 탈색된 모발 등에 이용하는 샴푸이다.
• **핫 오일 샴푸**: 고급 식물성유를 따뜻하게 데워서 바르고 마사지하는 방법으로 건성모에 적합하며, 플레인 샴푸하기 전에 실시한다.

15 ★★ 가발 세정에 적합한 샴푸방법과 사용 용제는?

① 핫오일 샴푸, 올리브유, 아몬드유, 춘유 등
② 에그 파우더 드라이 샴푸, 계란 흰자
③ 리퀴드 드라이 샴푸, 알코올 또는 벤젠
④ 파우더 드라이 샴푸, 산성 백토와 카올린, 탄산마그네슘, 붕사 등

해 리퀴드 드라이 샴푸는 주로 가발 세정에 사용되며 알코올이나 벤젠에 약 12시간 정도 담가두었다가 응달에서 건조시키는 방법이다.

16 ★ 다음 중 두부의 샴푸 시술 순서로 바른 것은?

① 후두부-두정부-측두부-전두부
② 후두부-측두부-두정부-전두부
③ 전두부-두정부-측두부-후두부
④ 전두부-측두부-두정부-후두부

해 샴푸의 올바른 순서는 전두부-측두부-두정부-후두부 순이다.

17 ★★ 계면활성제의 종류 중 헤어 린스 등의 정전기 방지와 컨디셔닝의 성질을 가지는 것은?

① 음이온성 계면활성제 ② 양이온성 계면활성제
③ 비이온성 계면활성제 ④ 비양쪽성 계면활성제

해 **양이온 계면활성제**
• 살균, 소독, 유연, 정전기 발생 억제 등의 역할을 한다.
• 헤어 트리트먼트제, 헤어린스 등

18 ★ 다음 중 헤어 린스의 목적이 아닌 것은?

① 샴푸 후 두발에 남아있는 금속성 피막제거
② 두발의 엉킴 방지 및 윤기 부여
③ 두발의 오염물질 제거
④ 정전기 발생방지

해 두발의 오염물질 제거는 샴푸의 목적에 해당된다.

19 ★★★ 퍼머넌트 웨이브 시 제1액을 씻어내기 위한 중간 린스는?

① 산성 린스 ② 레몬 린스
③ 컬러 린스 ④ 플레인 린스

해 **플레인 린스**
38~40℃의 미지근한 물로만 헹구어 내는 방법으로 펌제액을 씻어내기 위한 중간 린스로 사용된다.

20 ★★★ 다음 중 염색 시술 시 모표피의 안정과 염색의 퇴색을 방지 하기 위해 가장 적합한 것은?

① 샴푸(shampoo)
② 플레인 린스(plain rinse)
③ 알칼리 린스(alkali rinse)
④ 산성균형 린스(acid balanced rinse)

해 **산성균형 린스(acid balanced rinse)**
알칼리성 제품을 사용한 모발에 산성을 유지해 줌으로써 본래의 pH가 바뀌지 않도록 한다.

정답 14 ② 15 ③ 16 ④ 17 ② 18 ③ 19 ④ 20 ④

01 ★★ 기능성 샴푸의 용도에 대한 설명으로 연결이 바르지 않는 것은?

① 데오드란트 샴푸(deodorant) - 냄새 제거용
② 리컨디셔닝 샴푸(reconditioning) - 영양 공급용
③ 저미사이드 샴푸(Jermiside) - 소독, 살균용
④ 프로테인 샴푸(protein) - 건조한 모발용

해 **기능성 샴푸제**
- 데오드란트 샴푸(deodorant) - 냄새 제거용
- 리컨디셔닝 샴푸(reconditioning) - 영양 공급용
- 저미사이드 샴푸(Jermiside) - 소독, 살균용

02 ★★ 가발(인모) 세정에 대한 내용 중 옳은 것은?

① 가발에 영양을 주기 위하여 달걀노른자만을 사용한다.
② 양손으로 잘 비벼서 때나 먼지를 제거해 준다.
③ 샴푸제는 어떠한 것이라도 상관없으나 빗질을 해서는 안 된다.
④ 벤젠이나 알콜을 사용하는 리퀴드 드라이 샴푸를 한다.

해 리퀴드 드라이 샴푸는 벤젠이나 알콜에 가발을 약 12시간 담가 두었다가 음지에서 건조시키는 방법이다.

03 ★★ 경수로 샴푸한 후 가장 적당한 린스는?

① 산성 린스 ② 크림 린스
③ 알칼리 린스 ④ 플레인 린스

해 **경수(hard water)**
- 물에 탄산칼륨($CaCo_3$)의 함유는 물로 세탁이나 목욕을 하면 거품이 일어나지 않고 거칠어져 샴푸 하기에 적당하지 않다.
- 산성 린스는 알칼리를 중화시켜서 거칠어진 모발을 부드럽게 해준다.

04 ★★ 산성 린스의 종류가 아닌 것은?

① 크림 린스 ② 레몬 린스
③ 비니거 린스 ④ 구연산 린스

해
- **산성린스**: 레몬린스, 구연산린스, 식초린스, 맥주린스
- **유성린스**: 오일린스, 크림린스

05 ★ 두피에 비듬을 제거하기 위한 스캘프 트리트먼트는?

① 드라이 스캘프 트리트먼트
② 댄드러프 스캘프 트리트먼트
③ 오일리 스캘프 트리트먼트
④ 플레인 스캘프 트리트먼트

해 비듬제거용 샴푸는 전문용어로 댄드러프 샴푸라고 한다.

정답 01 ④ 02 ④ 03 ① 04 ① 05 ②

06 ★★★ **염색 및 표백에 의해 두발이 손상 되었을 때 가장 적합한 샴푸는?**

① 핫오일 샴푸 ② 프로테인 샴푸
③ 논 스트리핑 샴푸 ④ 에그 샴푸

해
- 핫 오일 샴푸 - 건조한 두피나 모발
- 프로테인 - 다공성 모발
- 스트리핑 샴푸 - 염색한 모발
- 에그 샴푸 - 지나치게 건조하거나 표백된 모발

07 ★ **다음은 어떠한 스캘프 트리트먼트의 준비물인가?**

빗, 브러시, 탈지면, 샴푸제, 적외선 등 고주파 전류기, 헤어 스티머, 헤어 오일로 사용할 식물성유(올리브유, 아몬드유, 춘유), 스캘프 크림이나 스캘프 컨디셔너제, 샴푸 케이프

① 플레인 스캘프 트리트먼트
② 댄드러프 스캘프 트리트먼트
③ 드라이 스캘프 트리트먼트
④ 오일리 스캘프 트리트먼트

해 헤어 오일은 건성 두피 손질에 사용된다.

08 ★★ **( ) 에 들어갈 알맞은 말은?**

물리적인 진단방법으로는 약간의 모발을 잡아서 모발 끝에서 모근 방향인 두피 쪽으로 손가락 끝으로 밀어 봤을 때 밀려서 나가는 모발의 양이 많으면 ( ) 라고 한다.

① 다공성모 ② 저항성모
③ 파상모 ④ 축모

해 밀려서 나오는 양이 많으면 다공성모이고 적으면 저항성모이다.

09 ★ **두발 상태가 건조하며 길이로 가늘게 갈라지듯 부서지는 증세는?**

① 원형탈모증 ② 결발성 탈모증
③ 비강성 탈모증 ④ 결절 탈모증

해 ① **원형 탈모증**: 머리털의 일부가 동전처럼 둥근 모양으로 빠지는 피부 질환
② **결발성 탈모증**: 머리카락을 세게 땋거나 직선으로 잡아 당기거나, 퍼머를 할 때 너무 세게 모발을 말아서 모근부에 가벼운 염증이 발생한 상태이며, 모근부가 위축되어 빠진다.
③ **비강성 탈모증**: 유전적 요소, 피지의 질적 이상, 위장장애, 비타민 A 부족 등으로 추정된다. 쌀겨와 같은 미세한 비듬이 생기며 두피는 건조하고 광택이 없으며 모근이 가늘어진다.

10 ★★★ **탈모의 원인이 아닌 것은?**

① 과도한 스트레스로 인한 경우
② 다이어트와 불규칙한 식사로 인한 영양부족인 경우
③ 여성 호르몬의 분비가 많은 경우
④ 땀, 피지 등의 노폐물이 모공을 막고 있는 경우

해 **탈모의 원인**
- 과도한 스트레스
- 남성 호르몬의 분비가 많은 경우
- 땀, 피지 등의 노폐물이 모공을 막고 있는 경우
- 모유두 세포의 파괴·영양부족·신경성 유전
- 내분비 장애

11 ★★ **다음은 모발의 구조와 성질을 설명한 내용이다. 맞지 않은 것은?**

① 모발의 주요 부분은 모표피, 모피질, 모수질 등으로 이루어져 있으며, 주로 탄력성이 풍부한 단백질로 이루어져 있다.
② 케라틴은 다른 단백질에 비하여 유황의 함유량이 많은데, 황(s)은 시스틴(cystine)에 함유되어 있다.
③ 시스틴 결합(-s-s)은 알칼리에는 강한 저항력을 갖고 있으나 물, 알코올, 약산성이나 소금류에는 약하다.
④ 케라틴의 폴리펩타이드는 쇠사슬 구조로서, 두발의 장축방향으로 배열되어 있다.

정답 06 ④ 07 ④ 08 ① 09 ④ 10 ③ 11 ③

12 ★★ **건성 두피를 손질하는 데 가장 알맞은 손질 방법은?**

① 플레인 스캘프 트리트먼트
② 드라이 스캘프 트리트먼트
③ 오일리 스캘프 트리트먼트
④ 댄드러프 스캘프 트리트먼트

해
- **플레인 스캘프 트리트먼트**: 정상 두피
- **드라이 스캘프 트리트먼트**: 건성 두피
- **오일리 스캘프 트리트먼트**: 지성 두피
- **댄드러프 스캘프 트리트먼트**: 비듬 두피

13 ★ **다음 중 스캘프 트리트먼트 시술을 하기에 가장 적합한 경우는?**

① 두피에 상처가 있는 경우
② 퍼머넌트 웨이브 시술 직전
③ 염색, 탈색 시술 직전
④ 샴푸잉 시

해
- 스캘프 트리트먼트는 두피에 물리적 자극을 주어 두피와 두발의 생리기능을 돕는다.
- ①, ②, ③은 두피에 자극을 주어서는 안 된다.
- **헤어 트리트먼트의 종류**: 헤어 리컨디셔닝, 헤어 팩, 클리핑, 신징

14 ★ **모발 손상의 원인으로만 짝지어진 것은?**

① 드라이어의 장시간 이용, 크림 린스, 오버프로세싱
② 두피 마사지, 염색제, 백 코밍
③ 브러싱, 헤어 세팅, 헤어 팩
④ 자외선, 염색, 탈색

해 **모발손상의 원인**
- 헤어드라이어를 지나치게 자주 사용하거나 온도를 너무 높게 급속하게 건조시킨 경우
- 지나친 브러싱과 백코밍을 시술한 경우
- 해수욕 후 염분이나 풀장의 소독용 표백분이 머리에 남아 있을 경우
- 지나친 퍼머넌트, 염색, 탈색, 탈지력이 강한 샴푸제 등은 모발의 손상 요인이다.

15 ★ **웨이브가 있고 건조해진 모발에 나타나는 이상 현상으로 빗질할 때 강하게 당겨 빗음으로써 끊어지는 병리 현상은?**

① 모발 종렬증　② 모발 발거증
③ 결절성 열모증　④ 백륜모

해 결절성 열모증은 모발의 영양상태가 나쁠 경우 모발이 건조되기 때문에 일어난다.

16 ★★ **두발의 물리적인 특성에 있어서 두발을 잡아 당겼을 때 끊어지지 않고 견디는 힘을 나타내는 것은?**

① 두발의 질감　② 두발의 밀도
③ 두발의 대전성　④ 두발의 강도

해 텐션은 긴장, 긴장감, 장력, 팽팽함을 뜻하며 헤어 시술 시 두발의 강도를 측정하고 올바르게 시술할 수 있어야 한다.

17 **매니퓰레이션(manipulation)의 효과는 다음 중 어떤 요소에 의해 좌우되는가?**

ㄱ. 가하는 힘의 세기
ㄴ. 동작의 방향
ㄷ. 기본동작의 지속 시간
ㄹ. 기본동작의 방법

① ㄱ, ㄴ　② ㄷ, ㄹ
③ ㄱ, ㄴ, ㄹ　④ ㄱ, ㄴ, ㄷ

해 매니퓰레이션의 효과는 가하는 힘의 세기, 동작의 방향, 기본동작의 지속시간에 의해 좌우된다.

정답 12 ② 13 ④ 14 ④ 15 ② 16 ④ 17 ④

18 ★★ **두발의 70% 이상을 차지하며, 멜라닌 색소와 섬유질 및 간충물질로 구성되어 있는 곳은?**

① 모표피　　② 모수질
③ 모피질　　④ 모낭

해 모피질은 친수성으로 퍼머, 염색 등 화학적 시술작용 부위이며 주성분은 피질세포와 간충물질로 이루어져 있다.

19 ★ **모발에 대한 설명으로 옳지 않은 것은?**

① 모발은 포유동물만이 가지고 있다.
② 모발은 한랭·마찰 등을 막아주는 신체보호의 역할을 한다.
③ 모간은 바깥층에서부터 모수질, 모피질, 모표피의 순서로 형성되어 있다.
④ 모발의 성장은 낮보다 밤이 빠르고 가을과 겨울보다 봄과 여름에 빠르다.

해 모간은 외부로부터 모표피, 모피질, 모수질의 3부로 형성되어 있다.

20 ★ **다음 중 옳지 못한 것은?**

① 모경지수=(횡단면의 단경÷횡단면의 장경)×100
② 모경지수는 높을수록 곱슬머리에 가깝다.
③ 모발을 세는 단위는 "본"이다.
④ 모발은 직모, 파상모, 축모의 3종류로 분류할 수 있다.

해 모경지수가 작을수록 곱슬머리에 가깝다.

정답 18 ③ 19 ③ 20 ②

01 ★ 모경지수가 100에 가까우면 모발의 형상은 어떤 모양을 띠는가?

① 직모 ② 파상모
③ 구상모 ④ 축모

해 모경지수가 작을수록 곱슬머리 즉, 파상모에 가깝다.

02 ★★ 모발 손상의 원인 중 틀린 것은?

① 드라이어의 사용
② 블로우 드라이 사용 시 롤 빗
③ 일광
④ 산성 린스

해 산성 린스는 모발의 pH를 조절해 주는 역할을 하며 퍼머와 염색 후 알칼리 성분을 중화시키는 작용을 하고 형성된 금속성 파악을 제거한다.

03 ★ 두발 탈모에 대한 일반적인 설명 중 틀린 것은?

① 피지분비의 과잉에 의해 모근각화에 장애가 생길 때 탈모가 생긴다.
② 비타민 A와 D의 부족으로 인하여 두피에 각화가 비정상인 경우 탈모가 생긴다.
③ 각질 연화제로 모공을 연화시키고 모공부터 흡수기능을 높이기 위해 마사지를 하여 혈행을 좋게 할 때 탈모가 생긴다.
④ 신경쇠약, 자율신경 장애, 세발불량일 때 탈모가 생긴다.

해 탈모의 원인은 여러 가지가 있으며 스트레스를 방지하고 혈액순환을 좋게 하는 것이 중요하다.

04 ★ 자연 곱슬 모발을 가로로 잘랐을 때, 머리카락의 횡단면은 어떤 모양인가?

① 둥근형 ② 납작한 형
③ 계란형 ④ 사각형

해 직모의 횡단면은 원형에 가깝고 파상모, 만곡모, 권상모의 순으로 타원형에서 평편형에 가까워진다.

05 ★★ 모발을 윤택하고 아름답게 유지해 주는 비타민은?

① 비타민 C ② 비타민 D
③ 비타민 E, F ④ 비타민 B

해 **비타민 E, F**
모발을 구성하고 있는 케라틴에는 유황성분이 많이 함유되어 있어 많이 섭취하게 되면 모발이 윤택해진다.

06 ★★ 두발의 70% 이상을 차지하며, 멜라닌 색소와 섬유질 및 간충물질로 구성되어 있는 곳은?

① 모표피 ② 모수질
③ 모피질 ④ 모낭

해 모피질은 친수성으로 퍼머, 염색 등 화학적 시술작용 부위이며 주성분은 피질세포와 간충물질로 이루어져 있다.

정답 01 ① 02 ④ 03 ③ 04 ③ 05 ③ 06 ③

07 ★ 웨이브가 있고 건조해진 모발에 나타나는 이상 형상으로 빗질할 때 강하게 당겨 빗음으로써 끊어지는 병리 현상은?

① 모발 종렬증 ② 모발 발거증
③ 결절성 열모증 ④ 백륜모

해 결절성 열모증은 모발의 영양상태가 나쁠 경우 모발이 건조되기 때문에 일어난다.

08 ★ 모발세포가 만들어져 분열증식되며 멜라닌 색소세포가 만들어지는 곳은?

① 모모세포 ② 모낭
③ 모근 ④ 모구

해 **· 모모세포**
모유두와 접하는 곳에 있고 분열이 왕성하여 끊임없이 세포를 분열시키고 증식시키면서 모발을 성장하게 한다.
· 모낭
모발을 싸고 있는 주머니로서 모근을 싸고 있는 작고 긴 판 모양이다.
· 모근
모근은 모낭에 둘러싸여 있다.
· 모구
전구나 온도계처럼 둥근 부분을 의미하며 모근 하단부를 지칭한다.

09 ★ 두발의 pH를 설명한 것 중 틀린 것은?

① 모발의 pH는 모발 중에 함유되어 있는 지방질의 pH를 말한다.
② 모발의 주성분인 케라틴 단백질은 pH가 높으면 연화되고 pH가 낮으면 응고 수축된다.
③ 모발의 건강상태는 pH의 정도와 밀접한 관계가 있다.
④ 모발의 케라틴 단백질 구조상 가장 안정되고 강한 상태는 pH4.5~5.5의 상태이다.

해 모발의 pH는 모발에 함유되어 있는 수분의 pH를 말하는 것이다.

10 ★ 곱슬머리와 스트레이트 머리를 결정짓는 요인은?

① 모류 ② 모선
③ 모양 ④ 모낭의 각도

해 해부학적으로 곱슬머리의 모낭은 구부러져 있으며 그 상태가 느슨하면 파상모, 강하면 곱슬머리가 된다.

11 ★★ 남성형 탈모에 대한 설명 중 바른 것은?

① 여성 호르몬 분비 후에 시작한다.
② 두발이 연모화 된다.
③ 여성에게는 일어나지 않는다.
④ 모계유전에 의해 일어나지 않는다.

해 DTC(디하이드로 테스토스테론)는 탈모의 주범으로 머리를 빠지게 하거나 가늘게, 짧게 그리고 색이 옅어지게 만든다.

12 ★★★ 두발의 가장 바깥층으로 화학약품에 대한 저항이 가장 강한 층은?

① 에피 큐티클 ② 엑소 큐티클
③ 엔도 큐티클 ④ 코텍스

해 모표피는 두발의 가장 바깥층부터 에피 큐티클, 엑소 큐티클, 엔도 큐티클로 구성되어 있다.

13 ★★★ 모발이 최초로 형성되는 부분은?

① 기저층 ② 각질층
③ 과립층 ④ 유극층

해 모낭형성의 최초 징후는 표피의 배아층, 즉 기저층의 원주상의 세포핵 집합인데 이것이 모낭의 최초 출발점이다.

정답 07 ② 08 ① 09 ① 10 ④ 11 ② 12 ① 13 ①

14 ★★ **다음 중 모피질의 특성이 아닌 것은?**

① 멜라닌 색소가 함유되어 있다.
② 공기구멍이 존재한다.
③ 친수성을 나타낸다.
④ 모발의 강도, 탄성 등 모발의 특성을 결정한다.

해 모수질은 모발의 중심 부위로 여러 개의 공포가 있고 그 속에는 공기가 들어있다.

15 ★★ **모발에 함유된 아미노산 중 가장 큰 비중을 차지하는 것은?**

① 아라닌 ② 아스파라긴산
③ 시스틴 ④ 글루타민산

해 • 시스틴-13.72~16% • 글루타민산-15%
• 아스파라긴산-7.27% • 아라닌-4.4%

16 ★ **다음 모발의 성장주기의 설명 중 틀린 것은?**

① 성장기:모발이 성장하는 기간으로 수명을 1~2년이며 전체 모발의 80~90%를 차지한다.
② 퇴화기:대사과정이 느려지는 시기로 수명은 1~1.5개월로 전체 모발의 1%를 차지한다.
③ 휴지기:모발이 탈락하는 시기로 수명은 3~4개월로 전체 모발의 4~14%에 해당한다.
④ 발생기:분리되었던 모유두와 모구부가 재결합하여 새로운 모발을 성장시킨다.

해 모발의 성장기는 약 3~6년 정도 지속된다.

17 ★★ **샴푸하는 동안이나 빗질하는 동안 저절로 빠지는 모발은 대부분 어떤 상태인가?**

① 성장기 ② 촉진기
③ 퇴행기 ④ 휴지기

해 브러싱, 미용시술 등으로 쉽게 탈락되는 모발은 대부분 휴지기의 모발이다.

정답 14 ② 15 ④ 16 ① 17 ④ 18 ① 19 ① 20 ④

18 ★ **다음 중 모발의 질환에 대한 설명으로 옳은 것은?**

① 원형탈모증:원인은 일정하지 않으며 갑자기 동전만하게 둥근 모양으로 빠지고 경계가 명확하다.
② 결절성 열모증:부인들의 머리카락에 많이 발생하는 것으로 모래알 모양의 단단하고 작은 결절이 생긴다.
③ 사모:모발이 빗자루처럼 갈라지는 것을 말하며 모발손상이나 영양이 좋지 않을 때 일어난다.
④ 비강성 탈모:주로 외부의 기계적 자극에 의하여 일어나는 것으로 여자에게 많다.

해 • **결절성 열모증**:모발이 빗자루 모양으로 갈라지는 것이다.
• **사모**:머리카락에 모래알 모양으로 단단하고 작은 결절이 생기는 것이다.
• **비강성 탈모증**:비듬이 원인으로 탈모증이 발생한다.
• **결발성 탈모증**:주로 외부의 기계적 자극에 의해 발생한다.

19 ★ **모발의 색소인 멜라닌 색소형성의 원인이 되는 것은?**

① 티로신 ② 리신
③ 트립토판 ④ 알기닌

해 멜라닌 색소는 티로신이 티로시나아제 효소와 산화, 중합 등의 화학 반응을 통해 생성된다.

20 ★ **모표피에 대한 설명으로 틀린 것은?**

① 에피큐티클은 수증기는 통과하지만 물은 통과하지 못한다.
② 엑소큐티클은 불안정하며 펌제 등 약품의 작용을 받기 쉽다.
③ 엔도큐티클은 케라틴 침식성 약품에 대해서는 강하다.
④ 한 장의 모표피는 외측으로부터 엔도큐티클, 엑소큐티클, 에픽큐티클이라고 부른다.

해 모표피는 두발의 가장 바깥층부터 에피큐티클, 엑소큐티클, 엔도큐티클로 구성되어 있다.

2일차

예상문제 7

01 ★ 모발성장에 영향을 주는 요인들 중 설명이 틀린 것은?

① 뇌하수체 전엽과 난소, 정소에서 분비되는 호르몬이 영향을 미친다.
② 철과 칼슘, 요오드의 결핍 시 모발성장에 영향을 미친다.
③ 모발의 성장주기는 Anagen-Catagen-Telogen의 주기를 반복한다.
④ 유전인자를 통해서 대부분 영향을 받지만 대머리는 후천적 요인이 더 많다고 볼 수 있으며 특별히 유전되는 것은 아니다.

해 대머리는 후천적인 요인도 많지만 유전적인 부분이 더 많다.

02 ★ 다음 중 편평 무핵 세포가 기와지붕 모양으로 늘어져 있어서 털의 표면을 보호하고 모발 내부를 감싸고 있는 층은?

① 모피질　② 모수질
③ 모표피　④ 모지질

해 모표피는 얇고 투명한 형태의 각화된 편평 무핵 세포로 생선비늘 모양으로 겹쳐져 있다.

03 ★ 모발에 대한 설명으로 틀린 것은?

① 모표피는 각화된 편평 무핵 세포로 생선비늘 모양을 하고 있다.
② 모피질은 섬유다발 모양의 세포로 모발의 85~90%를 차지하고 있다.
③ 피질세포는 소량의 카로틴 색소를 함유하고 중앙에 핵의 잔사가 존재한다.
④ 모발은 친수성으로 수분을 흡수하는 성질이 크다.

해 피질세포는 소량의 멜라닌 색소를 함유하고 중앙에 핵의 잔사가 존재한다.

04 ★ 다음 중 옳은 것은?

① 모발의 수소 결합은 미용과 관련하여 롤 세팅과 드라이에 이용된다.
② 콜드 웨이브는 시스틴 결합을 최대한 늘려서 웨이브를 형성하는 것이다.
③ 모발의 염결합은 약산성에도 잘 끊어지며 복원력 또한 빠르다.
④ 케라틴은 약 18종류의 아미노산이 펩티드 결합을 반복해서 가로로 된 폴리펩티드에 의해 구성되어있다.

해 콜드 웨이브는 시스틴 결합을 화학적으로 절단해서 두발에 웨이브를 내는 것이며 모발의 염결합은 강산, 알칼리에 그 결합이 약해진다.

05 ★★ 모발을 손상시킬 수 있는 원인에 해당되지 않는 것은?

① 헤어 트리트먼트　② 오버 브러싱
③ 오버 프로세싱　④ 화학약품

해 헤어 트리트먼트는 손상된 두발을 회복시키는 시술 방법이다.

정답 01 ④ 02 ③ 03 ③ 04 ① 05 ①

06 ★ **모세혈관과 림프관을 통해 영양분을 공급 받아 모발의 생성을 돕는 부분은?**

① 모구 ② 모유두
③ 입모근 ④ 모근

> 해 • **모구**: 모근의 하단부를 의미한다.
> • **모근**: 모낭에 둘러싸여 있다.
> • **입모근**: 기모근이라고도 하며 추위와 공포로 인한 근육의 수축으로 털을 세운다.
> • **모유두**: 모구부와 접해 있으며 모세혈관과 림프관을 통해 영양분을 공급받아 모모세포로 전달하며 모발의 생성을 돕는다.

07 ★★ **손상된 모발에 대한 다음 설명 중 틀린 것은?**

① 약액의 침투가 용이하여 퍼머나 염색이 잘 된다.
② 모표피가 들떠 있는 상태이므로 잘 엉키고 부스스하다.
③ 손상된 간충물질은 꾸준히 트리트먼트 하면 치유가 된다.
④ 손상된 원인으로는 태양광선, 잦은 염·탈색, 퍼머액 등이 있다.

> 해 모표피가 들떠 있는 상태이므로 잘 엉키고 부스스하며 약액의 침투가 용이하다.

08 ★★★ **유기합성 염모제에 대한 설명으로 올바르지 않는 것은?**

① 유기합성 염모제 제품은 알칼리성의 제1액과 산화제인 제2액으로 나누어진다.
② 제1액은 산화염료가 암모니아수에 녹아 있다.
③ 제1액의 용액은 산성을 띠고 있다.
④ 제2액은 과산화수소로서 멜라닌 색소의 파괴와 산화 염료를 산화시켜 발색시킨다.

09 ★ **다음 중 모발의 손상 원인이 아닌 것은?**

① 샴푸 후 모발에 물기가 많이 있는 상태에서 급속하게 건조시킨 경우
② 헤어 트리트먼트제 도포 후 헤어 스티머를 사용하는 경우
③ 백코밍을 자주 하는 경우
④ 자외선에 장시간 노출되거나 바닷물의 염분이나 풀장의 소독용 표백분을 충분히 씻어내지 못한 경우

> 해 헤어 트리트먼트제 도포 후 헤어 스티머를 사용할 경우 트리트먼트제가 모발에 골고루 침투하도록 하기 때문에 모발 손상의 원인으로 볼 수 없다.

10 ★★★ **다음 중 두발 손상의 원인이 아닌 것은?**

① 샴푸 후 두발에 물기가 많이 있는 상태에서 급속하게 건조시킨 경우
② 헤어 트리트먼트제 도포 후 헤어 스티머를 사용하는 경우
③ 백코밍을 자주 하는 경우
④ 일괄 자외선에 장시간 노출되거나 바닷물의 염분이나 풀장의 소독용 표백물질을 충분히 씻어 내지 못한 경우

> 해 헤어 트리먼트제 도포 후 헤어 스티머를 사용하는 과정은 모발관리의 과정에 속한다.

11 ★ **두피 관리에 대한 설명으로 옳지 않은 것은?**

① 두피를 자극하여 혈액순환을 원활하게 한다.
② 두피에 묻은 비듬, 먼지 등을 제거한다.
③ 찬 타월로 두피에 수분을 공급한다.
④ 두피에 유분 및 수분을 공급한다.

> 해 수분을 공급하기 위해서는 찬 타올 보다는 따뜻한 스티머를 사용하는 것이 바람직하다.

정답 06 ② 07 ③ 08 ③ 09 ② 10 ② 11 ③

12 ★★★ **컬러린스는 다음 중 어디에 속하는 것인가?**

① 정발제 ② 착색제
③ 양모제 ④ 세발제

해 컬러린스는 일시적, 또는 반영구적인 염모제로서 착색제이다.

13 ★★★ **산화염모제의 일반적인 형태가 아닌 것은?**

① 액상 타입 ② 가루 타입
③ 스프레이 타입 ④ 크림 타입

14 ★★★ **두발 염색 시 과산화수소의 작용에 해당하지 않는 것은?**

① 산화염료를 발색시킨다.
② 암모니아를 분해한다.
③ 두발에 침투작용을 한다.
④ 멜라닌 색소를 파괴한다.

해 두발 염색 시 제2제로 사용되는 과산화수소는 모피질로 침투하여 멜라닌 색소를 파괴하여 탈색시키고, 산화염료는 산화시켜 발색시키는 작용을 한다.

15 ★★★ **두발 염색 시 염색약(1액)과 과산화수소(2액)를 섞을 때 발생하는 주 화학적 반응은?**

① 중화작용 ② 산화작용
③ 환원작용 ④ 탈수작용

해 산화염료는 제1액인 암모니아수에 섞여있으며, 과산화수소와 섞이면 염료에 산화작용이 일어나 발색된다.

16 ★★★ **헤어 블리치(hair bleach)제로서 가장 적당한 성분은?**

① 6%의 과산화수소 + 28% 암모니아수
② 3%의 과산화수소 + 25% 암모니아수
③ 10%의 과산화수소 + 28% 암모니아수
④ 8%의 과산화수소 + 25% 암모니아수

해 헤어 블리치제로 사용하는 과산화수소와 암모니아수의 일반적인 적정 농도는 과산화수소 6%, 암모니아수 28%이다.

17 ★★★ **헤어 블리치(hair bleach) 시 밝기가 너무 어두운 경우의 원인과 가장 거리가 먼 것은?**

① 블리치제가 마른 경우
② 프로세싱(processing)시간을 짧게 잡았을 경우
③ 블리치제에 물을 희석해 사용하는 경우
④ 과산화수소의 볼륨이 높을 경우

해 헤어 블리치를 하고 나서 밝기가 너무 어둡다는 것은 탈색이 제대로 이루어지지 않았다는 의미이며, 과산화수소의 볼륨이 높으면 탈색이 많이 일어나 모발이 밝아지는 원인이 된다.

18 ★★★ **두피 손마사지(Scalp manipulation)의 효과에 해당되지 않는 사항은?**

① 신경을 자극하여 흥분케 한다.
② 두발이 건강히 자라도록 도와준다.
③ 근육을 자극하여 단단한 두피를 더 부드럽게 한다.
④ 두피에 혈액의 순환을 촉진시킨다.

해 스캘프 매니퓰레이션은 손으로 두피를 마사지하는 방법으로, 신경을 자극하여 흥분시키지는 않는다.

정답 12 ② 13 ③ 14 ② 15 ② 16 ① 17 ④ 18 ①

19 ★★★ **매니퓰레이션(manipulation)의 효과는 다음 중 어떤 요소에 의해 좌우되는가?**

ㄱ. 가하는 힘의 세기	ㄴ. 동작의 방향
ㄷ. 기본동작의 지속시간	ㄹ. 기본동작의 방법

① ㄱ, ㄴ　　② ㄷ, ㄹ
③ ㄱ, ㄴ, ㄹ　　④ ㄱ, ㄴ, ㄷ

해 매니퓰레이션의 효과는 가하는 힘의 세기, 동작의 방향, 기본동작의 지속시간에 의해 좌우된다.

20 ★★★ **헤어 리컨디셔닝(hair reconditioning) 기술의 순서가 올바른 것은?**

① 헤어컨디셔너제 바름 - 브러싱 - 샴푸 - 스트랜드 나눔 - 스캘프 매니퓰레이션 - 적외선등 조사(10~25분)
② 샴푸 - 브러싱 - 헤어컨디셔너제 바름 - 스트랜드 나눔 - 스캘프 매니퓰레이션 - 적외선등 조사(10~15분)
③ 브러싱 - 샴푸 - 스트랜드 나눔 - 헤어컨디셔너제 바름 - 스캘프 매니퓰레이션 - 적외선등 조사(10~15분)
④ 스트랜드 나눔 - 헤어컨디셔너제 바름 - 브러싱 - 샴푸 - 스캘프 매니퓰레이션 - 적외선등 조사(10~15분)

해 **헤어 리컨디셔닝의 시술 순서** : 브러싱 - 샴푸 - 브로킹에 의한 스트랜드 나눔 - 헤어컨디셔너제 바름 - 스캘프 매니퓰레이션 - 적외선등 조사(10~15분)

정답 19 ④ 20 ③

PART3

:3일차

SECTION 01

원랭스 커트

Check Point!

2022년 추가된 내용
꼭!! 알아보기~

1. 헤어 커트의 도구와 재료

1) 헤어커트에 필요한 도구 준비

커트 가위, 헤어커트 빗, 커트보, 어깨보, 이동식 작업대, 분무기, 클립 등

2. 원랭스 커트의 분류

1) 원랭스 헤어커트(one length haircut)의 종류와 특징

① 솔리드 커트(solid cut), 패럴렐 보브(parallel bob), 스패니얼 보브(spaniel bob), 이사도라 보브(Isadora bob), 머시룸 커트(mushroom cut)

② 헤어커트를 할 때 사전에 계획된 형태 선에 따라 두상을 구획

③ 슬라이스 라인(섹션 라인)이 커트 스타일의 형태 선을 결정

④ 디자인 커트를 하기 위한 중요한 기초 커트가 되는 것

⑤ 일직선의 동일 선상에서 같은 길이가 되도록 커트하는 방법

⑥ 네이프의 길이가 짧고 톱(top)으로 갈수록 길어지면서 모발에 층이 없이 커트

⑦ 자연 시술 각도 0°, 무게감이 최대에 이르고 질감이 매끄럽다.

⑧ 블런트 커트, 블런트는 「무디게 한다, 둔하게 한다」 라는 뜻

⑨ 기초 헤어커트를 할 때 사용되는 기법

(1) 패럴렐 보브형(parallel bob style) 커트

① 평행 보브(parallel bob), 스트레이트 보브(straight bob), 수평 보브(horizontal bob)

② 네이프 포인트에서 0°, 커트 선이 바닥면과 평행인 스타일

③ 패럴렐 보브형 커트를 하기 위해서는 슬라이스 라인을 평행

패럴렐 보브형 커트	
형태	원랭스 커트
길이	N.P 10~11cm
커트 방향	가로
슬라이스 라인	평행(수평)
베이스	오프 더 베이스
시술 각도	자연 시술 각도 0°
질감 처리	해당 없음

(2) 스패니얼 보브형(spaniel bob style) 커트

① 앞내림형 커트, 네이프 포인트에서 0°, 커트 선이 앞쪽으로 진행, 커트 형태 선이 A라인

② 콘케이브 모양

③ 스패니얼 보브형, 섹션을 A라인

스패니얼 보브형 커트	
형태	원랭스 커트
길이	N.P 10~11cm
커트 방향	사선
슬라이스 라인	A라인
베이스	오프 더 베이스
시술 각도	자연 시술 각도 0°
질감 처리	해당 없음

(3) 이사도라 보브형(Isadora bob style) 커트

① 네이프 포인트에서 0°로 시작된 커트 선이 앞쪽으로 진행될수록 짧아져 전체적인 커트 형태 선이 둥근 V라인, U라인을 이루어 콘벡스 모양

② **이사도라 보브형 커트, 섹션을 V라인**

이사도라 보브형 커트	
형태	원랭스 커트
길이	N.P 10~11cm
커트 방향	사선
슬라이스 라인	V라인
베이스	오프 더 베이스
시술 각도	자연 시술 각도 0°
질감 처리	해당 없음

(4) 머시룸 커트(mushroom cut)

① 버섯형 커트

② 네이프 포인트에서 0°, 커트 선이 앞쪽으로 진행될수록 짧아지며 얼굴 정면의 짧은 머리끝과 후두부의 머리끝이 연결되어 전체적인 커트 형태 선이 버섯 모양

③ 머시룸 커트, 슬라이스 라인을 급격한 V라인

머시룸 커트	
형태	원랭스 커트
길이	N.P 10~11cm
커트 방향	사선
슬라이스 라인	V(U)라인
베이스	오프 더 베이스
시술 각도	자연 시술 각도 0°
질감 처리	해당 없음

SECTION 02

그래쥬에이션 커트

Check Point!

2022년 추가된 내용
꼭!! 알아보기~

1. 그래쥬에이션 커트 방법

1) 그래쥬에이션 헤어커트(graduation haircut)의 특징

① 그러데이션(gradation) 커트

② 단계적 변화, 점진적인 단차(층)를 뜻

③ 그래쥬에이션 커트는 두상에서 아래가 짧고 위로 올라갈수록 모발이 길어지며 층이 나는 스타일

④ 시술 각도에 따라 모발 길이가 조절되는 형태

⑤ 레이어보다 층이 낮기 때문에 아래에서 위로 올라갈수록 모발 길이가 길어지며 서로 겹쳐지면서 두께가 생기고 부피가 만들어져 입체적

⑥ 두께에 의한 부피감과 입체감에 의해 풍성하게 보이며 매끄러운 질감

⑦ 두상의 함몰된 부분, 얼굴에 살이 없거나 뾰족하여 날카로운 인상을 보완, 통통하고 부드럽게 만들고 싶을 때와 비교적 차분한 이미지를 나타내고 싶을 때 많이 이용

⑧ 그래쥬에이션 헤어커트는 모발 길이, 슬라이스 라인, 베이스, 시술 각도를 변화시켜 다양한 형태의 응용 커트 스타일을 디자인

2) 그래쥬에이션 헤어커트(graduation haircut)의 종류

① 각도와 패턴에 따라 분류

② 시술 각도에 따른 종류는 로우 그래쥬에이션 커트(low graduation cut), 미디엄 그래쥬에이션 커트(medium graduationcut), 하이 그래쥬에이션 커트(high graduation cut)

③ 패턴에 따른 종류는 평행 그래쥬에이션 커트(parallel graduation cut), 증가 그래쥬에이션 커트(increasing graduation cut), 감소 그래쥬에이션 커트(decreasing graduation cut)

(1) 시술 각도에 따른 종류

① 로우 그래쥬에이션 커트(low graduation cut)

ㄱ. 1°(0° 이상) ~ 40° 이하인 커트, 낮은 시술 각도

ㄴ. 무게 선, 볼륨이 비교적 낮은 위치

ㄷ. 각도와 두상 시술 각도 모두 적용이 가능, 커트 디자인, 의도, 특징에 따라 시술 각도 선택 사용

로우 그래쥬에이션 커트	
형태	로우 그래쥬에이션
길이	N.P 10 ~ 11cm
커트 방향	가로(수평)
슬라이스 라인	평행
베이스	오프 더 베이스
시술 각도	두상 시술 각도 약 30°
질감 처리	해당 없음

② 미디엄 그래쥬에이션 커트(medium graduation cut)

ㄱ.45°±5°(40~50°), 무게 선에 의한 볼륨이 중간, 중간보다 약간 낮은 위치

ㄴ.커트 디자인을 할 때 자연 시술 각도와 두상 시술 각도 모두 적용 가능 커트 디자인

미디엄 그래쥬에이션 커트	
형태	미디엄 그래쥬에이션
길이	N.P 10~11cm
커트 방향	가로(수평)
슬라이스 라인	평행
베이스	다운 오프 더 베이스
시술 각도	두상 시술 각도 약 45°
질감 처리	해당 없음

③ 하이 그래쥬에이션 커트(high graduation cut)

ㄱ.50~89°(90° 미만)이며, 중간보다 높은 위치

ㄴ.레이어 커트보다는 무거움, 그래쥬에이션 커트 중에서 가장 가벼운 커트 스타일 응용 범위가 넓다.

하이 그래쥬에이션 커트	
형태	하이 그래쥬에이션
길이	N.P 10~11cm
커트 방향	세로(수직)
슬라이스 라인	평행
베이스	온 더 베이스
시술 각도	두상 시술 각도 약 70°
질감 처리	해당 없음

SECTION 03
레이어 헤어커트

Check Point!

2022년 추가된 내용
꼭!! 알아보기~

1. 레이어 커트 방법

1) 레이어 헤어커트(layer haircut)의 특징

① 90° 이상의 높은 시술 각도 적용 커트 스타일, 시술각으로 층 조절

② 시술각이 높을수록 단층이 많이 생겨 두상의 톱(top) 부분에서 네이프로 갈수록 길어져 모발이 겹치는 부분이 없어 무게감이 없는 커트

③ 커트 단면 드러나 거칠어 보이며 밖으로 뻗치는 힘이 강한 특징

④ 두상이 튀어나온 부분, 얼굴형이 통통한 경우 보완해주어 날렵하고 날씬하게 만들고 싶을 때와 경쾌하고 발랄한 이미지

⑤ 길이, 슬라이스 라인, 베이스, 시술 각도 변화, 다양한 형태 커트

2) 레이어 헤어커트(layer haircut)의 종류

세임 레이어(same layer), 인크리스 레이어(increase layer), 스퀘어 레이어(square layer)

(1) 세임 레이어(same layer)

세임 레이어 커트 분석	
형태	세임 레이어
길이	N.P 10~11cm
커트 방향	세로(수직)
슬라이스 라인	평행
베이스	온 더 베이스
시술 각도	두상 시술 각도 90°
질감 처리	해당 없음

(2) 스퀘어 레이어(square layer)

스퀘어 레이어 커트 분석	
형태	스퀘어 레이어
길이	N.P 10~11cm
커트 방향	세로(수직)+가로(수평)
슬라이스 라인	평행
베이스	온 더 베이스
시술 각도	자연 시술 각도 90°, 180°
질감 처리	해당 없음

(3) 인크리스 레이어(increase layer)

인크리스 레이어 커트 분석	
형태	인크리스 레이어
길이	N.P 10~11cm
커트 방향	세로(수직)
슬라이스 라인	평행
베이스	온 더 베이스
시술 각도	두상 시술 각도 90° 이상
질감 처리	해당 없음

SECTION 04

헤어커트 마무리

Check Point!

2022년 추가된 내용
꼭!! 알아보기~

1. 헤어커트의 수정 · 보완

1) 헤어커트 마무리에 필요한 도구 준비

① 드라이기, 롤 브러시 등, 준비하는 과정이 필요 경우에 따라서 헤어커트 진행 후에 샴푸

② 모발 건조를 하면서 간단한 핸드 스타일링 또는 블로 드라이

③ 이동식 작업대, 드라이기, 다양한 크기의 롤 브러시, 쿠션 브러시 또는 덴맨 브러시, 분무기, 클립, 잔여 머리카락을 제거, 위한 붓이나 스펀지등의 도구들이 필요

2) 헤어커트 스타일의 수정 및 마무리 연출

① 잔여 머리카락을 제거, 고객의 만족도를 파악하여 보정

② 헤어커트 스타일의 완성도를 높이기 위하여 드라이기를 사용

3) 헤어커트 도구의 위생적 관리와 보관

① 헤어커트의 진행과 마무리 과정에서 사용한 도구는 위생적으로 관리하고 보관

② 미용실에서는 공중위생 관리법의 시설 및 설비 기준, 소독을 한 기구와 소독을 하지 않은 기구를 구분하여 보관할 수 있는 용기를 비치

③ 미용에서 이용되는 모든 도구는 항상 청결, 고객에게 접촉된 도구가 전염성 질환의 매개가 되는 일이 없도록 소독에 주의

SECTION 05
장가위 헤어커트

Check Point!

2022년 추가된 내용
꼭!! 알아보기~

1. 쇼트 커트 방법

1) 싱글링 헤어 커트(시저스 오브 콤(scissor over comb))

① 쇼트 헤어 커트, 네이프와 사이드 부분의 모발을 짧게 커트

② 가위와 빗을 이용하여 모발을 짧게 자르고 위쪽으로 올라갈수록 길어지게 커트

③ 빗으로 커트 시 방향성 잡아 주고 빗으로 들어 올려 모발을 가위 정인, 빗 위에 고정, 동인만 개폐 커트하는 기법

2) 싱글링 헤어 커트 시술에 필요한 도구

(1) 장가위

싱글링 헤어 커트 시 총길이 6인치 이상의 가위

(2) 틴닝(thinning) 가위

① 커트의 형태나 모발의 양을 보정

② 발수(10~40)에 따라 질감 처리 모량 결정, 커트 디자인을 고려하여 선택적 사용

(3) 커트 빗

① 빗질, 커트 영역을 나누는 기능, 싱글링 헤어 커트에서의 빗은 모발을 고정 가이드라인을 결정, 각도를 가늠하게 하는 도구로서 중요한 역할

② 커트 빗은 빗살 간격이 넓은 얼레살과 빗살 간격이 좁은 고운살, 싱글링 위치에 따라 선택적으로 사용

3) 싱글링

싱글링 헤어 커트를 위해 블로킹, 섹션, 시술각, 베이스 등 커트의 기본적인 이해가 필요

4) 도해도 작성과 분석

(1) 도해도 작성

① 헤어 커트 과정을 도식화하는 방법

② 커트 시작점과 커트 섹션, 커트 선, 빗질 방향, 베이스 방향, 시술 각도, 싱글링 영역 등을 설정

(2) 도해도 분석

도해도를 보고 형태와 라인, 모발 길이, 커트 단차의 높낮이에 의한 시술 각도 등 시술 방법을 분석

5) 쇼트 헤어 커트 디자인

(1) 얼굴형에 따른 쇼트 헤어 커트 디자인

① 둥근 얼굴

ㄱ. 윗머리는 볼륨을 살리고 옆머리는 볼륨을 최대한 억제, 산뜻하게 연출

ㄴ. 앞머리는 사이드 쪽 가르마를 이용해 페이스 라인으로 길게 내리고 옆머리는 귀를 덮지 않는 것이 얼굴이 길어 보이게 한다.

② 긴 얼굴형

ㄱ. 이마부터 턱선까지 얼굴 길이가 긴 형으로 얼굴의 세로선을 느낄 수 없도록 앞머리로 이마를 가려 주면 좋다.

ㄴ. 눈을 덮을 정도의 앞머리 길이는 답답해 보이기도 하고 긴 얼굴을 강조할 수 있으므로 주의

③ **역삼각형**

ㄱ.턱이 뾰족한 얼굴은 세련되지만 날카로운 인상을 줄 수 있다.

ㄴ.양쪽 귀 사이의 폭이 넓어 보이기 쉬우므로 옆머리와 뒷머리를 짧게 올려서 자르지 않는 것이 중요

④ **사각 얼굴형**

아래 사각턱을 감추기보다는 이마 부분에 형태를 주어 시선을 분산

(2) 헤어 트렌드에 따른 쇼트 헤어 커트 디자인

① 쇼트 헤어 커트는 유니섹스(unisex) 시대에 남녀 구분 없이 패션과 뷰티 트렌드를 반영, 가위 커트, 싱글링 커트, 클리퍼 커트 기법을 사용

② 쇼트 헤어스타일을 살펴보면 19세기 절제된 신사를 뜻하는 깔끔하게 정돈된 댄디 스타일과 율동감과 디자인의 변화를 주는 투-블록, 모히칸 스타일

6) 싱글링 커트 방법

① 쇼트 헤어 커트 기법에는 장가위를 이용한 싱글링과 클리퍼를 이용한 커트 기법

② 장가위를 이용한 싱글링 커트 기법에는 모발의 길이를 조절, 싱글링 기법과 튀어나온 모발을 정리해 주는 트리밍 기법

(1) 싱글링 커트 기술

① 커트 빗에 장가위 고정

② 빗질을 두상 표면에서 위로 천천히 움직이며 빗살 위로 나온 모발을 커트, 길이를 조절

ㄱ.**다운 싱글링**

긴 머리에 형태, 빗으로 섹션을 떠서 모발을 두피에서 띄운 채 길이에 맞게 위에서부터 내려 오면서 커트

ㄴ.**업 싱글링**

- 빗으로 섹션을 떠서 아래에서 위로 올라가면서 커트 방법
- 주로 커트 선을 연결할 때 사용

ㄷ.**연속 싱글링**

- 빗을 두상에 대고 섹션을 타지 않고 아래에서 위로 올라가면서 연속 커트하는 방법
- 커트 선을 연결할 때 사용, 일반적인 싱글링 커트 기법

(2) 트리밍 커트 기술

모발을 정리하는 부분에 장가위 정인날을 갖다 대고 손가락의 엄지나 중지를 지렛대로 하여 좌우 또는 상하로 움직이며 튀어나온 모발을 정리

7) 모량 조절 및 질감 처리 방법

(1) 틴닝(thinning)

모발의 길이는 유지하고 부피와 무게감을 감소하고자 할 경우 사용

(2) 테이퍼링(tapering)

① 모발 끝을 가볍게 하기위해 사용하는 기술로 길이, 모량 감소가 동시 테크닉

② **테이퍼링의 종류**: 딥 테이퍼링, 노말 테이퍼링, 엔드 페이퍼링

(3) 포인팅(pointing)

가윗날을 세워서 모발 끝을 불규칙하게 커트하는 기법

(4) 슬라이싱(slicing)

가윗날을 1/3 정도 벌린 상태에서 모발의 표면을 미끄러지듯이 C자 형태를 그리면서 모량 조절

SECTION 06

클리퍼 헤어커트

Check Point!

2022년 추가된 내용
꼭!! 알아보기~

1. 클리퍼 커트 방법

1) 클리퍼 헤어 커트

(1) 헤어 클리퍼의 구조와 기능

① 헤어 클리퍼의 구조는 고정날(fixed blade), 이동 날(moving blade), 몸체(body)로 구성

② 고정 날이 모발을 정돈, 고정 날의 빗살 사이로 밀려들어 온 모발을 이동 날과의 상호 작용

ㄱ.**고정 날(fixed blade, 밑날)**

- 고정 날의 홈 길이는 이동 날에 비해 길고 간격이 넓다.
- 고정 날은 모발의 정돈을 용이, 이동 날의 작용 모발이 걸리지 않게 함

ㄴ.**이동 날(moving blade, 윗날)**

- 고정 날에 의해 정돈, 모발을 뜯기지 않으면서 쉽게 커트
- 날의 크기와 홈의 길이와 간격이 고정 날보다 좁다.

ㄷ.**몸체(body, 핸들)**

클리퍼를 손으로 잡을 수 있는 몸체에는 전원 스위치, 날을 조정하는 스위치가 있는 클리퍼

2) 클리퍼 사용 방법

① 클리퍼 날의 방향이 위로 향하게 세워 엄지손가락을 날 위에 얹고 클리퍼 몸체 뒷면 중심에 손가락을 대고 지지하며 밀어준다.

② 클리퍼에서 모발에 가해지는 힘을 고르게 분배하기 위해 순간적으로 빠르게 쳐 올리는 기법에 대한 숙련도를 높인다.

③ 클리퍼를 잡은 손의 팔에 힘을 빼야 진동에 의한 영향을 받지 않고 무게를 반감시키는 효과

SECTION 07

쇼트 헤어커트 마무리

Check Point!

2022년 추가된 내용
꼭!! 알아보기~

1. 쇼트 커트의 수정 · 보완

1) 보정 커트와 드라이 커트

(1) 보정 커트(cross checking)

① 보정 커트는 커트 마지막 단계에서 균형과 정확성

② 섹션의 반대 위치에서 행해지는 것

③ 수평선으로 커트를 했다면 보정 커트의 섹션은 수직선

(2) 드라이 커트(dry cut)

① 고객에게 맞는 헤어 커트가 되도록 특성을 잘 드러나게 해 주는 마지막 단계

② 질감 처리와 커트 선의 헤어라인 가장자리 처리

③ 모발이 마른 상태에서 작업

ㄱ.질감 처리(texturizing)

쇼트 헤어 커트에서 질감 처리는 모발에 볼륨을 주어 율동감이 생긴다.

ㄴ.아웃라인 정리(outlining)

- 헤어라인을 정리해 주는 과정
- 쇼트 헤어 커트에서 아웃라인 정리는 커트 형태를 나타내는 꼭 필요한 작업

2) 헤어 커트 도구별 관리와 보관법

(1) 헤어 커트 도구의 보관

① 장가위는 날을 벌려 모발을 깨끗이 제거, 날 안쪽과 회전축 부위에 오일을 바르고 서늘 하고 건조한 곳에 보관

② 클리퍼의 관리는 작업 후 날을 본체와 분리, 기계 안으로 들어간 모발을 전용 솔로 제거, 날에 클리퍼용 또는 미용 가위용 오일을 충분히 발라 서늘하고 건조한 곳에 보관

(2) 시술 후 정리 정돈

헤어 커트 시술이 끝나면 사용한 도구와 주변을 깨끗이 정리

① 머리카락은 빗자루로 쓸어 분리 배출

② 사용한 도구는 다음 시술을 위해 도구별 관리법에 맞추어 작업대에 정리

③ 개인위생 관리

3) 헤어 스타일링 제품

헤어 스프레이(hair spray)

- 헤어스타일을 유지, 고정하는 기능이 있는 제품으로 세팅력이 강하고 쉽게 사용할 수 있는 장점
- 강한 세팅력으로 인해 헤어스타일 수정이 어렵다는 단점
- 세팅력에 따라 하드 스프레이와 소프트 스프레이

헤어 젤(hair gel)

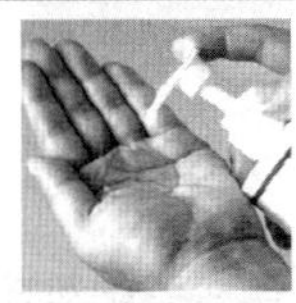

- 헤어 젤은 내용물의 성상에서 높은 점도
- 스타일 형성과 변환, 고정하는 스타일링 제품
- 세팅력은 다소 약하지만 촉촉함과 광택을 줄 수 있는 제품
- 쇼트 헤어 스타일에서는 헤어 젤을 바르고 깔끔하게 빗어 넘겨 세련된 느낌

헤어 왁스(hair wax)

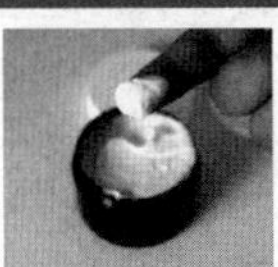

- 모발에 윤기를 부여하여 굳지 않는 고정력
- 헤어 스타일링을 정돈하는 기능

헤어 무스(hair mousse)

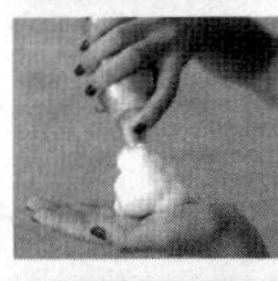

- 끈적임이 없고 스타일에 볼륨과 웨이브의 탄력을 주려고 할 때 사용, 종류에는 하드, 소프트 무스가 있다.

헤어 포마드(hair pomade)

- 포마드는 반고체의 기름 성분으로 광택과 방향을 내는 제품으로 쇼트 헤어 커트 스타일링 제품으로 많이 사용
- 포마드를 사용하여 스타일링 한 헤어 스타일은 세팅력 있는 향유를 사용하여 모발의 흐름을 잘 정돈
- 댄디 이미지의 스타일

SECTION 08

베이직 헤어펌 준비

Check Point!

2022년 추가된 내용
꼭!! 알아보기~

1. 헤어펌 도구와 재료

1) 헤어펌 준비

(1) 고객 가운 및 펌용 어깨보 착용

고객에게 사용되는 가운과 어깨보 등은 항상 청결, 사용 전에 청결 상태를 확인 후 착용

(2) 사전 샴푸

① 헤어펌을 진행하기 위한 사전 샴푸는 고객의 모발에 오염 물질이나 스타일링 제품을 제거할 목적

② 두피에 자극을 주지 않는 사전 샴푸

③ 사전 샴푸는 프리샴푸(pre-shampoo), 샴푸를 시술하는 동안 두피를 문질러 자극하지 않으며, 모발의 더러움만을 제거하는 가벼운 샴푸

④ 샴푸를 할 때 샴푸제는 충분히 헹구며 컨디셔너제는 사용하지 않는다.

2) 베이직 헤어펌 도구와 기기

(1) 베이직 헤어펌에 필요한 도구

① 고객 가운과 펌용 어깨보

ㄱ.고객 가운은 고객의 옷을 보호하기 위하여 고객에게 착용

ㄴ.수건을 두르고 펌용 어깨보를 함께 사용

ㄷ.펌용 어깨보는 파마보, 방수, 재질이 비닐 소재로 코팅되어 있어서 고객의 옷과 가운 등을 보호하기에 적당

② 꼬리빗(tail comb)

ㄱ.꼬리빗은 고은 빗살이 있는 몸체와 기다란 꼬리 부분

ㄴ.고운 빗살의 몸체는 헤어펌을 시술할 때 모발을 가지런하게 빗질을 하거나 와인딩을 위한 빗질을 할 때 사용

③ 로드(rod)

ㄱ.로드는 헤어펌을 할 때 모발을 감아 웨이브를 만드는 도구

ㄴ.로드는 굵기와 재질, 형태, 크기별 로드와 같이 굵기에 따라서는 숫자로 '호'를 구분

ㄷ.1호가 로드 중에 가장 굵으며, 숫자가 커질수록 로드의 굵기는 점점 가늘어진다.

ㄹ.재질에 따라서는 플라스틱, 세라믹, 나무 등의 재질을 사용

④ 고무 밴드(rudder band)

모발을 로드에 와인딩한 후에 모발이 와인딩 된 로드를 고정

⑤ 파마지

파마지는 모발을 와인딩하려고 할 때 모발 끝에 놓아 모발이 로드에 감겨 들어갈 수 있도록 하는 역할

⑥ 비닐 캡(vinyl cap)

약제의 건조를 방지하기 위한 것

⑦ 펌 스틱(perm stick)

와인딩된 모발의 밴드 자국을 방지하기 위하여 사용

⑧ 클립(clip)

클립은 핀셋(pin set), 시술이 편리하도록 블로킹이나 섹션으로 나누어 놓은 모발 다발을 고정하기 위해 사용하는 도구

⑨ 헤어밴드(hair band)

헤어펌 1제를 도포할 때 고객의 이마 또는 얼굴과 목덜미로 약제가 흐르는 것을 방지하기 위하여 사용

⑩ 미용 장갑

미용 장갑은 고무 소재로 된 장갑, 화학 약제로부터 미용사의 손을 보호하기 위해 착용하는 것

⑪ 중화 받침대

중화 받침대는 헤어펌을 진행할 때 펌 2제인 산화제를 도포할 때 사용

⑫ 수건(towel)

물과 약제 등이 고객의 피부에 직접 닿지 않게 하고 젖은 모발을 닦아 내는 용도로 사용

⑬ 분무기(water spray)

분무기는 물을 담아 분사하는 도구로 모발에 수분 공급이 필요할 때 사용

(2) 베이직 헤어펌에 필요한 기기

① 열처리기

열처리기는 모발에 사용되는 각종 약제 또는 트리트먼트제의 작용 촉진 사용하는 기기로 열을 발생

② 타이머

ㄱ.타이머는 모발에 사용되는 각종 약제 또는 트리트먼트제의 작용 시간을 정하고 알림 받기 위하여 사용

ㄴ.원하는 시간을 설정해 놓으면 시간이 되었을 때 소리로 알려 준다.

3) 모발의 사전 처리와 피부 보호제 도포

(1) 모발의 사전 처리

헤어펌 준비 단계에서 모발의 사전 처리는 모발 진단을 하여 모질에 따라 전처리와 연화 처리

① 모발의 전처리

헤어펌을 준비하는 단계에서 모발의 전처리는 두 종류로 구분

ㄱ.헤어 트리트먼트제를 사용한 전처리

- 손상모라고 진단되었을 때
- 모발 손상을 방지하고 균일한 웨이브 형성을 위하여 진행되는 처리 과정

ㄴ.특수 활성제나 펌 1제를 사용한 전처리

특수 활성제나 펌 1제로 전처리는 하는 경우는 한 번의 펌으로 원하는 헤어펌 결과를 얻을 수 없다고 진단되었을 때

② 모발의 연화(軟化) 처리

ㄱ.헤어펌을 진행하기 위하여 준비하는 단계에서 모발의 연화 처리는 모발을 팽윤·연화시키기 위한 것

ㄴ.연화 처리는 두 종류로 구분

- 열펌 진행을 위한 연화 처리

  매직 스트레이트나 세팅 펌, 디지털 펌, 아이론 펌, 볼륨 매직 등의 열펌을 진행 과정에서 사전 연화를 하는 것

≪ 열펌 연화 방법

- 사전 연화는 모발을 팽윤·연화 모발 내의 측쇄 결합 중에서 황 결합으로 형성된 시스틴을 시스테인으로 환원 목적 연화 처리
- 모발 진단에 따른 펌 1제를 선택 도포, 모발 진단에 따라 일정 시간 처리 연화의 정도를 점검

≪ 열펌 연화 점검

- 연화 정도를 점검, 소량의 모발을 손바닥에 동그랗게 말아 올리며 지그시 눌러 보거나, 모발 중간을 반으로 접어 보거나, 빗꼬리에 말아 보는 등의 방법
- 미지근한 물로 세척 후 헤어 트리트먼트제를 도포 원하는 다음 과정에 따라 수분량 조절 진행

- 콜드 펌 진행을 위한 연화 처리

(2) 피부 보호제 도포

피부에 수분 보호막을 형성, 헤어펌제의 자극으로부터 피부를 보호하는 역할

SECTION 09

베이직 헤어펌

Check Point!

2022년 추가된 내용
꼭!! 알아보기~

1. 헤어펌의 원리

1) 모발의 구조

① 모발은 탄력있는 경단백질인 케라틴(Keratin)으로 구성

② 케라틴의 구성(아미노산) 중 시스틴(Cystine)은 황(S)을 함유

③ 펩타이드(쇠사슬 구조) 결합

④ 이중 폴리펩타이드 결합구조이며, 모발은 당기면 늘어나며, 힘을 빼면 원상태로 돌아가는 탄성을 가짐

2) 모발의 화학적 구조

주쇄결합/세로결합	• 모발의 결합 구조 중 세로결합으로 연결된 결합 • α-케라틴(α-Helix) 잡아당기면 β-케라틴이 되고 힘을 빼면 다시 α-케라틴으로 바뀜 • 종류 : 폴리펩타이드 결합
측쇄결합/가로결합	• 모발의 결합 구조 중 가로결합으로 연결된 결합 • α-케라틴의 폴리펩타이드, 주쇄 결합간의 가까이에 있는 측쇄가 연결되며 가로로 연결된 사슬이 케라틴 분자를 고정 • 종류 : 시스틴 결합, 염 결합, 수소 결합

3) 측쇄결합의 종류

분류	설명
시스틴 결합(Cysitn Bond), 이황화 결합(Disulfed Bond), 펌 결합(Pem Bond)	• 케라틴의 특징 중 가장 중요한 결합 • 유황(S)을 포함한 단백질의 결합 • 천연섬유(견, 목면 등), 합성섬유, 측쇄결합 • 견고한 결합 • 화학반응에서 절단, 재결합 가능 • 퍼머넌트 웨이브의 원리 • 시스틴은 2분자의 시스테인이 산화되면서 수소(H)가 물(H_2O)되어 상호결합 • 시스틴 환원하면 원래 2분자의 시스틴결합 또는-S-S-결합
염 결합, 이온 결합 (Ionic Bond)	• 측쇄결합의 세 종류(중성 아미노기, 염기성 아미노기, 산성 아미노기) • 측쇄결합을 가진 폴리펩타이드의 주쇄가 접근시 아미노산이 이온화 상호 • 아미노기(NH_2)+와 카르복실기(COOH)-가 이온적으로 결합
수소결합 (Hydrogen Bond)	• 드라이에 의한 결합 • 주쇄간의 산소(O)와 수소(H) 간에 당기는 인장력을 이용한 결합 • 수분을 공급하면 결합이 절단되고 열을 가하면 재결합
펩타이드 결합 (Peptide Bond)	• 주쇄와의 동일한 방식, 가장 강한 결합 • 산화제와 강산, 강알칼리 등에 의해 절단 • 수소결합 -**절단** : 수분 텐션 -**재결합** : 건조시키거나 텐션 제거 -**관련 작용** : 오리지널 세트 • 염 결합 -**절단** : 산, 알칼리의 pH -**재결합** : 산, 린스 등으로 pH를 5.5 -**관련 작용** : 헤어 세팅, 헤어컬러 • 시스틴 결합 -**절단** : 환원제 -**재결합** : 산화제 -**관련 작용** : 퍼머넌트 웨이브

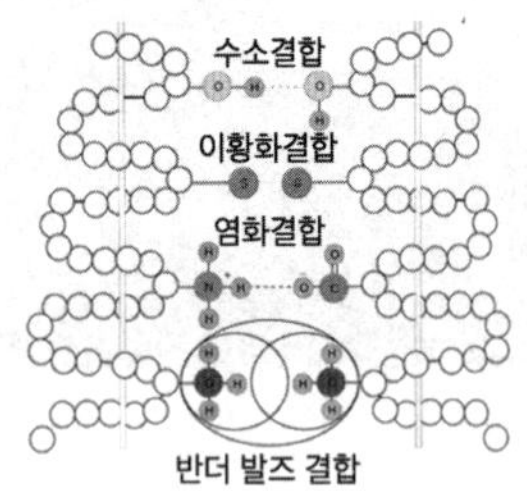

4) 등전점

① **모발을 구성하는 아미노산**: 음(-)과 양(+)이 존재

② **알칼리성(-), 산성(+)로 존재, 용액이 중성**: (+)이온과 음(-)이온이 동등한 상태를 등전점=아미노산마다 각각의 등전점(pH) 존재

③ **모발은 18종의 아미노산**: 각각의 등전점이 달라 이를 평균화=등전대(Isoelectric Region) pH4.5~6

④ **모발의 등전대 상태**: 폴리펩타이드(측쇄결합) 가운데 이온결합이 가장 안정적=이온 결합 시 pH4 이하 pH6 이하일 때 용액 처리하면 모발 손상도가 높아짐

⑤ 등전대 상태일 때 모발 건강 상태 유지

5) 퍼머넌트 용액(1, 2제)

구분	설명
제1제 (환원 작용)	• 제1제를 모발에 팽윤, 연화시켜 시스틴 결합을 절단 • 주성분은 티오글리콜산과 시스테인을 많이 사용 • 환원제의 pH범위는 9.4~9.6 이 일반적
제2제 (산화 작용)	• 제2제는 정착제, 중화제, 산화제의 기능 • 시스틴결합을 산화 변형된 형태로 재결합시켜 원래의 모발구조로 결합 • 주성분은 브롬산나트륨(취소산나트륨), 브롬산칼륨(취소산칼륨) • 과산화수소는 모발을 표백시키므로 사용상 주의

6) 퍼머넌트 웨이브(펌)의 종류

(1) 히트 퍼머넌트 웨이브(Heat Permanent Wave)

모발에 열을 105°~110°C로 형태의 변화를 주는 방법

구분	설명
머신 웨이브 (Machine Permanent Wave)	• 알칼리성 약액 사용, 증기, 열 등을 사용 • 용제는 암모니아수, 붕산, 탄산칼륨, 탄산나트륨으로 환원 작용하여 아황산염을 가한 수용액 사용
프리히트 웨이브 (Free Heat Permanrnt Wave)	• 금속으로 된 히팅 클립(불펌)을 사용하여 웨이브를 형성 • 용액 속에 소량의 티오클리코산으로 열에 의해 환원 반응 촉진
머신리스 웨이브 (Machineless Permanent Wave, Chemical Permanent Wave)	• 분말 형태의 제제를 사용, 발열 반응과 함께 화학작용을 이용 • 전용 퍼머넌트 웨이브제 사용, 도포 후 제제를 물에 녹여 재도포하는 방법

티오글리코산
- 퍼머넌트 웨이브의 제1액(환원제)로 사용
- **적정 pH**: 9.0~9.6
- **적정 농도**: 2~7%
- 모발의 모피질에 적용

PPT(Polypeptide)
단백질 분해물질, 손상모나 다공성 모발에 단백질을 분해하고 PPT용액을 도포하여 손상을 줄이고 탄력 있는 웨이브를 형성시킴

LPP(L-Type Polypeptide)
저분자 단백질 분해물질. '천연'이라는 단백질로 구성되어있으며, PPT와 마찬가지로 다공성모의 전처리제로 사용

(2) 콜드 퍼머넌트 웨이브(Cold Permanent Wave)

상온에서 펌하는 형식, 일반적인 사용 방법

종류	설명
콜드 1욕법 (One Step Wave)	• **주원료**: 티오글리코산(환원제)만 사용 • 티오글리코산의 암모늄만 작용시켜 시스틴 결합을 절단시켜 환원된 시스테인을 공기 중에 산소 또는 헹굼 시 물에서의 산소를 통해 자연산화 시킴 • **단점**: 웨이브의 효과가 약함, 가는 로드를 사용해야 하고, 시간이 많이 걸림(일반적으로 많이 사용하지 않음)
콜드 2욕법 (Two Step Wave)	• 펌 제의 제1제(환원)와 제2제(산화)를 통해 상온에서 시술하거나 열처리를 하는 방법 • 일반적으로 가장 많이 사용하는 방법
콜드 3욕법 (Three Step Wave)	• 펌 시술 시 강모, 발수성모, 다공성모를 전 처리제로 • 연화제(특수성 활성제, 제1제)를 도포하고 또는 손상모, 다공성모는 전처리제로 모발을 보호하기 위해 보호제(PPT, LPP)를 사용한다. • **전처리 제**: 특수 활성제 1제가 모발 침투를 쉽게하며, 팽윤, 연화시키는 작용, 모발 손상도를 줄이는 방법에 사용 • **제1제**: 환원작용 • **제2제**: 산화작용

종류	설명
시스테인 퍼머넌트	• 제1 제 시스테인(아민산의 일종) pH 8.0~9.5의 일반 펌제보다 낮은 용제로 사용하는 환원제 • 연모와 손상모에 적합, 손상도, 모발 팽윤도가 적으며 자극적인 냄새가 작다. • **단점** : 분자량이 크고, 화학적 구조가 불안정 웨이브 형성력이 약함
산성 퍼머넌트	• 손상모, 염색모, 다공성모 등 약한 모발에 적합 • pH 4~6의 모발의 등전점과 가까운 티오글리콜산의 주성분, 단, 특수 계면 활성제 첨가하여 환원력이 약함 • **단점** : 웨이브가 쉽게 풀림, 적용 시간이 길다.
거품 퍼머넌트	• 제1제, 제2제에 계면활성제를 혼합, 거품 형태 • **장점** : 거품 자체의 보온성으로 가온 없이 적용

2. 헤어펌 방법

Check Point!

펌 시술 과정 중요한 거 아시죠? 팍!팍!!

구분	설명
전 처리 과정	두피, 모발 진단→상담→프레 샴푸→타월 드라이→셰이핑(프레 커트)→사전 처리(프레 트리트먼트)
본 처치 과정	진단 모발에 맞는 약액 선택→로드 선정→블로킹→제1제(환원제) 도포→와인딩→열처리→환원제 재 도포→프로세싱 타임(방치 시간)→테스트 컬→중간 린스(중간 세척)→제2제(산화제) 도포→로드 아웃
후 처치 과정	오리지널 세트(최종 샴푸, 린스)→타월 드라이→트리트먼트→애프터 커트→콤 아웃(마무리)

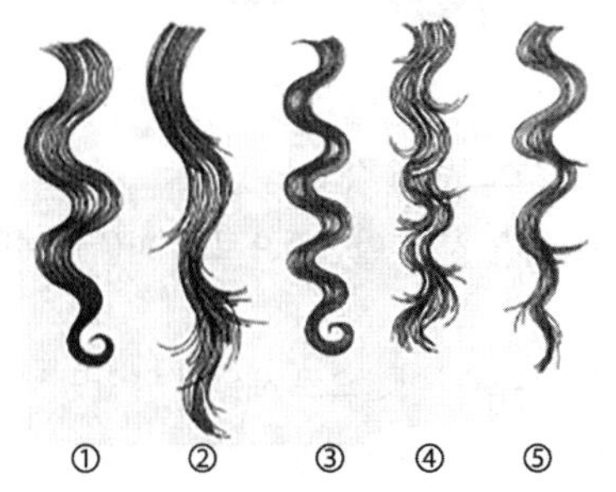

① 적당한 프로세싱
② **언더 프로세싱** : 느슨하고 불안정
③ **오버 프로세싱** : 젖었을 때 지나치게 꼬불거리고, 마르면 웨이브가 부스러짐
④ **오버프로세싱(손상모, 모발끝이 다공성)** : 모발 끝이 자지러짐
⑤ 두발 끝을 강하게 당겨서 말려 끝부분 웨이브가 형성되지 않음

2) 퍼머넌트 시술 시 필요한 전 처리 과정

(1) 두피, 모발 진단

고객의 현재 모발 상태를 진단

(2) 상담

고객의 모발 상태에 따라 특성을 고려하여 직업, 연령, 얼굴형태, 고객의 생각을 존중하여 스타일을 결정하여 시술

(3) 프레 샴푸(Pre Shampoo)

펌이나 염색 시술 전 모발에 있는 이물질을 제거하여 약액의 흡수를 돕고 이때 중성샴푸를 사용

(4) 타월 드라이(Towel Dry)

프레 샴푸 후 물기를 제거, 모발 손상을 막기 위해 열없이 타월 드라이하여 수분을 제거

(5) 세이핑(Pro Treatment, 전 처리 작업)

펌 시술 전, 디자인의 최종 길이보다 1~2cm 정도 길게 커트한다.

(6) 사전 처리(Pre Treatment, 전처리 작업)

제1 제 시술 전 모발의 상태에 따라 전 처리하는 과정에서 PPT, LPP 등의 특수 활성제를 처리하여 균일하고 탄력있는 모발을 형성시키고, 손상을 줄여준다. 이때, 손상모, 극손상모, 저항성모, 발수성모 등에 웨이브 형성을 도와준다.

★★★★
« **모발 상태에 따른 제1제 도포 방법**

• 모발 끝만 상한 경우
신생모에만 약액을 도포, 모발 끝부분은 물만 바른 상태로 와인딩

• 극 손상모/ 염색모
물만 바른 상태에서 와인딩한 다음 제1 제 도포

• 버진(Virgin) 헤어/ 건강 모
두발 전체에 제1 제를 도포한 후 와인딩

3) 퍼머넌트 시술

(1) 블로킹(Blocking)

① 디자인 형태에 따라 두상을 구분 짓는 것
② 웨이브에 흐름과 웨이브의 굵기, 두상의 특징, 로드 크기, 길이 등에 맞게 구분

(2) 프로세싱(Processing) / 제1제(환원제) 도포

순서	설명
제1액 (프로세싱)	• 헤어라인에 피부보호를 위해 보호크림을 바르고 수건이나 거즈로 헤어밴드를 한다. • 약액이 흐르거나 묻었을 경우 닦아냄
프로세싱 방법	• 후두부 네이프에서 전두부 방향으로 도포한다. • 와인딩 순서에 맞게 도포 한다. • 컬과 컬 사이에 충분히 도포, 두부 전체를 적시도록 한다.
비닐캡	• 두발 전체에 제1액의 성분을 촉진, 활성화 • 휘발성 알칼리성(암모니아 가스)의 증발과 산화 방지하고, 온도를 유지시킴 • **단점**: 캡이 닿는 부분에 급성 피부염, 단모의 우려
프로세싱 타임	• 10분~15분 정도가 이상적인 타임 • 두발의 상태, 성질에 따른 약액의 강도, 로드수, 온도와 방치 시간이 달라진다. • 프로세싱 타임을 줄이기 위해 열처리(히팅 캡, 스티머, 적외선, 전기모자) 사용
오버 프로세싱	• 적정한 프로세싱 타임 이상으로 1액의 방치시간이 길어진 경우 지나치게 컬이 형성된다.
언더 프로세싱	• 적정한 프로세싱 타임 이하로 1액의 방치시간이 짧아진 경우 • 모발의 웨이브가 거의 나오지 않음 • 처음 사용한 솔루션 보다 약한 1제를 다시 사용
테스트 컬	• 제1액을 10~15분 후 확인 • 정확한 프로세싱 타임을 결정하고 원하는 웨이브의 상태를 결정짓는 방법

(3) 와인딩(Winding)

모발을 일정한 텐션을 주어 로드에 말아 와인딩 하는 기술

> **« 퍼머넌트 와인딩 기본시술 순서**
> 네이프(nape, 뒷목)→백(back)→사이드(side)→탑(Top)

① 와인딩 시술 시 주의사항

ㄱ.제1 제를 도포 후 와인딩 시술이 더 말기가 쉽지만 이때, 강한 힘으로 와인딩 하면 모발이 상하거나 약액이 골고루 스며들지 않아서 웨이브 형성에 안 좋은 영향

ㄴ.느슨하거나 강하게 말면 균일한 웨이브 형성이 어려우므로 주의

② 와인딩 시 컬링 로드(Curling rod)

디자인의 형태, 부위, 모발의 굵기에 따라 로드의 크기의 변화

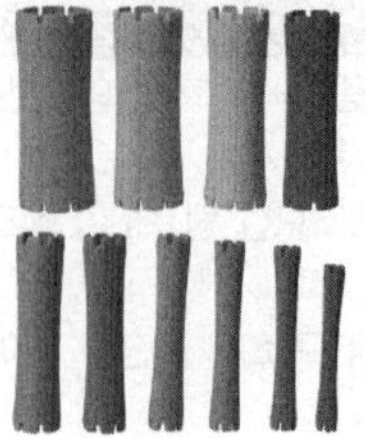
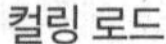

컬링 로드

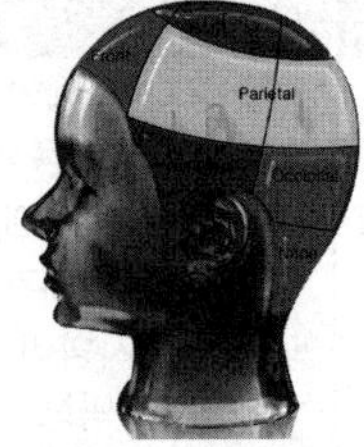

두상의 구분

로드 크기	모발 부위
소형 로드	네이프 부분(Nape/ 목 뒤쪽 부분)
중형 로드	크라운(Crown) 하부, 백(Back), 양 사이드(Side)
대형 로드	탑(Top), 크라운(Crown) 앞부분, 프론트(Front)

ㄱ.모발의 굵기에 따라

- 굵은 모발, 과밀도 모발=블로킹→작게, 로드 크기→작은 것
- 가는 모발, 소밀도 모발=블로킹→크게, 로드 크기→큰 것
- 경모, 장모, 숱 많은 모발=블로킹→작게, 로드 크기→큰 것
- 건강 모발=블로킹→로드 직경, 로드 크기→원하는 컬보다 1~2단계

ㄴ.로드의 굵기에 따라

구분	특징
섀도우 웨이브 (Shadow wave)	• 웨이브가 느슨함 • 웨이브의 폭이 뚜렷하지 않다.
내로우 웨이브 (Narrow wave)	• 웨이브가 강함 • 로드 직경이 작은 로드 사용 • 웨이브의 폭이 좁고 작은 것
와이드 웨이브 (Wide wave)	• 중간 정도의 웨이브 • 웨이브의 폭이 뚜렷하고 섀도우와 내로우 웨이브의 중간크기

③ 와인딩 각도/ 스트랜드 각도

ㄱ.펌 와인딩 시술 시에 일반적으로 두피(두상)에서 120°로 와인딩

ㄴ.볼륨 원할 시=90°이상으로 세워서 와인딩

ㄷ.볼륨 줄일 시=60°이하로 눕혀서 와인딩

ㄹ.로드 크기는 웨이브 크기에 비례

ㅁ.스트랜드 각도는 오프 베이스, 하프 오프 베이스, 온 베이스, 언더베이스 등으로 구분

구분	특징
오프 베이스 (Off Base)	• 각도 45˚ 와인딩 • 볼륨이 적다, 방향성이 크다.
하프 오프 베이스 (Half off Base)	• 각도 90˚ 와인딩 • 볼륨과 탄력이 적당, 가장 많이 사용
온 베이스 (On Base)	• 각도 120˚ 와인딩 • 볼륨이 가장 큼, 방향성이 적다.
언더 베이스 (Under Base)	• 각도 45˚ 이하 와인딩 • 기존 베이스보다 넓다, 다운 베이스

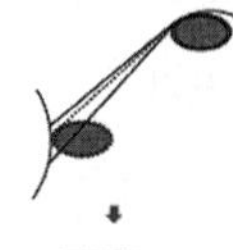

온 베이스: 모발을 양쪽으로 120°(전방 45°) 각도로 와인딩 한다. 로드의 위치는 두피에서 90°가 된다.

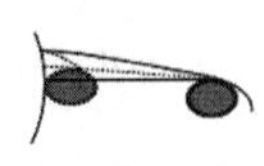

온 하프 베이스: 두피에서 90°로 올려서 와인딩 한다. 로드의 위치는 두피에서 45°가 된다.

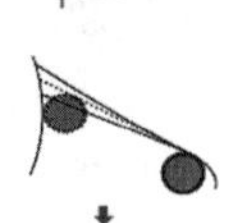

오프 베이스: 후방 약 45°로 와인딩 한다. 각도를 45°로 와인딩하면 뿌리 부분은 거의 웨이브가 나오지 않는다.

④ 와인딩 방법

구분	특징
수직 말기	기본 와인딩 방법
빗겨 말기	와인딩 시술 시 스트랜드를 한쪽으로 모아서 와인딩, 웨이브나, 컬이 어느 한쪽 방향으로 흐르는 형태

⑤ 스템의 방향

구분	특징	그림
포워드 (Forward)	• 안 말음 • 귀 바퀴 방향으로 와인딩	리버스(CC컬) 포워드(C컬) 리버스(C컬) 포워드(C컬) 그림(좌)
리버스 (Reverse)	• 바깥 말음 • 귓바퀴 반대 방향으로 와인딩	리버스(CC컬) 포워드(C컬) 리버스(C컬) 포워드(C컬) 그림(우)

⑥ 와인딩 시 엔드 페이퍼 방법

ㄱ.모발 끝의 2cm 정도를 감싸주고 모발의 끝이 꺾이거나 흐트러짐 방지

ㄴ.환원제(제1액)의 지나친 흡수를 막아 손상도를 낮춘다.

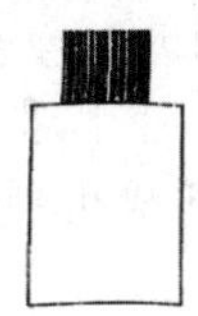

싱글 앤드 페이퍼

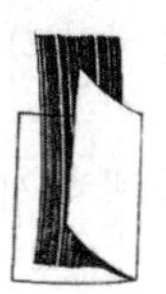

북 앤드 페이퍼

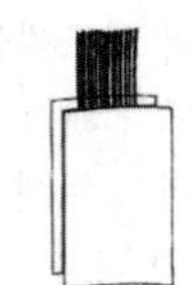

더블 앤드 페이퍼

구분	특징
싱글 앤드 페이퍼 (Single End Paper)	• 종이(파지)를 한 개만 사용하여 모발 위에 올려 와인딩 • 일반적인 방법
북 앤드 페이퍼 (Book End paper)	• 종이(파지)를 반으로 접어서 와인딩 하는 방법 • 테이퍼링 모발, 빗겨 말기, 모아 말기 등 모발을 완전히 감싸 와인딩 하는 방법
더블 앤드 페이퍼 (Double End Paper)	• 두 장의 종이(파지)를 앞뒤로 대고 와인딩 하는 방법 • 손상된 모발, 약한 모발을 보호하기 위해 하는 방법
쿠션 앤드 페이퍼 (Cushion End Paper)	• 모발 끝, 그 위쪽에 각각 종이(파지)를 대고 말아가는 방법 • 심한 층이 난 모발이나 매우 짧은 모발일 때 힘을 주고 지지대 역할을 해주는 방식

⑦ 와인딩 시 밴딩(Banding) 방법

- 로드를 고정시키는 방법으로 고무줄 사용
- 고무줄이 너무 세면 펌제가 고이는 등 자국이 남거나 단모의 원인
- 로드의 좌우 위치가 같아야 하며 꽂이(스틱)의 자극을 최소화

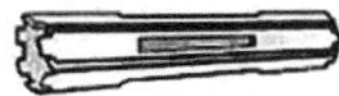

(11자형)

(X자형)

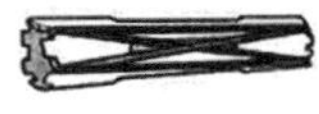

(11자, X자형)

구분	방법
11 자형	• 국가 자격시험에 주로 사용
X 자형	• 굵은 로드, 롤 스트레이트 시술 시 사용
11자 X 자형	• 살롱에서 일반적으로 사용 • 고무줄 자국이 남지 않음

ㄱ.프로세싱 타임(Processing Time, 방치시간)
- 제1제을 재도포 하고 비니 캡을 씌워 온도를 유지시켜 방치
- 콜드 퍼머넌트 웨이브 일반적 방치 시간 10~15분
- 모발의 성질과 상태에 따라 사용한 용액의 강도, 온도를 조절
- 오버 프로세싱 = 일반적 방치보다 오랜 시간 방치, 모발 손상도가 커짐
- 언더 프로세싱 = 일반적 방치 시간보다 짧게 방치, 웨이브가 안 나옴

ㄴ.테스트 컬(Test Curl)
- 일반적인 프로세싱 타임 시간 이후 컬의 형태 형성을 육안으로 확인하는 방법
- 처음 와인딩 했던 로드와 마지막에 와인딩한 로드를 풀어서 확인해보는 것이 이상적

ㄷ.중간린스(Plain Rinse, 중간 세척)
- 테스트 컬 후 프로세싱 타임이 끝나면 제1제의 약액을 씻어내고 제2제의 약액의 작용이 효과적으로 이루어질 수 있도록 미온수를 이용
- 제1제의 약액을 씻어낸 후, 물기를 제거하기 위해 타월드라이 하거나, 거즈, 탈지면 등으로 물기를 눌러서 제거(블로킹)

ㄹ.제2 제(산화제)도포
- 웨이브의 형태를 고정하는 역할, 환원 작용을 중지시켜 환원된 시스틴 결합을 산화시켜 재결합시키는 작용
- 모발 전체에 2제(산화제)를 충분히 1회 도포 한 후 5~10분 방치하고, 2회를 재 도포 후 5분 방치
- 산화 시간을 너무 오래 두면 모발이 상하거나 탈색 우려

ㅁ.로드 아웃(Rod Out, Rod Off)

약액 시술 시간이 끝난 후 웨이브가 변형되거나 모발이 당기지 않도록 로드를 아래쪽에서 위쪽으로 풀어준다.

ㅂ.헤어 퍼머넌트 후 처치 과정

오리지널→트리트먼트→타월 드라잉→콤 아웃(마무리)

구분	특징
오리지널 (Original Set)	• 일반적 시술 과정 • 펌 시술 후 48시간 내에 시스틴 결합이 100% 형성된 것이 아니므로, 샴푸를 하면 웨이브가 느슨해질 수 있다. • 산성 린스로 헹궈 pH를 정상 회복
트리트먼트 (Treatment)	• 모발 손상 방지를 위해 도포
타월 드라잉 (Towel Drying)	• 샴푸 후 젖은 모발의 물기를 수건으로 제거
콤 아웃 (Comb Out)	• 펌의 최종 마무리 단계 • 시술 직후, 드라이나 아이론 등은 모발 손상을 주므로 주의 • 와인딩 각도나 방향으로 빗질하여 디자인에 맞게 스타일링

« 블로킹

티슈나 타올 등으로 컬 사이를 눌러 1액을 흡수하여 제거하는 방법

SECTION 10

베이직 헤어펌 마무리

Check Point!

2022년 추가된 내용
꼭!! 알아보기~

1. 헤어펌 마무리 방법

1) 헤어펌 와인딩 풀기

① 헤어펌 와인딩 풀기는 로드-오프 또는 로드 아웃

② 헤어펌 웨이브를 고정하는 산화 작용 시간이 끝나면 모발에서 로드를 풀어서 제거

2) 마무리 세척

① 마무리 세척은 사후 샴푸를 의미

② 로드를 풀고 나서 모발에 도포한 펌제를 깨끗하게 씻어내기 위한 것

③ 마무리 세척은 펌제로 인해 팽윤·연화된 모발을 약산성의 등전점으로 빠르게 돌려줘 모발 손상을 예방하기 위한 것이므로 충분한 헹굼과 처치가 중요

3) 헤어펌 디자인에 따른 수분 함량 조절

① 헤어펌 디자인에 따른 수분 함량 조절은 마무리 샴푸를 한 후에 충분한 타월 드라이와 함께 드라이어를 이용한 건조

② 타월 드라이 후에 드라이어의 열풍과 냉풍을 사용해 가며 헤어펌 디자인에 따른 방향감과 볼륨 등을 고려하여 모발을 건조

(1) 웨이브 스타일의 헤어펌

① 헤어펌이 웨이브 위주의 스타일, 샴푸 후 모발의 물기를 80~90% 정도 제거

② 헤어스타일링 제품을 도포

(2) C 컬 또는 스트레이트 스타일의 헤어펌

헤어펌이 C컬, 스트레이트 스타일, 샴푸 후 모발의 물기를 완전히 제거

4) 헤어펌 디자인에 따른 헤어스타일링

헤어스타일링은 헤어펌 디자인에 따라 달라진다.

(1) 웨이브 스타일의 헤어펌

① 헤어펌이 웨이브 위주의 스타일이면 모발에 10~20% 정도의 수분을 공급

② 헤어로션, 헤어 에센스, 소프트 왁스류, 헤어 젤, 헤어 글레이즈 등의 헤어스타일링 제품을 사용하여 마무리

(2) C 컬 또는 스트레이트 스타일의 헤어펌

헤어펌이 C 컬이나 스트레이트 위주의 스타일, 모발에 수분이 없는 상태에서 에센스, 하드 및 소프트 왁스류, 헤어 미스트 등의 헤어스타일링 제품을 사용하여 마무리

SECTION 11

매직스트레이트 헤어펌

Check Point!

2022년 추가된 내용
꼭!! 알아보기~

1. 매직스트레이트 헤어펌 방법

1) 매직 스트레이트 헤어펌

(1) 특징

① 매직 스트레이트 헤어펌은 전열식 아이론을 사용하여 웨이브나 컬이 있는 모발을 스트레이트(straight) 형태의 직모나 C컬의 볼륨을 만드는 열펌

② 매직 스트레이트 헤어펌을 하기 위해서 모발에 펌 1제를 도포하여 연화 시간을 처리하고 헹군다.

③ 아이론(iron)의 열을 이용하여 모발을 다림질한 후에 펌 2제를 도포하는 방법으로 진행

④ 아이론으로 모발을 다림질하는 과정을 프레스(press) 작업

⑤ 프레스 작업은 모발의 모표피(cuticle)를 매끄럽게 정돈하며 황결합을 재배

(2) 종류

① 매직 스트레이트

매직 스트레이트는 플랫 아이론(flat iron)을 이용하여 모발 전체를 직모로 펴 주는 열펌

② 볼륨 매직

ㄱ.볼륨 매직은 반원형 아이론(half round iron)을 이용

ㄴ.모발의 뿌리 부분에 볼륨을 만들기 위해 C커브를 만들고 모발 끝부분에 C컬을 만들어 안말음을 하는 열펌

2) 매직 스트레이트 헤어펌에 필요한 도구

(1) 아이론의 특징

아이론은 열을 이용해 모발의 형태를 변형시킬 수 있는 기기, 손잡이, 그루브, 로드로 이루어 짐

(2) 아이론의 종류

① 플랫 아이론(flat iron)

ㄱ.아이론기의 발열판 모양이 평평한 판의 형태

ㄴ.판의 크기에 따라 대, 중, 소 등

ㄷ.모발을 스트레이트로 펴고자 할 때 사용

ㄹ.아이론기의 회전에 따라 C컬이나 S컬을 만들 수 있다.

② 반원형 아이론(half round iron)

ㄱ.아이론기의 발열판 모양이 반원형의 형태

ㄴ.모발의 뿌리 부분에 볼륨을 주거나 모발 끝 쪽에 C컬의 볼륨을 만들 때 주로 사용

ㄷ.모발 길이 약 12cm 이상인 상태에서 아이론기를 회전하면 S컬이 만들어진다.

③ 컬링 아이론(curling iron)

ㄱ.아이론기의 발열판 모양이 동그란 롤이다. 원형 롤의 지름에 따라 3~38mm까지 다양한 크기

ㄴ.모발을 웨이브의 형태로 만들고자 할 때 사용

(3) 아이론의 사용 방법

- 모발 패널을 모발 뿌리 쪽에서부터 아이론기의 열판 사이에 끼워 위에서 아래로 미끄러져 내려온다.
- 아이론기 사용은 모발 끝이 다 빠져나올 때까지 천천히 진행
- 기기 온도는 일반적으로 건강 모발 160~180℃, 손상 모발 120~140℃, 저항성 모발 180~200℃를 사용
- 프레스 작업을 할 때 패널의 폭은 약 1.5cm 내외의 두께로 한다.
- 패널의 시술 각도는 90°이상으로 하여 모발에 눌림 자국이 생기지 않도록

① **플랫 아이론(flat iron)**

플랫 아이론은 주로 모발을 스트레이트로 펴고자 할 때 사용하므로 모발과 수평인 상태로 사용

② **반원형 아이론(half round iron)**

반원형 아이론은 모발에 C컬을 만들 때 사용

③ **컬링 아이론(curling iron)**

ㄱ.컬링 아이론은 아이론 펌에 사용

ㄴ.모발에 C컬이나 S컬을 만드므로 펌 디자인에 따라 아이론기를 회전하여 모발을 감는다.

3) 매직 스트레이트 헤어펌의 프레스 과정

(1) 블로킹

매직 스트레이트 헤어펌을 하기 위해서는 주로 5등분과 6등분 블로킹을 나눈다.

(2) 매직 스트레이트 헤어펌의 패널(panel)

매직 스트레이트 헤어펌을 하기 위한 패널은 가로 폭은 약 5~7cm, 세로 폭은 약 1.5cm±0.5cm 내외의 두께로 한다.

(3) 매직 스트레이트 헤어펌의 시술 각도

① 매직 스트레이트 헤어펌의 시술 각도는 90° 이상

② 플랫 아이론의 닫음으로 인한 모발의 눌림 자국을 생기지 않도록 하기 위한 것

(4) 매직 스트레이트 헤어펌의 프레스 작업

① **매직 스트레이트**

프레스 작업은 모발의 모표피(cuticle)를 정돈하여 결을 매끄럽고 윤기있게 만들기 위한 다림질 작업

② **볼륨 매직**

볼륨 매직을 할 때 프레스 작업은 모발 뿌리 부분에 C커브를 만들어 볼륨을 만들고 모발 아래쪽에 C컬을 만들어 안말음이 되도록 한다.

4) 매직 스트레이트 헤어펌 진행 과정

헤어펌 진행 단계에서는 열펌을 위한 전처리 과정으로 연화 처리와 헹굼, 와인딩 단계에서 프레스 작업이 진행되는 차이가 있다.

(1) 열펌을 위한 연화 처리

① 연화 처리는 매직 스트레이트, 볼륨 매직 등의 열펌을 하기 위한 사전 작업이다.

② 선정된 매직펌 전용 1제를 모발에 도포하고 연화 시간을 둔다.

③ 연화 시간과 열처리 처리 유무는 모발 상태에 따라 결정

(2) 연화 처리 후 헹굼

① 연화 처리가 끝난 후에 헹굼은 물로만 세척

② 펌 1제가 남지 않도록 충분히 헹군다. 타월 드라이를 충분히 하고 헤어 트리트먼트제 등을 도포한 후에 다시 타월 드라이를 하고 드라이어를 사용, 모발 건조

③ 헹굼 후의 충분한 타월 드라이는 모발 건조를 해야 하는 드라이어의 열로부터 모발 손상을 최소화하고 시술자의 손도 보호

(3) 프레스 작업

① **매직 스트레이트**

ㄱ.하나의 패널 내에서 작업하는 도중에 1초 이상 멈춰있으면 모발 손상이 가속화되므로 주의

ㄴ.모발 끝부분에 충분하게 열이 전달되도록 천천히 미끄러져 내려가며 모발 끝이 모두 빠져 나갈 때까지 같은 속도를 유지

② **볼륨 매직**

ㄱ.볼륨 매직은 펌 디자인에 따라 모발 길이 약 5~12cm 이상 남은 상태에서 아이론기를 회전

ㄴ.모발 뿌리 쪽에서 아이론기를 천천히 약 90°회전시켜 미끄러져 내려온다.

ㄷ.C컬을 만들려는 위치에서 아이론기를 다시 약 90°이상 회전시켜 약 3~5초 정도 멈추듯이 천천히 미끄러져 내려가며 모발 끝이 모두 빠져나갈 때까지 같은 속도를 유지

SECTION 12

매직스트레이트 헤어펌 마무리

1. 매직스트레이트 헤어펌 마무리와 홈케어

1) 매직 스트레이트 헤어펌의 마무리 세척

① 마무리 세척은 매직 스트레이트 헤어펌의 산화 작용 시간이 끝나는 시점에 실시, 사후 샴푸를 의미

② 일반적으로 미지근한 물을 이용하여 산성 샴푸제로 모발 세척 후 컨디셔너제를 사용하여 마무리

③ 컨디셔너제의 사용은 모발을 등전점으로 되돌림과 동시에 정전기를 방지하고 윤기를 주기 위한 것

2) 매직 스트레이트 헤어펌의 헤어스타일링

① 매직 스트레이트 헤어펌의 스타일링은 모발을 충분하게 건조

② 마무리 샴푸후에 충분한 타월 드라이를 하고 소량의 헤어 트리트먼트제를 먼저 도포하고 드라이어를 사용하여 모발을 건조

③ 건조가 끝나면 드라이어나 플랫 아이론으로 가볍게 헤어 스타일링

④ 헤어 에센스, 헤어 오일 등을 모발 끝에 바르고 마무리

3) 매직 스트레이트 헤어펌의 헤어 트리트먼트

① 모표피와 모피질의 다공화로 손상된 모발에 영양과 유분, 수분 등의 간충물질을 공급하기 위하여 진행

② 모발에 영양을 공급하고 윤기를 주며 모발 손상을 예방하거나 최소화

③ 헤어 트리트먼트 제품은 헤어펌 전용 헤어 케어 제품을 사용

④ 모발과 같은 단백질을 주성분으로 하며 PPT, LPP, 세라마이드, 엘라스틴, 프로테인 등

4) 매직 스트레이트 헤어펌의 홈 케어 손질법

(1) 샴푸를 할 때 방법

① 샴푸제는 펌 전용을 사용하고 샴푸를 할 때에는 거품을 내어 두피 쪽부터 바른다. 두피는 충분하게 문질러 때 등을 제거

② 모발은 절대 비비지 않도록, 모발을 비비는 행동은 모표피를 마찰하여 자극하므로 모발 손상을 초래

③ 두피 쪽에 먼저 바른 후 샴푸, 컨디셔너제는 모발 끝부터 바른다.

④ 충분하게 헹군다.

(2) 타월 드라이를 할 때

① 타월 드라이를 할 때 모발을 비비지 않도록 주의

② 가급적 타월 드라이를 충분히 한다.

③ 두피는 손가락 끝을 활용해 지압하듯 누르며 문질러 닦고, 짧은 모발은 털어서 닦으며, 긴 모발은 타월 사이에 끼워 두드려서 닦도록 권장

(3) 기타

① 매직 스트레이트 헤어펌 후에는 고객 스스로가 모발 건강에 신경을 써야 한다.

② 헤어 팩제나 크림 등의 트리트먼트제를 사용, 모발 관리를 할 필요가 있음을 강조

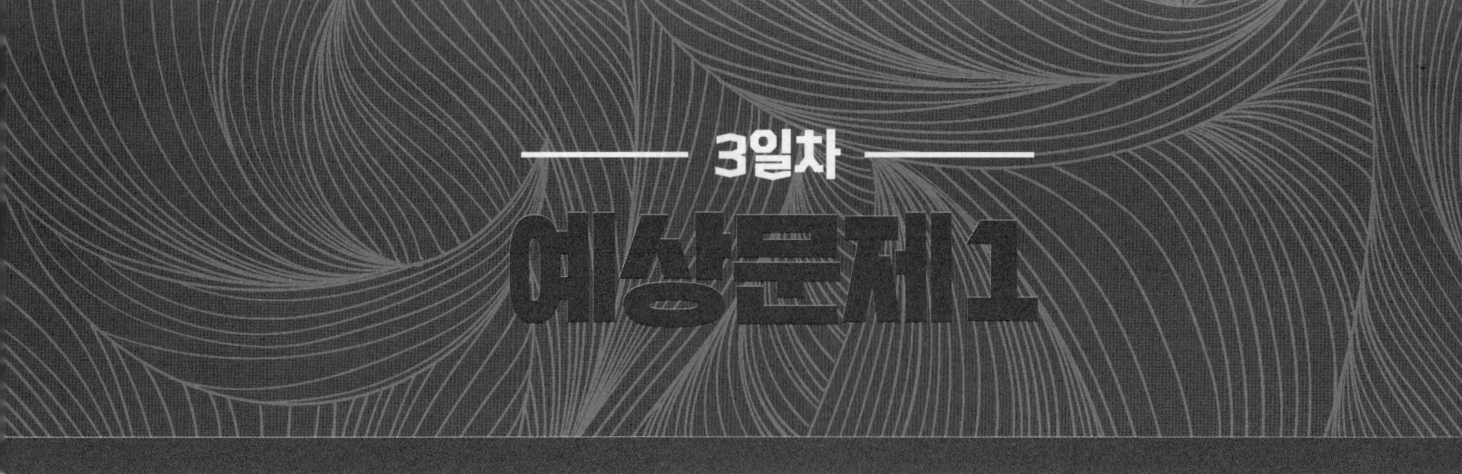

01 ★★★ 환원제로 가장 많이 사용되는 약품은?

① 취소산나트륨　② 티오글리콜산
③ 브롬산칼륨　④ 취소산염

해 환원제는 퍼머넌트 1제이며 시스테인과 티오글리콜산염 2가지가 있으며 주로 티오글리콜산염을 사용한다.

02 ★ 퍼머넌트 웨이브가 강하거나 느슨한 원인이 아닌 것은?

① 로드 크기　② 온도
③ 시간　④ 밴딩

해 로드의 굵기, 온도, 시간은 퍼머넌트 웨이브가 강하거나 느슨한 원인이 된다.

03 ★★ 콜드 퍼머 시 제1액을 바르고 비닐 캡을 씌우는 이유가 아닌 것은?

① 체온으로 솔루션의 작용을 빠르게 한다.
② 제1액의 작용이 두발 전체에 골고루 행하여지게 한다.
③ 휘발성 알칼리가 없어지는 것을 방지한다.
④ 두발을 구부러진 형태대로 정착시키기 위한 것이다.

해 두발을 구부러진 형태대로 정착시키는 역할은 제2액의 역할이다.

04 ★★ 콜드 퍼머넌트 웨이브의 시술 중 프로세싱 솔루션에 해당하는 것은?

① 제1액의 환원제　② 제2액의 환원제
③ 제1액의 산화제　④ 제2액의 산화제

해 제1액은 프로세싱 솔루션에 해당되는 환원제이며, 제2액은 산화제이다.

05 ★★ 직접 제1액을 바르지 않고 두발을 물로 촉촉하게 해서 와인딩하는 방법을 무엇이라고 하는가?

① 블로킹　② 테스팅
③ 워터 와인딩　④ 스플래쉬

해 워터 래핑이라고도 하며 물에 적신 모발을 와인딩한 후 1액을 도포 하는 방법

06 ★★ 콜드 퍼머넌트 웨이브가 가장 잘 안 되는 모질은?

① 건강한 모발　② 염색모
③ 발수성 모발　④ 손상모

해 발수성모는 저항성모로 퍼머넌트 웨이브가 잘 나오지 않아 프로세싱 타임을 길게 하거나 전처리 작업으로 특수활성 도포제를 도포 후 시술한다.

정답 01 ② 02 ④ 03 ④ 04 ① 05 ③ 06 ③

07 ★ **콜드 퍼머넌트 웨이브에 있어서 제2액에 관한 설명으로 옳은 것은?**

① 제2액은 티오글리콜산이 주요 성분이다.
② 환원작용을 한다.
③ 알칼리성 물질이다.
④ 정착제라고도 한다.

해 제2액은 산화제로서 정착제, 뉴트러라이저라고도 한다.

08 ★ **퍼머넌트 웨이브 시술 중 테스트 컬을 하는 목적으로 알맞은 것은?**

① 산화제의 작용을 확인하기 위해서이다.
② 정확한 프로세싱 시간을 결정하고 웨이브 형성 정도를 조사하기 위해서이다.
③ 제2액의 작용여부를 확인하기 위해서이다.
④ 굵거나 가는 모발에 로드가 제대로 선택되었는지 확인하기 위함이다.

해 프로세싱 후 웨이브의 상태를 조사하기 위해 테스트 컬을 실시한다.

09 ★★ **퍼머넌트 웨이브를 하기 전의 조치 사항 중 옳지 않은 것은?**

① 필요시 시술 전 샴푸를 한다.
② 정확한 헤어 디자인을 한다.
③ 린스 또는 오일을 바른다.
④ 모발의 상태를 파악한다.

해 **퍼머넌트 전 린스 또는 오일을 바르면 안되는 이유**
린스나 오일로 코팅이 된 모발에는 퍼머넌트 약액의 침투가 어려워 퍼머넌트 웨이브의 형성이 어려움

10 ★ **퍼머넌트 한 직후에 아이론을 하면 일반적으로 일어나는 주된 현상은?**

① 머릿결이 억세진다.
② 머리카락이 부스러진다.
③ 탈모현상이 생긴다.
④ 두발이 변색한다.

해 퍼머넌트를 한 직후 아이론을 하면 모발이 화상을 입게 되어 부스러진다.

11 ★ **콜드 웨이브 시 두부 부분 및 두발 성질에 따른 컬링 로드 사용에 대한 일반적인 설명으로 적절하지 못한 것은?**

① 굵은 모발을 큰 로드를 사용한다.
② 두부의 네이프 부분에는 작은 로드를 사용한다.
③ 두부의 양사이드 부분에는 중형의 로드를 사용한다.
④ 탑에서 크라운 앞부분에는 큰 로드를 사용한다.

해 굵은 모발은 작은 로드를 사용하고, 가는 모발은 굵은 로드를 사용 해야한다.

12 ★★★ **퍼머넌트 시술 전 확인 사항에 대한 설명으로 옳지 않은 것은?**

① 모발의 질 ② 모발의 밀도
③ 모발의 성장 주기 ④ 모발의 탄력성

해 모발의 성장 주기는 퍼머 시술 전 필수 확인 사항이 아니다.

정답 07 ④ 08 ② 09 ③ 10 ② 11 ① 12 ③

13 ★ 웨이브의 형태상 분류에서 와이드 웨이브에 관한 설명으로 옳은 것은?

① 크레스트가 뚜렷하게 눈에 띄지 않는 웨이브
② 섀도우 웨이브보다 크레스트가 뚜렷한 웨이브
③ 리지와 리지 폭이 좁고 급한 웨이브
④ 물결상이 극단적으로 많은 웨이브

해 와이드 웨이브는 섀도우 웨이브와 내로우 웨이브의 중간 웨이브로 크레스트가 뚜렷하다.

14 ★★★ 퍼머넌트 시술을 하기 위해 모발 진단을 한 결과 다공성모 라고 판단되었다. 올바른 시술 방법은?

① 프로세싱 타임을 길게 한다.
② 열기구를 이용하여 모발의 모공을 열어 약액의 침투를 도와준다.
③ 시술전 전처리제로 ppt를 도포한다.
④ 퍼머넌트 1액을 평소보다 많이 도포한다.

해 **다공성모**
- 모발의 간충 물질이 소실되어 모발 조직 중에 구멍이 많고 보습작용이 적어져 두발이 건조해지기 쉬운 손상모이다.
- 모발의 다공성이 클수록 프로세싱 타임을 짧게 하고 부드러운 웨이브 제를 사용해야 한다.
- 사전 처리로는 PPT(폴리 펩타이드)를 도포한 뒤 시술한다.

15 ★★★ 다음 중 콜드 퍼머넌트의 처리시간이 가장 짧은 모발은?

① 손상모 ② 발수성모
③ 강모 ④ 경모

해 다공성모나 손상모는 모발에 구멍이 있어 퍼머넌트 약액의 침투가 쉽게 되어 프로세싱 타임이 짧다. 하지만 빨리 들어간 만큼 빨리 빠져나와 웨이브를 오래 유지하지 못한다.

16 ★ 다음 중 두피에 45° 로 비스듬히 서있는 컬로 스탠드 업 컬과 플랫 컬을 연결하고자 할 때 적합한 컬은?

① 바렐 컬 ② 리프트 컬
③ 스탠드 업 컬 ④ 플랫 컬

해
- **바렐 컬**: 원통 모양으로 말린 컬로 볼륨을 주고자 할 때 사용한다.
- **스탠드 업 컬**: 두피에 90°로 세워진 컬로 볼륨을 주고자 할 때 사용한다.
- **플랫 컬**: 루프가 두피에 0°로 납작하게 누워있는 컬이다.

17 ★ 클록 와이즈 와인드 컬이 의미하는 것은?

① 컬이 시계방향으로 말린 컬이다.
② 컬이 시계 반대 방향으로 말린 컬이다.
③ 컬이 얼굴 쪽을 향해 귓바퀴 방향으로 말린 컬이다.
④ 컬이 얼굴 뒤쪽을 향해 귓바퀴 반대 방향으로 말린 컬이다.

해
- **C컬**: 시계 방향으로 말림
- **CC컬**: 시계 반대 방향으로 말림
- **포워드 컬**: 컬이 얼굴 쪽을 향함
- **리버즈 컬**: 컬이 얼굴 뒤쪽을 향함

18 ★★ 저항성모나 발수성모의 경우 사용 가능한 전처리제?

① L.P.P ② P.P.T
③ A.P.T ④ 특수 도포제

해 **사전처리제**
- 저항성모, 발수성모 - 특수 도포제를 사용하고 열처리 한다.
- 다공성모 - ppt라는 폴리 펩타이드를 도포한다.

정답 13 ② 14 ③ 15 ① 16 ② 17 ① 18 ④

19 ★★ 핑거 웨이브의 3요소로 맞는 것은?

① 크레스트, 리지, 트로프
② 베이스, 루프, 스템
③ 웨이브, 볼륨, 플러프
④ 웨이브, 스트랜드, 뱅

해 **핑거 웨이브의 3요소**
크레스트, 리지, 트로프

20 ★★ 컬의 명칭에서 모발의 끝부분을 의미하는 것은?

① 스템 ② 루프
③ 융기점 ④ 엔드 오브 컬

해
- **엔드(엔드 오브 컬)** : 모발의 끝부분
- **스템** : 베이스에서 피봇 포인트까지로 루프 외에 말리지 않은 부분
- **루프** : 원형 롤에 말려진 부분
- **융기점** : 정상과 골이 교차되면서 꺾어지는 곳

정답 19 ① 20 ④

01 ★★ 다음 중 프로 세싱 타임에 대한 연결이 옳은 것은?

① 다공성모-프로세싱 타임이 길다.
② 발수성모-프로세싱 타임이 짧다.
③ 저항성모-프로세싱 타임이 길다.
④ 손상모-프로세싱 타임이 길다.

해 • 퍼머넌트 웨이브 제의 프로세싱 타임
• 다공성모는 모발이 손상되어 구멍이 나 있는 상태이므로 1액의 침투시간이 짧다.
• 저항성모, 발수성 모발은 1액의 침투시간(프로세싱 타임)이 길다.

02 ★★ 일반적인 퍼머넌트 시술 단계에서 생략해도 되는 과정은?

① 중화제 도포　② 환원제 도포
③ 중간 린스　④ 열 처리

해 • 1액 도포(환원제) → 중간 린스 → 2액 도포(중화제)
• 열처리는 모질에 따라 생략 가능하다.

03 ★★ 콜드 퍼머넌트 시술 시 비닐캡을 씌우는 목적 및 이유에 해당 되지 않는 것은?

① 라놀린의 약효를 높여주므로 제 2액의 피부염 유발 위험을 줄인다.
② 체온의 방산을 막아 솔루션의 작용을 촉진한다.
③ 퍼머넌트액의 작용이 모발 전체에 골고루 진행되도록 돕는다.
④ 휘발성 알칼리의 증발작용을 방지한다.

해 **비닐캡을 씌우는 이유**
• 체온으로 솔루션이 촉진되고 모발 전체에 골고루 작용하기 위해
• 휘발성 알칼리의 증발 작용 방지

04 ★★★ 과산화수소(산화제) 6%의 설명으로 맞는 것은?

① 10볼륨　② 20볼륨
③ 30볼륨　④ 60볼륨

해 **과산화수소 농도**
• 3%(10볼륨) / 6%(20볼륨)
• 9%(30볼륨) / 12%(40볼륨)

05 ★★★ 정상적인 모발 상태의 온도 조건에서 콜드 웨이빙 시 프로세싱의 가장 적당한 방치 시간은?

① 5분~10분 정도　② 10분~15분 정도
③ 20분~30분 정도　④ 30분~40분 정도

해 프로세싱의 적정 시간은 10분~15분이다.

정답　01 ③　02 ④　03 ①　04 ②　05 ②

06 ★★★ **퍼머넌트 웨이브 후 모발이 자지러지는 원인이 아닌 것은?**

① 사전 커트 시 모발 끝을 심하게 테이퍼링한 경우
② 로드의 굵기가 너무 가는 것을 사용한 경우
③ 와인딩 시 텐션을 주지 않고 느슨하게 한 경우
④ 오버 프로세싱을 하지 않은 경우

해 **모발 끝이 자지러지는 이유(컬이 너무 강하게 형성 되는 이유)**
- 사전 커트시 심한 테이퍼링을 한 경우
- 로드의 굵기가 너무 가는 것을 사용한 경우
- 와인딩 시 텐션을 주지 않고 느슨 하게 와인딩 한 경우
- 오버 프로세싱을 한 경우
- 너무 강한 약액을 사용한 경우

07 ★★★ **두발의 끝을 너무 당겨서 와인딩 할 경우에 나타나는 현상은?**

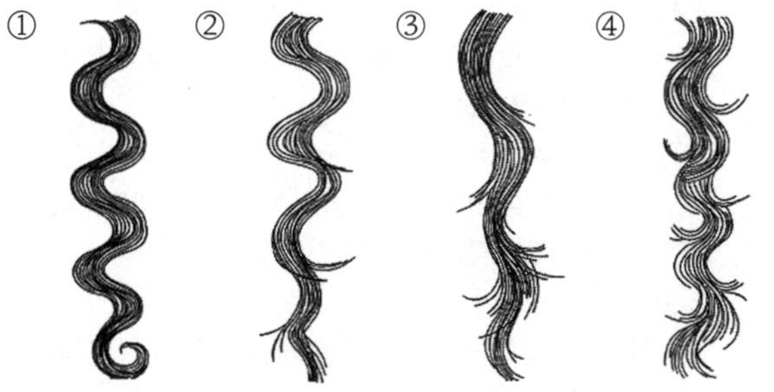

해 ① 적당한 프로세싱
② 모발 끝을 너무 당겨서 와인딩한 경우 모발 끝의 웨이브가 형성되지 않음
③ 언더 프로세싱
④ 오버 프로세싱 또는 다공성모, 손상모인 경우

08 ★★ **퍼머넌트 웨이브 제1액 처리에 따른 프로세싱 중 언더 프로세싱의 설명으로 틀린 것은?**

① 언더 프로세싱은 프로세싱 타임 이상으로 제1액을 모발에 방치한 것을 말한다.
② 언더 프로세싱일 때에는 두발의 웨이브가 거의 나오지 않는다.
③ 언더 프로세싱일 때에는 처음에 사용한 솔루션 보다 약한 제1액을 다시 사용한다.
④ 제1액의 처리 후 모발의 테스트컬로 언더 프로세싱 여부가 판명된다.

해
- 언더 프로세싱 - 퍼머넌트 제 1액을 도포한 후 적당한 시간 이하로 방치해 두는 것
- 오버 프로세싱 - 퍼머넌트 제 1액을 도포한 후 적당한 시간 이상으로 방치해 두는 것

09 ★★★ **스파이럴식 와인딩에 관한 설명으로 옳은 것은?**

① 핑거 웨이브의 일종으로 로드를 사용하지 않고 와인딩 한다.
② 긴머리와 짧은머리 와인딩에 모두 사용되었다.
③ 모발끝에서부터 모근쪽으로 와인딩하는 방식이다.
④ 1905년 찰스 네슬러에 의해 처음 발표되었다.

해 스파이럴식 와인딩 - 로드를 두피쪽에 대고 모근쪽 머리부터 말기 시작해서 모발 끝머리 말아 가는 방식으로 긴 머리에 효과적이며 1905년 찰스 네슬러에 의해 시작 되었다.

10 ★★★ **오리지널 세트의 기초 요소가 아닌 것은?**

① 헤어파팅　② 헤어 세이핑
③ 헤어 스프레이　④ 헤어 컬링

해 **오리지널 세트의 종류**
- 헤어 파팅 • 헤어 컬링 • 헤어 세이핑
- 롤러 컬링 • 헤어 웨이빙

정답 06 ④ 07 ② 08 ① 09 ④ 10 ③

11 ★★★ 콜드 웨이브의 창시자는?

① J. B. 스피크먼 ② 마셀 그라또우
③ 찰스 네슬러 ④ 조셉 메이어

해 1936년 영국의 J.B.스피크먼에 의해 처음으로 알려져 현재의 퍼머넌트 웨이브에 많이 사용되고 있다.

12 ★★ 헤어 세팅의 컬에 있어서 루프가 두피에 45°로 세워진 것은?

① 메이플 컬 ② 리프트 컬
③ 플랫 컬 ④ 스탠드 업 컬

해 플랫 컬은 두피 0°로평평하며, 스탠드 업 컬은 두피 90°이고, 메이플 컬은 나선형 컬이 필요할 때 이용되는 컬이다.

13 ★★ 웨이브용 아이론의 창시자는?

① 조셉 메이어 ② 찰스 네슬러
③ 마셀 그라또우 ④ J. B. 스피크먼

해 1875년 마셀 그라또우에 의해 처음 만들어졌다.

14 ★★ 다음 중 컬을 구성하는 요소로 가장 거리가 먼 것은?

① 헤어 파팅 ② 슬라이싱
③ 스템의 방향 ④ 헤어 셰이핑

해 **헤어 파팅(Hair parting)**
모발을 헤어 디자인에 따라 나누는 것으로 컬의 구성과는 다른 의미임

15 ★★★ 두발의 웨이브를 폭이 넓게 부드럽게 흐르는 버티컬 웨이브로 만들기 위하여 핑거 웨이브와 핀 컬을 교대로 조합시켜 만드는 웨이브는?

① 스킵 웨이브 ② 스윙 웨이브
③ 하이 웨이브 ④ 로우 웨이브

해 스윙 웨이브는 큰 움직임을 보는 듯한 웨이브, 하이 웨이브는 리지가 높은 웨이브, 로우 웨이브는 리지가 낮은 웨이브이다.

16 ★★ 컬의 기본 스템이 아닌 것은?

① 논 스템 ② 하프 스템
③ 풀 스템 ④ 롱 스템

해 **스템의 종류**
- 논 스템(non stem)
스템이 거의 없고 루프가 베이스 안에 위치한 상태로 컬의 움직임이 가장 적어 컬이 오래간다.
- 하프 스템(half stem)
로드의 반지름 정도의 스템이 있어 약간의 움직임이 있고 루프는 베이스의 반쯤 위치한다.
- 풀 스템(full stem)
루프가 베이스 밖으로 벗어나 스템의 길이가 길어 움직임이 크고 컬의 방향을 제시한다.
위치에 따라 업스템, 다운스템, 미들 스템으로 나눈다.

17 ★ 핑거 웨이브와 관계 없는 것은?

① 빗 ② 마셀
③ 물 ④ 로션

해 핑거 웨이브는 세팅 로션이나 물을 사용하여 두발을 적셔 빗과 손가락으로 형성하는 웨이브 방법이다.

정답 11 ① 12 ② 13 ③ 14 ① 15 ① 16 ④ 17 ②

18 ★ 핑거 웨이브의 중요 3대 요소에 해당되지 않는 것은?

① 루프의 크기　　② 리지
③ 트로프　　④ 크레스트

해 루프의 크기는 컬의 구성요소에 해당된다.

19 ★★ 콜드 웨이브 직후 헤어 다이를 하면 두피가 과민해져서 피부염을 일으키게 될 우려가 있다. 이 경우 최소 며칠 정도 지나서 헤어 다이를 하는 것이 적당한가?

① 20일 후　　② 3일 후
③ 30일 후　　④ 1주일 후

해 헤어다이(Hair dye)란 부분 염색을 포함하여 자연의 머리색을 다른 머리색으로 물들이는 것으로 1주일 후에 시술하는 것이 좋다.

20 ★ 스컬프쳐 컬의 특징 및 시술방법에 관한 설명으로 틀린 것은?

① 긴 머리에 효과적이며 짧은 머리는 피하는 것이 좋다.
② 빗과 손가락으로 컬을 두피에 수평되게 하는 방법이다.
③ 스킵 웨이브를 낼 경우 효과적이다.
④ 긴 머리의 밑부분을 강하고 확실하게 구부려 주어야 한다.

해 스컬프쳐 컬은 짧은 머리에 효과적이다.

정답 18 ① 19 ④ 20 ①

01 ★★★ **퍼머넌트 제1액을 선택할 때 부드러운 웨이브 시술에 적합하고 손상모나 염색모에 적합한 것은?**

① 티오글리콜산 ② 시스테인
③ 과산화수소 ④ 브롬산 나트륨

해 퍼머넌트 제1액은 환원제라고 하며 강모, 신생모에 적합한 티오글리콜산과 손상모, 염모에 적합한 시스테인이 있다.

02 ★★★ **두정부의 가마로부터 방사선으로 나눈 파트는?**

① 스퀘어 파트 ② 카우릭 파트
③ 센터 파트 ④ V 파트

해 카우릭 파트란 가마를 중심으로 머리카락의 흐름에 따라 나눈 가르마이다.

03 ★★★ **플랫 컬의 특징으로 가장 알맞은 것은?**

① 컬의 루프가 두피에 대하여 0°이며 각도가 평평하고 납작하게 형성되어진 컬을 말한다.
② 루프가 90°각도로 두피 위에 세워진 컬로 볼륨을 내기 위한 헤어 스타일에 주로 이용된다.
③ 루프가 45°각도로 두피 위에 세워진 컬로 스탠드업 컬과 플랫 컬을 연결할 때 주로 사용한다.
④ 모발을 말아서 원통형으로 와인딩하고 핀으로 고정한 컬로 후두부의 중앙 부위에 주로 이용 된다.

해 **플랫 컬**:루프가 두피에서 0° 각도이며 평평하고 납작해 볼륨이 없다.

04 ★★★ **컬에 대한 설명으로 틀린 것은?**

① 논스템 컬-베이스에 꽉찬 컬로 웨이브가 강하고 오랜시간 유지 된다.
② 리버스 컬-귓바퀴 방향으로 말려진 컬이다.
③ CC컬-시계반대 방향으로 말려진 컬이다.
④ C컬-클락 와이즈 와인딩이라고 한다.

해 **리버스 스탠드업 컬**:루프가 두피에서 90° 각도로 세워져 있으며 귓바퀴 반대 방향으로 말린 컬

05 ★★★ **완성된 컬을 핀이나 클립을 사용하여 적당한 위치에 고정시키는 것을 무엇이라 하는가?**

① 트리밍 ② 세이핑
③ 클리핑 ④ 컬 핀닝

해 **컬 핀닝**:완성된 컬을 핀이나 클립을 사용하여 적당한 위치에 고정 시키는 것

06 ★ **레이저로 테이퍼링할 때 스트랜드의 뿌리에서 약 어느 정도 떨어져서 행해야 가장 좋은가?**

① 약 1cm ② 약 2cm
③ 약 2.5~5cm ④ 약 5cm 이상

해 모발을 적셔 모근에서 약 2.5~5cm 떨어져서 시술한다.

정답 01 ② 02 ② 03 ① 04 ② 05 ④ 06 ③

07 ★★ **빗을 두발 스트랜드의 뒷면에 직각으로 넣고 두피 쪽으로 향해 빗을 내리 누르듯이 빗질하여 머리카락을 세우는 것을 무엇이라 하는가?**

① 리핑 ② 브러쉬 아웃
③ 백코밍 ④ 콤 아웃

해 **백코밍(Back combing)**
빗을 두발 스트랜드의 뒷면에 직각으로 넣고 두피쪽으로 향해 빗을 내리 누르듯이 빗질하여 머리카락을 세우는 것

08 ★★ **퍼머넌트 웨이브 사용 방법에 따른 분류 중 시스테인 퍼머넌트 웨이브제에 관한 설명인 것은?**

① 알칼리에서 강한 환원력을 가지고 있어 건강 모발에 효과적이다.
② 모발의 아미노산 성분과 동일한 것으로 손상 모발에 효과적이다.
③ 환원제도 티오글리콜산을 이용하는 퍼머넌트제이다.
④ 암모니아수 등의 알칼리제를 사용하는 대신 계면활성제를 첨가한 제제이다.

해 ①, ③은 티오글리콜산에 관한 설명이다. 시스테인은 손상 모발에 효과적이다.

09 ★★ **퍼머넌트 웨이브와 헤어 컬러링 모두 시술하고자 하는 경우 어떻게 해야 하는가?**

① 헤어 컬러링 시술하고 1주일 뒤 퍼머넌트 웨이브를 한다.
② 퍼머넌트 웨이브를 시술하고 1주일 뒤 헤어 컬러링을 한다.
③ 퍼머넌트 웨이브와 헤어 컬러링을 함께 시술한다.
④ 둘 중 어느 것을 먼저 시술하여도 관계없다.

해 컬러링을 한후 퍼머넌트를 실시 하면 얼룩이지거나 색이 빠질 수 있으므로 퍼머넌트를 먼저 시술하는 것이 좋다.

10 ★★ **스컬프처 컬과 반대되는 컬은?**

① 플래트 컬 ② 메이폴 컬
③ 리프트 컬 ④ 스탠드업 컬

해 • **스컬프처 컬**: 모발 끝이 루프의 안쪽, 중심에 있는 형상
• **메이폴 컬**: 모발 끝이 루프의 바깥쪽으로 형성

11 ★ **퍼머넌트 웨이브 시술 시 가늘고 숱이 적은 두발에 대한 와인딩을 바르게 설명한 것은?**

① 블로킹을 크게 하고 로드의 직경도 큰 것으로 한다.
② 블로킹을 작게 하고 로드의 직경도 작은 것으로 한다.
③ 블로킹을 크게 하고 로드의 직경은 작은 것으로 한다.
④ 블로킹을 작게 하고 로드의 직경은 큰 것으로 한다.

해 • **모발이 굵고 숱이 많은 경우**: 블로킹은 작게, 로드의 직경도 작은 것으로 와인딩
• **모발이 가늘고 숱이 적은 경우**: 블로킹을 크게, 로드의 직경도 큰 것으로 와인딩

12 ★★★ **다음 글의( )안에 들어 갈 수 없는 것은?**

위그를 커트할 때 수분을 적시고 블로킹을 구분하여 슬라이스를 뜨고 ( )을(를) 잡고 자른다.

① 스트랜드 ② 패널
③ 머리단 ④ 스캘프

해 스캘프(scalp)는 두피라는 의미이다.

13 ★★★ **헤어 파팅 중 후두부를 정중선으로 나눈 파트는?**

① 센터 파트 ② 스퀘어 파트
③ 카우릭 파트 ④ 센터 백 파트

해 후두부는 뒤 통수를 의미하며 백 센터 파트 또는 센터 백 파트라고 한다.

정답 07 ③ 08 ② 09 ② 10 ② 11 ① 12 ④ 13 ④

14 ★★ **다음 중 모발 끝에서부터 와인딩하여 짧은 머리에 적합한 크로키놀 기법을 고안한 사람과 시기가 올바른 것은?**

① 1905년 찰스 네슬러
② 1925년 조셉 메이어
③ 1936년 J.B. 스피크먼
④ 1941년 맥도우

해 1925년 독일의 조셉 메이어에 의해 일반적으로 많이 쓰는 방법인 모발 끝부터 와인딩하여 짧은 머리에 적합한 크로키놀 기법이 고안되었다.

15 ★★★ **컬의 줄기 부분으로 베이스(base)에서 피벗점(pivot)까지의 부분을 무엇이라 하는가?**

① 스템　② 베이스
③ 피봇　④ 루프

해 스템 - 베이스에서 피벗까지의 부분

16 ★★ **퍼머넌트 웨이브제 1액의 주성분인 티오글리콜산의 적정 농도는?**

① 1%~3%　② 2%~7%
③ 3%~5%　④ 6%~9%

해 **티오 글리콜산**
독성이 적고 모발에 대한 환원 작용이 좋으며 2~7%정도의 농도로 사용한다.

17 ★ **다음 설명 중 틀린 것은?**

① 내로우 웨이브는 퍼머넌트 직후에 볼 수 있는 웨이브가 촘촘한 것을 말한다.
② 리버스 스탠드 업 컬을 루프가 귓바퀴 반대 방향으로 말려져 있다.
③ 두발 끝이 가지런히 모아져 구부러진 것을 덕테일이라 한다.
④ 플랫 컬은 볼륨을 주기 위한 컬이다.

해 플랫 컬은 두피에 대해 0°인 컬로 볼륨은 전혀 없다.

18 ★★★ **컬 피닝에 대한 설명으로 틀린 것은?**

① 사선 고정, 수평 고정의 방법이 있다.
② 클립이나 핀 자국이 나지 않게 주의해야 한다.
③ 루프를 안정감 있게 1/3씩 연결, 고정시켜야 한다.
④ 두발을 드라이할 때 클립이 손님의 피부에 닿지 않게 주의한다.

해 컬 피닝 고정방법은 사선고정, 수평고정, 교차교정이 있다.

19 ★ **헤어 스티머의 선택 시에 고려할 사항과 가장 거리가 먼 것은?**

① 내부의 분무 증기 입자의 크기가 각각 다르게 나와야 한다.
② 증기의 입자가 세밀하여야 한다.
③ 사용 시 증기의 조절이 가능하여야 한다.
④ 분무 증기의 온도가 균일하여야 한다.

해 ① 분무 증기의 온도가 균일하여야 하고 증기의 입자가 세밀하여야 한다.

20 ★★ **다음 중 프로세싱 타임이 가장 짧아 웨이브가 가장 빠르게 형성되는 모발은?**

① 손상모　② 발수성모
③ 강모　④ 경모

해 다공성모나 손상모는 모발에 구멍이 있어 퍼머넌트 약액의 침투가 쉽게되어 프로세싱 타임이 짧다 하지만 빨리 들어간 만큼 빨리 빠져나와 웨이브를 오래 유지하지 못한다.

정답 14 ② 15 ① 16 ② 17 ④ 18 ① 19 ① 20 ①

01 ★★ **모발 끝이 컬의 바깥쪽이 되어 웨이브의 폭이 모근에 가까워질수록 좁아지는 컬은 무엇인가?**

① 메이폴 컬　　② 핀 컬
③ 스컬프쳐 컬　　④ 포워드 컬

> 해 모발 끝 컬의 안쪽이 되는 컬은 스컬프쳐 컬이며, 바깥쪽이 되는 컬은 메이폴 컬이다.

02 ★ **콜드 퍼머넌트 웨이브 제1약의 주성분은?**

① 과산화수소　　② 취소산나트륨
③ 티오글리콜산　　④ 과붕산나트륨

> 해 제1액은 티오글리콜산 또는 시스테인을 주성분으로 모피질에 적용되어 웨이브를 만드는 역할을 한다.

03 ★★ **레프트 백 스템 포워드 컬에 해당하는 것은?**

① 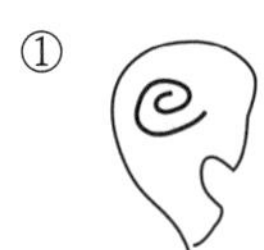
② 
③ 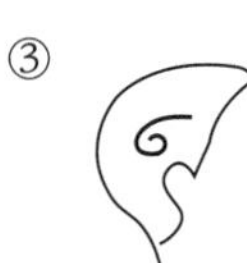 
④ 

> 해 **포워드 컬**: 스템, 모발이 백 포인트를 향해 귓바퀴 방향으로 말려져 있는 컬

04 ★ **퍼머넌트 웨이브 시술 결과 컬이 강하게 형성된 원인과 거리가 먼 것은?**

① 모발의 길이에 비해 너무 가는 로드를 사용한 경우
② 프로세싱 시간이 긴 경우
③ 강한 약액을 선정한 경우
④ 고무 밴드가 강하게 걸린 경우

> 해 ④: 고무 밴드가 강하게 걸리면 자국이 남는다.

05 ★ **헤어 세팅에 있어 웨이브의 형성에 따라 분류 하는 것으로 크레스트가 너무 약하게 되어 리지가 눈에 잘 띄지 않는 웨이브는?**

① 버티컬 웨이브　　② 와이드 웨이브
③ 내로우 웨이브　　④ 섀도우 웨이브

> 해 섀도우 웨이브는 크레스트가 너무 약해 리지가 눈에 잘 띄지 않는다.

06 ★ **핀컬의 종류에 대한 설명이 틀린 것은?**

① CC컬 - 시계 반대 방향으로 말린 것이다.
② 논스템 컬 - 베이스에 꽉 찬 컬로 웨이브가 강하고 오래 유지된다.
③ 리버스 컬 - 얼굴 쪽으로 향하는 귓바퀴 방향의 컬이다.
④ 플랫 컬 - 각도가 0°인 컬이다.

> 해 **리버스 컬**: 컬의 말린 방향이 귓바퀴 반대 방향인 컬이다.

정답　01 ①　02 ③　03 ②　04 ④　05 ④　06 ③

07 ★ **스킵 웨이브의 특징으로 가장 거리가 먼 것은?**

① 웨이브와 컬이 반복 교차된 스타일이다.
② 폭이 넓고 부드럽게 흐르는 웨이브를 만들 때 쓰이는 기법이다.
③ 퍼머넌트 웨이브가 너무 지나칠 때 이를 수정·보완 하기 위하여 많이 사용한다.
④ 너무 가는 두발에는 그 효과가 적으므로 피하는 것이 좋다.

해 스킵웨이브는 핑거 웨이브와 핀컬이 교차된 스타일로 폭이 넓고 부드럽게 흐르는 웨이브를 만들 때 사용하는 기법이며 너무 가늘거나 곱슬거리는 머리에는 효과가 적다.

08 ★★★ **두발이 많이 상한 상태인 긴 모발의 손님에게 퍼머넌트 웨이브 시술 시 처음 로드를 와인딩 해야 하는 부분은?**

① 손님의 왼쪽부터 ② 두상의 윗부분부터
③ 뒷부분부터 ④ 목덜미 중앙 윗부분부터

해 퍼머넌트 웨이브 시술 순서는 네이프-뒷부분-사이드-윗부분 순서로 실시한다.

09 **스탠드업의 컬의 핀닝 시 루프에 대한 핀의 각도로 가장 적당한 것은?**

① 90도 ② 120도
③ 10도 ④ 45도

해 스탠드업 컬의 핀닝 시 핀은 루프에 대해 직각으로 꽂는다.

10 ★★★ **두발 커트 시 두발 끝 1/3 정도를 테이퍼링하는 것은?**

① 노멀 테이퍼 ② 딥 테이퍼
③ 엔드 테이퍼 ④ 보스 사이드 테이퍼

해
- **엔드 테이퍼**: 스트랜드의 1/3 이내의 모발 끝을 테이퍼하는 것
- **노멀 테이퍼**: 스트랜드의 1/2 지점을 폭넓게 테이퍼하는 것
- **딥 테이퍼**: 스트랜드의 2/3 지점에서 모발을 많이 쳐내는 것

11 ★★★ **폭이 넓고 부드럽게 흐르는 버티컬 웨이브를 만들고자 할 때 핑거 웨이브와 핀컬을 교대로 조합하여 만든 웨이브는?**

① 리지컬 웨이브 ② 스킵 웨이브
③ 플래트컬 웨이브 ④ 스윙 웨이브

해 **스킵 웨이브**
핀컬과 핑거 웨이브가 1단씩 교차되는 웨이브로, 폭이 넓고 부드러운 웨이브를 만드는데 적합하고 너무 가는 두발에는 그 효과가 적으므로 피하는 것이 좋다.

12 ★★★ **컬이 말리기 시작하는 부분을 무엇이라 하는가?**

① 베이스 ② 피벗 포인트
③ 루프 ④ 스템

해
- **스템**: 모발 줄기, 기둥, 베이스에서 피벗 포인트까지의 부분
- **베이스**: 모발 뿌리, 컬 스트랜드의 근원
- **루프**: 원형으로 말린 컬
- **피벗 포인트**: 컬이 말리기 시작하는 지점
- **엔드 오브 컬**: 두발 끝을 말하며 엔드라고도 한다.

13 ★★★ **퍼머넌트 웨이브의 환원제의 종류로 연모 보다는 강모에 사용하며 부드러운 웨이브 보다 급격한 웨이브를 만들 때 주로 사용하는 것은?**

① 티오글리콜산 ② 취소산칼륨
③ 과산화수소 ④ 브롬산나트륨

해 1액 티오글리콜산은 환원제로 강모나 신생모에 사용한다.

정답 07 ③ 08 ④ 09 ① 10 ③ 11 ② 12 ② 13 ①

14 ★★ **퍼머넌트 웨이브액 중 취소산 나트륨과 취소산 칼륨은 몇 %의 적정 수용액을 만들어 사용하는 것이 좋은가?**

① 1~3% ② 3~5%
③ 5~7% ④ 7~9%

해 취소산 칼륨, 취소산 나트륨은 퍼머넌트 2제의 주재료이다.

15 ★★ **물결이 소용돌이치는 듯한 웨이브는?**

① 스웰 웨이브 ② 스윙 웨이브
③ 퍼머넌트 웨이브 ④ 하프 웨이브

해
- **스웰 웨이브**: 물결이 소용돌이치는 듯한 웨이브이다.
- **스윙 웨이브**: 큰 움직임을 보이는 듯한 웨이브이다.
- **퍼머넌트 웨이브**: 퍼머넌트 후 모이는 파장이 극단적으로 많은 웨이브이다.
- **하프 웨이브**: 기시점, 정점, 융기점이 있는 C컬을 나타내는 웨이브이다.

16 ★★ **컬의 구성요소에 해당 되지 않는 것은?**

① 리지 ② 스템
③ 피벗 포인트 ④ 베이스

해 컬의 구성 요소는 베이스, 스템, 피벗 포인트, 루프, 엔드오브 컬 이며 웨이브의 구성 요소는 크레스트, 리지, 트로프이다.

17 ★★ **완성된 컬을 핀이나 클립을 사용하여 적당한 위치에 고정시키는 것을 무엇이라 하는가?**

① 트리밍 ② 컬핀닝
③ 클리핑 ④ 셰이핑

해
- **컬핀닝**: 사선 고정, 수평 고정, 교차 고정 방법이 있음
- **트리밍**: 모발 선을 최종적으로 정돈하는 방법
- **클리핑**: 클리퍼나 가위를 사용하여 튀어나온 모발을 잘라내는 방법

18 ★★ **다음은 퍼머넌트 웨이브 약의 역할을 설명한 것이다. 옳지 않은 것은?**

① 티오글리콜산염: 시스틴의 결합을 절단한다.
② 암모니아: 염결합 절단, 티오글리콜산 작용을 촉진시킨다.
③ 계면활성제: 단백질을 혼합시켜 탄력을 준다.
④ 취소산 칼리: 중화제이며 국내에서 많이 쓰이고 있다.

19 ★ **전기나 수증기의 열을 기계적으로 응용하여 웨이브를 형성하는 웨이브를 무엇이라고 하는가?**

① 머신리스 웨이브 ② 캐미컬 웨이브
③ 머신 웨이브 ④ 프리하트 웨이브

20 ★★★ **산화작용이란?**

① 어느 물질 자신이 갖고 있는 산소를 방출하여 상대에게 주고 상대가 갖고 있는 수소를 빼앗는 반응
② 어느 물질 자신이 갖고 있는 수소를 방출하여 상대에게 주고 상대가 갖고 있는 산소를 빼앗는 반응
③ 어느 물질 자신이 갖고 있는 산소와 수소를 방출하여 상대에게 주고 상대가 갖고 있는 탄소를 빼앗는 반응
④ 어느 물질 자신이 갖고 있는 산소와 수소를 방출하여 상대에게 주고 상대가 갖고 있는 질소를 빼앗는 반응

정답 14 ② 15 ① 16 ① 17 ② 18 ③ 19 ③ 20 ①

01 ★ 시스틴 결합 구조에 대한 설명으로 옳은 것은?

① 시스틴결합은 두분자의-S-S-이 결합한 것이다.
② SH-SH-결합을 시스틴 결합 혹은 단순히 H-H결합이라 부른다.
③ 기계적으로 상당히 견고한 결합이고 화학적으로는 반응을 받아서 절단하지만 다시 결합시킬 수가 없다.
④ 폴리펩티드 주쇄를 구성하고 있는 시스테인은 측쇄잔기로-H2-S가 남아있다.

02 ★★★ 퍼머넌트 웨이빙 도중 테스트 컬은 제1액을 바른 후에 얼마 후에 하는 것이 적당한가?

① 1시간 후 ② 40~50분 후
③ 10~15분 후 ④ 30~40분 후

해 테스트 컬은 정확한 프로세싱 타임을 결정하기 위한 방법으로 15분 정도가 적당하다.

03 ★★★ 퍼머넌트 웨이브제에 대한 설명 중 틀린 것은?

① 심한 손상모의 경우 pH 9.6 이상의 제1액을 사용한다.
② 건강모와 경모는 pH 7.5~9.6의 제1액을 사용한다.
③ 제1액은 시스틴의 결합을 절단한다.
④ 제2액은 형성된 웨이브를 고정시킨다.

해 심한 손상모는 pH 6~7 정도의 약산성의 퍼머넌트 웨이브제를 사용하는 것이 좋다.

04 ★★ 콜드 퍼머넌트 제1액의 주성분은?

① 티오글리콜산염 ② 브롬산칼륨
③ 취소산나트륨 ④ 과산화수소

해
- 퍼머넌트 웨이브 1액은 티오 글리콜산염과 시스테인이 있으며 1액은 환원제라고 하며 2액은 정착제, 산화제, 중화제라고 한다.
- 2액의 주성분은 브롬산 칼륨, 브롬산 나트륨, 취소산 칼륨, 취소산 나트륨이다.

05 ★ 콜드 웨이브의 시술 순서로 안 맞은 것은?

① 전 처리-웨이브 프로세스-후 처리
② 전 처리-후 처리-웨이브 프로세스
③ 웨이브 프로세스-전 처리-후 처리
④ 후 처리-전 처리-웨이브 프로세스

해 **콜드 웨이브 시술 순서**: 전처리-웨이브 프로세스-후처리

06 콜드퍼머넌트 웨이브 시술 시 제2액의 작용은?

① 동화작용 ② 환원작용
③ 산화작용 ④ 이화작용

해 콜드퍼머넌트 웨이브 시술 시 제2액은 산화작용을 하는 산화제로 절단된 시스틴 결합을 다시 결합시키는 작용을 말한다.

정답 01 ① 02 ③ 03 ① 04 ① 05 ① 06 ③

07 ★ 모발에 도포한 약액이 쉽게 침투되게 하여 시술 시간을 단축하고자 할 때에 필요하지 않는 것은?

① 스팀타월 ② 헤어스티머
③ 신징 ④ 히팅캡

해 신징은 헤어 트리트먼트에 사용되는 방법으로 모발을 적당히 그슬리거나 지져 모발을 관리하는 기법이다.

08 ★ 퍼머넌트 웨이브에서 엔드 페이퍼사용 중 더블 랩 기법이 가장 적당한 것은?

① 모발의 손상도가 극심할 때
② 모발의 길이가 일정하지 않고 단차가 심할 때
③ 커트 직후 퍼머넌트 웨이브를 실시할 때
④ 간접 와인딩을 할 때

09 ★★ 워터 래핑에 대한 설명 중 틀린 것은?

① 모발에 수분을 도포한 후 와인딩하는 방법이다.
② 부위별 웨이브의 형성 정도가 달라지는 것을 방지한다.
③ 환원제의 작용을 균일하게 하기 위하여 사용하는 방법이다.
④ 환원제의 작용을 지연시키는 효과가 있어서 건강한 모발에 적합하다.

10 ★★★ 퍼머넌트 웨이브 도중 중간 린스는 무슨 린스로 하는가?

① 플레인 린스 ② 산성 린스
③ 크림 린스 ④ 알칼리 린스

해 미지근한 물을 사용하여 중간 세척하는 것은 플레인 린스라고 한다.

11 ★ 다음 중 퍼머넌트 웨이브가 잘 나오는 경우는?

① 금속성 염모제를 사용한 모발
② 산화된 약을 사용한 경우
③ 모발에 알맞은 제1액을 선택한 경우
④ 제2액의 처리가 불충분한 경우

12 ★★★ 다음 중 모발의 결합에 대한 설명으로 옳지 않은 것은?

① 모발의 결합에는 세로 결합, 가로 결합, 대각선 결합이 있다.
② 폴리펩 타이드 결합은 세로 방향이며 주쇄 결합이라고도 한다.
③ 측쇄결합은 가로 방향이며 수소 결합, 염 결합, 이온 결합 시스틴 결합 등이 있다.
④ 드라이에 의해 형성되는 결합은 수소 결합이다.

해 모발의 결합에는 폴리 펩타이드 결합(주쇄 결합)과 수소 결합, 염 결합, 이온 결합, 시스틴 결합(측쇄 결합)이 있으며 드라이에 의한 결합은 수소 결합이다.

13 ★★ 퍼머넌트 웨이브 시술 후 탈색이 될 수 있는데 그 이유 중 가장 적합한 것은?

① 퍼머넌트 웨이브제에 탈색작용을 하는 성분이 들어있기 때문이다.
② 퍼머 시술 시 히팅머신 사용으로 생기는 과열 때문이다.
③ 퍼머 후 산성 린스를 하게 되면 모발의 모표피가 열려서 탈색이 더 심하다.
④ 퍼머 후 모발에 알칼리 성분이 남아있기 때문이다.

해 티오글리콜산 암모늄염류에는 약간의 탈색 작용이 있다.

정답 07 ③ 08 ② 09 ④ 10 ① 11 ③ 12 ② 13 ①

14 ★★ **퍼머넌트 웨이빙에 있어 콜드 웨이브의 제2액에 대한 설명으로 맞는 것은?**

① 티오글리콜산 암모늄액이 가장 많이 사용된다.
② 시스틴 결합을 환원시킨다.
③ 프로세싱 솔루션이라고도 한다.
④ 시스테인을 산화시켜 시스틴 상태로 만든다.

해 ①, ②, ③번은 퍼머넌트 1제 환원제에 대한 설명이며 1제는 환원제 2제는 산화제, 중화제, 정착제라고 한다.

15 ★★ **퍼머넌트 웨이빙 시 두발 끝이 자지러지는 원인이 아닌 것은?**

① 제1액을 언더 프로세싱 한 경우
② 사전 커트 시 두발 끝을 심하게 테이퍼한 경우
③ 너무 가는 굵기의 롯드를 사용한 경우
④ 와인딩 시 텐션을 너무 느슨하게 한 경우

해
- 모발이 자지러지는 경우
- 너무 가는 로드를 선정하고 퍼머제가 너무 강한 경우
- 오버 프로세싱을 한 경우
- 텐션을 주지 않고 와인딩한 경우

16 ★★★ **측쇄 결합 중 가장 많이 존재하며 이 결합에 의해 드라이와 세트가 형성된다. 이 결합의 이름은?**

① 시스틴 결합 ② 수소 결합
③ 염 결합 ④ 폴리 펩타이드 결합

해 모발의 결합에는 폴리 펩타이드 결합(주쇄 결합)과 수소 결합, 염 결합, 이온 결합, 시스틴 결합(측쇄 결합)이 있으며 드라이에 의한 결합은 수소 결합이다.

17 ★ **오리지널 세팅의 요소에 해당되지 않는 것은?**

① 헤어 세이핑 ② 헤어 컬링
③ 롤러 컬링 ④ 헤어 테이퍼링

해 오리지널 세트란 기초가 되는 최초의 세트이다.

18 ★ **플랫 컬과 스탠드 업 컬을 콤 아웃 한 후의 차이점은?**

① 볼륨의 많고 적음
② 웨이브가 크고 적음
③ 머리길이가 길고 짧음
④ 웨이브의 탄력도

해 플랫 컬은 0°라서 볼륨이 없지만 스탠드업 컬은 90°라서 볼륨이 많아진다.

19 ★★★ **컬에 대한 설명으로 틀린 것은?**

① 모발이 둥글게 감긴 모양을 컬 이라고 한다.
② 모발을 말아서 고리 모양으로 만드는 것은 컬링이라고 한다.
③ 헤어 컬링은 모발의 시스틴 결합과 밀접한 관련이 있다.
④ 웨이브나 볼륨을 주는 롤이 형성되므로 헤어 세트에 사용된다.

해 헤어컬링은 모발의 수소결합과 밀접한 관계가 있다.

20 ★★★ **컬의 루프가 두피에 45° 각도로 세워진 컬을 무엇이라 고 하는가?**

① 스탠드 업 컬 ② 리프트 컬
③ 메이폴 컬 ④ 플랫 컬

해
- 스탠드업컬은 컬의 루프가 두피에 90°
- 리프트 컬은 컬의 루프가 두피에 45°
- 플랫 컬은 컬의 루프가 두피에 0°

정답 14 ④ 15 ① 16 ② 17 ④ 18 ① 19 ③ 20 ②

01 ★★★ 모발의 측쇄 결합으로 볼 수 없는 것은?

① 시스틴 결합　② 폴리펩타이드 결합
③ 수소 결합　④ 염 결합

해 **모발의 결합**
- **주쇄 결합**: 폴리 펩타이드 결합
- **측쇄 결합**: 수소 결합, 염 결합, 이온 결합, 시스틴 결합

02 ★ 헤어 컬링의 베이스 종류 중 틀린 것은?

① 아크 베이스-후두부에 큰 모양의 소용돌이 웨이브에 많이 사용
② 오블롱 베이스-헤어라인에서 먼 웨이브와 측두부에 많이 사용
③ 트라이 앵글러 베이스-헤어 라인에서 먼 웨이브와 측두부에 많이 사용
④ 페러렐러그램 베이스-평행사변형으로 메이폴 컬이나 리프트 컬에 적합

해
- **페러렐러그램 베이스**: 평행사변형으로 메이폴 컬이나 리프트 컬에 적합하다.
- **트라이앵글러 베이스**: 이마의 헤어라인 등에 사용한다.

03 ★★★ 다음 중 스파이럴 와인딩 기법에 대한 설명으로 틀린 것은?

① 1925년 조셉 메이어가 고안하였다.
② 모근에서부터 모발 끝으로 와인딩하는 방법이다.
③ 짧은 모발보다는 긴 모발에 적합한 방법이다.
④ 모근부터 모발 끝까지 균일한 웨이브가 형성되는 것이 특징이다.

해 스파이럴 와인딩 기법은 1905년 영국의 찰스 네슬러가 고안하였다.

04 ★★ 퍼머넌트 웨이브의 창시자는?

① 찰스 네슬러　② 마셀 그라또우
③ 조셉 메이어　④ J. B. 스피크먼

해 1905년 영국의 찰스 네슬러에 의해 스파이럴식 퍼머넌트가 창안되었다.

05 ★★ 컬의 구성 요소에 해당 되지 않는 것은?

① 크레스트　② 베이스
③ 루프　④ 스템

해 크레스트, 리지, 트로프는 웨이브의 명칭이다.

정답　01 ②　02 ③　03 ①　04 ①　05 ①

06 ★★★ **두발 중 발수성모는 모표피에 지방분이 많고 수분을 밀어내는 성질을 지닌 모발로, 콜드 웨이브 용액의 침투가 시간이 오래 걸리면 용이하지 않다. 이때 사전 처리법으로 맞는 것은?**

① 특수 활성제를 도포하여 스티머를 적용한다.
② 헤어 트리트먼트 크림을 도포한 후 스티머를 적용한다.
③ PPT 제품의 용액을 도포하며 두발 끝에 탄력을 준다.
④ 린스를 적당히 하여 두발을 부드럽게 해준다.

> 해 발수성모는 모발에 구멍이 있는 손상 모발로서 전처리 과정으로 다공성 모발에는 프로테인 PPT 용액을 도포한 뒤 시술한다.

07 ★★★ **컬의 분류 중 두피에 45°로 세워진 것은?**

① 플랫 컬 ② 리프트 컬
③ 포워드 컬 ④ 리버스 컬

> 해 ① **플랫 컬**: 0°
> ③ **포워드 컬**: 귓바퀴 방향으로 말려져 있는 것
> ④ **리버스 컬**: 귓바퀴 반대 방향으로 말려져 있는 것

08 ★ **헤어 커트 시 사전 유의 사항이 아닌 것은?**

① 두발의 성장 방향과 카우릭의 성장 방향을 살핀다.
② 두부의 골격 구조와 형태를 살핀다.
③ 유행 스타일을 멋지게 적용하면 손님은 모두 좋아하므로 미리 손님에게 물어볼 필요가 있다.
④ 두발의 질과 끝이 갈라진 열모의 양을 살핀다.

> 해 미용은 의사결정에 제한적인 예술이므로 유행 스타일을 추천하거나 권유할 수는 있지만 손님의 의사를 존중하여야 한다.

09 ★★ **다음 중 레이어 커트의 시술 특징으로 가장 알맞은 것은?**

① 두발 절단면의 외형선은 일자로 형성된다.
② 슬라이스는 사선 45°로 하여 직선으로 자른다.
③ 전체적으로 층이 골고루 나타난다.
④ 블로킹은 주로 4등분으로 한다.

> 해 ① 원랭스 커트에 대한 설명이다.
> ② 스파니엘 커트에 대한 설명이다.
> ④ 블로킹 4등분(스파니엘, 이사도라)
> ※ 레이어 커트는 블로킹 5등분이다.

10 ★ **프로세싱 솔루션에 관한 설명으로 틀린 것은?**

① pH 9.5 정도의 알칼리성 환원제이다.
② 티오글리콜산이 가장 많이 사용된다.
③ 한 번 사용하고 남은 액은 원래의 병에 다시 넣어 보관해도 좋다.
④ 어두운 장소에 보관하고 금속 용기 사용은 삼가야 한다.

> 해 사용하고 남은 액은 버려야하며 시술 직전에 혼합하여 사용하는 것이 가장 좋다.

11 ★★★ **콜드 웨이브 시 두부 부위 및 두발 성질에 따른 컬링 로드 사용에 대한 일반적인 설명이 적절하지 못한 것은?**

① 네이프 부분에는 소형의 로드를 사용한다.
② 양 사이드 부분에는 중형의 로드를 사용한다.
③ 탑에서 크라운의 부분에는 대형의 로드를 사용한다.
④ 일반적으로 굵고 모량이 많은 두발은 대형의 로드를 사용한다.

> 해 모발이 굵고 숱이 많을 경우에는 블로킹을 작게, 로드의 직경은 작은 것을 사용하고 모발이 얇고 숱이 적은 경우에는 블로킹은 크게, 로드의 직경은 큰 것을 사용해야 한다.

정답 06 ① 07 ② 08 ③ 09 ③ 10 ③ 11 ④

12 ★★★ **핑거 웨이브의 종류 중 스윙 웨이브에 대한 설명이 맞는 것은?**

① 큰 움직임을 보는 듯한 웨이브
② 물결이 소용돌이 치는 듯한 웨이브
③ 리지가 낮은 웨이브
④ 리지가 뚜렷하지 않고 느슨한 웨이브

해 스윙 웨이브는 큰 움직임을 보는 듯한 웨이브를 말한다.

13 ★★ **원랭스 커트에 속하지 않는 것은?**

① 페러렐 ② 스파니엘
③ 이사도라 ④ 레이어

해 원랭스 커트는 하나의 길이로 커트하는 방식으로 높이에 따라 머쉬룸, 이사도라, 페러럴 보브, 스파니엘 커트로 나누어 진다.

14 ★★★ **두발의 길이를 짧게 하지 않으면서 쳐내는 방법은?**

① 틴닝 ② 싱글링
③ 트리밍 ④ 클리핑

해 틴닝은 모발의 길이는 조절하지 않으면서 모발의 양을 조절하는 용도의 커트 방법이다.

15 ★★ **이미 완성된 두발선 위를 가볍게 커트하는 방법은?**

① 테이퍼링 ② 틴닝
③ 트리밍 ④ 싱글링

해 트리밍은 완성된 두발선을 최종적으로 정돈하기 위한 커트 방법이다.

16 ★★★ **빗을 천천히 위쪽으로 이동시키면서 가위의 개폐를 재빨리 하여 빗에 끼어있는 두발을 잘라나가는 커팅 기법은?**

① 싱글링 ② 틴닝
③ 레이저 커트 ④ 슬리더링

해 싱글링은 장가위와 빗을 이용하여 네이프 부분의 모발을 짧게 올려치는 데 효과적인 커팅 기법이다.

17 ★★★ **커트 시술 시 두부를 5등분으로 나누었을 때 관계없는 명칭은?**

① 톱(Top) ② 사이드(Side)
③ 헤드(Head) ④ 네이프(Nape)

해 두부 명칭은 톱, 왼쪽사이드, 오른쪽 사이드, 크라운, 네이프 5등분으로 나누어 진다.

18 ★★ **다음 중 원랭스 커트형에 해당되지 않는 것은?**

① 스파니엘 형 ② 이사도라 형
③ 레이어 형 ④ 평행보브 형

해 **원랭스 커트**: 모발을 층을 주지 않고 일직선상으로 가지런히 자르는 커트 기법으로 높이에 따라 머쉬룸, 이사도라, 페러럴 보브, 스파니엘 커트로 나누어 진다.

정답 12 ① 13 ④ 14 ① 15 ③ 16 ① 17 ③ 18 ③

19 ★★ 다음 중 프레 커트의 설명에 해당되는 것은?

① 퍼머넌트 웨이브 시술 전 커트를 말한다.

② 퍼머넌트 웨이브 시술 후 커트를 말한다.

③ 손상모 등을 간단하게 추려내기 위한 커트를 말한다.

④ 두발의 상태가 커트하기에 용이하게 되어있는 상태를 말한다.

해 • **프레 커트**: 프레 커트는 웨이브가 형성되면 길이가 짧아질 수 있으므로 1~2cm 정도 길게 자르는 것이 좋다.
• **애프터 커트**: 애프터 커트는 퍼머넌트 후 커트하는 방법이다.

20 ★★ 다음 중 블런트 커팅 기법이 아닌 것은?

① 그라데이션 커트 ② 원랭스 커트

③ 스트로크 커트 ④ 스퀘어 커트

해 **블런트 커트 / 클럽 커트**: 특별한 기교 없이 직선으로 커트하는 방법이다.

정답 19 ① 20 ③

01 ★★ 페더링이라고도 하며 두발 끝을 점차적으로 가늘게 커트하는 기법은?

① 클리핑 ② 틴닝
③ 테이퍼링 ④ 트리밍

해 **테이퍼링**
레이저로 모발 끝을 붓 모양처럼 점차 가늘게 긁어내는 커트 방법이다.

02 ★★ 다음 중 커트의 시술 순서로 바른 것은?

① 위그-수분-빗질-블로킹-슬라이스-스트랜드
② 위그-수분-빗질-스트랜드-블로킹-슬라이스
③ 위그-빗질-수분-슬라이스-스트랜드-블로킹
④ 위그-빗질-수분-블로킹-스트랜드-슬라이스

해 **커트의 올바른 순서**
위그-수분-빗질-블로킹-슬라이스-스트랜드

03 ★★ 다음 중 커트의 최종단계로 튀어나온 모발을 제거하는 기법은?

① 슬리더링 ② 클리핑
③ 트리밍 ④ 테이퍼링

해
- **슬리더링**: 모발의 길이를 짧게 하지 않으면서, 커트용 가위를 이용해 숱을 감소시키는 방법
- **클리핑**: 손상되어 튀어나온 모발(결절염모)과 불필요한 모발을 가위나 클리퍼로 제거하는 기법
- **테이퍼링**: 레이저로 모발 끝을 붓 모양처럼 점차 가늘게 저며서 긁어내는 듯한 커트 방법

04 ★★ 헤어커트 시 크로스 체크커트란?

① 세로로 잡아 체크 커트하는 것
② 최초의 슬라이스선과 교차되도록 체크하는 것
③ 전체적인 길이를 처음보다 짧게 커트하는 것
④ 모발의 무게감을 없애주는 것

해 크로스 체크 커트는 최초의 슬라이스선을 기준으로 교차 되도록 체크 하는 방법이다.

05 ★★ 그라데이션 커트의 효과로서 가장 적절한 것은?

① 실용성이 풍부하다.
② 스타일을 입체적으로 만든다.
③ 응용범위가 넓다.
④ 소재의 악조건을 보완한다.

해 그라데이션 커트는 두정부의 머리를 길게하고 네이프로 갈수록 짧게 커트하여 후두부 무게감을 더하는 커트이며 입체감이 있다.

06 ★ 헤어 커트 스타일에서 일반적으로 가장 가벼운 느낌을 주는 커트 기법은?

① 원랭스 커트 ② 그라데이션 커트
③ 레이어 커트 ④ 스퀘어 커트

해 레이어 커트는 두정부의 모발의 길이는 짧고 네이프로 내려올수록 모발의 길이가 길어지는 커트기법으로 전체적으로 단차를 주어 가벼운 느낌을 준다.

정답 01 ③ 02 ① 03 ③ 04 ② 05 ② 06 ③

07 ★★ 두발의 양이 적은 사람에게 적당한 커트 기법은?

① 시저스를 이용한 딥 테이퍼링
② 시저스를 이용한 앤드 테이퍼링
③ 레이저를 이용한 딥 테이퍼링
④ 레이저를 이용한 앤드 테이퍼링

해 두발의 양이 적은 사람은 레이저를 이용한 앤드 테이퍼링이 적당하다.

08 ★★★ 원랭스 커트의 대표적인 아웃라인 중 이사도라 스타일은?

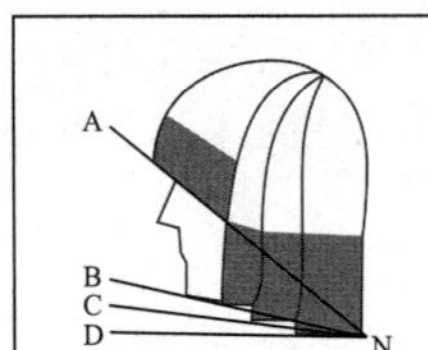

① C-N
② B-N
③ A-N
④ D-N

해 ①-페러럴 보브　②-이사도라
③-머쉬룸　④-스파니엘

09 ★★ 헤어 테이퍼링의 방법 중 노멀 테이퍼링은?

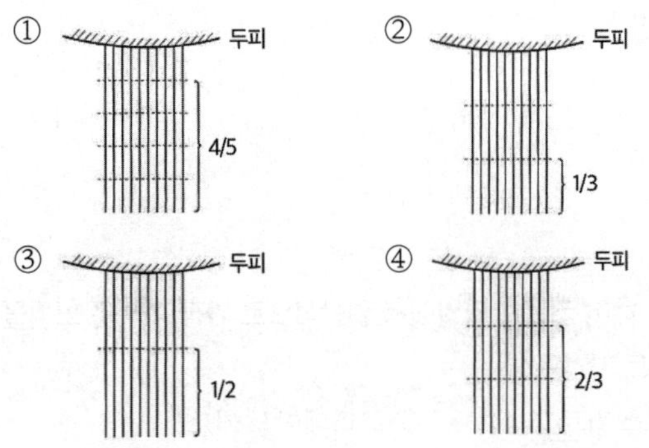

해 ②-엔드 테이퍼링　③-노멀 테이퍼링
④-딥 테이퍼링

10 ★★★ 다음의 헤어 커트 모형 중 후두부에 무게감을 가장 많이 주는 것은?

①
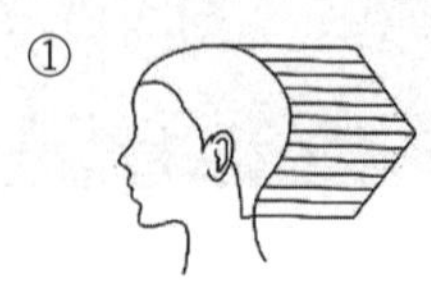
②
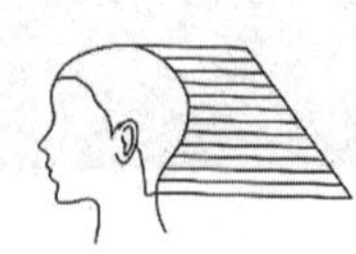
③
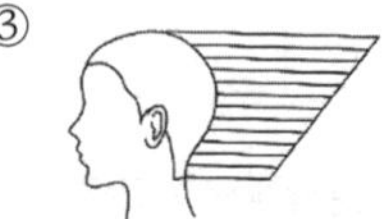
④
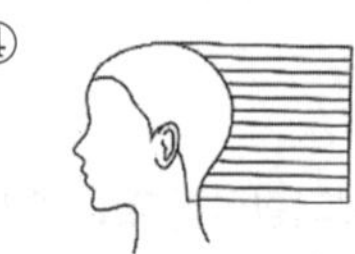

해 후두부는 두상 후면의 꼭대기 부분(top)을 의미한다.

11 ★★★ 그림과 같은 도면으로 커트 했을 경우 완성되는 커트의 기법은?

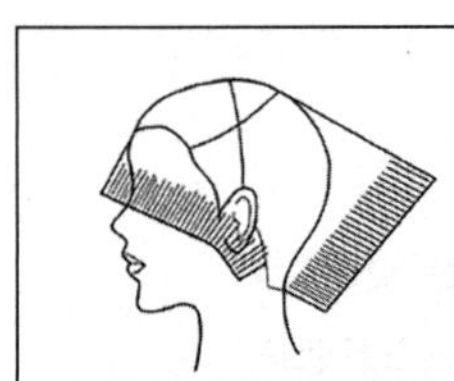

① 스퀘어
② 그라데이션
③ 레이어
④ 원랭스

해 그라데이션 커트는 두정부의 머리를 길게하고 네이프로 갈수록 짧게 커트하여 후두부 무게감을 더하는 커트이며 입체감이 있다.

12 ★★★ 블런트 커트(blunt cut)의 특징이 아닌 것은?

① 모발 손상이 적다.
② 입체감을 내기 쉽다.
③ 잘린 부분이 명확하다.
④ 커트 형태선이 가볍고 자연스럽다.

해 **블런트 커트(Blunt cut)**
- 일자로 커트하는 커트 방법으로 클럽커트(Club cut) 라고도 한다.
- 모발손상이 적고 입체감을 내기 쉽다.
- 커트선이 무겁고 자연스럽지 못하다.
- 잘린 부분이 명확하다.

정답　07 ④　08 ②　09 ③　10 ③　11 ②　12 ④

13 ★ 다음중 1~2cm 길게 커트 해야 되는 사항은?

① 트리밍 커트를 할때
② 나칭 커트를 할 때
③ 포인트 커트를 할 때
④ 프레 커트를 할 때

14 ★ 다음 중 빈칸에 들어갈 커트 명칭으로 옳은 것은?

퍼머넌트를 하기 전 먼저 (　　) 커트를 실시하였고, 퍼머넌트를 한 후 마무리 손질용으로 (　　) 커트를 실시하였다.

① 프레, 트리밍　② 애프터, 프레
③ 프레, 테이퍼링　④ 테이퍼링, 틴닝

해
- 프레 커트 - 퍼머넌트 작업 전 하는 커트
- 트리밍 커트 - 퍼머넌트 후 마무리 손질 커트
- 애프터 커트 - 퍼머넌트 후 디자인에 맞춰서 하는 커트
- 마무리 손질용 커트인 트리밍과는 차이가 있다.

15 ★ 프레 커트는 어떤 시술 전에 행해지는 커트인가?

① 염색 하기 전　② 탈색 하기 전
③ 퍼머넌트 하기 전　④ 업 스타일 하기 전

해 프레 커트 후 퍼머넌트를 시술하고 트리밍을 한다.

16 ★★★ 그림과 같이 와인딩 했을 때 웨이브의 형상은?

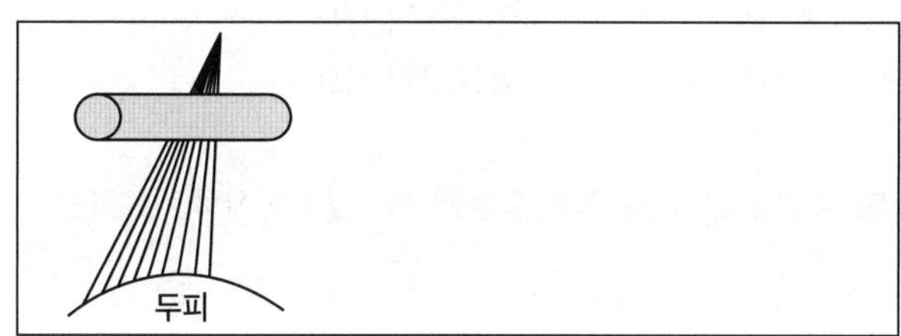

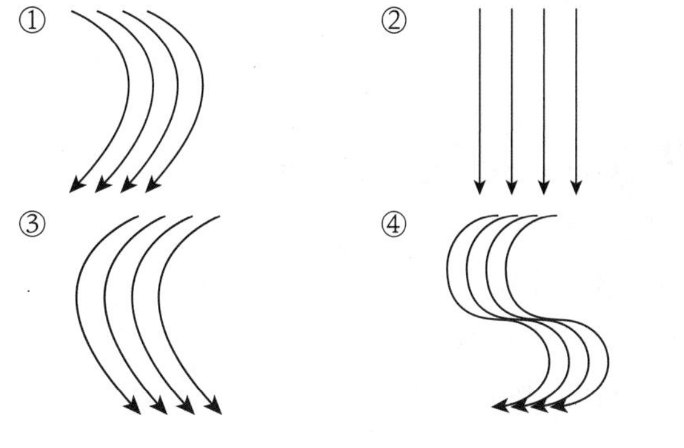

해 ①, ③은 빗겨말기이며, ④는 수직말기에 해당된다.

17 ★★★ 마셀 웨이브 작업 시 적정 온도는?

① 100~120℃　② 120~140℃
③ 140~160℃　④ 160~180℃

해 마셀 웨이브 작업 시 적정 온도는 120~140℃ 이다.

18 ★★ 마셀 웨이브 시술에 관한 설명 중 틀린 것은?

① 아이론의 적정 온도는 120~140℃를 유지시킨다.
② 아이론의 온도가 균일할 때 웨이브가 일률적으로 완성된다.
③ 프롱은 아래쪽, 그루브는 위쪽을 향하도록 한다.
④ 아이론을 회전시키기 위해서는 먼저 아이론을 정확하게 쥐고 반대쪽에 45°각도로 위치시킨다.

해 아이론의 그루브를 아래 방향으로 프롱을 위 방향으로 하여 쥐도록 한다.

정답　13 ④　14 ①　15 ③　16 ①　17 ②　18 ③

19 ★★★ 블런트 커팅과 같은 뜻을 가진 것은?

① 프레 커트 ② 애프터 커트
③ 클럽 커트 ④ 드라이 커트

해 클럽 커트라고도 하며 특별한 기교 없이 일자로 커트하는 방법이다.

20 ★★★ 블런트 커트의 특징이 아닌 것은?

① 모발 손상이 적다.
② 입체감을 내기 쉽다.
③ 잘린부분이 명확하다.
④ 모발 손상이 많다.

해 블런트 커트는 일직선으로 커트하는 방식으로 레이저 커트에 비해 모발손상이 적다.

정답 19 ③ 20 ④

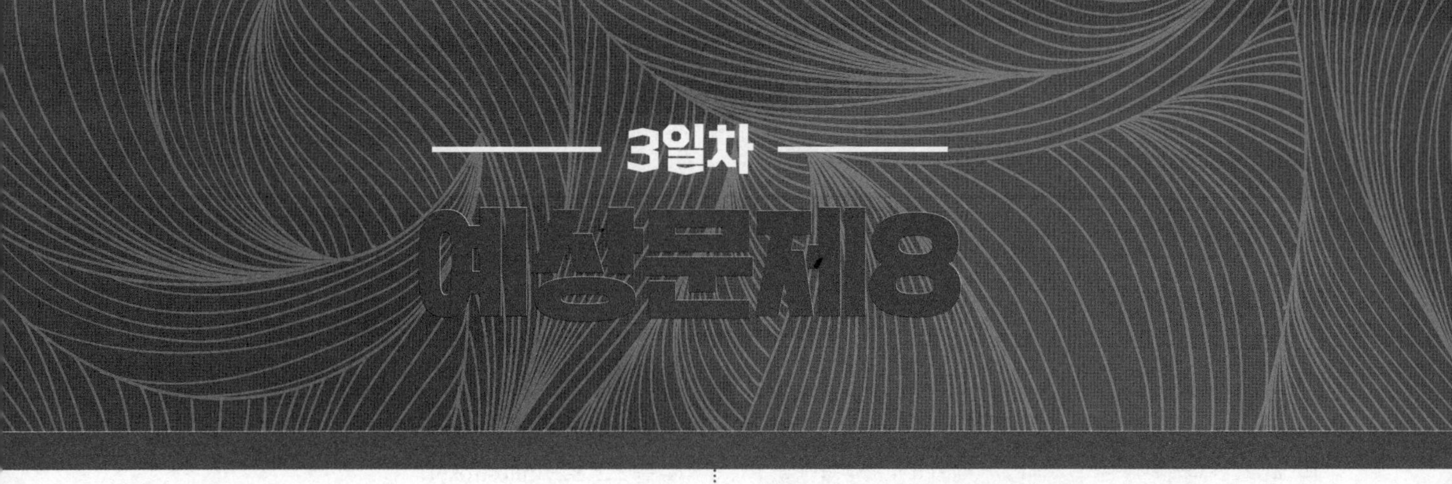

01 ★★★ 자연스럽게 두발 끝부분을 차츰 가늘게 커트하는 방법은?

① 싱글링 ② 테이퍼링
③ 틴닝 ④ 트리밍

해 페더링이라고도 하며 두발 끝을 가늘게 커트하는 방법이다.

02 ★ 주로 짧은 헤어스타일의 헤어 커트 시 두부 상부에 있는 두발은 길고 하부로 갈수록 짧아지며 작은 단차가 생기는 커트 기법은?

① 레이어 커트 ② 그라데이션 커트
③ 스퀘어 커트 ④ 원랭스 커트

해 두부 상부가 길고 하부로 갈수록 짧아지는 커트 = 그라데이션 커트

03 ★ 레이저로 테이퍼링할 때 스트랜드의 뿌리에서 어느 정도 떨어져서 하는 것이 적당한가?

① 약 1cm ② 약 2cm
③ 약 2.5cm ~ 5cm ④ 약 5cm

해 레이저 커트는 모근 부분에서 3cm정도 떨어트리고 한다.

04 ★★ 앤드테이퍼링의 설명으로 옳은 것은?

① 스트랜드의 1/3 이내의 모발 끝을 테이퍼링한다.
② 스트랜드의 1/2 이내의 모발 끝을 테이퍼링한다.
③ 스트랜드의 2/3 이내의 모발 끝을 테이퍼링한다.
④ 스트랜드의 1/4 이내의 모발 끝을 테이퍼링한다.

해 테이퍼링의 종류
- 엔드 페더링 - 스트랜드의 1/3이내의 모발 끝을 가늘게 한다.
- 노멀 페더링 - 스트랜드의 1/2이내의 모발 끝을 가늘게 한다.
- 딥 페더링 - 스트랜드의 2/3이내의 모발 끝을 가늘게 한다.

05 ★ 레이저 커트에 대한 설명 중 틀린 것은?

① 모발 끝이 부드럽다.
② 젖은 상태에서 행한다.
③ 모발 끝이 예각적이다.
④ 모발 끝이 단면적이다.

해 레이저 커트는 두발을 적셔서 손상시키지 않으면서 칼로 긁어 내듯이 커트하므로 모발 끝이 자연스러운 사선 형태로 나오지만 모발에 손상이 있다.

06 ★★★ 레이어 커트(layer cut)의 설명으로 올바른 것은?

① 머리형이 가볍고 부드러워 다양한 스타일의 연출이 가능하다.
② 모발의 길이가 긴 헤어 스타일 보다는 짧은 스타일에 많이 이용된다.
③ 스트랜드의 각도는 45°이다.
④ 네이프는 길고 탑부분으로 갈수록 점점 짧아진다.

해 ②, ③, ④ - 그라데이션 커트에 대한 설명이다.

정답 01 ② 02 ② 03 ③ 04 ① 05 ④ 06 ①

07 ★ 전형적인 보브 커트의 기본이 되는 커트는?

① 레이어 커트 ② 원랭스 커트
③ 스퀘어 커트 ④ 그라데이션 커트

해 원랭스 커트에 해당되는 커트는 보브, 이사도라, 스파니엘 스타일이 있다.

08 ★★ 그라데이션 커트에 대한 설명 중 틀린 것은?

① 사선 45° 에서 슬라이스로 커트 한다.
② 후두부에 무게감을 주며 스타일을 입체적으로 만든다.
③ 짧은 헤어 스타일에 많이 사용된다.
④ 층이 없고 4등분 블로킹을 한다.

해 단차가 있으면 5등분 블로킹, 단차가 없으면 4등분 블로킹
- 원랭스 - 단차(층)이 없으므로 4등분 블로킹
- 그라데이션 - 단차(층)이 있으므로 5등분 블로킹
- 레이어 - 단차(층)이 있으므로 5등분 블로킹
- 스퀘어 - 단차(층)이 있으므로 5등분 블로킹

09 ★★★ 레이어 커트(layer cut)의 설명으로 올바르지 않는 것은?

① 상부의 모발이 짧고 하부로 갈수록 모발이 길어지는 형태이다.
② 전체적으로 층이 골고루 있다.
③ 주로 4등분 블로킹을 한다.
④ 스트랜드의 각도는 90° 이상이다.

해 레이어 커트는 탑에서 네이프로 갈수록 모발의 길이가 길어지는 형태이며, 전체적으로 골고루 층이 있어 주로 5등분 블로킹을 사용한다.

10 ★★ 시저스를 이용하는 테이퍼링의 종류가 아닌 것은?

① 롱 스트로크(long stroke)
② 미디움 스트로크(midium stroke)
③ 숏 스트로크(short stroke)
④ 풀 스트로크(full stroke)

해
- **스트로크 커트** : 가위를 이용하여 테이퍼링 하는 것
- **롱 스트로크** : 모발에 대한 가위의 각도가 45°~90°
- **미디움 스트로크** : 모발에 대한 가위의 각도가 10°~45°
- **숏 스트로크** : 모발에 대한 가위의 각도가 0°~10°

11 ★★★ 나칭(Natching)에 대한 설명으로 가장 거리가 먼 것은?

① 커트 후 뭉툭한 느낌이 없는 자연스러운 모발을 위해 모발 끝을 45°정도로 비스듬히 커트하는 방법이다.
② 모발에 질감을 주는 기법이다.
③ 모발 끝 부분에서 시술한다.
④ 모발을 직선으로 커트하는 방법으로 단면이 일자이다.

해 나칭(Natching)
- 커트 후 뭉툭한 느낌이 없는 자연스러운 모발을 위해 모발 끝을 45° 정도로 비스듬히 커트하는 방법
- 모발에 질감을 주는 기법이다.
- 모발 끝 부분에서 시술한다.

12 ★★★ 프레 커트에 대한 내용이 맞는 것은?

① 모발 숱이 너무 많을 때 로드를 감기 쉽도록 두발 끝을 1~2cm 정도 테이퍼한다.
② 튀어 나오거나 빠져 나온 모발을 커트한다.
③ 모발의 길이는 디자인할 길이보다 1~2mm 정도 길게 커트한다.
④ 가지런하지 않은 모발의 길이를 정리하여 와인딩하기 쉽게 커트한다.

해 프레 커트는 퍼머넌트 시술 전 행해지는 커트이며 디자인 길이보다 1~2cm 길게 커트하여 퍼머넌트 시술이 용이하게 해주는 것이 좋다.

정답 07 ② 08 ④ 09 ③ 10 ④ 11 ④ 12 ③

13 ★★ **다음 중 테이퍼링의 설명으로 틀린 것은?**

① 모발 끝을 점점 가늘게 커트하여 붓처럼 가늘게 커트하는 방법이다.

② 자연스러운 모발선을 만들 수 있다.

③ 모발을 자르는 위치에 따라 엔드, 노멀, 딥 테이퍼링으로 나누어 진다.

④ 뿌리에서 1cm 정도 띄우고 시술한다.

해 **테이퍼링의 특징**
- 페더링이라고 한다.
- 모발끝을 점차적으로 가늘게 커트하여 끝으로 갈수록 모발이 가늘어져 자연스러우면서 가벼운 느낌을 연출 할 수 있다.
- 스트랜드의 뿌리에서 2.5cm~5cm 정도 떨어져서 시술한다.

14 ★★ **헤어 커트의 3요소는?**

① 조화, 유행, 기술

② 베이스, 스템, 루프

③ 크레스트, 리지, 트로프

④ 엔드, 노멀, 딥

해 ②-컬의 3요소, ③-웨이브의 3요소, ④-테이퍼링의 3종류

15 ★★★ **드라이 커트에 대한 설명 중 옳지 않은 것은?**

① 모발을 손상 시키지 않고 정확한 커트를 할 수 있다.

② 웨이브나 컬 상태의 두발에서 한다.

③ 모발 전체적인 형태의 파악이 용이하다.

④ 큰 변화없이 수정하는데 용이한 커트방법이다.

해 **드라이 커트의 특징**
- 전체적인 형태의 파악이 용이하며 정확한 커트 선을 보기 어렵다.
- 모발의 손상이 있을 수 있으므로 마무리, 수정용 커트로 이용된다.
- 레이저를 이용한 커트 시 모발의 보호를 위해 웨트 커트를 이용한다.

16 ★★★ **웨트 커트에 대한 설명으로 가장 적합한 것은?**

① 손상모를 손쉽게 추려낼 수 있다.

② 웨이브나 컬이 심한 모발에 적합한 방법이다.

③ 길이 변화를 많이 주지 않을 때 이용한다.

④ 모발의 손상을 최소화 할 수 있다.

해 **웨트 커트의 특징**
- 모발의 손상이 거의 없다.
- 정확한 커트선을 볼 수 있어 정확한 커트가 가능하다.

17 ★★ **원랭스 커트의 방법 중 틀린 것은?**

① 동일선상에 자른다.

② 짧은 머리에만 사용한다.

③ 커트라인에 따라 이사도라, 스파니엘, 페러렐, 머쉬룸 등이 있다.

④ 짧은 단발의 경우 손님의 머리를 숙이게 하고 정리한다.

해 원랭스 커트는 짧은 머리 뿐만 아니라 긴머리에도 적용된다.

18 ★ **두발을 윤곽있게 살려 목덜미에서 정수리쪽으로 올라가면서 길이가 길어지며 두발에 단차를 주어 커트하는 것은?**

① 그라데이션 커트 ② 원랭스 커트

③ 레이어 커트 ④ 스퀘어 커트

해 그라데이션 커트는 네이프에서 정수리 쪽으로 갈수록 머리가 길어지며 작은 단차가 있는 커트방법이다.

정답 13 ④ 14 ① 15 ④ 16 ④ 17 ② 18 ①

19 ★ **정사각형 모양을 의미하며 직각으로 커트하는 것은?**

① 스퀘어 커트 ② 원랭스 커트
③ 레이어 커트 ④ 그라데이션 커트

> 해 **스퀘어(square)**
> 머리형태가 정사각형인 커트 형태

20 ★★ **헤어 커트를 할 때 원하는 스타일의 모발의 길이를 정하는데 기준이 되는 선의 명칭은 무엇인가?**

① 센터 라인 ② 가이드 라인
③ 탑 라인 ④ 네이프 라인

> 해 **가이드 라인** : 헤어커트 시 원하는 스타일의 기준 길이를 정하는데 기준이 되는 모발

정답 19 ① 20 ②

MEMO

PART

:4일차

SECTION 01

스트레이트 드라이

1. 스트레이트 드라이 원리와 방법

1) 헤어드라이어

(1) 헤어드라이어 종류 및 특징(이하 '드라이어')

① 핸드 타입

ㄱ.미용업소에서 가장 많이 사용하는 대표적인 드라이어로 미용사가 손에 들고 헤어스타일을 연출

ㄴ.젖은 모발 건조에 효과적, 헤어스타일 연출 용이

ㄷ.모발상태와 사용 목적에 따라 더운 바람, 찬바람을 선택 사용

② 스탠드 타입

ㄱ.다목적 열기구로 열풍, 냉풍, 광선 등을 용도에 맞춰 조절 사용

ㄴ.헤어스타일의 모양을 변형하여 연출 부적합

(2) 드라이어 구조와 작동 원리

① 드라이어는 모터, 팬, 열선, 노즐, 스위치, 핸들, 흡기구로 구성

② 작동 원리는 스위치를 켜면 모터가 작동하면서 팬을 돌리고, 이때 생성된 바람이 달궈진 열선을 통과하면서 뜨거운 바람이 만들어진다.

(3) 드라이어 기본 사용법

① 작동법

ㄱ.핸드 타입 드라이어를 잡는 방법은 핸들을 잡는 방법과 노즐 부분의 보디를 잡는 방법

ㄴ.핸들을 잡으면 손놀림이 자유로워 다양한 헤어스타일을 연출

ㄷ.보디를 잡으면 무게 중심점이 낮아져 어깨에 무리를 적게 주는 장점은 있으나 스위치 조작이나 드라이어의 사용이 제한적

2) 헤어 아이론

(1) 헤어 아이론의 종류 및 특징(이하'아이론')

① 아이론 열판 모양에 의한 분류

ㄱ.원형(컬 아이론, 라운드 아이론)

열판이 둥근 모양으로 가장 전형적인 형태의 아이론, 주로 웨이브를 연출하거나 볼륨을 형성할 때 사용

ㄴ.일자형(플랫 아이론, 매직기)

열판이 납작한 일자 형태의 아이론, 주로 스트레이트로 펴거나 자연스러운 웨이브를 형성할 때 사용

ㄷ.반원형(하프라운드 아이론)

열판이 살짝 볼록한 형태, 원을 반으로 가른듯한 형태 매직기, 볼륨을 형성, 손상되고 날리는 모발에 부드러운 실루엣과 웨이브를 주기 위해 사용

ㄹ.삼각형(삼각 아이론)

열판의 형태가 삼각으로 각이 있어 볼륨, 포인트를 원하는 부위에 강한 리지감을 표현 사용

ㅁ.Z형(클림퍼 아이론, 다이렉트기)

열판의 형태가 지그재그의 모양, 두피 쪽에 볼륨을 주거나 헤어스타일의 포인트를 주기 위해 사용

ㅂ.브러시형(브러시 아이론)

아이론 자체가 브러시 형태로 글러브 없이 열판 사이에 빗살이 돌출되어 있어 비교적 안전하게 사용, 볼륨과 C컬 헤어스타일 연출에 효과적으로 사용

ㅅ.ㄹ형

다리미로 누르듯이 사용하거나 원하는 모류 방향으로 빗질하듯 사용, 주로 들뜬 모발의 뿌리 부분 정돈에 효과적

ㅇ.원추형

열판의 지름이 다른 형태로 1개 아이론으로 서로 다른 굵기의 웨이브 연출하기 위해 사용

② 손잡이 모양에 의한 분류

ㄱ. 집게형(스프링식 아이론)

손잡이 부분이 집게 형태 사용하기 간편, 주로 집게손가락이나 엄지손가락 이용 집게를 개폐 사용

ㄴ. 가위형(마셀 핸들식 아이론)

손잡이 부분이 가위 모양의 형태, 주로 가운뎃손가락과 약손가락 및 새끼손가락을 사용하여 손가락의 힘으로 텐션을 조절하며 사용

ㄷ. 회전형

손잡이의 핸들 부분이 회전하는 형태, 수동 형태는 직접 회전해야 하는 방식, 자동 형태는 버튼을 눌러 회전시키는 방식

③ 기타 분류

ㄱ. 가열 형태 원형(화열식 아이론)

무쇠 재질의 아이론을 직접 열에 달궈서 사용하는 전통 방식으로 열 조절에 특히 주의사용

ㄴ. 충전 형태 무선형

사용 전에 전기를 충전하는 무선형으로 야외 이동시 편리, 전기 충전 방식 외에 아이론 손잡이에 소형 가스통을 연결하는 형태

(2) 아이론의 구조와 작동 원리

① 가장 보편적으로 사용하는 아이론의 기본적인 구조는 스위치, 그루브(클램프), 그루부 핸들, 로드(바렐), 로드 핸들, 온도 조절기 등

② 집게형 아이론은 핸들의 손잡이가 하나이며 그루브 레버가 달려있다.

(3) 아이론 기본 사용법

① 작동법

ㄱ. 가위형 아이론은 그루브가 위에 있고 로드가 아래에 있는 상태에서 그루브 핸들을 엄지손가락으로 잡고 로드 핸들을 잡은 약손가락과 새깨손가락을 움직이며 사용

ㄴ. 집게형 아이론은 그루브 레버를 엄지손가락 또는 집게손가락으로 눌러 사용

② 선택과 관리

ㄱ. 정부에서 인증 받은 기기로 발열 상태가 일정, 코드의 피복 상태가 온전

ㄴ. 그루브와 로드가 잘 맞물려 사이가 벌어지지 않아야 한다.

3) 헤어브러시와 빗

헤어브러시(이하'브러시')와 빗은 모양, 용도, 재질 등에 따라 다양하게 구분

SECTION 02

C컬 드라이

1. C컬 드라이 원리와 방법

1) 모발 상태에 따른 도구 선택 및 C컬 드라이 시행 고려 사항

① 드라이어는 연모나 모발 숱이 보통 또는 적은 퍼머넌트웨이브 모발에 효과적

② 아이론은 머리숱이 많고 굵으며 강한 곱슬머리 또는 생머리에 적합

③ 대부분 1개 이상의 기기를 적절하게 병행하여 헤어스타일을 연출

(1) 각도

① 각도는 볼륨과 관련이 있는데 볼륨을 많이 주고 싶으면 모발을 120°이상 들고 롤 브러시를 넣는 오버 베이스가 적합

② 볼륨을 적게 주고 싶으면 90°이하로 들고 시술하는 오프 베이스가 적합

(2) 텐션

① 텐션이란 모발을 당겨주는 일정한 힘을 의미

② 텐션이 없으면 모발의 표면이 정돈된 느낌이 적고 윤기감도 부족

③ 지나치게 텐션이 과하면 고객이 불쾌, 손상이 많은 모발은 부스스하게 보일 수 있으므로 모발 상태에 따라 텐션 조절이 필요

(3) 온도

① 모발의 손상 정도에 따라 온도를 다르게 설정

② 일반적인 블로우 드라이어의 열풍 온도는 65~85℃, 바람의 세기에 따라 달라질 수 있다.

③ 아이론(매직기)의 열판 온도는 100~200℃로 모발의 상태 및 연출하고자 하는 헤어스타일에 따라 온도를 조절

④ 건강모는 170~180℃로 사용하고, 곱슬이 많고 강한 모발은 좀 더 높은 온도를 이용

⑤ 손상모는 150~170℃로 사용하며, 극손상모는 150℃ 미만으로 스타일을 연출

SECTION 03

베이직 헤어컬러

1. 헤어컬러의 원리

1) 모발의 명도

① 명도란 색의 밝기를 의미하는 것으로 모발의 명도는 멜라닌에 의해 결정되는 자연모 레벨과 탈색제 등 화학 제품에 의해 결정되는 블리치 레벨로 구분

② 일반적으로 모발의 명도는 1에서 10레벨로 구분하며, 숫자가 높아질수록 명도가 높으므로 10레벨이 가장 밝은색

(1) 자연모 레벨

① 자연모 레벨은 멜라닌에 의해 결정되고, 블리치 레벨은 화학 제품에 의해 결정

② 레벨 단계는 서양인 모발을 기준으로 만들어졌으며, 최근에는 동양인 모발을 기준으로 자연모와 블리치 레벨을 혼합하여 15단계에서 20단계

③ 10단계로 나뉜 자연모 레벨에서 동양인의 기준 모발은 2~3레벨 정도가 된다면 20단계로 나눈 레벨에서는 4~5레벨 정도가 동양인의 자연모 레벨

(2) 블리치 레벨

① 블리치 레벨은 탈색으로 모발의 명도를 10단계로 구분

② 적색 베이스의 1~4레벨, 주황색(오렌지색) 베이스의 5~7레벨, 8레벨 이상의 노란색 베이스의 밝은 금색으로 명도의 변화 확인

③ 헤어컬러 시 블리치 레벨은 매우 중요한 기준

④ 고객이 희망하는 색상이 어느 정도의 블리치 레벨에서 표현되는지를 파악하는 기준

⑤ 리터치 시 모발 기염 부의 언더컬러를 파악하고자 할 경우 블리치 레벨을 이용할 수 있기 때문

2) 모발의 색소

① 모발의 자연색은 모피질 내에 함유된 멜라닌 크기와 양에 따라 결정

② 멜라닌은 피부 표피 기저층에 존재하는 멜라노사이트(melanocyte) 내에서 티로신이 산화 효소인 타이로시네이스(tyrosinase)에 의해 산화, 중합하여 입자형 색소인 유멜라닌(eumelanin)과 분사형 색소인 페오멜라닌(phaeomelanin)이 생성

(1) 유멜라닌(동양인)

① 유멜라닌은 쌀알 형태로 흑색에서 적색까지 모발에 어두운색을 나타낸다.

② 페오멜라닌에 비하여 분자 크기가 커서 입자 형태로 보이기 때문에 입자형 멜라닌

(2) 페오멜라닌(서양인)

① 페오멜라닌은 좁쌀 형태로 적색에서 노랑까지 모발에 밝은색

② 유멜라닌에 비해 입자 크기가 작기 때문에 모발 내 흩어진 형태로 분사형 멜라닌

3) 탈색의 이해

① 탈색은 모발 속의 멜라닌과 인공 색소가 화학 제품에 의해 파괴·분해·산화되는 것을 의미

② 탈색제의 성분인 과황산암모늄과 과붕산나트륨이 함유된 1제와 과산화수소가 함유된 2제를 혼합하여 모발을 팽창시키고 큐티클을 열게 함과 동시에 모발 내부 깊숙이 침투하여 과산화수소의 힘으로 모발 속의 멜라닌을 감소시키는 작용

③ 모발의 멜라닌뿐만 아니라 모발 내부의 케라틴까지도 파괴되어 일반적인 컬러 제품보다 모발에 큰 부담을 주게 된다.

(1) 탈색제의 종류

파우더 타입	• 산소 방출 촉진제인 과붕산나트륨이 함유, 강한 침투력으로 고명도까지 짧은 시간에 빠른 속도로 탈색이 가능하다. • 전체 탈색보다는 부분 탈색에서 많이 사용, 가장 일반적으로 사용되고 있지만 모발이나 두피에 입히는 손상도가 높다.
크림 타입	• 점성이 있어 약제가 흘러내리지 않아 원하는 부분에 탈색이 용이하지만 고명도로 탈색하기는 어렵다. • 도포한 부분을 육안으로 볼 수 있어 도포량의 조절이 쉽고 덧바르는 것을 방지할 수 있어 초보자가 사용하기 적합하 다. • 탈색이 진행되는 동안 산화제가 건조되지 않으며 모발 손상도가 적다.
오일 타입	• 과산화수소수에 유황유가 혼합되어 형성된 타입이다. • 모발의 손상도가 적고 탈색하는 동안 탈색의 진행 과정을 눈으로 확인할 수 있어 어두운 모발을 자연스러운 색상으로 변화시킬 때 사용하기 적합하다. • 탈색 속도가 느리고 고명도의 탈색을 원할 때에는 적합하지 않다.

(2) 탈색제의 구성 성분

① 제1제

ㄱ.탈색제는 모발의 멜라닌 색소 및 염모제의 색소를 제거하는 역할

ㄴ.제품으로 유형에 따라 파우더, 크림, 오일 등의 형태

ㄷ.가장 일반적으로 사용하는 것은 파우더 타입이다.

ㄹ.탈색제는 산소 방출을 촉진하는 붕산나트륨이 함유된 1제와 멜라닌 색소 등 색소를 파괴하는 과산화수소가 함유된 2제를 혼합하여 사용

ㅁ.파우더 타입은 탈색력은 강하나 모발이 건조해지기 쉬우므로 사용 시 주의

② 제2제

ㄱ.제2제는 액체 형태로 주성분은 과산화수소

ㄴ.과산화수소는 매우 불안정한 물질로 제1제인 알칼리제와 만나 물과 산소로 분리

ㄷ.분리된 산소는 모발 내의 멜라닌 색소와 결합, 무색 분자 형태인 옥시멜라닌이 되어 탈색

ㄹ.제2제의 농도가 높을수록 탈색력이 강해 단시간에 모발을 밝게 할 필요가 있을 때 사용

3%(10 volume)	• 과산화수소로부터 발생되는 산소의 양이 10볼륨(volume)으로 모발을 그다지 밝게 하지 못하지만 손상모 염색 및 백모 염색에 많이 사용 • 고명도의 모발을 저명도로 변화시킬 때 사용
6%(20 volume)	• 과산화과산화수소로부터 발생되는 산소의 양이 20볼륨(volume)으로 모발의 밝기를 1~2레벨 밝게 • 영구적 염색에서 가장 많이 사용되어 멋내기 염색, 백모 염색, 일반적인 탈색 시 주로 사용
9%(30 volume)	• 과산과산화수소로부터 발생되는 산소의 양이 30볼륨(volume)으로 모발의 밝기를 2~3레벨 밝게 • 탈색력은 강하나 피부 자극이 크므로 사용 시 많은 주의가 필요한 제품 • 주로 부분적으로 밝게 하는 하이라이트 기법이나 가발의 염·탈색에 사용

2. 헤어컬러제의 종류

1) 일시적(템퍼럴리, Temporary) 염모제

컬러 린스, 컬러파우더, 컬러체크, 컬러 스프레이등 일시적 염모제는 분자 크기가 크기 때문에 모발의 표면만 착색되어 샴푸 시 쉽게 제거

종류	특징
컬러 린스	• 염모제와 물을 혼합해서 린스 대용으로 사용(워터 린스라고도 함) • 손상된 모발에 일시적으로 알맞은 색조로 착색시키고 샴푸 시 제거됨
컬러 파우더	• 원료로 사용되는 착색제(전분, 소맥분, 초크) • 분말 상태나 물에 타서 헤어 포인트를 주기 위해 부분 염색으로 사용
컬러 크레용 (크레용 코스메틱)	• 막대 모양으로 착색 연필로 부분 염색이나 헤어 다이 리터치 중간에 사용 • 다양한 색상 사용 가능
컬러 스프레이	• 분무식으로 착색시키는 방법(간단한 부분 염색에 사용)

2) 반영구적(semi-permanent) 염모제

컬러 린스, 프로그래시브 샴푸, 산성 산화 염모제, 컬러 크림 등 한 번의 샴푸로 제거되지 않고 지속시간이 4~6주 정도인 염모제

종류	특징
컬러 린스	• 산화제를 사용하여 지속 시간을 늘려주는 린스(칼라 염색 후 지속력을 높임) • **사용되는 산화제**: 유기합성 염모제, 아미놀페놀, 파라페닐렌디아민 등 사용 • 적은 양의 염모제가 모간부에 침투하여 착색시키므로 안전도가 높고 간단함
프로그래시브 샴푸 (컬러샴푸)	• 샴푸를 하면서 염색되는 방법 • 샴푸 시 일정 시간 방치 후 세척 하는 점진적 염색법

종류	특징
산성 산화 염모제	• 산성산화염료를 모발에 침투시켜 색조를 만드는 방법 • 산성 산화 염모제는 멜라닌의 파괴가 적고 모발 손상이 적음 • 주로 톤 다운 목적임(헤어 매니큐어)
컬러 크림	• 디아민계의 염료, 유기 합성염료를 헤어크림에 혼합하여 사용 • 공기 중에 산화되어 발색 됨

3) 영구적(Permanent) 염모제

지속성 염모제, 모발이 커트 되어 잘려 나갈 때 색상이 유지되는 염모제

종류	특징
식물성 염모제	• 고대 이집트와 페르시아에서 오래전부터 사용(인디고, 살비아, 헤나 등) • 식물성 염모제는 독성이나 자극성이 없지만, 색상이 한정되고 시간이 오래 걸림 • 헤나로 염색 시 모발의 pH5.5 적당
금속성 (광물성) 염모제	• 유황, 납, 구리, 니켈 등을 케라틴에 금속성이 반응하여 모발에 금속 피막을 형성하는 염색 • 독성이 강함(현재 사용하지 않는다.)
유기합성 염모제	• 현재 가장 많이 사용하는 일반적인 염모제 • 액상형, 크림형, 분말형이 있으며, 산화제가 함유되어 있는 제품

4) 유기합성 염모제(알칼리 염모제, 산화 염모제)

(1) 알칼리제(암모니아)의 제1액과 산화제(과산화수소)의 제2 액으로 구분, 혼합해서 사용

제1액 (알칼리제)	• 휘발성 있는 암모니아 염모제 사용 • 산화 염모제가 암모니아수에 녹아 있음 • 제1제인 알칼리가 모표피를 팽윤시켜 모피질 내 인공색소와 과산화수소를 침투 • 모피질 내의 인공색소는 큰 입자의 유색 염료를 형성하여 영구적으로 착색
제2액 (산화제)	• 과산화수소는 모발에 침투하여 모발의 멜라닌 색소를 분해, 탈색시키고 산화해서 발색

(2) 염색 시술 시에 제1액과 제2 액을 혼합사용, 이때 발생하는 화학반응은 산화작용

(3) 산화염료의 종류

종류	특징
페라페닐디아민	백발을 흑색으로 착색
파라트릴렌디아민	다갈색이나 흑색으로 착색
모노니트로 페닐렌디아민	적색으로 착색

3. 헤어컬러 방법

1) 헤어컬러 준비

① 헤어컬러는 신체의 일부분을 대상으로 하는 것이므로 시술하기 전에 철저한 준비

② 세심한 주의를 기울여야 한다. 헤어컬러 시술 전에 반드시 시행해야 하는 것이 패치 테스트

③ 패치 테스트의 결과에 따라 헤어컬러를 진행

④ 헤어컬러 시술에는 염모제 이외에도 컬러 차트, 컬러 보, 타월, 염색용 붓, 염색 볼, 비닐캡, 이어 캡, 빗, 저울, 핀셋, 포일, 염모제 짜개, 앞치마, 장갑 등 필요한 도구를 준비

2) 피부 보호 제품

① 두피가 민감한 고객의 두피에 알칼리 산화 염모제가 닿으면 자극과 함께 불쾌감

② 이를 방지하기 위해 두피에 보호 제품을 사용하여 자극을 최소화

③ 피부 보호 제품을 너무 많이 사용하면 헤어컬러 시술에 방해를 줄 수 있으므로 헤어컬러 시술에 영향

④ 두피에 얇은 피막을 형성하여 자극을 최소화하는 제품을 선택

(1) 두피와 헤어라인 보호 제품의 종류

① 두피와 헤어라인 보호 제품은 헤어컬러 시술 전에 작업의 용이성을 위해 가스, 액상, 크림 타입

② 가스 타입은 도포가 쉽고, 넓은 부위에 얇게 도포될 수 있으나 원하지 않는 부분에 분사가 될 수 있으므로 주의하여 사용

③ 액상 타입은 도포가 쉽고 제품의 흡수가 빠르나 액상 특성상 흐를 수 있으므로 재빠르게 도포

④ 크림 타입은 원하는 부분에 정확히 도포할 수 있으나 도포 부위의 정확성이 떨어지면 염모제와 탈색제 침투에 방해

(2) 모발 · 두피 상태 분석

① 모발 및 두피 상태의 정확한 분석은 염모제와 같은 화학적 제품을 사용하는 직무에 제품을 선택하는 중요한 요소가 되므로 매우 신중하게 정보를 수집

② 정보 수집 시에는 자세히 보고(견진), 꼼꼼히 만져 보고(촉진), 성실하게 들어 보는(문진) 과정을 통해 신중하고 정확한 정보의 수집 및 파악 그리고 분석이 필요

③ 견진을 통해서 두피의 염증, 모발의 손상, 모발과 두피의 유 · 수분 정도 등을 확인

④ 촉진을 통해서 모발의 단단함 및 탄력성을 파악, 평상시 모발 관리 방법

⑤ 식생활 등은 견진이나 촉진만으로는 어려우므로 문진을 통해서 확인

⑥ 만약 고객의 두피에 상처나 염증이 있을 때 미용사는 고객에게 이를 알리고 무리한 작업으로 피해가 발생하지 않도록 사전에 방지

(3) 염색성과 모발의 특성

① 헤어컬러 작업 시 모발의 특성에 따라 착색이 쉬운 모발과 착색이 어려운 모발을 나눌 수 있다.

② 착색이 쉬운 모발은 모발의 밝기가 노란빛이 도는 자연 갈색이고 모발의 양이 적으며 흡수성 모발

③ 반대로 착색이 어려운 모발은 붉은빛이 도는 자연 갈색이고 모발의 양이 많으며 발수성 모발

3) 패치 테스트(patch test, skin test, predisposition test)

① 염모제 사용 24~48시간 전에는 귀 뒤쪽, 팔 안쪽 등 피부 중 비교적 약한 부위에 사용할 염모제를 소량 도포하여 알레르기 테스트를 진행

② 테스트를 패치 테스트라 하며, 테스트의 결과에 따라 염모제 사용 여부를 판단

③ 테스트 부위가 붉게 부어오르거나, 가렵고 물집이 생기는 등 피부에 알레르기 반응이 나타나는 양성 반응이 나타나면 즉시 물로 피부에 도포된 소량의 염모제를 완전히 제거한 후 병원에 내방하여 의사의 진단과 처치

④ 양성 반응이 나타난 고객에게는 절대 염색을 금함

⑤ 아무 반응이 없는 음성 반응을 보이는 고객에게는 염색을 해도 무방

4) 스트랜드 테스트(strand test)

① 염색을 하면서 계획대로 색상이 잘 나오는지를 알아보는 것으로 염색약 도포 후 약 20분정도 방치 후 두피에서 지름 1cm 정도의 모발 다발을 잡아 수건으로 닦아 내거나 염색브러시 또는 꼬리빗의 뒷부분으로 염색약을 제거하여 색상을 확인

② 원하는 색상이 잘 나오면 시간 방치 후 샴푸를 하고 원하는 색상이 잘 나오지 않으면 그에 따른 조치

5) 전처리 제품 종류

① 손상된 모발에 헤어컬러제를 시술할 때에는 고객이 원하는 컬러를 정확하게 시술하기가 어렵고 컬러의 퇴색력도 빠르다.

② 헤어컬러 시술 시 모발의 손상을 최소화하고 색의 유지력을 높이기 위해 사용되는 전처리 제품의 조건은 염모제의 침투나 발색에 지장이 없으며, 염모제의 모발 흡수력과 색소 유지력에 도움을 주는 것

③ 모발과 유사 성분인 케라틴, 콜라겐 등의 성분을 함유

6) 염모제 도포 방법

① 염모제는 모발 길이와 모발의 각화 정도가 달라 약제의 침투와 발색에 영향을 받으므로 도포 방법을 달리할 필요

② 붓의 각도에 따라 도포할 염모제 양의 조절이 가능하고 도포할 부분이 달라진다.

③ 붓을 90°에 가깝게 세웠을 때에는 소량을 빗질하듯이 도포, 섬세하게 원하는 부분만 도표가 가능

④ 붓을 낮은 각도로 눕혔을 때에는 도포할 염모제 양을 늘려 넓은 부분을 빠르게 도포

(1) 붓으로 조절하는 염모제의 양과 도포 부위

① 모근 가까이 1cm 미만의 부분을 도포할 때

붓 면적의 1/3 지점에만 소량의 염모제를 덜어 내어 도포

② 모근 쪽 3cm 미만의 부분을 도포할 때

붓 면적의 1/2 지점까지 염모제를 덜어 내어 도포

③ 모근 가까이를 제외한 넓은 부분을 도포할 때

붓 면적의 2/3 지점까지 염모제를 덜어 내어 도포

(2) 멋내기 염색

① 헤어컬러는 새치 커버 목적으로 염색을 하는 그레이 헤어컬러와 검은 모발을 밝게 하면서 색상을 표현하는 패션 컬러, 즉 멋내기 염색으로 나눌 수 있다.

② 헤어컬러를 표현할 때 모발 터치를 나눠서 도포하느냐에 따라 원터치(one touch), 투터치(two touch), 스리터치(three touch)로 나눈다. 터치를 나누는 방법은 모발의 길이, 손상도, 얼룩 정도 등에 따라서도 나눌 수 있다.

원터치 (one touch)	• 원터치 기법은 모근에서 모발 끝까지 한 번에 도포, 고객의 희망 색이 자연 모발과 같은 어두운 색이거나 모발 전체를 고명도로 하기 원할 때 사용하는 도포법 • 산성 염모제 도포에도 많이 사용
투터치 (Two touch)	• 투터치 기법은 전체 길이가 25cm 미만인 모발을 두 번에 나누어 도포하는 것 • 모근에 새로 자라난 신생부와 기염부의 명도를 맞추는 경우에 사용 • 두피쪽 모발과 모발 끝의 온도 차이에 의한 염모제의 반응 속도가 다르므로 얼룩 없이 균일한 컬러를 얻기 위해 사용하는 도포법
스리터치 (three touch)	• 스리터치 기법은 전체 길이가 25cm 이상인 모발을 균일한 색상으로 밝게 염색 • 신생부와 기염부의 명도를 맞추면서 기염부 모발 끝부분이 색소의 과잉 침투로 인해 균일한 컬러 결과를 얻기 어려울 때 사용하는 도포법
리터치 (retouch)	• 기염부와 신생모를 연결할 때 리터치(retouch), 신생모를 기염부의 염색보다 밝게 염색할 때는 리터치-톤업, 기염부의 명도 변화 없이 신생모의 색상만 바꿔 주는 것을 리터치-톤온톤, 기염부의 명도보다는 어둡고 신생모보다는 밝게 하는 것을 리터리-톤다운

7) 열기구 종류

(1) 건열기

카본 히터, CG 히터, 세라믹 히터 등이 있으며 파마·컬러 시술 시 약제 성분을 더욱 활성화시켜 효과의 촉진을 유도, 적정 작용 온도는 30~60℃

(2) 습열기구

① 캡 방식, 후드 방식, 건 분사 방식 등의 종류가 있으며 모발에 미스트를 공급하고 손상된 모발을 케어해 주는 역할

② 모발 팽윤 효과, 수분 케어 기능, 열에너지 보온 기능으로 화학 제품의 침투를 촉진시켜 방치 시간을 단축할 때 가장 효과적

ㄱ.기기 사용 전이나 장시간 사용을 하지 않을 때에는 드레인 작업을 꼭 한다.
✓ 드레인 작업은 90초 동안 압력 가마의 물을 빼 주는 작업

ㄴ.원래는 증류수를 사용해야 하지만, 증류수가 없으면 정수된 물을 사용한다.
✓ 물 수위가 넘치지 않도록 주의

ㄷ.분무기(건) 사용 시 흔들지 않는다.
✓ 수분과 열이 제대로 전달되지 않는다.

ㄹ.분사 버튼을 누르기 전 고객을 향해 누르지 않도록 한다. 바닥을 향해 3~5초간 분사시킨 후 사용한다.
✓ 분사 시 순간적으로 물 또는 미스트가 세게 나올 수 있어 화상의 위험

8) 열기구 사용 시 주의점

① 열기구 사용 시 기구 작동 중에는 사고의 원인이 될 수 있으므로 손님에서 시선을 떼지 않으며 기기에서 이상한 소리가 나면 바로 사용을 중지

② 전원 플러그를 콘센트에서 뽑은 후에 반드시 수리를 의뢰

③ 전원 스위치를 켜진 상태(ON)로 충격, 진동을 가하는 행위를 하지 않도록, 작동 중에는 본체를 이동하지 않는다.

④ 고온부(히터 암)에 고객과 시술자의 신체가 직접 닿지 않도록 주의, 고온부(히터 암)을 누르거나 충격을 가하는 행위를 하지 않는다.

⑤ 열기구 다리부에 올라타거나 필요 이상의 하중을 가하지 않도록

⑥ 컨트롤 패트 및 스위치에 물을 끼얹거나 젖은 수건으로 닦지 않는다.

SECTION 04

헤어컬러 마무리

1. 헤어컬러 방법

1) 유화 방법 및 기능

① 유화(emulsion)란 에멀션이라고 하고 헤어컬러 시 원하는 색상이 나왔을 때 샴푸 전 실시하는 것으로 모발 및 두피에 잔류하는 알칼리제를 제거

② 헤어컬러 발색과 유지력

③ 유화를 통해서 모표피가 정리되기 때문에 반사 빛이 좋아지고 윤기를 부여

2) 헤어컬러 전용 샴푸와 트리트먼트

① 헤어컬러를 했을 때 가장 문제가 되는 것이 모발 손상과 퇴색

② 헤어컬러 전용 샴푸와 트리트먼트제들은 헤어컬러 잔여물을 제거하고 모발의 알칼리 성분을 중화시켜 다시 큐티클을 단단하게 하고 pH 밸런스를 조절해 주는 역할을 하여 헤어컬러의 색상을 유지 시키는 역할

③ 헤어컬러 시 피부에 묻은 염모제를 지우기 위해서 사용하는 제품

④ 크림형, 액상형, 티슈형이 있다. 크림형 헤어컬러 리무버는 원하는 부분에 정확하게 도포가 가능하나 도포시간이 오래 걸릴 수 있으며, 피부에 자극이 있다.

⑤ 액상형 헤어컬러 리무버는 피부 자극이 적고, 빠르게 피부에 묻은 염모제를 제거하나 흘러내리기 쉽다. 티슈형 헤어컬러 리무버는 사용이 간편하고 쉬우나, 염모제 제거에 다른 두 종류보다 덜 지워지는 단점

3) 모발 건조

샴푸와 트리트먼트로 모발에 타월 드라이를 충분히 하고 냉풍과 온풍을 적절히 사용하여 모발을 건조

4) 헤어 에센스

① 건강한 모발은 모표피가 질서 정연하게 나열되어 있어 광택과 탄력을 유지

② 손상된 모발을 모표피가 벗겨져 있거나 들떠 있어 샴푸할 때 안쪽의 단백질이 빠져나가서 푸석푸석한 상태

③ 헤어 에센스를 통해서 단백질이 빠져나간 틈새를 막아 주고 인공적으로 모표피를 형성하여 모발의 엉킴과 정전기를 방지

④ 모발의 광택 효과와 헤어 컬러로 손상된 모발을 보호하기 위해서 사용

SECTION 05

제품 사용

1. 헤어전문 제품의 종류

1) 헤어미용 전문제품 정의

(1) 모발의 색상 변화·제거 또는 영양 공급에 도움을 주는 제품

(2) 피부나 모발의 기능 약화로 인한 건조함, 갈라짐, 빠짐, 각질화 등을 방지하거나 개선하는 데에 도움을 주는 제품

(3) 헤어미용 전문제품

① 기능에 따라 화장품 또는 기능성 화장품으로 분류

② 기능이 1모발의 색상 변화[탈염(脫染)·탈색(脫色) 포함], 2체모 제거, 3탈모 증상 완화에 도움을 주는 제품이면 기능성 화장품이다(화장품법 시행 규칙 제2조).

③ 일시적으로 모발의 색상을 변화시키는 제품, 물리적으로 체모를 제거하는 제품, 코딩 등 물리적으로 모발을 굵게 보이게 하는 제품은 제외이다.

④ 모발의 건강을 유지 또는 증진하기 위하여 인체에 바르고 문지르거나 뿌리는 등 이와 유사한 방법으로 사용되는 물품으로서 인체에 대한 작용이 경미한 것이면 화장품이다.

⑤ 헤어미용 전문가는 미용 서비스 목적에 따라 알맞은 헤어미용 전문제품을 사용하고, 필요한 경우 일부 제품을 배합

2) 헤어미용 제품의 종류

(1) 세정 및 케어용

① 헤어 샴푸(Hair shampoo)

ㄱ.샴푸는 모발을 청결하게 하고 모공을 막고 있는 피지 등 노폐물을 제거

ㄴ.모공에 원할한 산소 공급을 도와 모발과 두피를 건강하게 하는 것에 그 목적

ㄷ.지나치게 세정력이 강한 샴푸는 오염물질과 피지 등 각질 제거 기능은 높지만 지속적인 사용은 모발 손상 및 두피 건조증상이 나타날 수 있으므로 주의

② 헤어 트리트먼트(Hair Treatment)

ㄱ.헤어 트리트먼트는 펌제 및 염모제 등 화학적 손상으로 인해 모발 내부의 간충물질이 유실된 손상모에 모발과 유사한 성분으로 배합된 물질을 공급,모발에 탄력과 광택을 준다.

ㄴ.건조한 두피에 매니플레이션과 함께 사용할 경우 모공을 막고 있는 비듬과 각질을 제거하는데 효과적

ㄷ.주성분은 모발 성분과 비슷한 요소인 케라틴, 콜라겐, 실크 단백질과 정제수, 디메치콘, 세틸알코올 등과 더불어 케라틴과 단백질이 모발 깊숙이 침투할 수 있도록 단백질 분해물인 계면활성제와 보습제가 첨가

③ 헤어 컨디셔너(Hair Conditioner)

ㄱ.컨디셔너는 샴푸의 마지막 헹굼단계에서 사용, 샴푸로 과다하게 제거된 모발과 티피에 유분을 보급, 부드러운 광택과 촉감을 준다.

ㄴ.pH를 조절하여 모발이 등전점을 유지, 정전기 방지, 모발 표면 상태를 매끈하게 정돈하는 등의 역할

ㄷ.주성분으로는 계면 활성제, 컨디셔닝제, 점증제, 보습제, 금속 이온 봉쇄제, 착색제, pH조절제, 향 등

(2) 헤어스타일링용

- 헤어스타일링용 제품은 모발 세정 후 마무리
- 원하는 헤어스타일의 형태를 만들기 위한 고정, 윤기 부여, 빗질 용이성 등을 위해 사용

① 헤어스프레이(hair spray)

② 헤어 무스(hair mouse)

③ 헤어 젤(hair gel)

④ 왁스(wax)

⑤ 헤어 오일(hair oil)

⑥ 헤어 세럼(hair serum)

⑦ 헤어 에센스(hair essence)

(3) 헤어 컬러용

① **영구 염모제(permanent colorant)**

영구 염모제는 산화제(제2제)와 함께 사용하며 모피질 내로 침투하여 모발을 탈색시키고 새로운 색소를 입히는 과정을 통해 모발의 색을 영구적으로 변화

② **반영구 염모제(half-permanent colorant)**

ㄱ.반영구 염모제는 산성 염모제, 코팅제 또는 헤어 매니큐어 등으로 불린다.

ㄴ.산화제(제2제)를 사용하지 않으므로 모발 탈색 작용을 하지 않아 영구 염모제에 비해 모발 손상이 적다.

ㄷ.유지력은 평균 30일 정도로 짧다.

③ **일시적 염모제(temporary colorant)**

ㄱ.일시적 염모제는 색소의 크기가 크고 암모니아 및 산화제가 들어있지 않아 모발에 화학적 변화를 일으키지 않으므로 모표피의 최외각층 표면에 안료 또는 염료를 흡착만 시킨다.

ㄴ.1회 샴푸로 색소가 탈락된다.

(4) 헤어 퍼머넌트용

① **헤어 퍼머넌트 웨이브제(콜드 퍼머넌트)**

ㄱ.모발의 결합을 영구적으로 변화시켜 웨이브를 연출

ㄴ.주 제품은 시스테인 및 티오글리콜산(thioglycollic acid)을 주원료로 하는 환원제(제1제)와 브롬산나트륨 및 과산화수소수를 주원료로 하는 산화제(제2제)로 구성

ㄷ.제1제는 웨이브에 관여하는 모발의 시스틴 결합을 끊는 역할

ㄹ.제2제는 끊어진 시스틴 결합을 재결합하여 원하는 웨이브 형태로 고정시킨다 최근에는 퍼머넌트 제가 알칼리 정도를 조정(pH조절)하거나 모발 손상도를 최소화할 수 있는 첨가제 등을 추가

ㅁ.건강모, 손상모, 염·탈색모 등 모발의 상태에 따라 선택적으로 사용할 수 있도록 다양화

② **스트레이트 퍼머넌트제**

ㄱ.스트레이트 퍼머넌트제는 모발의 형태에 웨이브를 형성시키는 것이 아니라 곱슬거리는 모발을 펴서 직선이 되게 하는 방법

ㄴ.주요 성분은 티오글리콜레이트(thioglycollate)와 황화물(sulfite)

ㄷ.웨이브를 형성하는 퍼머넌트 웨이브 제품보다 스트레이트 퍼머넌트제의 환원제(제1제)는 높은 점성을 띠는 크림 형태이며, pH 8.8~9.1로 강알칼리이다.

(5) 탈모 방지용

① 탈모 증상 완화에 도움을 주는 탈모 방지용 제품은 그 효과에 따라 전문 의약품, 일반 의약품, 기능성 화장품으로 구분된다.

② 헤어미용 분야에서는 피부나 모발의 기능 약화로 인한 건조함, 갈라짐, 빠짐, 각질화 등을 방지하거나 개선하는 데 도움을 주는 기능성 화장품의 탈모 방지용 제품을 취급할 수 있다.

3) 헤어미용 전문제품 성분

① 헤어미용 전문제품에는 용매제, 유성원료, 계면 활성제, 보습제, 점증제, 보존제 및 기타 첨가물질 등에 맞는 다양한 성분이 배합된다.

② 용매제는 제품의 10~60%를 차지하며 대표적인 물질로 정제수가 있다.

③ 유성원료는 모발의 수분이 손실되는 것을 방지하고, 제품의 흡수력을 향상

④ 계면활성제는 두 물질의 경계면에 흡착해 성질을 변화

⑤ 보습제는 건조한 모발을 부드럽고 매끄럽게 한다.

⑥ 점증제는 제품의 점도를 유지시키고, 안정성을 부여

⑦ 보존제는 화장품 개봉 후 미생물에 의한 변질을 예방

⑧ 향료, 색소, 기능성 물질 등을 목적에 따라 첨가

2. 헤어 전문제품의 사용 방법

1) 헤어 미용 전문제품 배합 방법

(1) 헤어스타일링 제품의 배합

① **헤어 왁스와 오일의 배합**

손상모이거나 자연스러운 웨이브를 스타일링할 때에는 헤어 왁스와 오일을 7 : 3의 비율로 배합하여 사용

② **헤어 에센스와 세럼, 크림의 배합**

손상모이거나 긴 기장의 모발에 광택을 주기 위해서 헤어 에센스와 세럼, 크림을 1 : 1 : 1의 비율로 배합하여 사용

③ **세럼과 무스 또는 코코넛오일과 젤의 배합**

곱슬이 심한 모발은 엉키고 부슬거리며 스타일링이 어렵기 때문에 세럼과 무스 또는 코코넛오일과 젤을 1 : 1로 배합하여 곱슬모에 도포

(2) 헤어 컬러용

① 헤어 컬러용 제품은 영구 염모제, 반영구 염모제, 일시적 염모제로 구분, 반영구 염모제와 일시적 염모제는 단일 품목으로 사용

② 영구 염모제는 산화제(제2제)와 함께 사용, 영구 염모제와 산화제의 배합비율은 1 : 2 또는 1 : 1.5이다. 제조사에 따라 배합 비율이 다르므로 염모제 사용 설명서를 충분히 숙지하고 사용

(3) 손상모의 화학적 시술

① 퍼머넌트 웨이브 시술 시 사용하는 콜라겐 PPT는 모발 손상도가 심하면 에센스와 혼합해서 사용

② 일반 퍼머넌트 웨이브 시 손상이 심해 모발 끝이 날리거나 푸슬푸슬 거리고 늘어지는 모발은 일반 퍼머넌트 웨이브 제품과 콜라겐을 손상도에 따라 9 : 1 또는 8 : 2 비율로 한 번에 혼합해서 사용

SECTION 06

베이직 업스타일 준비

1. 모발 상태와 디자인에 따른 사전 준비

2. 헤어 세트 롤러의 종류

1) 헤어 세트롤러

(1) 헤어 세트롤러의 종류 및 특징

① 재질에 의한 분류

플라스틱, 벨크로, 고무

② 모양에 의한 분류

원형, 원추형, 스파이럴형

③ 열에 의한 분류

일반 세트롤러, 전기 세트롤러

(2) 헤어 세트롤러의 고정 방식

헤어 세트롤러의 고정 방식으로는 핀, 꽂이, 덮개

3. 헤어 세트롤러의 사용방법

1) 헤어 세트롤러 활용 기법

① 고객의 얼굴형, 연령, 모발 길이, 사용 도구, 희망 헤어스타일 등에 따라 헤어 세트롤러의 활용 기법이 다양할 수 있다.

② 일반적으로 고려해야 할 것은 헤어 세트롤러의 크기와 굵기, 베이스(Base) 너비와 폭, 각도와 볼륨, 텐션, 방향

SECTION 07

베이직 업스타일 진행

1. 업스타일 도구의 종류와 사용법

1) 업스타일 도구의 종류 및 특징

업스타일의 작업도구로는 브러시, 꼬리 빗, 핀류, 싱, 망, 장식품(헤어 액세서리) 등이 있다.

(1) 브러시(Brush)의 종류와 특징

브러시는 업스타일 작업 과정 중 모발의 면을 정리하여 디자인의 선과 면, 볼륨, 광택 등을 표현하는 역할을 한다.

분류	모양	특징
재질에 의한 분류	돈모	• 업스타일용으로 사용되는 평면 돈모 브러시 • 정전기가 발생하지 않으며, 모발을 일정한 방향으로 정리하는 데 용이
	플라스틱	빗살 간격이 엉성하며 주로 스타일마무리용으로 사용
	금속	효율적인 열전도성으로 빠른 세팅 효과를 원할 때 사용
형태에 의한 분류	원형	롤(Roll, Circular, Round) 브러시이며 주로 컬이나 웨이브를 형성할 때 사용
	반원형	쿠션(Cushion), 덴맨(Denman) 브러시로 볼륨 형성이나 모류 방향성 부여 및 보브(Bob) 스타일을 연출할 때 사용
		벤트(Vent, Skeleton) 브러시는 컬 형성보다 모류 방향성 부여 및 자연스러운 스타일을 신속하게 연출할 때 사용

(2) 빗(Comb)의 종류와 특징

빗은 업스타일 작업 과정 중 블로킹, 섹션 등을 나누고 백콤이나 모발의 방향을 만드는 역할을 한다.

분류	모양	특징
재질에 의한 분류	플라스틱	가볍고 경제적이며 가장 일반적으로 다양하게 사용
	나무 동물 뼈	• 내열성이 요구되는 헤어 마르셀 웨이브와 같은 작업에 사용 • 모발을 보호하는 역할

분류	모양	특징
형태에 의한 분류	꼬리 빗	• 가장 일반적이며 다양한 용도로 사용 • 덕 테일 콤(Duck Tail Comb)이라고도 함
	빗살 간격 좁은 빗 넓은 빗	• 좁은 빗은 모발을 곱게 빗을 때 사용 • 넓은 빗은 웨이브 모발 또는 엉킨 모발을 정돈할 때 사용
	스타일링 콤	백콤을 넣거나 완성된 상태의 형을 잡을 때 사용

(3) 업스타일 핀의 종류와 특징

재질과 크기가 다양하며 대부분은 핀의 모양에 따라 구분한다.

명칭	특징
핀셋	• 블로킹을 하거나 형태를 임시로 고정할 때 사용 • 집게나 톱니 형태의 핀셋도 있음
핀컬핀	• 부분적으로 임시 고정할 때 사용 • 금속이나 플라스틱 재질이며 핀셋보다 작은 형태
웨이브 클립	• 리지 간격을 고려하여 집게로 집듯 사용 • 웨이브의 리지를 강조할 때 효과적
실핀	• 가장 일반적으로 많이 사용하는 핀 • 벌어진 핀은 사용하지 않음
대핀	• 강하게 고정할 때 사용하는 핀 • 녹슬지 않도록 보관에 주의
U핀	• 임시로 고정하거나 면과 면을 연결할 때 사용 • 가볍게 컬을 고정하거나 망과 토대를 고정시킬 때 사용 • 고정력은 실핀이나 대핀에 비해 약함

(4) 그 외 소품

그 외 업스타일 작업에 사용하는 소품 중에 대표적인 것은 싱, 망, 패드. 고무줄 등

명칭	특징
싱	• 주로 볼륨감을 표현할 때 주로 사용 • 시판하는 나일론 재질의 싱 대신 버려지는 모발을 비비고 부풀려서 활용할 수도 있음
망	• 주로 긴 모발을 업스타일할 때 사용 • 찢어져서 구멍이 생기기 쉬우므로 보관에 주의
패드	• 둥근 형태의 볼륨을 표현하는 데 효과적 • 일정한 모습을 갖춘 형태 • 일명 도넛(Doughnut)이라고 부름
고무줄	• 모발을 묶을 때 사용 • 고리 달린 고무줄도 있음

2. 모발상태와 디자인에 따른 업스타일 방법

1) 업스타일 사전 작업

(1) 블로 드라이어 세팅

손상 모발이나 퍼머넌트 웨이브가 있는 모발, 숱이 적고 층이 있는 모발에 적합하며 블로드라이어와 롤브러시로 웨이브를 형성

(2) 헤어 마샬기 세팅

강한 직모에 적합하며 일자형 또는 원형 헤어 마샬기로 웨이브를 형성

(3) 헤어 세트롤러 세팅

전열식 헤어 세트롤러를 주로 사용

2) 업스타일 기초 작업

(1) 블로킹(Blocking)

① 효과와 작업 방법

두상과 연출할 헤어스타일을 고려하여 모발의 구획을 나누어 작업에 용이

② 유의 사항

ㄱ.완성된 업스타일이 균형감을 이루도록 처음부터 업스타일의 디자인을 제대로 구상하고 계획하여 블로킹 작업을 진행

ㄴ.균형이 맞지 않는 경우 완성한 업스타일 자체가 비뚤어지기 때문에 주의

(2) 백콤(Back-comb, teasing)

- 백콤은 일반적으로 빗질하는 방향의 반대 방향인 모발의 끝에서 두피 방향으로 빗질을 하여 모발을 부풀리는 방법으로 디자인에 따라 모류의 변화를 줄 수 있다.
- 모발의 상태와 업스타일 디자인의 형태에 따라 백콤의 기법을 달리기술적 효과와 스타일의 목적을 충분히 계산하여 표현하는 것이 중요

① 효과와 작업 방법

ㄱ.**볼륨 형성**: 볼륨을 주려는 모발을 90~120°각도로 든 상태에서 모발의 뿌리부터 백콤 처리

ㄴ.**방향 부여**: 원하는 방향으로 모발을 당겨 주며 백콤 처리

ㄷ.**갈라짐 방지**: 갈라지는 면과 면을 같이 잡고 백콤 처리

② 유의 사항

ㄱ.모발에 균일한 백콤이 넣어지도록 손목과 빗에 힘을 적절하게 배분

ㄴ.두피 쪽 모발이 갈라지는 것을 최소화하기 위해 백콤의 베이스는 벽돌쌓기(Zigzag)를 권장

(3) 묶기(Knot)

- 묶기는 묶고자 하는 위치에 모발이 직각을 이룬 상태에서 모발을 모아 빗질의 방법에 따라 묶게 된다.
- 묶는 도구로는 와인딩용 고무줄, 끈 고무줄 그리고 모발을 감아 돌려 핀으로 고정하는 모발 감기가 있다.

① 효과와 작업 방법

ㄱ.일반적으로 고무 밴드를 사용하여 모발 묶기를 진행

ㄴ.끈 고무줄을 사용할 경우에는 모량이 많고 힘을 많이 받는 모발을 묶을 때 사용

② 유의 사항

모발을 묶을 때 고무 밴드나 고무줄이 모발과 엉키거나 당겨서 고객에게 불쾌감을 주거나 고통을 주지 않도록 유의

(4) 토대(Root, Foundation)

- 업스타일 작업을 할 때 중심축, 즉 지지대 역할을 하는 것이 토대
- 토대는 업스타일의 디자인이나 형태에 따라 모양, 크기, 위치 등을 변형
- 토대의 원리를 잘 활용하면 작업이 용이하고 업스타일의 형태를 안정적으로 유지

① 효과와 작업 방법

ㄱ.**크라운**: 톱 포인트와 골든 포인트 중간 정도의 위치이며, 젊고 경쾌한 동적인느낌 연출에 적합

ㄴ.**네이프**: 백 포인트와 네이프 포인트 중간 정도의 위치이며, 성숙하고 우아한 정적인 느낌 연출에 적합

ㄷ.**프런트**: 페이스 라인 뒤 2~3cm의 위치이며, 특별한 느낌 연출에 적합

ㄹ.모발의 양과 두상의 크기나 형태에 따라 토대를 조절하여 업스타일의 크기를 조절

ㅁ.토대를 기준으로 핀처리에 의한 모발 고정을 단단하게 할 수 있다.

② 유의 사항

ㄱ.토대 형성의 가장 일반적인 방법은 고무줄로 묶는 것, 탄탄한 토대를 만들수 있다.

ㄴ.토대의 위치와 개수에 따라 이미지를 다양하게 표현할 수 있으므로 충분하게 고려하여 정

(5) 핀처리(Pinning)

- 핀처리는 업스타일의 고정을 위해 필요한 기초 작업
- 핀은 사용 목적에 따라 여러 형태, 핀의 선택과 핀처리 방법은 업스타일의 형태나 고정 정도에 따라 적절히 선택하여 사용

① 효과와 작업 방법

ㄱ. **강하게 고정**: 대핀이나 실핀을 주로 사용하며, 모발 흐름과 90°로 꽂으면 효과적

ㄴ. **임시로 고정**: U핀이나 핀셋을 주로 사용하며, 작업 도중 머리 형태를 유지하기위해 임시로 사용

ㄷ. **감추며 정돈**: 실핀이나 작은 U핀을 주로 사용하며, 완성 후 마무리를 위해 사용

② 유의 사항

ㄱ. 벌어지거나 녹슨 핀은 고정력이 없고 비위생적이므로 사용하지 않는 것

ㄴ. 업스타일 작업 시 사용하는 핀의 개수는 제한이 없으나 사용된 핀이 보이지 않게 효과적으로 사용하는 것

3) 업스타일의 기본 기법

(1) 땋기(Braid) **기법**

① 가장 일반적인 방법은 「세 가닥 안땋기」로 세 가닥 중 가운데 가닥 위로 좌우 가닥이 올라가며 땋는 형태

② 응용 기법으로 양쪽의 모발을 집어 연결하면서 땋을 수 있는데 이러한 기법을 일명 디스코 땋기(세 가닥 집어 안땋기, Invisible braid)라 한다.

③ 가운데 매듭이 안으로 감추어진 것이 특징이며, 매듭이 밖으로 돌출한 형태는 콘로 땋기(Cornrow, 세가닥 집어 겉땋기, Visible braid)라 한다. 그 외 세 가닥 이상의 스트랜드로 땋기, 한쪽만 집어 땋기, 실이나 스카프를 넣고 땋기 등 다양한 기법으로 연출

(2) 꼬기(Twist) **기법**

① 가장 일반적인 방법은 한 가닥의 스트랜드를 오른쪽 또는 왼쪽의 한 방향으로 꼬는 「한가닥 꼬기」

② 두 가닥 꼬기, 집어 꼬기, 실이나 스카프를 넣고 꼬기 등 다양한 기법으로 연출

(3) 매듭(Knot) **기법**

가장 일반적인 방법은 「두 가닥 매듭」으로 두 가닥의 모발을 서로 교차하여 묶기를 연속, 한 가닥만으로 연속하여 묶을 수도 있다.

(4) 롤링(Rolling) **기법**

패널을 크게 감아서 말아 주는 형태로 크게 수직 말기(롤링)와 수평 말기(롤링)

(5) 겹치기(Overlap) **기법**

① 생선 가시 모양과 비슷하다고 해서 피시본(Fish bone) 헤어

② 2개의 스트랜드를 서로 교차하는 방식으로 땋기와 다른 느낌으로 표현

③ 네이프에서 톱 또는 톱에서 네이프로 향하게 겹칠 수도 있고, 한 가닥에서 서로 겹칠 수도 있다.

(6) 고리(Loop) **기법**

모발을 구부려서 둥글게 감아 루프를 만드는 방식이, 토대의 위치, 루프의 크기나 개수 및 방향 등에 따라 느낌이 다양하게 연출

SECTION 08

베이직 업스타일 마무리

1. 업스타일 디자인 확인과 보정

1) 헤어스타일링 제품의 종류 및 특징

분류	용도
헤어 고정 스프레이	• 주로 에어로졸 타입이며 세팅력이 우수 • 집게나 톱니 형태의 핀셋도 있음
헤어 광택 스프레이	• 부분적으로 임시 고정할 때 사용 • 프레온가스는 대기 오염 방지를 위해 사용 규제 • 자연스러운 연출을 위해 모발에서 약 20cm 거리에서 분무
왁스	• 사용 용도에 적합한 제형의 제품을 선택하여 사용 • 검 타입(볼륨용), 크리스털 타입(웨이브용), 크림 타입(아웃컬용)

2) 디자인의 기본 요소

(1) 디자인의 3대 요소

① **형태(Form)**

크기, 볼륨, 방향, 위치 등의 모양

② **질감(Texture)**

매끈함, 올록볼록함, 거칠함, 무거움, 가벼움 등의 느낌

③ **색상(Color)**

어둡고 밝음의 명도, 다양한 색의 표현

(2) 디자인의 7대 법칙

① **균형(Balance)**

무게나 형태가 대칭 또는 비대칭으로 표현

② **강조(Dominance)**

디자인을 부각하는 중점으로 표현

③ **반복(Repetition)**

한 가지의 디자인 요소가 반복적으로 표현

④ **교대(Alternation)**

두 가지 이상의 디자인 요소를 번갈아가며 표현

⑤ **진행(Progressing)**

디자인 요소가 점점 늘거나 줄어들면서 표현

⑥ **대조(Contrast)**

서로 반대되는 느낌으로 표현

⑦ **부조화(Discord)**

서로 맞지 않고 차이가 크게 나도록 표현

SECTION 9

가발 헤어스타일

1. 가발의 종류와 특성

1) 위그

① 두부 전체를 덮을 수 있는 모자형으로 된 가발

② 모발의 숱이 작은 경우에 주로 사용, 미용사(일반)자격증 취득을 위해 9등분, 혼합형 와인딩 연습, 커트 연습 시에도 사용되는 형태

③ 가발의 소재는 인모, 합성섬유, 동물의 털 등

인모	• 실제 사람의 모발을 사용해서 만든 형태 • 퍼머넌트 및 염색의 약액 처리로 변화를 줄 수 있음 • 가격이 비싸지만 자연스럽다.
합성섬유	• 나일론 아크릴 섬유 등의 합성섬유로 만든 형태 • 약액 처리가 되지 않고 뻣뻣함 • 가격이 저렴하지만 부자연스럽다.
동물의 털	• 앙고라, 아크 염소 등에서 추출

2) 헤어피스

① 부분적으로 사용하는 가발

② 모발의 일시적인 변화를 위해서 주로 사용, 미용사(일반) 자격증 취득과정 사용되는 형태

③ **헤어피스의 종류**

폴 (fail)	짧은 머리 형태를 일시적으로 길게 보이게 변화를 줄 때 사용되는 형태
스위치 (switch)	1가닥이나 3가닥으로 땋거나 늘어뜨리는 형태로 여성스러움을 강조할 때 사용되는 형태
위글렛 (wiglet)	두상의 특정 부위에 볼륨을 주거나 웨이브를 만들기 위해 사용되는 형태
케스케이드 (cascade)	풍성하고 길어서 볼륨이 있고 긴 헤어 스타일을 원할 때 사용
웨프트 (weft)	핑거 웨이브 연습 시 사용

3) 가발 구성

(1) 파운데이션

① 위그 또는 헤어피스의 중요한 부분

② 파운데이션은 면, 견, 화학 섬유 등을 소재

③ 머리에 잘 맞으면서 너무 조이는 느낌을 주지 않는 것

2. 가발의 손질과 사용법

1) 네팅

① 그물 세공으로 그물뜨기와 그물 투망 세공으로 나뉘어 진다.

② **머리카락 뜨는 방법**

손 뜨기	• 손으로 모발을 심는 방법 • 정교하고 자연스러우며 가벼운 느낌 • 가격이 비싸다.
기계 뜨기	• 기계로 모발을 심는 방법 • 모발의 방향이 일률적이고 무거운 느낌이며 부자연스러움 • 가격이 저렴

2) 가발 치수 재기

머리 길이	이마의 헤어라인에서 정중선을 따라 네이프의 움푹 들어간 지점까지의 길이
머리 높이	이어 포인트에서 탑 부분을 지나 반대쪽 이어 포인트까지 길이
머리둘레	이마의 헤어라인에서 이어 포인트를 지나 네이프 포인트를 지나 반대편 이어 포인트를 지나 정중선으로 돌아오는 길이
이마의 폭	양옆 이마에서 이어 포인트까지의 길이
네이프의 폭	좌우 네이프 사이드 포인트 간의 길이

3) 가발 관리

① 가발은 20일 정도에 한번 씩 샴푸를 해주는 것이 적당

② 가발 샴푸는 리퀴드 드라이 샴푸 가장 적당하며 플레인 샴푸

③ 가발을 오랜 시간 동안 물에 담가두면 파운데이션이 약해져 수명이 단축

④ 리퀴드 드라이 샴푸는 벤젠과 알코올을 사용하며 플레인 샴푸는 중성세제와 38℃ 정도의 미지근한 물에 넣고 가볍게 흔들어 샴푸

⑤ 가발이 엉키거나 손상이 가지 않도록 강하게 비비거나 문지르지 않는다.

⑥ 샴푸 후에는 린스하며 타올 드라이 후 자연 건조

⑦ 가발이 엉켰을 때 모발이 빠지지 않도록 모발 끝에서부터 서서히 빗질

SECTION 10
헤어 익스텐션

1. 헤어 익스텐션 방법 및 관리

1) 익스텐션의 정의

① 헤어 익스텐션이란, 사람 본래의 모발에 가모(헤어피스)를 연결하여 새로운 스타일로 연출하는 헤어디자인

② 헤어 익스텐션을 통하여 모발의 길이연장, 모량 증가, 모발의 질감이나 컬러의 변화도 가능

③ 헤어 익스텐션에 사용되는 가모(헤어피스)는 길이, 모량, 질감, 컬러 등 디자인에 따라서 다양하게 선택 할 수 있다.

④ 헤어 익스텐션을 할 때 사용되는 접착제나 접착 도구는 연결방법에 따라 그 기법이 매우 다양

⑤ 붙임 머리, 트위스트(twist), 콘로(cornrow), 브레이즈(braids), 드레드(dread) 스타일 등이 이 영역에 포함

2) 헤어 익스텐션의 종류

(1) 붙임 머리

① 테이프

ㄱ.가모의 테이프 부분을 모발에 부착하고 열을 전도하여 고정하는 방법

ㄴ.엉킴 현상이 적으며 다른 익스텐션 기법에 비하여 시술 방법이 간단하고 시간도 적게 소요

② 클립

ㄱ.헤어피스에 클립이 부착된 형태로 두상의 둘레에 맞게 피스의 폭이 다양하게 제작

ㄴ.클립을 오픈하여 본래의 모발에 고정하는 방식으로 손쉽게 탈·부착이 가능

③ 링

ㄱ.링에 연결된 헤어피스를 붙임 머리용 전용 집게를 이용하여 모발에 부착하는 방법

ㄴ.접착제를 사용하지 않으므로 다른 기법과 비교하였을 때 모발의 손상이 적다.

④ 팁

ㄱ.접착제(실리콘 단백질 글루)를 이용하여 헤어피스를 모발에 직접 부착하는 방법이다. 부착할 때 본 모발과 헤어피스의 각도 조절이 중요

ㄴ.다량의 모발과 접착했을 때 머리카락 한 올의 당김 때문에 불편함이 느껴질 수 있으므로 유의

ㄷ.모발이 자라나면서 접착 부분이 보일 수 있으며 열에 의해 녹을 수 있다는 단점

⑤ 고무실

ㄱ.2가닥 트위스트와 3가닥 브레이드 기법으로 모발을 연장

ㄴ.고무실로 본 모발과 가모를 고정하는 방법으로 가장 자연스럽게 연결

(2) 트위스트(twist)

① 비튼다는 의미로 밧줄의 꼬임과 비슷한 모발 형태, 싱글 트위스트와 더블 트위스트

② 싱글 트위스트는 파팅 사이의 모발을 한쪽 방향으로 비틀어서 두피에 밀착하는 방법

③ 더블 트위스트는 두 가닥의 모발을 교차하듯이 비틀어서 두피에 밀착하는 방법

(3) 콘로(cornrow)

① 옥수수의 줄 같다고 하여 콘로라는 명칭을 얻은 헤어스타일로 두상에 일정한 크기의 파팅을 나누어 두피에 밀착하여 세 가닥으로 땋은 머리

② 안으로 집어 땋기보다 바깥으로 거꾸로 땋아서 입체감 있게 표현하는 것이 특징

③ 파팅의 형태에 따라 직선 콘로, 곡선 콘로, 방사 콘로, 기하학적 문양의 콘로가 있고, 본 모발을 이용한 기본 콘로와 가모를 이용하여 모발을 연장하는 익스텐션 콘로

(4) 브레이즈(braids)

① 브레이즈는 세 가닥 땋기를 기본으로 하여 모발을 교차하거나 가늘고 길게 여러 가닥으로 늘어뜨려 연출하는 헤어스타일

② 모발을 땋는 방법이나 가모의 종류, 재료에 따라 명칭과 종류가 다양

③ 얀 브레이즈, 3가닥 브레이즈, 마이크로 브레이즈 등

(5) 드레드(dread)

① 곱슬 모발에 가모를 연장하여 코바늘을 이용하여 로프처럼 엉킨 모발 다발로 연출하는 스타일

② 장기간 모발을 감지 않아 모발끼리 엉켜 붙어서 관리하지 않은 듯한 헤어스타일로 주로 흑인들의 머리 형태에서 찾아볼 수 있다.

③ 드레드락, 드레드 스핀 락 등 그 종류가 매우 다양

3) 피스의 종류와 특성

(1) 모발에 의한 분류

① 인모

ㄱ. 유럽, 인도, 아시아의 사람 모발을 이용하여 제작하며, 인조모에 비하여 가격이 월등히 비싸다.

ㄴ. 자연스러운 스타일링 연출이 가능하며, 스트레이트에서 컬리(curly) 헤어까지 모발의 종류도 다양하다.

② 인조모

ㄱ. 여러 가지 다양한 화학 섬유를 섞어서 제작한 인조모는 실제로 인모보다 열이나 외부 마찰에 의하여 쉽게 손상

ㄴ. 인조모는 생산되는 방법에 따라 그 품질(quality)이 매우 다양하지만 대부분의 인조모는 인모에 비해 움직임이 부자연스럽고 모질도 더 뻣뻣하다.

ㄷ. 인조모는 인모보다 저렴한 편이고, 컬링 아이론이나, 플랫 아이론 등의 사용이 불가하여 스타일링 연출이 어려우나, 요즘은 열에 강한 섬유를 이용하여 제작한 인조모도 대량생산

(2) 길이에 의한 분류

헤어 익스텐션용 헤어피스는 롱(long), 미디움(medium), 쇼트(short)의 다양한 길이로 제작

(3) 텍스처에 의한 분류

헤어피스는 제품의 브랜드에 따라서 명칭이 여러 가지로 표현되고 있지만 크게 스트레이트(straight hair), 굵은 웨이브(wavy hair), 컬(curly hair)로 구분

(4) 컬러에 의한 분류

색상, 명도, 채도에 따라 다양한 색상의 헤어피스

4) 헤어 익스텐션의 관리법

① 헤어 익스텐션의 경우 시술하는 것보다 시술 후 관리를 어떻게 하느냐에 따라서 지속력이 달라진다.

② 생명력이 없는 모발을 이용하여 모발을 연장하는 것이기 때문에 평상시에 에센스, 컨디셔너, 트리트먼트 같은 모발 보호 제품을 사용하여 가모를 관리하는 것이 필요

③ 트위스트, 콘로, 브레이즈, 드레드와 같은 헤어 익스텐션은 두피에 밀착하여 모발을 연장하는 것으로 두피에 자극이 생길 수 있으니 두피 보호 제품을 사용하여 관리

(1) 붙임 머리

① 붙임 머리 같은 경우, 샴푸는 대게 일주일에 2～3회 정도 시술

② 두피의 상태에 따라서 샴푸의 횟수는 조절이 가능

③ 샴푸 전에는 항상 모발이 엉키지 않도록 충분히 빗질

④ 미지근한 물로 가볍게 마사지하듯이 샴푸하고, 붙임 머리 피스 부분에는 컨디셔너 또는 트리트먼트 제품을 사용하여 부드러운 머릿결을 유지할 수 있도록 한다.

⑤ 모발을 건조할 때에는 타월로 물기를 충분히 제거하고 수분이 완전히 건조되기 전에 에센스를 도포한다. 도포 후에는 다시 두피를 중심으로 건조, 모발 부분은 따뜻한 바람과 차가운 바람을 번갈아 가며 위에서 아래 방향으로 건조

(2) 트위스트, 콘로, 브레이즈, 드레드

① 드레드, 브레이즈 등의 헤어스타일은 샴푸할 때 두피 가까이 물을 적시고 샴푸 제품은 파팅과 파팅 사이의 두피에 직접 도포하여 손가락으로 문지르면서 샴푸

② 모발 부분은 거품을 낸 샴푸로 가볍게 헹구어 준다.

③ 다량의 모발이 연결되어 있는 디자인이므로 모발의 수분양이 많아지면 모발이 팽창하여 연장한 부분이 느슨해지거나, 디자인의 변형이 있을 수 있으니 유의

④ 샴푸 후에는 타월로 충분히 물기를 제거하고 두피 위주로 먼저 건조

⑤ 두피가 습하면 트러블의 원인이 되기 때문에 완전 건조가 필수적

⑥ 트위스트, 콘로 스타일은 새로운 스타일로 연출을 원할 때 모발을 전부 풀어서 해체한 후 샴푸

⑦ 샴푸 후에는 두피와 모발을 건조하여, 다시 새롭게 디자인

MEMO

01 ★ **사각형 얼굴에 잘 어울리는 헤어스타일의 설명으로 가장 거리가 먼 것은?**

① 헤어파트는 얼굴의 각진 느낌에 변화를 줄 라운드사이드 파트를 한다.
② 두발형을 낮게 하여 옆선이 강조되도록 한다.
③ 이마의 직선적인 느낌을 감추기 위해 변화 있는 뱅을 한다.
④ 딱딱한 느낌을 피하고 곡선적인 느낌을 갖는 헤어스타일을 구상한다.

해 **사각형**
- 턱이 각지고 둥근느낌이 없어 딱딱한 인상을 주는 유형이다.
- 좁고 부드러운 이미지를 만들기 위해 이마에 부드러운 컬이 진 뱅으로 얼굴의 옆 폭을 좁게 연출한다.
- 라운드 사이드 파트가 적합하다.

02 ★ **플러프 뱅에 관한 설명으로 옳은 것은?**

① 포워드 롤을 뱅에 적용시킨 것이다.
② 컬이 부드럽고 아무런 꾸밈도 없는 듯이 보이도록 볼륨을 주는 것이다.
③ 가르마 가까이에 작게 낸 뱅이다.
④ 뱅으로 하는 부분의 두발을 업 콤하여 두발 끝을 플러프해서 내린 것이다.

해 **플러프 뱅**: 부드럽게 꾸밈없이 볼륨을 준 앞머리이다.

03 ★ **얼굴형이 삼각형이고 짧은 목을 가진 여성의 헤어스타일로 가장 알맞은 것은?**

① 탑을 높여 큰 뱅으로 이마를 좁게 보이고 목덜미 부분에는 볼륨을 주지 않도록 한다.
② 탑 부분은 큰 뱅으로 처리하고 헤어파트는 센터 파트로하여 목이 길어보이도록 머리를 양 옆으로 길게 늘어뜨린다.
③ 탑 부분을 큰 뱅으로 처리하고 굵은 웨이브로 하부의 각진 부분을 보완한다.
④ 상부에 폭을 강조시키고 이마의 좁음을 감출 수 있는 큰 뱅을 이용하여 양 볼을 좁게 보이고 짧은 목을 커버하도록 두발을 위로 쓸어 올린다.

04 ★★★ **헤어 컬러링 시 활용되는 색상환에 있어 적색의 보색은?**

① 보라색 ② 청색
③ 녹색 ④ 황색

해 보색은 색상환에서 서로 반대쪽에 있는 색으로, 적색-녹색, 노란색-보라색, 파란색-주황색 상호 보색 관계이다.

05 ★★ **유기합성 염모제를 사용할 때 시술 전에 시행하는 부작용의 여부에 대한 예비 테스트와 관계가 없는 것은?**

① 패치 테스트 ② 스킨 테스트
③ 알레르기 테스트 ④ 헤어 테스트 컬

해 **헤어 테스트 컬**
퍼머넌트 웨이브 시술 시 모발에 대한 제1액의 작용 정도를 판단하여 정확한 프로세싱 타임을 결정하고 웨이브의 형성 정도를 조사하는 것이다.

정답 01 ② 02 ② 03 ④ 04 ③ 05 ④

06 ★★ **모발 염색 시 주의사항에 해당되지 않는 것은?**

① 두피에 상처나 질환이 있을 때는 염색을 해서는 안된다.
② 시술자 미용사는 반드시 고무장갑을 껴야한다.
③ 유기합성 염모제를 사용할 때에는 패치 테스트를 실시해야 한다.
④ 퍼머넌트 웨이브와 모발염색을 하여야 할 경우에는 모발염색부터 반드시 먼저 해야 한다.

해 **펌과 염색을 같이 할 경우**
- 펌을 먼저하고, 적어도 1주일이 지난 후 염색을 시술하도록 권장한다.
- 이는 펌제로 인한 염색 색상의 퇴색 방지 목적이다.

07 ★★★ **패치 테스트에 대한 설명으로 알맞지 않은 것은?**

① 염색 전에 알레르기 유무 반응을 보기 위한 검사이다.
② 피부반응 검사, 피부첩포 시험이라고도 한다.
③ 염색 전 사용하고자 하는 염모제를 목 안쪽 및 귀 뒤 등 해당 부위에 바르고 1시간 경과 후 반응을 확인한다.
④ 동일한 제품이라 할지라도 염색 때마다 매번 실시한다.

해 패치 테스트는 염색 알레르기 반응 테스트로 염색할 부위에 바른 후 12~24시간 뒤 반응을 확인한다.

08 ★ **헤어 컬러링 시 컬러 체인지 및 색을 중화시키고자 할 때 이용되는 기법은?**

① 보색 ② 리터치
③ 다이 리무브 ④ 다이 터치 업

해 헤어 컬러링 시 보색을 이용하여 컬러체인지 및 색을 중화시킬 수 있다.

09 ★ **다음 중 염색 후 새로 자라난 신생 모발에 시술하는 염색 기법은?**

① 헤어 틴트 ② 리터치
③ 다이 리무브 ④ 프레 소프트닝

해 **다이 터치 업=리터치**
염색 후 새로 자라난 모발에 시술하는 염색 기법이다.

10 ★ **유기합성 염모제 제1액의 역할은?**

① 멜라닌 색소를 분해하여 모발의 색을 보다 밝게 한다.
② 암모니아에 의해 보다 빨리 산소를 발생시킨다.
③ 모표피를 팽윤시켜 색소와 과산화수소의 침투를 돕는다.
④ 산화제로 주로 과산화수소 6%를 사용한다.

해 **제1액(알칼리제) : 암모니아, 모노에탄올에민**
- 모표피를 연화 팽창시켜 모피질에 산화제 침투를 돕는다.
- 산화제의 분해를 촉진시켜 산소 발생을 돕는다.
- pH 조절을 돕는다.

11 ★ **땋거나 스타일링 하기에 쉽도록 3가닥 혹은 1가닥으로 만들어진 헤어피스는?**

① 웨프트 ② 스위치
③ 폴 ④ 위글렛

해 **스위치**
두발의 양은 적으나 두발의 길이가 대략 20cm 이상이고, 1~3가닥으로 되어 있으며, 땋거나 포니테일 형태로 늘어뜨려 연출한다.

12 ★ **부분 가발을 무엇이라 하는가?**

① 헤어피스 ② 위그
③ 다래 ④ 가체

해
- **전체 가발** : 위그
- **부분 가발** : 헤어피스

정답 06 ④ 07 ③ 08 ① 09 ② 10 ③ 11 ② 12 ①

13 ★★ **헤어스타일의 다양한 변화를 위해 사용되는 헤어피스가 아닌 것은?**

① 폴　② 위글렛
③ 웨프트　④ 위그

해 위그는 전체 가발을 의미한다.

14 ★ **인모로 된 가발의 손질법으로 옳지 않은 것은?**

① 리퀴드 드라이 샴푸잉을 하는 것이 좋다.
② 촘촘한 빗으로 모근 쪽에서 두발 끝 쪽으로 차근차근히 빗질한다.
③ 38℃ 정도의 미지근한 물이 좋다.
④ 알칼리도가 낮은 샴푸제가 좋다.

해 가발은 얼레빗으로 두발이 빠지지 않도록 차분하게 두발 끝 쪽에서 모근 쪽으로 서서히 빗질을 해 나간다.

15 ★★★ **염색 시술 시 스트랜드 테스트를 하는 목적은?**

① 고객의 모발 굵기 및 기본색을 고려하여 희망색상의 정확한 염모제 반응시간을 알아보기 위해서 실시한다.
② 염색약을 고객의 귀 뒤나 팔 안쪽에 바르고 24~48시간이 경과된 후 이상반응을 검사하는 것이다.
③ 고객에게 시술하려고 하는 염모제에 대해서 알러지 반응을 검사하는 것이다.
④ 스킨 테스트라고도 하며 아날린 염료에 양성반응이 나타나면 가렵거나 붉게 부어오르거나 발진이 생긴다.

해 ②, ③, ④는 패치 테스트의 설명이다.

16 ★★ **컬을 깃털과 같이 일정한 모양을 갖추지 않고 부풀려서 볼륨을 준 뱅은?**

① 롤 뱅　② 플러프 뱅
③ 프렌치 뱅　④ 헤어 셰이핑

해 롤 뱅은 롤로 형성한 뱅이고, 프렌치 뱅을 플러프를 만들어 내려뜨린 뱅이고, 프렌치 뱅은 가르마 가까이에 작게 낸 뱅이다.

17 ★ **다음 중 블리치에 대한 설명으로 옳지 않은 것은?**

① 블리치나 틴트 시술 후 얼룩진 부분을 바로잡아주는 것을 헤어 라이트닝이라고 한다.
② 블리치는 멜라닌 색소가 알칼리나 산화제 등의 약품에 색을 잃는 성질을 이용한 것이다.
③ 호상 블리치제는 탈색 작용이 빠르고 샴푸를 할 때에도 한 번에 끝낼 수 있다.
④ 산화제는 6%나 8%를 사용한다.

해 호상 블리치제는 흘러내리지 않는 반면 눈으로 구별하기 힘들어 두 번 하는 단점이 있다.

18 ★ **두발 염색 시 과산화수소의 작용에 해당되지 않는 것은?**

① 산화염료를 발색시킨다.
② 암모니아를 분해한다.
③ 두발에 침투작용을 한다.
④ 멜라닌 색소를 파괴한다.

해 암모니아수는 산소의 발생을 촉진시키고, 과산화수소가 사용 전에 분해되는 것을 막기 위해서 첨가된 안정제의 약산성 pH를 중화시켜주는 역할을 한다.

정답 13 ④ 14 ② 15 ① 16 ② 17 ③ 18 ②

19 ★ **두발 염색 시 색체의 기본적인 원리를 이해하고 응용할 수 있어야 하는데, 다음 중 색의 원색에 해당되지 않는 것은?**

① 백색 ② 황색
③ 청색 ④ 적색

해 백색은 무채색에 해당된다.

20 ★ **두발 염색 시에 하는 테스트가 아닌 것은?**

① 패치 테스트 ② 스트랜드 테스트
③ 컬러 테스트 ④ 컬 테스트

해 컬 테스트는 퍼머넌트 웨이빙 시술 시 사용된다.

정답 19 ① 20 ④

01 ★★ 토탈 뷰티 코디네이션의 설명으로 적합하지 않은 것은?

① 헤어 스타일은 크게 영향을 주지 않는다.
② 메이크업 베이스의 선택은 피부색과 비슷해야 한다.
③ 메이크업은 지나치게 진하게 하지 않는다.
④ 의상과의 조화를 고려한다.

02 ★ (   ) 에 들어갈 알맞은 말은?

스템의 방향에 따라 위로 향한 (   ), 아래로 향한 (   )이 있다.

① 업스템, 다운 스템　　② 풀 스템, 롱 스템
④ 논 스템, 풀 스템　　④ 하이 스템, 로우 스템

해 스템의 방향에 따라 위로 향한 업 스템, 아래로 향한 다운 스템이 있다.

03 ★★★★ 컬의 움직임이 가장 적어 컬이 오래 지속되는 가장 기본적인 스템은?

① 논 스템　　② 하프 스템
③ 롱 스템　　④ 풀 스템

해 **논 스템(non stem)**
스템이 거의 없고 루프 가 베이스 안에 위치한 상태로 컬의 움직임이 가장 적어 컬이 오래간다.

04 ★ 헤나로 염색 할 때 가장 좋은 pH는?

① 약 8.5　　② 약 7.5
③ 약 6.5　　④ 약 5.5

해 식물성 염모제인 헤나의 ph는 5.5 가 적당하다.

05 ★ 염색의 도포방법으로 틀린 것은?

① 첫 백모 염색 : 원 터치 기법으로 도포한다.
② 염색모에서 원래의 머리색으로 염색 : 염색모의 모발 끝 1.25cm 남기고 염색모를 먼저 도포한다.
③ 첫 토너 염색 : 모발 끝 1.25cm를 남기고 전부 도포한다.
④ 첫 멋내기 염색 : 쓰리 터치 기법으로 도포한다.

해 첫 멋내기 염색은 투 터치를 기본으로 한다.

06 ★ 약알칼리성 산화 염모제에 대한 설명 중 옳은 것은?

① 두발과 같은 컬러나 어둡게만 염색할 수 있다.
② 산화제는 9%를 사용한다.
③ 신생모와 기염모의 색상 차이가 두드러진다.
④ 두발의 색을 완전히 바꾸고 싶을 때 한다.

해 반영구적 산화 염모제는 시간이 오래 걸리고 다양한 색상이 어렵다.

정답　01 ①　02 ①　03 ①　04 ④　05 ④　06 ①

07 ★ **다음 중 패치 테스트를 하는 경우는?**

① 착색제에 과산화수소가 함유된 경우
② 착색제에 파라페닐렌디아민이 함유된 경우
③ 착색제에 암모니아수가 함유된 경우
④ 착색제에 취소산 염류가 함유된 경우

08 ★★ **색을 크게 무채색과 유채색으로 나눌 때 무채색에 해당되는 것으로만 묶인 것은?**

① 빨강, 회색 ② 흑색, 노랑
③ 흰색, 주황 ④ 회색, 흑색

해 **무채색** : 컬러가 없는 흰색, 회색, 흑색 등

09 ★★ **3레벨 이상 차이나는 탈색된 모발을 같은 레벨로 맞추고자 탈색된 부분에 부족한 색소를 넣어주는 방법을 무엇이라고 하는가?**

① 레벨 업 ② 라이트닝
③ 프리 피그먼테이션 ④ 딥 클렌징

해 모발의 색이 변하는 것을 방지하기 위하여 본 염색 전에 예비 염색을 하여 부족한 색소를 먼저 보충해 주는 방법

10 ★★ **굵은 처녀모나 뻣뻣한 백모에 사용하는 방법으로 모발을 부드럽게 하여 염색이 잘 되도록 유화시켜 주는 방법은 무엇인가?**

① 프리 소프트닝 ② 클렌징
③ 샴푸 블리치 ④ 컬러 리무버

해 6% 과산화수소를 사용하여 전처리하는 것을 프리 소프트닝이라 한다.

11 ★★ **보색에 대한 설명으로 알맞은 것은?**

① 색상환에서 인접해 있거나 옆에 있는 색을 말한다.
② 색의 밝고 어두운 정도를 말한다.
③ 색상환에서 서로 마주보는 두 가지 색을 말한다.
④ 색의 3속성의 하나로 색의 선명도를 말한다.

해 보색은 색상환표에서 서로 마주보는 색으로 대표적으로 적색의 보색은 녹색이다.

12 ★★ **일반적으로 모발의 길이가 30cm이상 되고 처음 염색을 하는 손님의 염색 시술시 염색약을 바르는 순서로 가장 올바른 것은?**

① 머리카락의 끝부분→머리카락 중간 부분→두피 부분
② 머리카락의 중간부분→머리카락 끝 부분→두피부분
③ 머리카락의 중간부분→두피부분→머리카락 끝 부분
④ 두피 부분→머리카락 중간부분→머리카락의 끝부분

해 처음 염색을 하는 버진 헤어인 경우 염색약의 침투가 어려워 머리카락의 중간부분→두피부분→머리카락 끝 부분 순서로 바른다.

13 ★★★ **노란색의 모발을 붉은 계열로 바꾸고자 할 경우는?**

① 노란색과 보색인 보라색에 붉은색을 소량 첨가하여 자주색을 만들어 도포한다.
② 붉을색을 도포한다.
③ 노란색과 보색인 보라색에 파랑색을 소량 첨가하여 청보라색으로 도포한다.
④ 오렌지색을 도포한다.

해 • 빨강의 보색 - 녹색
• 노랑의 보색 - 보라
• 주황의 보색 - 파랑

정답 07 ② 08 ④ 09 ③ 10 ① 11 ③ 12 ③ 13 ①

14 ★★★ **다음 중 일시적 염모제의 설명으로 옳지 않은 것은?**

① 염모제의 분자의 크기가 커서 모발의 표면에만 착색이 되는 염모제이다.
② 한번의 샴푸로 쉽게 제거된다.
③ 컬러린스, 컬러파우더, 컬러 크레용, 컬러 스프레이가 있다.
④ 헤어 매니큐어는 일시적 염모제의 종류이다.

해 헤어 매니큐어는 반영구적 염모제이다.
일시적 염모제: 모발의 표면에만 착색되어 쉽게 지워지는 타입의 염모제 이며 컬러린스, 컬러 파우더, 컬러 크레용, 컬러 스프레이 등 이 있다.

15 ★★ **모발의 염색 시 주의 사항에 해당하지 않는 것은?**

① 유기합성 염모제는 패치 테스트를 매 회 실시하여야 한다.
② 두피에 상처나 질환이 있을 시 염색을 해서는 안 된다.
③ 퍼머넌트와 염색을 동시에 하여야 할 경우 염색부터 먼저 하여야 한다.
④ 퍼머넌트 이후 1주일 정도 지나고 헤어 다이를 하는 것이 좋다.

해
- 부득이한 경우 퍼머넌트와 염색을 해야할 경우 퍼머넌트를 먼저 하는 것이 좋다.
- 염색 후 퍼머넌트를 실시 할 경우 모발에 얼룩이 생길 수 있다.

16 ★★ **식물성 염모제인 헤나에 대한 설명으로 옳지 않은 것은?**

① 고대 이집트와 페르시아에서 인디고, 살비아, 헤나 등이 오래전부터 사용되었다.
② 독성이나 자극성이 없다.
③ pH는 3.5가 적당하다.
④ 시간이 오래 걸리고 종류가 한정되어 있다.

해 **식물성 염모제 헤나**
- 독성이나 자극성이 없으나 시간이 오래 걸리고 색상이 한정되어 있다.
- ph는 5.5가 적당하다.

17 ★★★ **탈색 시술 시 밝기가 너무 어두운 경우의 원인과 가장 거리가 먼 것은?**

① 블리치제가 마른 경우
② 프로세싱 타임을 너무 짧게 잡은 경우
③ 블리치제에 물을 너무 많이 희석한 경우
④ 과산화 수소의 농도가 너무 높은 경우

해 과산화수소의 농도가 높을수록 밝기가 밝아진다.

18 ★ **헤어 블리치를 시술할 경우 주의해야 하는 것으로 맞는 것은?**

① 시술 전에 브러싱을 많이하여 엉킨 모발을 확실히 골라낸다.
② 헤어 블리치 후 두발 상태가 건조해지므로 알칼리 샴푸제를 사용한다.
③ 블리치제는 사용 전에 미리 혼합해 둔다.
④ 고객의 두피에 상처가 있는 경우 시술을 하지 않는다.

해 두피에 상처가 있는 경우는 피부염을 일으킬 수 있으니 시술하지 않는 것이 좋다.

19 ★★★ **프리 피그먼테이션에 대한 설명으로 옳은 것은?**

① 민감한 모발이나 심한 손상모의 경우 염색 전에 색소를 채워 주는 기법이다.
② 과도한 퍼머넌트 웨이브로 인한 퇴색과 얼룩을 방지하기 위해 시술한다.
③ 백모의 경우 산화제를 모발에 도포하여 본염색이 좀 더 신속히 진행되도록하는 사전 염색기법이다.
④ 입체감을 나타내는 컬러 처리로서 여러가지 색상이 표현되어 있다.

정답 14 ④ 15 ③ 16 ③ 17 ④ 18 ④ 19 ①

20 ★★★ **일반적으로 모발길이가 30cm이상인 처녀모에 염색약을 바를 때 머리카락의 어느 부분을 가장 나중에 바르는가? (단, 컨디셔너를 쓰지 않았을 경우)**

① 머리카락 끝 부분
② 머리카락 중간 부분
③ 두피 부분
④ 어느 부분이든 상관없다.

해 처녀모는 머리카락 중간 부분→두피부분→머리카락 끝 부분 순으로 염색약을 바른다.

정답 20 ①

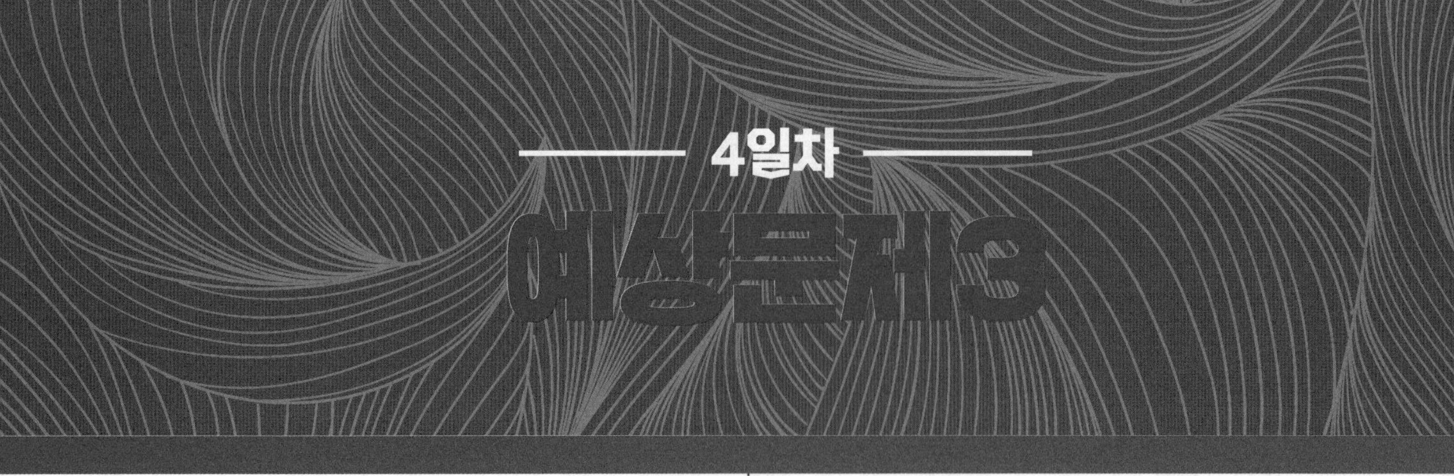

01 ★ 염색과정에서 모발의 멜라닌 색소를 파괴하여 탈색을 일으키는 동시에 산화염료를 산화해서 발색시키는 염모제의 성분은?

① 과산화수소　② 암모니아수
③ 티오글리콜산　④ 아미노산

해 과산화수소는 모발의 멜라닌 색소를 파괴하여 탈색과 동시에 산화염료를 산화해서 발색시킨다.

02 ★ 금속성 염모제에 대한 설명으로 틀린 것은?

① 퍼머나 염색이 잘 나오지 않는다.
② 어둡고 칙칙한 색을 띠며 금속성 광채를 나타낸다.
③ 함유된 금속염으로 인해 모발의 구조를 변화시킨다.
④ 가장 많이 쓰이는 염모제로 제1제와 제2제로 나눠져 있다.

03 ★ 염색제의 연화제는 어떤 두발에 주로 사용되는가?

① 염색모　② 다공질모
③ 손상모　④ 저항성모

해 저항성모는 큐티클층의 지질이 풍부하여 물이나 약품에 대한 흡수력이 떨어지는 모발이다. 사전 연화 작업을 함으로써 모표피를 팽창시켜 염모제가 잘 착색되도록 한다.

04 ★ 영구적 염모제 사용에 적당하며 탈색과 염색 두 가지 기능이 모두 있는 과산화수소는 몇 %인가?

① 3%　② 6%
③ 9%　④ 10%

해 헤어 블리치의 산화제로 사용되는 과산화수소의 일반적인 농도는 6%-20볼륨이다.

05 ★ 헤어 블리치의 산화제로 사용되는 과산화수소의 농도는 몇 % 몇 볼륨인가?

① 3% 10볼륨　② 12% 30볼륨
③ 6% 20볼륨　④ 15% 40볼륨

해 헤어 블리치의 산화제로 사용되는 과산화수소의 일반적인 농도는 6%-20볼륨이다.

06 ★ 이마의 양쪽와 턱 끝 부분을 어둡게 셰이딩하고 턱의 바깥 부분을 풍만해 보이도록 하기 위해 턱 양쪽에 하이라이트 제품을 사용하는 얼굴형은?

① 둥근 얼굴형　② 긴 얼굴형
③ 각진 얼굴형　④ 역삼각형

해 ① **둥근 얼굴형**: 양 옆폭을 좁게 보이도록 얼굴의 양쪽 끝을 진하게 셰이딩
② **긴 얼굴형**: 이마의 상부와 턱의 하부를 진하게 셰이딩
③ **각진 얼굴형**: 각진 이마 양쪽 끝, 턱의 양쪽 끝은 진하게 셰이딩

정답 01 ① 02 ④ 03 ④ 04 ② 05 ③ 06 ④

07 ★ **다음 중 탈염에 대해 바르게 설명한 것은?**

① 블리치 후 염모제로 원하는 색상을 다시 염색하는 것
② 염모제로 염색한 모발의 색을 다시 빼어내는 것
③ 염모제로 염색한 후 얼룩진 부분의 색을 바로 잡는 것
④ 블리치 후 새로 자라난 부분을 염모제로 다시 염색하는 것

08 ★★ **짧은 헤어에서 일시적으로 긴머리 모습으로 변화시키고자 할 때 사용하는 헤어 피스는?**

① 폴 ② 스위치
③ 위글렛 ④ 웨프트

해 숏 헤어 스타일을 일시적으로 롱 헤어 스타일로 변화시키는 헤어 피스는 폴이다.

09 ★★ **염모제에 대한 설명으로 틀린 것은?**

① 컬러 크레이용은 합성 왁스를 혼합하여 만든 것이다.
② 프로그레시브 샴푸는 컬러린스의 작용과 샴푸의 작용을 모두 한다.
③ 영구적 염모제는 제1제를 도포한 후 제2제를 도포한다.
④ 헤나는 알러지가 있는 사람도 사용할 수 있으나 색이 다양하지 못하다.

해 염모제는 1제와 2제를 혼합하여 사용한다.

10 ★★ **사각형 얼굴에 대한 화장법으로 잘못된 것은?**

① 이마의 상부와 턱의 하부를 진하게 표현한다.
② 눈썹은 크게 활 모양으로 그려준다.
③ 둥근 느낌이 드는 풍만한 입술로 표현해 준다.
④ 이마의 각진 부분은 두발형으로 감춰주는 것이 좋다.

해 ① 이마의 상부와 턱의 하부를 진하게 표현하는 것은 장방형의 화장법이다.

11 ★ **얼굴의 길이에 비해 가로의 폭이 좁은 얼굴형으로 전두부를 낮게 하고 양 사이드에 볼륨을 주며 센터 파트는 피해야 하는 얼굴형은?**

① 사각형 ② 원형
③ 장방형 ④ 계란형

12 ★ **헤어 블리치 시 밝기가 너무 어두운 경우의 원인과 가장 거리가 먼 것은?**

① 블리치제가 마른 경우
② 프로세싱 시간을 짧게 잡았을 경우
③ 블리치제에 물을 희석해 사용하는 경우
④ 과산화수소의 볼륨이 높을 경우

해 과산화수소의 볼륨이 높을수록 탈색 작용이 우수하다.

13 ★★★ **헤어 컬러링한 고객이 녹색 모발을 자연 갈색으로 바꾸려고 할 때 가장 적합한 방법은?**

① 3% 과산화수소를 약 3분간 작용시킨 뒤 주황색으로 컬러링한다.
② 빨간색으로 컬러링한다.
③ 3% 과산화수소로 약 3분간 작용시킨 후 보라색으로 컬러링한다.
④ 노란색을 띠는 보라색으로 컬러링한다.

해 녹색의 보색관계를 이용해 빨간색으로 컬러링하여 두발색을 중화시킨다.

정답 07 ② 08 ① 09 ③ 10 ① 11 ③ 12 ④ 13 ②

14 ★ **다이케이프란 무엇을 말하는 것인가?**

① 커트 시 어깨에 씌우는 어깨 보이다.
② 염색 시 어깨에 씌우는 어깨 보이다.
③ 두피 스케일링 시 어깨에 씌우는 어깨 보이다.
④ 펌 와인딩 시술 시 어깨에 씌우는 어깨 보이다.

해 다이케이프란 염색 시 어깨에 씌우는 어깨 보를 말한다.

15 ★★ **컬러 염색 시 모발의 색깔을 적색으로 만드는 산화 염료는 무엇인가?**

① 파라페닐렌디아민
② 파라트릴렌디아민
③ 모노티트로페닐렌디아민
④ 레조시놀

해
- 파라페닐렌디아민(흑색)
- 파라트릴렌디아민(다갈색, 흑갈색)
- 모노티트로페닐렌디아민(적색)
- 올소아미노페놀(황갈색)
- 투설포란아미드(자색)
- 레조시놀(황금색)

16 ★ **장방형의 얼굴에 세미 레이어 커트와 펌을 할 때 알맞은 디자인의 설명은?**

① 정수리 부분에 볼륨 있는 퍼머를 실시한다.
② 좌우 사이드에 볼륨 있는 퍼머를 실시한다.
③ 프런트를 길게 커트하여 준다.
④ 레이어 단차를 적게 하여 볼륨을 강조한다.

17 ★ **헤어 블리치나 틴트를 한 후 두발에 진하게 부분적으로 얼룩이 졌을 때 이것을 바로잡아 주는 역할을 하는 것은?**

① 블리치 터치 업　② 버진 헤어
③ 애프터 케어　④ 헤어 라이트닝

18 ★★ **업스타일을 시술할 때 백코밍의 효과를 크게 하고자 세모난 모양의 파트로 섹션을 잡는 것은?**

① 스퀘어 파트　② 트라이 앵글 파트
③ 다이애거널 파트　④ 카우릭 파트

해
- **스퀘어 파트**
  이마의 양쪽은 사이드 파트를 하고 두정부 가까이에서 얼굴의 두발이 난 가장 자리와 수평이 되도록 모나게 가르마를 타는 것
- **삼각파트, 트라이앵글 파트, V파트**
  이마의 양각에서 나누어진 선이 두정부에서 함께 만난 세모꼴의 가르마를 타는것
- **다이애거널 파트**
  사이드 파트의 가르마가 뒤쪽 위를 향해 사선으로 가른 가르마로 아래로 내려가면 다운 다이애거널, 위로 올라가면 업 다이애거널 파트이다.
- **카우릭 파트**
  가마를 중심으로 머리카락의 흐름에 따라 나눈 가르마

19 ★★ **시술자의 조정에 의해 바람을 일으켜 직접 내보내는 블로우 타입으로 주로 드라이 세트에 많이 사용되는 것은?**

① 핸드 드라이　② 스탠드 드라이
③ 아이론 드라이　④ 헤어 스티머

해 사용자의 조정에 의해 조절 가능한 드라이는 핸드 드라이이다.

20 ★★★ **다음 중 웨이브 클립은?**

①
②

③

④

해 ①-헤어핀　②-웨이브 클립
③-더블 프롱　④-더크빌 클립

정답 14 ② 15 ③ 16 ② 17 ④ 18 ② 19 ① 20 ②

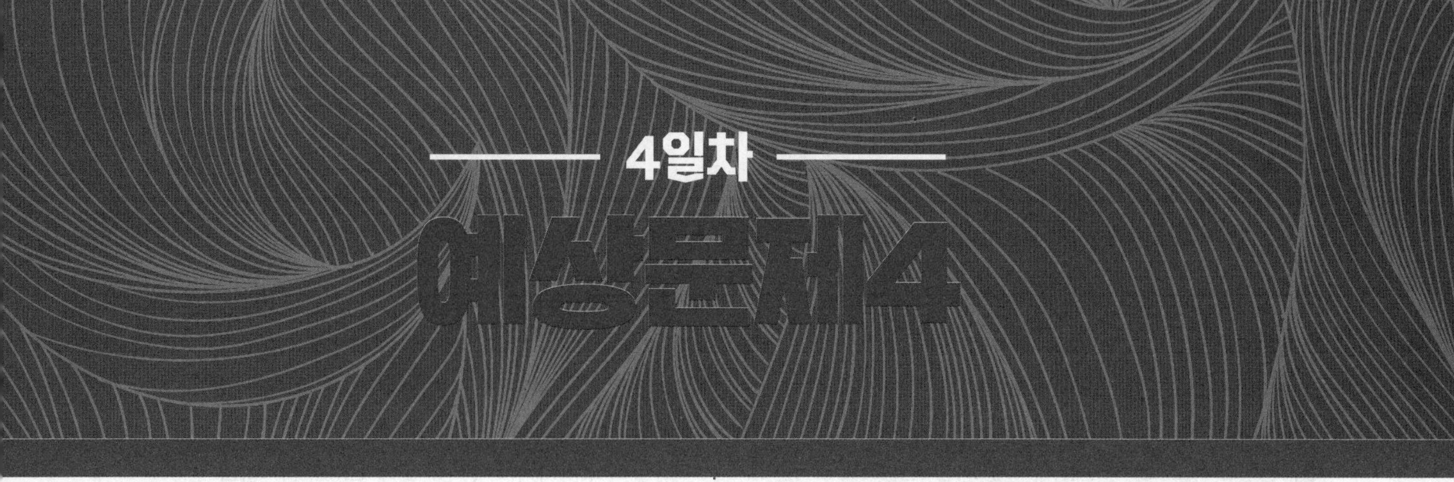

01 ★★★ 다음 가위의 명칭에 속하는 것은?

① 피봇 ② 핸들
③ 프롱 ④ 그루브

해 피봇은 가위의 균형을 잡아주는 가위의 중심축

02 ★★★ 헤어 커트 시 레이저 커트를 시술했을 때의 장점은?

① 똑바른 두발 외형선을 만든다.
② 모발 손상이 적다.
③ 마른 모발에도 시술이 가능하다.
④ 자연스러운 스타일 연출이 가능하다.

해 **레이저를 이용한 커트**
- 블런트 커트처럼 똑바른 외형선을 만들수는 없다.
- 모발손상이 많은편 이며 젖은 모발에 시술이 가능하다.
- 시술자가 눈으로 직접 보면서 손으로 잡고 시술할 수 있어 자연스러운 연출이 용이하다.

03 ★★★ 칼날 부위에 보호 장치가 있어 초보자에게 적합한 레이저는?

① 세이핑 레이저 ② 오디너리 레이저
③ 일상용 레이저 ④ 내곡선상 레이저

해 **세이핑 레이저**
- 칼날 부위에 보호 장치가 있어 초보자에게 적당하다.
- 잘려지는 모발의 부위가 좁아 작업 속도가 느리다.
- 시술자의 손이 다칠 우려가 적고 안전하다.

04 ★ 두발이나 두피에 바른 오일이나 크림, 액상 등이 고루 침투되도록 할 때 사용하는 모자형의 헤어 기구는?

① 헤어 드라이기 ② 히팅 캡
③ 헤어 스티머 ④ 헤어 미스트기

05 ★★ 일상용 레이저의 특징이 아닌 것은?

① 시술자의 손이 다칠 우려가 적고 안전하다.
② 잘려지는 모발의 부위가 넓어 작업속도가 빠르다.
③ 칼날 부위에 보호 장치가 없어 초보자에게 부적당하다.
④ 세밀한 작업이 용이하다.

해 **오디너리 레이저**
- 칼날 부위에 보호 장치가 없다(숙련자용).
- 잘려지는 모발의 부위가 넓어 작업속도가 빠르다(세밀한 작업에 용이).
- 시술자가 손을 다칠 우려가 있어 다소 위험하다.

06 ★★ 빗을 두발 스트랜드의 뒷면에 직각으로 넣고 두피 쪽을 향해 빗을 내리누르듯이 빗질하여 머리카락을 세우는 것을 무엇이라고 하는가?

① 콤 아웃 ② 브러시 아웃
③ 백 코밍 ④ 리세트

해 **백 코밍**
모발을 90°전후로 들고 모발 끝에서 두피 쪽으로 빗을 내리누르듯이 훑어 모발을 세우는 기술로 볼륨이나 방향을 주거나 갈라짐을 방지하고자 할 때 사용한다.

정답 01 ① 02 ④ 03 ① 04 ② 05 ① 06 ③

07 ★★ **다음 중 원랭스 커트형에 해당되지 않는 것은?**

① 스파니엘 형 ② 이사도라 형
③ 레이어 형 ④ 평행보브 형

해 **원랭스 커트**: 모발을 층을 주지 않고 일직선상으로 가지런히 자르는 커트 기법으로 높이에 따라 머쉬룸, 이사도라, 페러럴 보브, 스파니엘 커트로 나누어 진다.

08 ★ **레이저에 대한 설명으로 옳지 않은 것은?**

① 세이핑 레이저는 작업속도가 빠르다.
② 세이핑 레이저는 안전하게 작업할 수 있다.
③ 오디너리 레이저는 전문가용이다.
④ 레이저는 일반적으로 손님 한 명당 일회용으로 사용해야 한다.

해 세이핑 레이저는 초보자용으로 작업속도가 느리지만 안전하며 레이저는 보건위생을 위해 손님 1인에게 일회용으로 사용을 해야 한다.

09 ★ **헤어 드라이어의 설명으로 옳지 않은 것은?**

① 젖은 모발을 신속히 말린다.
② 헤어 드라이어로 신속히 두발을 말리면 두발에서 윤기가 난다.
③ 두피의 혈액순환을 촉진시킨다.
④ 헤어 스타일은 완성시키기 위한 목적으로 사용한다.

해 급속하게 헤어 드라이기를 사용하면 두발손상의 원인이 되므로 자연 건조방식이 두발의 건강에 좋다.

10 ★★★ **레이저 커트 시술 시 주의사항으로 올바르지 않은 설명은?**

① 마른 상태의 두발을 커트한다.
② 네이프 헤어를 먼저 커트한다.
③ 탑 헤어를 마지막으로 커트한다.
④ 날이 무뎌지거나 당기지 않게 적셔서 커트한다.

해 마른 상태에서 레이저를 이용하여 커트를 하면 모발 손상의 주원인이 된다.

11 ★★★ **아이론을 선택할 때 좋을 제품으로 볼 수 없는 것은?**

① 연결부분이 꼭 죄여져 있다.
② 프롱과 핸들의 길이가 대체로 균등하다.
③ 프롱과 그루브가 곡선으로 약간 어긋나 있다.
④ 최상급 재질로 만들어져 있다.

해 프롱과 그루브는 일직선으로 반듯하고 매끈해야 하며 요철이 없어야 한다.

12 ★ **아이론에 대한 설명으로 적합하지 않은 것은?**

① 아이론의 온도는 80~90도가 적당하다.
② 프롱과 핸들의 길이가 균등한 것이 좋다.
③ 그루브는 덮개부분의 명칭이다.
④ 마셀 웨이브에 사용된다.

해 아이론의 적정 온도는 120~130도가 적당하며 블로우 드라이의 경우 80~90도가 적당하다.

정답 07 ③ 08 ① 09 ② 10 ① 11 ③ 12 ①

13 ★ **사각형 얼굴에 잘 어울리는 헤어스타일의 설명으로 가장 거리가 먼 것은?**

① 헤어 파트는 얼굴의 각진 느낌에 변화를 줄 라운드 사이드 파트를 한다.
② 두발형을 낮게 하여 옆선이 강조되도록 한다.
③ 이마의 직선적인 느낌을 감추기 위해 변화 있는 뱅을 한다.
④ 딱딱한 느낌을 피하고 곡선적인 느낌을 갖는 헤어스타일을 구상한다.

해 두발을 낮게하여 옆선을 강조하는 스타일은 장방형에 어울리는 방법이다.

14 ★★ **강철을 연결시켜 만든 것으로 협신부는 연강으로 되어 있고 날 부분은 특수강으로 되어있는 것은?**

① 착강 가위 ② 전강 가위
③ 틴닝 가위 ④ 레이저

해
- **전강 가위**: 전체가 특수강으로 만들어져 있다.
- **착강 가위**: 협신부(손잡이)는 강철을 단련시켜 만든 연강으로, 날은 특수강으로 만들어져 있다.

15 ★★ **브러시의 종류에 따른 사용 목적이 아닌 것은?**

① 롤 브러시는 롤의 크기가 다양하고 웨이브를 만들기에 적합하다.
② S 브러시는 바람머리 같은 방향성을 살리는 헤어스타일 정돈에 적합하다.
③ 덴멘 브러시는 열에 강하여 모발에 텐션과 볼륨감을 주는 데 적합하다.
④ 스켈톤 브러시는 여성 헤어스타일이나 긴 머리 헤어스타일 정돈에 적합하다.

해 **스켈톤 브러시/벤트 브러시**
- 몸통에 구멍이 있거나 빗살이 엉성하게 생긴 브러시
- 모발을 건조시킴과 동시에 모근에 볼륨감 형성, 남성 스타일이나 쇼트 스타일에 효과적

16 ★★ **빗의 구비 조건으로 알맞은 것은?**

① 빗살은 빗 전체를 지탱해주므로 안정성이 있고 일직선이어야 한다.
② 빗살은 빗의 본래 기능을 하는 부분으로 간격이 일정해야 한다.
③ 모발 정돈을 위해서는 빗살 끝이 너무 무딘 것보단 예리한 것이 좋다.
④ 빗살 뿌리는 모발 정돈을 하는 부분으로 약간 뾰족한 것이 좋다.

해 **빗의 구조 및 구비 조건**
- **빗몸**: 빗 전체를 지탱해 주므로, 안정성이 있고 일직선일 것
- **빗살**: 빗의 본래 기능을 하는 부분으로, 빗살 간격이 일정한 것
- **빗살뿌리**: 모발 정돈 작용을 하는 부분으로, 약간 둥그스름할 것
- **빗살끝**: 너무 예리하면 두피가 긁힐 수 있어, 너무 뾰족하거나 무디지 않을 것

17 ★★ **가위의 올바른 선택법이 아닌 것은?**

① 날의 두께는 얇지만 튼튼한 것
② 협신에서 날 끝으로 갈수록 약간 외곡선인 것
③ 나사 부위의 조임이 적당한 것
④ 양날의 견고함이 동일한 것

해 **가위의 선택법**
- 날의 두께는 얇지만 튼튼해야 하며, 양날의 견고함은 동일한 것이 좋다.
- 협신에서 날 끝으로 갈수록 약간 내곡선이 좋다.
- 나사 부위의 조임이 적당한 것이 좋다.

정답 13 ② 14 ① 15 ④ 16 ② 17 ②

18 ★ **헤어 블리치에 사용되는 암모니아수의 작용이 아닌 것은?**

① 과산화수소의 분해 촉진
② 모발을 단단하게 강화시킴
③ 발생기 산소의 발생 촉진
④ 안정제의 약산성 pH를 중화

해 암모니아는 모발을 단단하게 하지 못하고 약하게 한다.

19 ★★ **다음 빗 중에 업스타일에 사용되지 않는 빗은?**

① 꼬리빗　② 돈모 브러쉬
③ 콤 브러쉬　④ 참빗

해 참빗은 고전머리에 쓰인다.

20 ★ **다음 설명에 맞는 업스타일 도구는?**

업스타일 연출 시 백콤을 한 후에 토대를 만들고 표면을 매끄럽게 정리하고자 할 때 사용한다.

① 꼬리빗　② 돈모 브러쉬
③ 콤 브러쉬　④ 쿠션 브러쉬

해 돈모 브러쉬는 뭉툭한 빗으로 토대 안쪽까지 빗질을 못하기 때문에 표면만 매끄럽게 빗을 수 있다.

정답 18 ② 19 ② 20 ①

4일차

예상문제5

01 ★ 콤브러쉬의 역할에 맞지 않는 것은?

① 앞머리 세우기　② 땋기
③ 볼륨　③ 업스타일 마무리

해 콤브러쉬의 역할은 볼륨을 세우거나 마무리 할 때 쓰인다.

02 ★ 꼬리빗의 역할이 아닌 것은?

① 백콤　② 파팅
③ 묶기　④ 섹션

해 묶을 땐 고무줄을 사용한다.

03 ★ 업스타일 연출 시 볼륨을 위해 하는 작업으로 백콤을 넣을 때 사용하는 도구는?

① 꼬리빗　② 돈모 브러쉬
③ 실핀　④ 아이롱

04 ★★ 업스타일 연출 마지막 단계에서 모발의 형태를 고정하는데 사용하는 도구는?

① 에센스　② 왁스
③ 스프레이　④ 아이롱

해 스프레이를 이용해 모발의 형태를 고정한다.

05 ★★ 쪽머리를 연출할 경우 긴머리를 이것에 씌어 잔머리가 빠지는 것을 막아주고 흐트러짐 없이 형태를 만들 수 있는 도구는?

① 달비　② 고무줄
③ 망　④ 싱

해 망을 씌우면 잔머리를 막아주고 형태를 만들 때 모발이 흐트러지는 것을 막아준다.

06 ★ 업스타일 연출 전 모발의 웨이브를 만들 수 있는 도구는?

① 전기 세팅기　② 돈모 브러쉬
③ 망　④ 싱

해 업스타일 연출 전에 모발에 세팅 롤을 말아 놓는다.

07 ★★ 핀셋의 종류 중 뱅을 임시적으로 고정시킬 때 효과적인 것은?

① 평핀셋　② 핀컬핀셋
③ 삼각핀셋　④ 실핀

08 ★★ 왁스나 포마드 등을 사용하는 목적은?

① 윤기, 결의 정리　② 지저분한 머릿결 연출
③ 모발치료　④ 모발 보호

해 미용은 치료가 아닌 예방이다.

정답 01 ② 02 ③ 03 ① 04 ③ 05 ③ 06 ① 07 ② 08 ③

09 ★★★ 앞머리 부분을 세울 때 주로 스프레이와 함께 사용하는 빗은?

① 꼬리빗 ② 갈퀴빗
③ 오발빗 ④ 대꼬리빗

해 오발빗은 다른 말로 콤 브러시라고 한다.

10 ★★ 싱에 대한 설명 중 옳은 것은?

① 부족한 볼륨을 채워준다.
② '달비'와는 다른 말이다.
③ 백콤 작업에 한계가 있을 때만 대용한다.
④ 필히 인조 싱만 사용해야 한다.

11 ★★★ 실핀의 종류는?

① 구슬핀 ② 오뉘핀
③ U핀 ④ 보비핀

해 • **구슬핀** : 핀의 끝이 둥글고 가늘며 부드러운 곳에 고정
• **오뉘핀** : 작은 U핀

12 ★ 고객의 조건 파악을 두 가지 큰 조건으로 나눌 때, 두 가지 큰 조건은?

① 상황조건, 장소조건
② 단체조건, 체형조건
③ 상황조건, 개인조건
④ 장소조건, 개인조건

13 ★★ 업스타일의 정의 중 옳은 것은?

① 행사 머리에 예의가 없어 보일 수 있는 스타일이다.
② 삭감시키는 것이 커트라고 한다면 붙이고 쌓고 더해서 모양을 내는 것은 업스타일이다.
③ 틀고 꼬면서 주로 위로만 올려 디자인을 잡는 스타일이다.
④ 행사나 경사에 주인공만 하는 스타일이다.

14 ★★ 업스타일 장점으로 올바르지 않은 것은?

① 비교적 유행의 흐름을 덜 탄다.
② 품위가 있다.
③ 얼굴이 젊어진다.
④ 예의를 갖춘 느낌이 있다.

해 실질적으로 얼굴이 젊어지지 않는다.

15 ★★ 다음의 업스타일 작업 시 높이에 관한 설명 중 옳은 것은?

① 심장의 높이보다 높아야 한다.
② 심장의 높이와 평행이 되어야 한다.
③ 연출자의 눈높이에 평행이 되어야 한다.
④ 심장의 높이보다 낮아야 한다.

16 ★★ 업스타일 연출 시 고객의 상황 조건 파악 중 옳지 않은 것은?

① 고객의 당일 입장 ② 행사 성격
③ 체형조건 ④ 장소

정답 09 ③ 10 ① 11 ④ 12 ③ 13 ② 14 ③ 15 ② 16 ③

17 ★★ **다음 중 백콤의 종류로 볼 수 없는 것은?**

① 목덜미 백콤 ② 양감 백콤
③ 연결 백콤 ④ 페이스 백콤

해 목덜미에는 볼륨이 들어갈 필요가 없다.

18 ★ **백콤의 장점이 아닌 것은?**

① 판넬과 판넬과의 연결
② 액세서리 효과를 보기 위해서
③ 볼륨확보
④ 핀의 파지 시, 견고성 보장

해 백콤으로 액세서리 효과를 볼 수 없다.

19 ★★ **타원형 얼굴에는 어느 부분을 보완하여 연출하여야 하는가?**

① 사이드 ② 아래
③ 뒤 ④ 위

20 ★★ **감춰꽂기, 즉 핀을 겉에 나오지 않게 고정하는 방법은?**

① 평행고정 ② 세로꽂기
③ 바느질 고정 ④ 지그재그 고정

해 바느질 고정으로 핀을 가릴 수 있다.

정답 17 ① 18 ② 19 ① 20 ③

01 ★★★ **리버스의 반대되는 뜻으로 업스타일 용어 중 앞쪽이란 뜻을 가진 용어는?**

① 리세트　　② 리젠트
③ 포워드　　④ 릿지

해 포워드는 귓바퀴 방향, 리버스는 귓바퀴 반대 방향

02 ★★ **다음 용어 중 땋기에 대한 설명으로 옳은 것은?**

① 넥타이나 리본 등을 묶는 것이다.
② 롤 말기, 면 겹치기 기법이 있다.
③ 두 가닥의 머리를 꼬아서 밧줄 형태로만 만드는 것이다.
④ 셋 이상의 가닥으로 갈라서 엮어 한 가닥으로 표현하는 것이다.

03 ★★ **핑거 백콤은 어떤 도구를 사용하는가?**

① 대꼬리빗　　② 꼬리빗
③ 손가락　　④ 손바닥

04 ★★ **성숙한 여성미의 품격이 높으며, 우아한 스타일은?**

① 엘레강스　　② 심프리시티
③ 아방가르드　　④ 로맨틱

05 ★★ **언더브레이드를 맞게 설명한 것은?**

① 바깥 가닥을 가운데 가닥의 아래로 교차시키면서 땋는 방식
② 상투, 변발을 꼬거나 땋아 둥글게 꾸민 것
③ 셋 이상의 가닥으로 갈라서 엮어 한 가닥으로 표현하는 방법
④ 두 가닥의 머리를 꼬아서 밧줄 형태로 만드는 것

해 브레이드 반대로 거꾸로 땋는 형식이다.

06 ★★ **판넬의 면을 임시정착 시킬 때 사용하는 핀셋은?**

① 삼각핀셋　　② 왕핀셋
③ 중클립　　④ 평핀셋

해 면에 자국이 남지 않게 사용할 수 있는 핀셋이어야 한다.

07 ★★ **다음 도구 중 업스타일 브러시의 종류로 아닌 것은?**

① 에어브러시　　② 까시롤
③ 꼬리빗　　④ 오발빗

해 에어브러시는 분사형 메이크업 도구이다.

08 ★★ **임시로 색을 내기 위해 쓰는 헤어 제품은?**

① 스프레이　　② 컬러 스프레이
③ 왁스　　④ 탈색약

해
- 스프레이, 왁스는 모발 고정을 위한 제품
- 탈색약은 영구적으로 머리의 색을 빼는 제품

정답　01 ③　02 ④　03 ③　04 ①　05 ①　06 ④　07 ①　08 ②

09 ★★★ 머리숱이 적은 데 쓰이며, 마무리할 때 응용하여 쓰는 핀은?

① 아메리칸핀 ② 보비핀
③ 유중핀 ④ 오뉘핀

해 오뉘핀은 작은 U핀을 말한다.

10 ★★★ 업스타일할 때 가장 많이 쓰이고 스즈란핀 또는 실핀이라고 하는 핀은?

① 구슬핀 ② 보비핀
③ 아메리칸핀 ④ 플랫핀

해 실핀은 스즈란핀 또는 보비핀이라고 한다.

11 ★★★ 까뮈핀을 이용해 갈고리핀을 만들어 쓰는 목적은?

① 끝 마무리할 때 면과 면의 연결
② 토대 고정
③ 싱의 장착
④ 큰 다발의 면 접기

12 ★ 면을 곱게 펴 광택을 내거나 윤기를 낼 때 효율적인 브러시는?

① S브러시 ② 돈모브러시
③ 쿠션브러시 ④ 오발빗

13 ★★ 한 핀 걸이를 사용할 때 밴드에 걸어서 사용하는 핀으로 가장 적합한 것은?

① U핀 ② 실핀
③ 구슬핀 ④ 아메리칸핀

해 한 핀 걸이는 머리 묶을 때 사용하며 고무줄에 실핀을 끼워 묶는다.

14 ★★ 골덴 부위의 볼륨을 확보하기 위해 쓰이고, 후두부 아래에 안정감 있는 웨이트를 주기 위해 사용하는 도구는?

① 삼각 싱 ② 망
③ 진주 ④ 뱅플라워

해 볼륨을 주기 위해서는 싱을 사용해야 한다.

15 ★★ 손님의 조건 중 개인 조건이 아닌 것은?

① 체형조건 ② 얼굴조건
③ 머리조건 ④ 장소조건

16 ★ 일반 결혼식장, 야외식장 등 분위기를 고려해야 할 때 중요한 것은?

① 자신 ② 타인
③ 장소 ④ 행사

정답 09 ④ 10 ② 11 ① 12 ② 13 ② 14 ① 15 ④ 16 ③

17 ★ 업스타일 해야 될 행사와 관계 없는 날은?

① 장례식 ② 환갑
③ 설날 ④ 결혼식

해 장례식에서 업스타일은 하지 않는다.

18 ★★ 개인 조건의 기호 조건 중 고려하지 않아야 하는 것은?

① 나이를 젊어 보이게
② 중엄한 분위기 선호
③ 개인의 성격
④ 귀여운 분위기 선호

해 기호조건은 외모적으로의 이미지를 말한다.

19 ★ 업스타일할 때 고객이 가장 불안해하는 요소 중 맞지 않은 것은?

① 얼굴이 커 보인다.
② 시선이 집중된다.
③ 나이가 들어 보인다.
④ 격식있어 보인다.

해 격식있어 보인다고 불안해 하지 않는다.

20 ★ 업스타일의 표현기법으로 옳지 않은 것은?

① 삭감시키는 머리를 말한다.
② 꼬는 머리를 말한다.
③ 땋는 머리를 말한다.
④ 마는 머리를 말한다.

해 삭감시키는 머리는 커트이다.

정답 17 ① 18 ③ 19 ④ 20 ①

4일차

예상문제7

01 ★★ **업스타일의 단점은?**

① 아무 때나 할 수 있다.
② 격식있어 보인다.
③ 나이들어 보인다.
④ 화려하고 단아하다.

해 나이 들어 보이도록 업스타일을 하지 않는다.

02 ★★ **살롱 업스타일의 중요성으로 올바른 것은?**

① 내가 직접할 수 있는 드라이
② 한사람한테 시간을 많이 투자하여 스타일을 완성
③ 뱅과 웨이브를 내어 이미지에 맞게 디자인
④ 내가 만족하는 스타일 연출

해 고객이 원하는 이미지를 완성할 수 있어야 한다.

03 ★ **결혼식의 하객으로 갈 때 예의를 갖추려는 행동으로 올바르지 않은 것은?**

① 액세서리나 의사도 주인공보다 튀지 않게 한다.
② 헤어는 주인공보다 화려하지 않게 한다.
③ 주인공의 분위기나 메이크업보다 약하게 한다.
④ 주인공보다 키가 작아야 하기 때문에 다운된 머리만 한다.

04 ★★ **업스타일 조건 중 상황 조건에 해당하지 않는 것은?**

① 고객의 당일 역할　② 고객의 의상
③ 장소　④ 고객의 헤어 탄력 조건

해 고객의 머리 조건은 개인 조건이다.

05 ★★ **업스타일 모델의 조건으로 옳지 않은 것은?**

① 모발의 특성　② 주어진 환경
③ 집안 환경　④ 메이크업

06 ★★ **머리 묶기 위치선정으로 옳지 않은 것은?**

① G.P　② T.P
③ E.P　④ N.P

해 • G.P-골덴 포인트　• T.P-탑 포인트
• E.P-이어 포인트　• N.P-네이프 포인트

07 ★★★ **곱슬한 두발의 물결 모양이 아주 많은 웨이브는?**

① 버티컬 웨이브　② 내로우 웨이브
③ 와이드 웨이브　④ 섀도우 웨이브

해 내로우 웨이브는 폭이 좁기 때문에 물결 모양이 많다.

정답　01 ③　02 ③　03 ④　04 ④　05 ③　06 ③　07 ②

08 ★★ **백콤의 조건으로 적합한 머리 상태는?**

① 건조하고 손상 모발
② 웨이브가 전혀 없는 직모
③ 층이 없고 깨끗한 머릿결
④ 유분과 습기가 많은 모발

09 ★★ **쪽머리 등 웨이브 시농에 망을 이용하는 이유로 옳지 않은 것은?**

① 층머리 정리　② 견고성
③ 내추럴 분위기　④ 웨이브 용이

해 망을 이용하게 되면 내츄럴한 분위기를 낼 수 없다.

10 ★★ **핀닝의 종류로 옳은 것은?**

① (Y)크로스형　② 세로직선형
③ (+)크로스형　④ 가로직선형

해 핀닝의 종류로는 지그재그, 평행, 바느질, 다운 라운드, 가로 일자, 세로, 업라운드 꽂기 등이 있다.

11 ★ **업스타일 용어 중 머리를 브러시로 빗는 것을 뜻하는 것은?**

① 브러싱　② 브레이드
③ 백콤　④ 콤빙

해 백콤 - 거꾸로 빗질, 브레이드 - 땋기, 콤빙 - 빗질

12 ★ **연출의 편의를 위해 모발을 크게 구분하여 나누는 것은?**

① 베이스　② 블로킹
③ 섹션　④ 가르마

해 블로킹은 연출 전 편의를 위해 모발을 크게 구분하는 것이다.

13 ★★ **컬의 기점, 중심점에서 회전한다는 의미는?**

① 후대각　② 프론트
③ 피봇포인트　④ 전대각

해 피봇 포인트는 중심을 뜻한다.

14 ★★ **옛날 왕이 쓰는 위엄을 상징하는 용어로 전두부에서 후두부까지의 부분을 무엇이라고 하는가?**

① 크리에이트　② 크라운
③ 프론트　④ 크레스트

15 ★★ **셋 이상의 가닥으로 갈라 엮어서 한 가닥으로 표현하는 방법은?**

① 브레이드　② 꼬기
③ 겹치기　④ 블로킹

16 ★★★ **머리가 나기 시작하는 선이라는 뜻의 용어는?**

① 헤어라인　② 헤드라인
③ 헴라인　④ 헤비

해 **헴라인** : 머리가 나기 시작하는 선

정답　08 ①　09 ③　10 ④　11 ①　12 ②　13 ③　14 ②　15 ①　16 ③

17 ★★ 균형이 맞지 않은 상태라는 스타일 용어는?

① 파트　② 위그
③ 언밸런스　④ 밸런스

18 ★★★ 일반적으로 디자인에서 많이 사용하는 스템은?

① 아웃사이드 쉐이핑　② 업 스템
③ 스탠드 스템　④ 다운 스템

19 ★★★ 후두부에 튀어나온 뼈를 가르킴으로 후두부에 들어간 부분과 대응하는 곳의 이름은?

① 옥시피탈본　② 앙글레스
③ 앙상블　④ 어시메트리

20 ★ 고무줄이나 끈으로 묶어 고정하는 테크닉은?

① 와인딩　② 밴딩
③ 롤링　④ 콤빙

정답 17 ③ 18 ③ 19 ① 20 ②

PART 5
:5일차

1. 공중보건

2. 소독

3. 공중위생관리법규(법, 시행령, 시행규칙)

SECTION 01

공중보건

1. 공중보건 기초

1) 공중보건학

(1) 정의

① 미국의 윈슬로우 보건학 교수는 "조직적인 지역사회의 노력에 의하여 질병을 예방하고 수명을 연장시키며, 신체적, 정신적 효율을 증진시키는 기술이며 과학이다"라고 정의

② 특정 개인이 아닌 지역사회 전체 주민을 대상 또는 전 국민의 보건을 향상 시키는 것

공중 보건학	지역사회 주민 전체
의학	개인, 가족

(2) 목적

질병 예방, 수명연장, 신체적, 정신적 효율 증진

(3) 범위

① **환경관리 분야**: 환경위생, 식품위생, 산업보건

② **질병관리 분야**: 역학, 감염병 관리, 기생충 질병관리, 만성 질환 관리

③ **보건관리 분야**: 보건행정, 보건영양, 인구보건, 가족보건, 모자보건, 학교보건, 보건교육, 보건통계

2. 질병관리

1) 건강과 질병

(1) WHO(세계 보건기구)에서 정의하는 건강의 정의

건강이란 단순히 질병이 없거나 허약하지 않은 상태만을 의미하는 것이 아니라 육체적, 정신적, 사회적으로 안녕한 상태를 의미

(2) 질병의 정의

① **정의**: 인체의 전부 또는 일부가 일차적 또는 계속적으로 장애를 일으켜 정상적인 기능을 할 수 없는 상태를 의미

② **질병 발생의 3 요인**: 병인, 숙주, 환경

병인	직접적인 질병 요인	세균, 곰팡이, 기생충, 바이러스
숙주	숙주의 감수성 및 면역력에 따른 요인	직업 환경, 직업, 영양 상태
환경	외적인 요인	계절, 사회 환경, 경제수준

3. 가족 및 노인보건

1) 인구구성

(1) 인구 조사

① 인구 형태

피라미드형 인구증가형	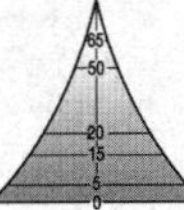	출생률이 높고 사망률이 낮음(후진국형) (14세 이하 인구가 65세 이상 인구의 2배를 초과)
종형 인구정지형	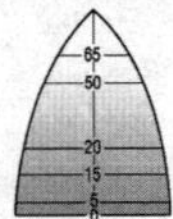	출생률과 사망률이 모두 낮음(선진국형) (14세 이하 인구가 65세 이상 인구의 2배 정도)
항아리형 인구감소형	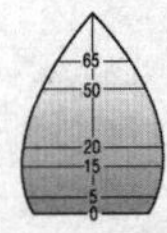	출생률보다 사망률이 낮음 (14세 이하 인구가 65세 이상 인구의 2배 이하)
별형 도시형	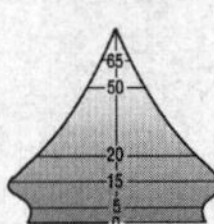	생산층 인구가 도시로 유입되어 생산연령이 전체인구의 1/2 이상임 (15~49세 인구가 전체 인구의 50% 초과)
표주박형 농촌형	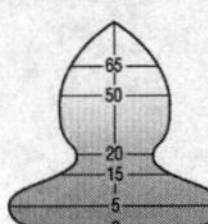	생산층 인구가 농촌으로 유출되어 생산연령이 전체인구의 1/2 이하임 (15~49세 인구가 전체 인구의 50% 미만)

② **인구의 정의**

일정한 기간과 지역에 생존하고 집단

③ **인구 조사**

ㄱ.**인구조사**:5년마다 실시하며 우리나라는 1825년에 처음 실시

ㄴ.**인구정태**:어느 한순간의 인구의 크기, 분포, 밀도 구조

ㄷ.**인구동태**:일정 기간에 있어서 인구가 변동하는 것 출생률, 사망률, 이혼률

④ **인구의 증가**

ㄱ.자연증가=출생인구-사망인구

ㄴ.사회증가=전입인구-전출인구

ㄷ.인구증가=자연증가+사회증가

⑤ **인구문제**

ㄱ.**3P**:인구(population), 빈곤(poverty), 공해(pollution)

ㄴ.**3M**:기아(Malnutrition), 질병(Morbidity), 사망(mortality)

인구의 과잉 증가	빈곤, 실업
인구의 과잉 감소	노동력 감소, 경제 발전 저하

⑥ **가족 계획**

ㄱ.우리나라의 가족제도는 1961년 대한 가족계획협회의 발족과 함께 시작

ㄴ.가족 계획의 구체적인 내용은 결혼 조절, 초산 연령 조절, 출생 간격 조절, 출생 횟수 조절, 출산 계획 조절, 임신 중 태아 관리 및 출산 전, 후의 모성 관리, 영유아의 건강관리

ㄷ.초산은 빠를수록 좋으며 노산의 경우에는 산모와 태아 모두의 건강에 좋지 않다.

ㄹ.피임은 영구적 피임법, 일시적 피임법이 있다.

ㅁ.결혼이나 출산에 의한 가족 사항을 계획하고 낳고 싶을 때 자녀를 낳아 기르는 것에 대한 계획

⑦ **노인 보건**

ㄱ.일반적으로 65세 이상의 어른들을 노인

ㄴ.**노령화 사회의 문제**:빈곤, 건강, 역할상실, 외로움

ㄷ.노인복지는 퇴직 후의 생계보장, 경로우대, 생업 지원 세제 혜택, 시설 복지

(2) 사망통계

① **조사망률**

인구 1,000명당 1년 동안의 사망자 수

② **영아 사망률**

ㄱ.한 국가의 보건수준을 나타내는 지표

ㄴ.생후 1년 안에 사망한 영아의 사망률

③ **비례사망지수**

ㄱ.한 국가의 건강수준을 나타내는 지표

ㄴ.총 사망자 수에 대한 50세 이상의 사망자 수를 백분율로 표시한 지수

- 한 국가나 지역사회 간의 보건수준을 비교하는 데 사용되는 3대 지표
  ✓ 영아사망률, 비례사망지수, 평균수명
- 한 나라의 건강수준을 다른 국가들과 비교할 수 있는 지표로 세계보건기구가 제시한 내용
  ✓ 비례사망지수, 조사망률, 평균수명

4. 환경보건

1) 환경보건

(1) 환경보건 정의

① **WHO 환경위생의 정의**

건강이란 단순히 질병이 없고 허약하지 않은 상태만을 의미하는 것이 아니라 육체적, 정신적 건강과 사회적 안녕이 완전한 상태를 의미한다.

자연적 환경	공기, 물, 토지, 동식물
인위적 환경	의, 식, 주
사회적 환경	정치, 경제, 교육, 인구

② **기후**:3대 요소(기온, 기습, 기류)

ㄱ.**기온**

- 실내의 적정온도는 18±2℃
- 기온의 조건은 기온, 기습, 기류, 복사열
- 적정체온은 36.5℃
- 기온의 측정은 실내에서는 1m 높이에서 측정하고 야외에서는 1.5m에서 측정

ㄴ.**기습**

- 적정 습도는 40~70%의 습도
- 80% 이상일 때 불쾌감을 느낌

ㄷ.**기류**

공기의 흐름(환기에 의한 조절)

③ 공기

ㄱ. 정상 공기 성분

이산화탄소(CO_2)	• 실내공기 오염의 지표 • 무색무취의 약산성 가스 • 화산 폭발 등으로 인한 지구 온난화의 주된 원인
산소(O_2)	• 생명체의 호흡에 필수적인 기체 • 건강한 성인의 산소량은 600ℓ • 14% 이하면 호흡곤란, 5% 이하면 질식사
질소(N_2)	• 공기의 4/5를 차지함 • 무색무취 • 잠함병의 원인

ㄴ. 공기의 유해 성분

일산화탄소(CO)	• 무색무취의 맹독성 가스 • 신경기능 장애 발생 • 경련, 실신, 마비, 사망까지도 일으킴 • 물체의 불완전 연소 시 많이 발생 • 혈중 헤모글로빈의 친화성이 산소에 비해 약 300배 정도로 높아 중독 시 신경이상 증세
아황산가스(SO_2)	• 대기오염의 지표 • 공기보다 무겁고 자극성 취기가 있음
군집독	• 실내에 다수 인이 밀집되어 있을 때 오염된 실내공기로 인해 환기가 불충분하여 불쾌감, 권태, 현기증, 구토, 식욕 저하 등의 증상을 일으키는 것

④ 대기오염 : 대기상의 환경오염

기온역전	• 주로 지형이 낮은 곳에서 나타나는 현상 • 상공으로 갈수록 기온이 내려가는 것이 원칙이나 반대로 상공으로 올라갈수록 기온이 올라가는 현상
열섬현상	• 도심의 기온이 교외보다 높아지는 현상 • 산업화와 도시화가 급속히 진행되면서 발생
온실효과	• 온실효과를 일으키는 가스 입자에 의하여 지구 표면과 대류권이 더워지는 현상
산성비	• 비가 공기 중에 이산화탄소를 많이 흡수하여 만들어진 비

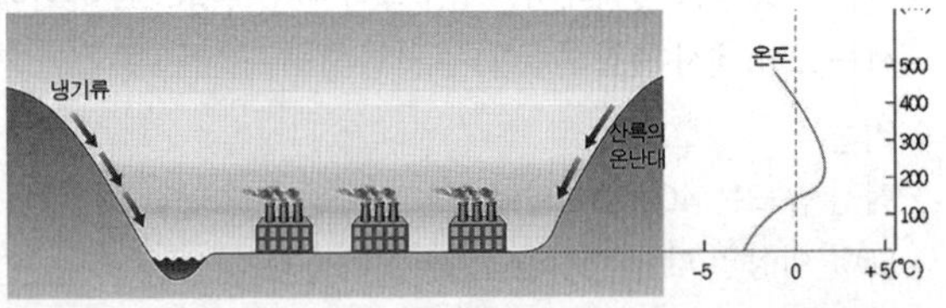

기온역전현상

⑤ 수질오염

인간의 활동으로 생물학적, 물리적, 화학적으로 수질이 악화된 상태

ㄱ. 상수 오염의 지표

• 상수 오염의 대표적인 지표는 대장균 수 측정 방법

• 그 외의 방법으로 수소이온농도, 용존산소, 생화학적 산소요구량, 부유물질 질소화합물 등

ㄴ. 하수 오염의 지표

• BOD(생물학적 산소요구량) biochemical oxygen demand

✓ 호기성 미생물이 일정 기간동안 물속에 있는 유기물을 분해할 때 사용하는 산소의 양

• DO(용존산소) dissolved oxygen

✓ 물속에 용해해 있는 산소의 양

• COD(화학적 산소 요구량) chemical oxygen demand

✓ 화학적으로 분해 가능한 유기물을 산화시키기 위해 필요한 산소의 양

≪ 상수도의 정수 과정

침전 - 여과 - 염소소독 - 배수 - 가정

⑥ 주거환경

ㄱ. 주택 조건

• 방향은 동남향, 남향, 동서향이 좋다.

• 일광, 채광, 통풍이 잘 되어야 한다.

• 교통이 편리하고 주변의 환경오염원이 없어야 한다.

• 1인당 면적이 10제곱미터 이상은 되어야 한다.

ㄴ. 조명

• 작업장의 조명은 75룩스 이상, 정밀 작업 시 200룩스 이상이 좋다.

• 창문의 면적은 바닥면적의 1/5~1/7정도가 좋으며 입사각은 28도 이상이 좋다.

• 직접조명, 간접조명, 반간접 조명 중 간접조명이 눈을 보호 하는데 가장 좋다.

자연 독

식물성	독버섯	무스카린
	감자	솔라닌
동물성	복어	테트로도톡신
	조개	베네루핀

5. 식품위생과 영양

1) 정의

식품위생은 식품, 첨가물, 기구 또는 용기, 포장을 대상으로 하는 음식에 관한 위생, 주로 단백질의 부패로 일어남

(1) 식중독

식품의 섭취에 연관된 인체에 유해한 미생물 또는 미생물이 만들어내는 독소에 의해 발생한 것이 의심되는 모든 감염성 또는 독소형 질환

세균성 식중독	감염형	살모넬라균, 장염, 병원성 대장균
	독소형	황색포도상구균, 보툴리누스균, 웰치균
자연 독 식중독	식물성	감자, 독버섯
	동물성	복어, 조개

① **세균성 식중독**

- 여름과 초가을에 주로 발생
- 식품을 통한 인체 감염
- 잠복기가 짧다.
- 2차 감염이 거의 없다.
- 설사, 복통, 구토, 메스꺼움, 발열 등의 증상을 나타냄

ㄱ.감염형

살모넬라	급성위장염의 증상을 보임	6~48시간
장염	여름철 어패류 생식이 원인	1~26시간
병원성 대장균	병원성 대장균에 오염된 식품이 원인	10~30시간

ㄴ.독소형

황색포도상구균	• 육류, 우유, 김밥, 도시락 등이 원인 • 복통, 구토, 설사 등의 증상	1~5시간
보툴리누스균	• 식중독 치사율이 가장 높음 • 육류 소세지, 통조림, 밀봉 식품 등 중추신경 마비 • 신경 독소가 원인균	8~36시간
웰치균	• 열에 강해 가열된 조리 음식에서 발생	6~18시간

(2) 병원소

병원체가 증식하여 다른 개체에 감염될 수 있는 상태로 저장되는 장소

① **보균자**

건강 보균자	• 병원체에 감염되었지만 건강하여 증상은 없으나 체외로 배출하고 있는 상태의 보균자 • 전염병 관리에 가장 어려운 대상(코로나19 바이러스)
잠복기 보균자	• 병원체에 감염되어 있지만 임상 증상이 아직 나타나지 않은 상태의 보균자
회복기 보균자	• 병원체에 감염되어 치료받아서 나아지고 있지만 아직 병원체가 남아있는 보균자

(3) 면역

생체 내부 환경이 외부인자인 항원에 대하여 방어하는 현상이고 태어날 때 타고 나는 선천적 면역과 후천적으로 길러지는 후천적 면역이 있음

① **후전적 면역**

능동면역	자연능동	감염병에 감염 된 후 형성되는 면역
	인공능동	예방접종으로 얻어지는 면역
수동면역	자연수동	모체로부터 태반이나 수유를 통해 형성되는 면역
	인공수동	인공 제제를 접종하여 형성되는 면역

ㄱ.인공능동면역

- 예방접종으로 얻어지는 면역

생균백신	• 미생물을 살아있는 상태로 제조한 백신 • 결핵, 홍역, 폴리오
사균백신	• 화학약품이나 가열 등의 처리에 의한 죽은 상태의 백신 • 장티푸스, 콜레라, 백일해 등
순화독소	• 예방접종 중 세균의 독소를 순화하여 사용 • 파상풍 디프테리아

6. 보건 행정

1) 정의

국민이 심신의 건강을 유지함과 동시에 적극적으로 건강증진을 도모하도록 돕는 보건정책을 목표로 하는 공적인 행정 활동

2) 보건 행정의 범위

- 보건 관계 기록의 보존
- 보건교육
- 의료
- 보건 간호
- 환경위생
- 감염병 관리
- 모자보건

3) 보건 행정기관

일반 보건 행정	보건복지부	www.mohw.go.kr
학교 보건 행정	교육과학기술부	www.moe.go.kr
근로 보건 행정	노동부	www.moel.go.kr

4) 보건소

보건 행정의 합리적인 운영과 국민 보건의 향상을 도모하기 위하여 전국의 시·군·구 단위에 설치된 보건 행정의 말단 기관

① 국민 건강증진 및 감염병 예방관리

② 환경위생과 산업보건

③ 약에 대한 지도

④ 지역주민의 진료

5) 사회 보장 제도

사회 구성원이 생활의 곤궁에 처하게 될 경우 삶의 질 향상을 위해 공공의 재원으로 최저 생활을 보장해 주는 제도

2020년 이후 개정된 부분

(1) 법정 감염병의 분류

① 1급 감염병(17종) 즉시 신고

생물테러 감염병 또는 치명률이 높거나 집단 발생 우려가 커서 발생 또는 유행 즉시 신고하고 음압 격리가 필요한 감염병

에볼라 바이러스, 마버그열, 라싸열, 크리미안콩고 출혈열, 남아메리카 출혈열, 리프트밸리열, 두창, 페스트, 탄저, 보튤리늄 독소증, 야토병, 신종감염병 증후군, 중증급성호흡기증후군(sars), 중동호흡기증후군(메르스), 동물인플루엔자 인체 감염증, 신종인플루엔자, 디프테리아

② 2급 감염병(20종) 24시간이내 신고

전파 가능성을 고려하여 발생 또는 유행 시 24시간 이내에 신고하고 격리가 필요한 감염병

결핵, 수두, 홍역, 콜레라, 장티푸스, 파라티푸스, 세균성 이질, 장출혈성대장균감염증, A형간염, 백일해, 유행성이하선염, 풍진, 폴리오,수막구균 감염증, B형 헤모필루스, 폐렴구균 감염증, 한센병, 성홍열, 반코마이신내성 황색포도알균감염증, 카바페넴내성 장내세균 속균종감염증

③ 3급 감염병(26종) 24시간 이내 신고

발생 또는 유행 시 24시간 이내에 신고하고 발생을 계속 감시할 필요가 있는 감염병

파상풍, B형간염, 일본뇌염, C형간염, 말라리아, 레지오넬라증, 비브리오패혈증, 발진티푸스, 발진열, 쯔쯔가무시증, 랩토스피라증, 브루셀라증, 공수병, 신증후군출혈열, 후천성면역결핍증, 크로이츠펠트야콥병 및 변종크로이츠야콥병, 황열, 뎅기열, 큐열, 웨스트나일열, 라임병, 진드기매개뇌염, 유비저, 차쿤구니야열, 중증열성혈소판감소증후군, 지카바이러스감염병

④ 4급 감염병(23종) 7일 이내 신고

제1급~3급 감염병 외에 유행 여부를 조사하기 위해 표본감시 활동이 필요한 감염병

인플루엔자, 매독, 회충증, 편충증, 요충층, 간흡충증, 폐흡충증, 장흡충증, 수족구병, 임질, 클라미디아감염증, 연성하감, 성기단순포진, 첨규콘딜롬, 반코마이신내성장알균감염증, 메티실린내성황색포도알균감염증, 다제내성녹농균감염증, 다제내성아시네토박터바우마니균, 장관감엽증, 급성호흡기감염증, 해외유입기생충감염증, 엔테로바이러스감염증, 사람유두종바이러스 감염증

SECTION 02

소독

1. 소독의 정의 및 분류

1) 소독 : 멸균, 살균, 소독, 방부

(1) 정의

① 소독 : 병원성 미생물의 생활력을 파괴하여 감염력을 없애는 것(비교적 약한 소독법)

② 멸균 : 병원성 미생물 또는 비병원성 미생물 및 포자를 가진 것 전부 제거

③ 살균 : 생활력이 있는 미생물을 여러 가지 방법으로 급속히 죽이는 것

④ 방부 : 병원성 미생물의 발육을 정지시켜 부패나 발효를 방지하는 것

(2) 소독작용

① 소독제의 구비 조건

ㄱ.살균력이 강하고 인체에 무해 해야 한다.

ㄴ.경제적이고 사용법이 간단해야 한다.

ㄷ.기계나 기구를 부식 시키지 말아야 한다.

ㄹ.효과가 빠르고, 살균 소유시간이 짧아야 한다.

ㅁ.구입이 간편하고 안정적이어야 한다.

ㅂ.용해성이 높아야 한다(물에는 잘 녹아야 하며 기름이나 알코올에는 잘 녹지 않아야 함).

② 소독제의 보관

ㄱ.소독제는 개봉 후 바로 사용하는 것이 좋으며 부득이한 경우 냉암소에 밀봉 상태로 보관하는 것이 좋다.

ㄴ.소독제는 종류에 따라 분리하여 기록하고 보관하며 특히 독성이 강한 소독약은 염색을 한 뒤 위험 표시 후 보관해야 한다.

③ 소독의 영향

소독은 온도가 높을수록, 농도가 진할수록, 시간이 길수록, 내용물이 적을수록 소독의 효과가 높아진다.

④ 살균작용의 기전

ㄱ.**산화작용** : 과산화수소, 염소, 오존, 과망간산칼륨, 벤조일퍼옥사이드

ㄴ.**침투작용** : 석탄산, 알코올, 역성비누

ㄷ.**응고작용** : 석탄산, 크레졸, 승홍수, 포르말린, 알코올

ㄹ.**가수분해작용** : 강산, 강알칼리, 중금속

2. 미생물총론

1) 정의 : 매우 작아 육안으로 볼 수 없는 아주 작은 생물의 총칭

2) 미생물

(1) 미생물의 분류

병원성 미생물	몸속에 침투하여 병적인 반응을 일으키는 미생물	매독, 결핵, 대장균, 콜레라
비병원성 미생물	몸속에 침투하여 병적인 반응을 일으키지 않는 미생물	곰팡이, 발효균, 유산균

(2) 미생물의 발육요인

① 온도 : 미생물의 성장과 사멸에 가장 큰 영향을 미치는 환경요인

② 습도 : 습도가 높으면 세균 번식율이 높고 건조하면 휴지 상태로 변함

③ 영양분 : 미생물의 영양물질은 질소원, 탄소원이며 부족하면 증식이 정지

④ 산소

호기성균	반드시 산소를 필요로 함	결핵, 백일해, 디프테리아
혐기성균	산소를 필요로 하지 않음	보튤라누스, 파상풍균
통성혐기성균	산소가 있으면 더 증식이 잘됨	대장균, 포도상균, 살모넬라

⑤ pH : 대부분 미생물은 약 알칼리성에서 증식한다.

3. 병원성 미생물

1) 병원성 미생물의 분류

세균	살아있는 균으로 증식이 빠름	구균, 간균, 나선균
바이러스	가장 작은 크기의 미생물	홍역, 뇌염, 폴리오, 간염, 인플렌자
리케차	세균과 바이러스의 중간크기	참호열, 큐열
진균	피부병을 유발	무좀, 백선

4. 소독방법

1) 물리적 소독

(1) 건열멸균법

① 소각법

ㄱ.불에 태워 멸균하는 방법으로 가장 쉽고 안전한 방법

ㄴ.객담이 묻은 휴지나 1급 감염병 환자의 배설물 등을 처리하는 방법

② 화염멸균법

불에 직접 20초 이상 가열하는 방법으로 금속, 유리, 도자기류 소독에 적합

③ 건열멸균법

ㄱ.공기를 밀폐시켜 건조한 상태에서 170℃에서 1시간 정도 열처리를 하는 방법

ㄴ.유리, 금속, 거즈, 글리세린, 바세린 소독에 적합

(2) 습열멸균법

① 자비소독법(열탕)

ㄱ.100℃의 끓는물에 20분간 가열하는 방법

ㄴ.탄산나트륨 1~2%, 석탄산 5%, 크레졸 3%, 붕산 1~2%를 넣으면 소독력이 좋아지고 금속이 녹 쓰는 것을 방지

ㄷ.날카로운 제품은 날이 무뎌질 수 있으므로 자주 하지 않는 것이 좋다.

ㄹ.유리제품은 찬물일 때부터 넣고 소독해야 깨지지 않고 금속제품은 끓기 시작한 후에 넣어야 얼룩이 생기지 않는다.

ㅁ.소독법이므로 무균상태로 되지않고 B형간염과 아포형성균에는 효과가 없다.

ㅂ.이·미용실 수건 소독에 가장 많이 쓰는 소독법이다.

② 간헐멸균법

ㄱ.100℃에서 30분간 24시간 간격으로 3회 실시(반복실시)

ㄴ.고압증기 멸균에 의해 파괴될 위험이 있는 물품 멸균 시 사용

ㄷ.아포를 형성하는 세균소독에 적합

③ 고압증기멸균법

ㄱ.아포를 포함한 모든 미생물을 사멸해주는 방법으로 가장 빠르고 효과적인 방법

ㄴ.120℃에서 20분간 소독

ㄷ.10파운드일 때 30분간, 20파운드일 때 15분간, 30파운드일 때 10분간

ㄹ.대량의 물품 소독이 가능하지만 수증기가 통과하므로 물에 녹는 물질에는 적당하지 않다.

④ 저온살균법

ㄱ.65℃에서 30분간 살균하는 방법

ㄴ.프랑스의 파스퇴르에 의해 고안되었으며 우유 살균에 사용

2) 열을 이용하지 소독법

(1) 자외선소독법

ㄱ.냄새가 없지만 표면 소독용으로 내부까지는 소독되지 않는다.

ㄴ.영업소의 브러쉬, 빗, 가위 등의 소독에 많이 사용

(2) 여과법

① 세균여과기를 통해서 세균을 제거하는 방법

② 바이러스 같이 크기가 작은 것은 제거하지 못한다.

③ 열에 의해 변성되거나 불안정한 액체의 멸균에 주로 이용

(3) 초음파 소독

① 초음파발생기로 10분간 소독하는 방법

② 나선균 소독에 적합한 방법

3) 화학적 소독

화학물질을 이용하여 소독하는 방법으로 보통 3%에 10분을 기준으로 사용

(1) 석탄산(페놀)

① 석탄산 3%에 물 97%를 사용해서 10분간 소독하는 방법

② 소독제의 평가 기준으로 사용

③ 금속 부식성

④ 넓은 지역 방역용 소독제로 사용

> « 석탄산계수
> - 소독력을 비교하기 위해 사용
> - 어떤 석탄산계수가 2.0이면 살균력이 석탄산보다 2배 높다는 의미
>
> $$석탄산계수 = \frac{소독액의\ 희석\ 배수}{석탄산의\ 희석\ 배수}$$

(2) 크레졸

① 크레졸비누액 3%에 물 97%를 사용해서 소독하는 방법

② 손소독은 1~2%, 이미용실 바닥 청소는 10%를 사용

③ 소독력이 강하여 모든 세균소독에 강하나 바이러스에는 효과가 적다.

④ 피부, 의류, 침구, 오물, 고무, 플라스틱, 브러시, 변기 등의 소독에 사용

(3) 알코올(에틸알코올, 에탄올)

① 알코올 70%에 물 30%일 때 소독효과가 상승한다.

② 알코올은 에틸 알코올과 메틸 알코올로 나누어지며 에틸 알코올은 흔히 알고 있는 소주의 주 원료로 인체에 해가 적고 식용으로 쓰일 정도로 비교적 약한 소독액이다.

③ 아포세균과 사상균에는 효과가 적고 휘발성이 있으므로 보관상 주의가 필요하다.

④ 피부, 칼, 가위, 유리제품 소독에 적합하고 탈지면에 묻혀서 닦아 주며 소독한다.

(4) 승홍수

① 0.1%의 승홍수에 99.9%의 물을 사용한다.

② 금속 부식성이 있어 금속 소독에는 부적합하다.

③ 무색, 무취이며 맹독성이 강하므로 보관상 주의가 필요하다.

④ 피부소독은 가능하지만 상처가 있는 피부소독은 절대금지

(5) 역성비누

① 주로 3%의 수용액에 30초간 사용

② 일반 비누는 세정력이 높고 살균력이 적고, 역성 비누는 세정력이 적고 살균력이 높다(혼용 시 효과가 떨어지므로 따로사용).

③ 주로 공공 기관의 손소독제로 사용

④ 피부, 기구, 식기 소독에 적합

(6) 염소

① 0.5ppm 음용수 소독에 사용

② 살균력이 강하고 자극적인 냄새와 부식성이 있어 주로 상수, 하수 등과 같은 물을 소독하는 용도 이외에는 사용하지 않는다.

③ 주로 수돗물, 수영장 소독에 사용

④ 음용수 소독에 적합

(7) 생석회

① 주로 20%의 수용액으로 사용

② 산화칼슘이 98% 함유된 백색의 가루 형태

③ 주로 야외 공중 화장실 소독제로 사용

④ 분변, 토사물, 쓰레기통 소독에 적합

(8) 과산화수소

① 주로 3% 수용액으로 사용

② 무색이며 냄새가 거의 없음

③ 주로 구강세척제로 사용

④ 상처 피부, 구내염, 인두염에 적합

(9) 포르말린

① 주로 36% 수용액으로 사용

② 훈연소독용으로 수증기와 동시에 혼합하여 사용

③ 주로 병원 무균실에 사용

④ 실내 소독, 서적, 플라스틱, 고무제품 소독에 적합

(10) E.O가스(에틸렌 옥사이드)

① 50도에서 주로 사용

② 고압증기 멸균법에 비해 고가이며 장기간 보관이 용이

③ 수용액 상태나 가스 형태로 사용

④ 플라스틱 고무제품 소독에 적합

(11) 오존

염소와 함께 물의 살균 소독용으로 적합

5. 분야별 위생 · 소독

1) 대상물에 따른 소독 방법

대소변, 배설물, 토사물	소각법, 석탄산수, 크레졸수, 생석회
의복,침구류	자비소독, 크레졸수, 석탄산수
도자기류, 나무제품	석탄산수, 크레졸수, 승홍수, 증기, 자비
음용수, 수돗물, 상하수	염소, 오존
고무, 모피, 피혁, 철기	석탄산수, 크레졸수, 퍼르말린수
미용실 기구 소독	석탄산수, 크레졸수, 에탄올
미용실 실내 소독	크레졸, 포르말린
작업자의 손 소독	역성비누, 석탄산수, 크레졸수
수건 소독	자비소독, 증기소독, 고압증기

(1) 농도 표시 방법

소독약이 고체인 경우 소독약 1g을 100cc의 물에 녹이면 1%의 수용액 1%의 용액을 100배 수용액

① **퍼센트** : 용액 100g/ml 속에 포함된 용질의 양

② **퍼밀리** : 용액 1000g/ml 속에 포함된 용질의 양

③ **피피엠** : 용액 100만g/ml 속에 포함된 용질의 양

SECTION 03

공중위생관리법규 (법, 시행령, 시행규칙)

1. 목적 및 정의

1) 공중위생관리법

(1) 목적

공중이·미용은 영업의 위생관리 등에 관한 사항을 규정함으로써 위생 수준을 향상시켜 국민의 건강증진에 기여

(2) 정의

① 공중위생영업은 여러 사람을 대상으로 위생관리 서비스를 제공하는 영업으로 숙박업, 목욕장업, 이·미용업 세탁업, 건물위생관리업을 말한다.

② 미용업 손님의 얼굴, 머리, 피부 등을 손질하여 손님의 외모를 아름답게 꾸미는 영업을 말한다.

③ 이용업 손님의 머리카락 또는 수염을 깎거나 다듬는 등의 방법으로 손님의 용모를 단정하게 하는 영업을 말한다.

2. 영업의 신고 및 폐업

1) 영업 신고

(1) 영업의 신고(시장, 군수, 구청장)

① 공중위생영업을 하고자 하는 자는 공중위생영업의 종류별로 보건복지부령이 정하는 시설 및 설비를 갖추고 시장, 군수, 구청장에게 신고

② 영업 신고를 하려는 자는 영업 시설 및 설비개요서, 면허증 원본, 영업 전 위생교육 필증을 준비

③ 신고를 받은 시장, 군수, 구청장은 건축물대장, 토지이용계획확인서, 전기안전 확인서를 확인하고 즉시 영업신고증을 교부

④ 영업신고증을 발급받고 나면 관할세무소에서 사업자등록증을 발급

⑤ 신고를 받은 시장, 군수, 구청장은 30일 이내에 해당 영업소의 확인

(2) 변경 신고(시장, 군수, 구청장)

① 보건복지부 장관이 정하는 중요한 사항에 해당되는 경우 변경 신고

ㄱ.영업자의 명칭 또는 상호

ㄴ.영업소의 소재지

ㄷ.신고한 영업장 면적의 3분의 1 이상의 증감

ㄹ.대표자의 성명 또는 생년월일

ㅁ.미용업 업종 간 변경

② 변경 신고 시 제출 서류

ㄱ.영업신고증

ㄴ.변경증명 서류

(3) 폐업 신고(시장, 군수, 구청장)

공중위생영업을 폐업하려는 영업자는 폐업한 날로부터 20일 이내에 시장, 군수, 구청장에게 신고하여야 한다. 단 영업정지 기간 중에는 폐업 신고를 할 수 없다.

2) 영업 승계

(1) 영업의 승계(시장, 군수, 구청장)

① 양수 양도의 경우 양도 양수 확인 서류 및 인감증명서를 제출

② 상속 승계의 경우 가족관계증명서 및 상속인을 증명할 수 있는 서류를 제출

③ 승계는 면허 소지자에 한해 가능

④ 공중위생영업자의 지위를 승계 한자 30일 이내에 시장, 군수, 구청장에게 신고

3. 영업자 준수사항

1) 위생관리 의무

공중위생 영업자는 그 이용자에게 건강상 위해 요인이 발생하지 아니하도록 영업시설 및 설비를 위생적이고 안전하게 관리

2) 영업자의 준수사항

① 미용 기구는 소독을 한 기구와 소독을 하지 아니한 기구로 분리하여 보관
② 면도기는 1회용 면도날을 손님 1인에 한하여 사용
③ 영업소 내부에 미용업 신고증 및 개설자의 면허증 원본을 게시
④ 점 빼기, 귓불 뚫기, 쌍꺼풀 수술, 문신, 박피술 등의 의료 행위 금지
⑤ 영업장 안의 조명은 75룩스 이상이 되도록 유지
⑥ 영업소 내부에 최종지불 요금표를 게시 또는 부착

3) 시설 및 설비기준

① 미용 기구는 소독을 한 기구와 소독을 하지 않은 기구를 구분하여 보관할 수 있는 용기를 비치
② 소독기, 자외선 살균기 등 미용 기구를 소독하는 장비를 구비
③ 작업장소, 응접 장소, 상담실 등을 분리하기 위해 칸막이를 설치할 수 있으나 설치된 칸막이에 출입문이 있는 경우 출입문의 1/3이상을 투명하게 해야 함

4. 면허

1) 이미용사의 면허

(1) 면허 발급 대상자

① 전문대학 또는 이와 동등한 이상의 학력이 있다고 교육부 장관이 인정하는 학교에서 이용 또는 미용에 관한 학과를 졸업한 자
② 대학 또는 전문대학을 졸업한 자와 동등 이상의 학력이 있는 것으로 인정되어 이용 또는 미용에 관한 학위를 취득한 자
③ 고등학교 또는 이와 동등의 학력이 있다고 교육부 장관이 인정하는 학교에서 이용 또는 미용에 관한 학과를 졸업한 자
④ 교육부 장관이 인정하는 고등기술학교에서 1년 이상 이용 또는 미용에 관한 소정의 교육을 이수한 자
⑤ 국가기술자격 법에 의해 이용 또는 미용사의 자격을 취득한 자

(2) 면허를 받을 수 없는 자

① 피성년후견인
② 정신질환자
③ 감염병 환자(비전염성인 경우는 제외)
④ 약물 중독자

(3) 면허 취소(보건복지부령)

① 시장, 군수, 구청장은 면허를 취소하거나 6월 이내의 기간을 정하여 면허를 정지
ㄱ.면허를 받을 수 없는 경우로 변한 경우
ㄴ.자격이 취소된 경우
ㄷ.이중으로 면허를 취득 시 나중에 취득한 면허 취소
ㄹ.면허증을 대여했을 시 3차 위반
ㅁ.면허정지 기간 중 업무를 행한 경우
ㅂ.성매매 알선 등의 행위 또는 음란행위를 하게 하거나 이를 알선 또는 제공한 경우 2차 위반 시

(4) 면허증 재교부(시장, 군수, 구청장)

① 면허증의 재교부를 받을 수 있는 경우
ㄱ.기재 사항이 변경되었을 때
ㄴ.분실 또는 헐어 사용하지 못하게 되었을 때
② 면허증 재교부 신청 시 필요한 서류
ㄱ.면허증 원본
ㄴ.최근 6개월 이내에 찍은 사진
③ 분실한 면허증을 찾았을 시 지체 없이 시장, 군수, 구청장에게 반납

5. 업무

1) 미용사의 업무

(1) 업무

① 미용사의 업무를 하려는 자는 반드시 면허를 취득하여야 함
② 미용사의 감독을 받아 업무의 보조를 행하는 경우에는 그러하지 아니함

③ 업무 보조의 범위

ㄱ.작업 전 사전 준비작업

ㄴ.기구, 제품 등의 관리 작업

ㄷ.위생관리 작업

ㄹ.그 외 머리 감기 등 업무의 조력에 관한 작업

④ 영업소 이외의 장소에서는 이·미용 업무를 행할 수 없다. 단, 보건복지부령이 정하는 특별한 경우에는 그러하지 아니하다.

ㄱ.질병으로 이나 그 밖의 사유로 영업소에 나올 수 없는 자

ㄴ.혼례나 그 밖의 의식에 참여하는 자

ㄷ.사회복지 시설에서 봉사 활동으로 업무를 하는 경우

ㄹ.방송 등의 촬영에 참여하는 경우

ㅁ.기타 특별한 사정이 있다고 시장, 군수, 구청장이 인정하는 경우

⑤ 미용사의 세부 업무

미용	파마, 머리카락 자르기, 머리카락의 모양을 내기, 두피 손질, 머리카락 염색, 눈썹 손질	미용실, 염색방, 커트 전문점,
피부	피부 상태분석, 피부 관리, 제모, 눈썹 손질	피부관리실, 왁싱샵
메이크업	손질 얼굴 및 신체의 화장, 분장 및 눈썹 손질	속눈썹 샵, 웨딩샵
네일	손톱, 발톱 손질	네일샵

6. 행정지도 감독

1) 영업소 보고 및 출입 검사

① 시, 도지사 또는 시장, 군수, 구청장은 공중위생관리 상 필요하다고 인정하는 때에는 필요한 보고를 하게 하거나 검사하거나 서류를 열람

② 관계 공무원은 그 권한을 표시하는 증표를 지니고 보여야 함

2) 영업의 제한(시, 도지사 및 시장, 군수, 구청장)

공익상 또는 선량한 풍속을 유지하기 위해 필요, 인정하는 때에는 공중위생 영업자 및 종업원에 대하여 영업시간, 영업행위에 관한 제한

3) 개선명령(시, 도지사 또는 시장, 군수, 구청장)

(1) 보건복지부령으로 개선명령을 명

① 시설 및 설비기준을 위반한 자

② 위생관리 의무를 위반한 자

(2) 즉시 개선을 명하거나 6개월범위 내에서 개선을 명

4) 영업소 폐쇄

① 다음에 해당하는 경우 6월 이내의 기간을 정하여 영업을 정지하거나 일부 시설의 사용을 중지하거나 영업소 폐쇄

ㄱ.영업소 신고를 하지 아니하거나 시설과 설비기준을 위반

ㄴ.변경 신고를 하지 아니한 경우

ㄷ.지위 승계 신고를 하지 않은 경우

ㄹ.위생 관리의무를 지키지 아니한 경우

ㅁ.영업소 이외의 장소에서 영업한 경우

ㅂ.보고를 하지 아니하거나 관계 공무원의 출입 검사를 거부한 경우

ㅅ.「성매매 알선」「풍속영업」「청소년 보호법」「의료법」 등의 관계법을 위반하여 관계 행정기관의 장으로부터 통보를 받은 경우

② 영업정지 처분을 받고도 그 영업정지 기간 중 영업을 한 경우 영업소 폐쇄

③ 영업소 폐쇄 명령을 할 수 있는 경우

ㄱ.정당한 사유 없이 6개월 동안 휴업한 경우

ㄴ.관할 세무서에 폐업 신고 또는 말소 신고를 한 경우

5) 영업소 폐쇄 조치

① 영업 폐쇄 명령을 받고도 영업을 계속하는 영업자에게는 다음의 조치

ㄱ.간판, 기타영업 표시물 제거

ㄴ.위법한 영업소임을 알리는 게시물 부착

ㄷ.영업을 위하여 필수 불가결한 기구 또는 시설물을 사용할 수 없게 하는 봉인

② 시, 도지사 또는 시장, 군수, 구청장은 공중 위생관리 상 필요하다고 인정하는 때에는 필요한 보고를 하게 하거나 검사하거나 서류를 열람

③ 관계 공무원은 그 권한을 표시하는 증표를 지니고 보여야 한다.

7. 업소 위생 등급

1) 위생관리 평가(보건복지부령)

① 시도지사는 평가계획을 수립하며 시장, 군수, 구청장에게 통보

② 시장, 군수, 구청장은 세부 평가계획을 수립한 후 위생서비스 수준을 평가

③ 시장, 군수, 구청장은 위생서비스 평가의 전문성을 높이기 위해 필요인정 경우에는 관련 전문 기관및 단체, 위생서비스 평가 실시

④ 위생 서비스 수준 평가는 2년마다 실시

2) 위생관리 등급

최우수업소	녹색
우수업소	황색
일반업소	백색

3) 위생관리등급의 공표

① 시장, 군수, 구청장은 결과에 따른 위생관리 등급을 해당 영업자에게 통보하고 공표

② 통보받은 위생관리등급의 표시를 영업소의 명칭과 함께 영업소의 출입구에 부착

③ 시도지사 또는 시장, 군수, 구청장은 위생서비스의 수준이 우수하다고 인정되면 포상

④ 시도지사 또는 시장, 군수, 구청장은 평가 결과에 따른 등급별로 위생 검사를 실시할 수 있다. 이 경우 출입, 검사, 실시 주기, 횟수는 보건복지부령

이·미용 기구의 소독기준 및 방법

자외선 소독	1cm²당 85mμ 이상의 자외선을 20분 이상 쬐어준다.
건열 멸균소독	100℃ 이상의 건조한 열에 20분 이상 쐬어준다.
증기소독	100℃ 이상의 습한 열에 20분 이상 쐬어준다.
열탕소독	100℃ 이상의 물속에 10분 이상 끓여준다.
석탄산수 소독	석탄 산수 3%에 물 97%의 수용액에 10분 이상 담가둔다.
크레졸 소독	크레졸수 3%에 물 97%의 수용액에 10분 이상 담가둔다.
에탄올 소독	에탄올 70%에 10분 이상 담가두거나 에탄올 수용액을 머금은 면 또는 거즈로 표면을 닦아 준다.

8. 위생교육(보건복지부령)

(1) 영업자 위생교육

① 매년 3시간씩 교육을 받아야 함

② 영업에 종사하지 않거나 영업장이 2곳 이상인 경우는 영업장별로 책임자를 지정하여 그 책임자가 교육을 받게 하여야 함

③ 보건복지부 장관이 허가한 단체나 공중 위생업영업자 단체가 실시할 수 있다.

④ 위생교육을 받은 날로부터 2년 이내에 위생교육을 받은 동일 업종으로 영업을 하려는 자는 위생교육을 받은 것으로 인정

⑤ 위생교육에 관한 기록을 2년 이상 보관, 관리

(2) 영업 전 위생교육

① 영업 신고를 하려는 자는 영업 시작전 미리 영업 전 위생교육을 3시간 받아야 한다.

② 아래의 경우 영업 신고 후 6개월 이내에 위생교육을 받을 수 있음

- 천재지변, 질병, 사고, 업무상 국외 출장 등의 사유로 교육을 받을 수 없는 경우
- 교육을 실시하는 단체의 사정 등으로 미리 교육을 받기 불가능한 경우

9. 벌칙

1) 벌금과 과태료

(1) 벌금

① 1년 이하의 징역 또는 1000만원 이하의 벌금

- 영업정지 명령 또는 일부 시설의 사용 중지 명령을 받고도 그 기간 중에 영업을 하거나 그 시설을 사용한 자
- 영업소의 폐쇄 명령을 받고도 계속하여 영업을 하는 자
- 영업 신고를 하지 아니한 자

② 6개월 이하의 징역 또는 500만원 이하의 벌금

ㄱ.변경 신고를 하지 아니한 자

ㄴ.지위 승계 신고를 하지 아니한 자

③ 300만원 이하의 벌금

ㄱ.면허가 취소된 후 계속해서 업무를 행한 자

ㄴ.면허정지 기간 중 업무를 행한 자

ㄷ.무면허로 업무를 행한 자

(2) 과태료(대통령령)

① 300만원 이하의 과태료

ㄱ.위생관리에 대한 개선명령을 위반한 자

ㄴ.필요한 보고를 하지 않거나 관계 공무원의 출입, 검사, 기타 거부, 방해 또는 기피한 자

② 200만원 이하의 과태료

ㄱ.위생관리 의무를 지키지 아니한 자

ㄴ.영업소 이외의 장소에서 업무를 행한 자

ㄷ.위생교육을 받지 아니한 자

③ 과징금(대통령령)

ㄱ.과징금 처분

- 시장 군수 구청장은 영업정지가 이용자에게 심한 불편을 주거나 그 밖에 공익에 해할 우려가 있는 경우에는 영업정지 처분에 갈음하여 1억 원 이하의 과징금을 부과
- 납부하지 아니 할 경우 과징금 부과처분을 취소하고 영업정지 처분을 하거나「지방세의 수입금액 징수법」에 따라 징수
- 과징금 징수를 위해 필요한 경우 다음 사항들의 정보제공을 요청

« 정보제공 요청
- 납세자의 인적 사항
- 사용 목적
- 과징금 부과기준이 되는 매출금액

ㄴ.과징금 산정 기준

- 영업정지 1월은 30일로 계산
- 과징금 부과 기준이 되는 매출금액은 당해 업소에 대한 처분일이 속한 연도의 전년도의 1년간의 총금액을 기준
- 전년도 총 매출이 없을 때는 분기별, 월별, 일별 기준으로 산출
- 시장, 군수, 구청장은 과징금의 1/2범위 안에서 가중 또는 감경

ㄷ.과징금 납부

- 과징금 처분을 받은 영업자는 20일 이내에 과징금을 납부
- 과징금은 분할 납부를 할 수 없음
- 과징금 징수 절차는 보건복지부령으로 함

10. 시행령 및 시행규칙 관련 사항

1) 양벌규정

법인의 대표자나 법인 또는 대리인, 사용인 기타 종업원이 그 법인 또는 개인의 업무에 관하여 위반행위를 한때에는 행위자를 벌하는 외에 그 법인 또는 개인에 대해서도 동조의 벌금형, 단 주의와 감독을 게을리하지 않은 경우는 그러하지 아니함

2) 청문

① 사실 조사를 위한 행정 절차

② 시장, 군수, 구청장은 면허의 취소, 면허정지, 영업정지, 영업소 폐쇄, 일부 사용시설의 사용 중지 등의 처분을 하고자 할 때는 청문을 실시

③ 영업 행정 처분 기준

위반행위	1차	2차	3차	4차
미용사의 면허에 관한 규정을 위반한 때				
국가기술자격법에 따라 미용사 자격 취소 시	면허 취소			
국가기술자격법에 따라 미용사 자격자 정지처분을 받을 시	면허 정지	(국가기술자격법에 의한 자격정치 처분기간에 한한다)		
금치산자, 정신질환자, 결핵환자, 약물중독자에 의한 결격사유에 해당한 때	면허 취소			
이중으로 면허 취득 시	면허 취소	(나중에 발급받은 면허를 말한다)		
면허증을 타인에게 대여 시	면허 정지 3개월	면허 정지 6개월	면허 취소	
면허정지처분을 받고 그 정지기간 중 업무를 행한 때	면허 취소			
「성매매알선 등 행위의 처벌에 관한 법률」, 「풍속영업의 규제에 관한 법률」, 「의료법」에 위반하여 관계행정기관의 장의 요청이 있는 때 손님에게 성매매알선 또는 음란행위를 하게 하거나 이를 알선 또는 제공 시				
영업소	영업 정지 3개월	영업장 폐쇄 명령		
미용사(업주)	면허 정지 3개월	면허 취소		
손님에게 도박 그 밖에 사행행위를 하게 할 시	영업 정지 1개월	영업 정지 2개월	영업장 폐쇄 명령	
음란한 물건을 관람열람하게 하거나 진열 또는 보관 시	경고	영업 정지 15일	영업 정지 1개월	영업장 폐쇄 명령
무자격 안마사로 하여금 안마 행위를 하게 할 시	영업정지 1개월	영업 정지 2개월	영업장 폐쇄 명령	
법 또는 법에 의한 설비기준을 위반 시				
시설 및 설비기준을 위반 시	개선 명령	영업 정지 15일	영업 정지 1개월	영업장 폐쇄 명령
신고를 하지 않고 영업소의 명칭 및 상호 또는 영업장 면적의 1/3 이상 변경 시	경고 또는 개선 명령	영업 정지 15일	영업 정지 1개월	영업장 폐쇄 명령

위반행위	1차	2차	3차	4차
신고를 하지 않고 영업소의 소재지 변경 시	영업정지 1개월	영업 정지 2개월	영업장 폐쇄 명령	
영업자의 지위를 승계한 후 1월 이내에 신고하지 않을 시	경고	영업 정지 10일	영업 정지 1개월	영업장 폐쇄 명령
소독한 기구와 소독하지 않은 기구를 각기 다른 용기에 보관하지 않거나 1회용 면도날을 2인 이상의 손님에게 사용 시	경고	영업 정지 5일	영업 정지 10일	영업장 폐쇄 명령
피부 미용을 위하여 「약사법」에 따른 의약품 또는 「의료기기법」에 따른 의료기기를 사용 시	영업 정지 2개월	영업 정지 3개월	영업장 폐쇄 명령	
점빼기,귓볼뚫기, 쌍꺼풀 수술, 문신박피술, 그 밖에 유사한 의료행위를 할 시	영업 정지 2개월	영업 정지 3개월	영업장 폐쇄 명령	
미용업 신고증 및 면허증 원본을 게시하지 않거나 업소 내 조명도를 준수하지 않을 시	경고 또는 개선 명령	영업 정지 5일	영업 정지 10일	영업장 폐쇄 명령
영업소 외의 장소에서 업무를 행할 시	영업 정지 1개월	영업 정지 2개월	영업장 폐쇄 명령	
시도지사, 시장군수구청장이 하도록 한 필요한 보고를 하지 아니하거나 거짓으로 보고한 때 또는 관개공무원 출입검사를 거부기피하거나 방해 시	영업 정지 10일	영업 정지 20일	영업 정지 1개월	영업장 폐쇄 명령
시도지사 또는 시장군수·구청장의 개선명령을 이행하지 않을 시	경고	영업 정지 10일	영업 정지 1개월	영업장 폐쇄 명령
영업정지처분을 받고 그 영업정지기간 중 영업 시	영업장 폐쇄 명령			

5일차

예상문제1

01 ★★★ **공중보건학의 개념과 가장 관계가 적은 것은?**

① 지역주민의 수명 연장에 관한 연구
② 감염병 예방에 관한 연구
③ 성인병 치료기술에 관한 연구
④ 육체적 정신적 효율 증진에 관한 연구

해 공중보건학이란 조직화된 지역사회의 노력으로 질병을 예방하고 수명을 연장하며 신체적 정신적 효율을 증진시키는 기술이며 과학이다.

02 ★★ **다음 중 공중보건학의 개념과 가장 유사한 의미를 갖는 표현은?**

① 치료의학 ② 예방의학
③ 지역사회의학 ④ 건설의학

해 공중보건학이란 조직화된 지역사회의 노력으로 질병을 예방하고 수명을 연장하며 신체적 정신적 효율을 증진시키는 기술이며 과학이다.

03 ★★★ **예방접종으로 획득되는 면역의 종류는?**

① 인공능동면역 ② 인공수동면역
③ 자연능동면역 ④ 자연수동면역

해 인공 능동 면역은 예방접종으로 획득되는 면역이다.

04 ★★★ **감염병 중 음용수를 통하여 전염될 수 있는 가능성이 가장 큰 것은?**

① 백일해 ② 한센병
③ 풍진 ④ 이질

해 마시는 물 또는 식품을 매개로 발생하는 감염병에는 콜레라, 장티푸스, 파라티푸스, 세균성 이질, 장출혈성 대장균감염증, A형간염 등이 있다.

05 ★★★ **다음 법정 감염병 중 제2급 감염병이 아닌 것은?**

① 장티푸스 ② 콜레라
③ 파상풍 ④ 세균성 이질

해 **2급 감염병**
결핵, 수두, 홍역, 콜레라, 장티푸스, 파라티푸스, 세균성 이질, 장출혈성 대장균, A형 감염, 백일해, 유행성 이하 선염, 풍진, 폴리오, 수막구균 감염증, B형 헤모필루스 인플루엔자, 폐렴구균, 한센병, 성홍열, 반코마이신내성황색포도알균, 카베파넴내 성장내세균

06 ★★★ **식품의 혐기성 상태에서 발육하여 체외독소로서 신경독소를 분비하며 치명률이 가장 높은 식중독으로 알려진 것은?**

① 살모넬라 식중독
② 병원성대장균 식중독
③ 장염비브리오 식중독
④ 보툴리누스균 식중독

해 보툴리누스균 식중독은 식중독 중 치명률이 가장 높다.

정답 01 ③ 02 ③ 03 ① 04 ④ 05 ③ 06 ④

07 ★★★ 다음 영양소 중 인체의 생리적 조절작용에 관여하는 조절소는?

① 단백질 ② 지방질
③ 비타민 ④ 탄수화물

해 인체의 생리적 기능조절 작용을 하는 것으로는 비타민, 무기질, 물이 있다.

08 ★★ 다음 중 산업재해 방지 대책과 관련이 가장 먼 내용은?

① 정확한 관찰과 대책 ② 정확한 사례조사
③ 생산성 향상 ④ 안전관리

해 **산업재해방지의 4대원칙**
손실우연의 원칙, 예방가능의 원칙, 원인계기의 원칙, 대책선정의 원칙

09 ★★ 공중보건학 개념상 공중보건사업의 최소 단위는?

① 직장 단위의 건강
② 가족 단위의 건강
③ 지역사회 전체 주민의 건강
④ 노약자 및 빈민계층의 건강

해 공중보건학은 지역사회 전체 주민의 건강을 최소 단위로 한다.

10 ★ 다음 중 공중보건사업에 속하지 않는 것은?

① 환자 치료 ② 예방 접종
③ 보건 교육 ④ 감염병 관리

해 공중보건사업의 목적은 질병의 예방에 있다.

11 ★★★ 질병 발생의 세 가지 요인으로 연결된 것은?

① 숙주-병인-환경 ② 숙주-병인-유전
③ 숙주-병인-병소 ④ 숙주-병인-저항력

해 질병 발생의 3요소는 병인, 숙주 환경이다.

12 ★★ 질병 발생의 요인 중 병인적 요인에 해당되지 않는 것은?

① 세균 ② 유전
③ 스트레스 ④ 기생충

해 스트레스는 정신적 병인에 해당된다.

13 ★★ 다음 중 인구증가에 대한 사항으로 맞는 것은?

① 자연증가=전입인구-전출인구
② 사회증가=출생인구-사망인구
③ 인구증가=자연증가+사회증가
④ 초자연증가=전입인구-전출인구

해
- 자연증가=출생인구-사망인구
- 사회증가=전입인구-전출인구

14 ★★★ 인구구성 중 14세 이하가 65세 이상 인구의 2배 정도이며 출생률과 사망률이 모두 낮은형은?

① 피라미드형 ② 종형
③ 항아리형 ④ 별형

해 **종형**
선진국형으로 출생률과 사망률이 모두 낮은 인구 감소 형태이다.

정답 07 ③ 08 ③ 09 ③ 10 ① 11 ① 12 ③ 13 ③ 14 ②

15 ★★ **발생 즉시 환자의 격리가 필요한 제1급에 해당하는 법정 감염병은?**

① 신종감염병증후군 ② 폴리오
③ 인플루엔자 ④ B형간염

해
- **폴리오** : 제2급 감염병
- **인플루엔자** : 제4급 감염병
- **B형간염** : 제3급 감염병

16 ★★★ **다음 중 감염병 관리상 가장 중요하게 취급해야 할 대상자는?**

① 건강보균자 ② 잠복기환자
③ 현성환자 ④ 회복기보균자

해 **건강보균자**
병원체를 보유 하고 있으나 증상이 없으며 체외로 이를 배출하는 자로서 감염병 관리에 가장 어려움
※ **어려운 이유** : 색출이 어렵고, 활동영역이 넓어 격리가 어렵기 때문

17 ★★ **세균성 이질을 앓고 난 아이가 얻는 면역에 대한 설명으로 옳은 것은?**

① 인공면역을 획득한다.
② 수동면역을 획득한다.
③ 영구면역을 획득한다.
④ 면역이 거의 획득되지 않는다.

해 세균성 이질은 면역이 거의 생기지 않으므로 몇 번이라도 감염될 수 있다.

18 ★★ **감염병을 옮기는 매개곤충과 질병의 관계가 올바른 것은?**

① 재귀열 - 이
② 말라리아 - 진드기
③ 일본뇌염 - 체체파리
④ 발진티푸스 - 모기

해 말라리아 - 모기, 일본뇌염 - 모기, 발진티푸스 - 이

19 ★★ **들쥐의 똥, 오줌 등에 의해 논이나 들에서 상처를 통해 경피 전염될 수 있는 감염병은?**

① 신증후군출혈열 ② 이질
③ 파상풍 ④ 렙토스피라증

해 렙토스피라증은 들쥐의 똥, 오줌 등에 의해 경피 감염되는 감염병이다.

20 ★★ **생활습관과 관계될 수 있는 질병과의 연결이 틀린 것은?**

① 담수어 생식 - 간디스토마
② 여름철 야숙 - 일본뇌염
③ 경조사 등 행사 음식 - 식중독
④ 가재 생식 - 무구조충

정답 15 ① 16 ① 17 ④ 18 ① 19 ④ 20 ④

5일차

예상문제2

01 ★★★ 건강보균자를 설명한 것으로 가장 적절한 것은?

① 감염병에 이환되어 앓고 있는 자
② 병원체를 보유하고 있으나 증상이 없으며 체외로 이를 배출하고 있는 자
③ 감염병에 걸렸다가 완전히 치유된 자
④ 감염병에 걸렸지만 자각증상이 없는 자

해 건강보균자
병원체를 보유 하고 있으나 증상이 없으며 체외로 이를 배출하는 자로서 감염병 관리에 가장 어려움

02 ★★ 토양이 병원소가 될 수 있는 질환은?

① 디프테리아　② 콜레라
③ 간염　④ 파상풍

해 인간 병원소 - 환자, 보균자 등
동물 병원소 - 개, 돼지, 말, 소 등
토양 병원소 - 파상풍, 오염된 토양 등

03 ★★ 물체의 불완전 연소시 많이 발생하며 혈중 헤모글로빈의 친화성이 산소에 비해 300배 정도 높아 중독 시 신경이상증세를 나타내는 성분은?

① 아황산가스　② 질소
③ 이산화탄소　④ 일산화탄소

해 일산화 탄소
무색, 무취의 기체로서 산소가 부족한 상태에서 석탄이나 석유 등 연료가 탈 때 발생한다. 체내로 들어온 일산화탄소는 산소 대신 헤모글로빈과 결합하고, 산소가 체내에 공급되지 못하면서 저산소증을 유발시키는데 이를 일산화탄소 중독이라고 한다.

04 ★★ 가족계획 사업의 효과 판정상 가장 유력한 지표는?

① 인구증가율　② 조출생률
③ 남녀출생비　④ 평균여명년수

해 조출생률은 한 국가의 출생수준을 표시하는 지표이다.

05 ★★ 외래 감염병의 예방대책으로 가장 효과적인 방법은?

① 예방접종　② 환경계선
③ 검역　④ 격리

해 외국 질병의 국내 침입을 방지하여 국민의 건강을 유지 보호하기 위해 검역을 실시한다.

정답　01 ②　02 ④　03 ④　04 ②　05 ③

06 ★★★ 한 나라의 건강수준을 나타내며 다른 나라들과의 보건수준을 비교할 수 있는 세계보건기구가 제시한 지표가 아닌 것은?

① 비례사망지수 ② 조사망률
③ 영아 사망률 ④ 평균수명

해 • **한나라의 보건수준을 측정하는 대표적인 지수**: 영아 사망률
• **한 나라나 지역사회 간의 보건수준을 비교하는데 사용되는 3대 지표**: 영아 사망률, 비 사망자수, 평균수명
• **한나라의 건강수준을 다른 국가들과 비교할 수 있는 지표로 세계보건 기구가 제시한 내용**: 비례사망자수, 조사망율, 평균수명

07 ★★ 위생해충의 구제방법으로 가장 효가적이고 근본적인 방법은?

① 성충 구제 ② 살충제 사용
③ 유충 구제 ④ 발생원 제거

해 위생해충을 구제하는 가장 효과적인 방법은 발생원을 제거하는 것이다.

08 ★★★ 고기압 상태에서 올 수 있는 인체 장애는?

① 안구 진탕증 ② 잠함병
③ 레이노이드병 ④ 섬유증식증

해 잠함병(잠수병)은 고기압상태에서 작업하는 잡수부들에게 흔히 나타나는 증상으로 체액 및 혈액 속의 질소 기포 증가가 주된 원인이다.

09 ★★★ 한 나라의 건강수준을 다른 국가들과 비교할 수 있는 지표로 세계보건기구가 제시한 내용은?

① 인구증가율, 평균수명, 비례사망지수
② 비례사망지수, 조사망률, 평균수명
③ 평균수명, 조사망률, 국민소득
④ 의료시설, 평균수명, 조사망률

해 **한나라의 건강수준을 다른 국가들과 비교할 수 있는 지표로 세계보건 기구가 제시한 내용**: 비례사망자수, 조사망율, 평균수명

10 ★★ 지역사회에서 노인층 인구에 가장 적절한 보건교육 방법은?

① 신문 ② 집단교육
③ 강연회 ④ 개별접촉

해 노인층에게는 개별접촉을 통한 보건교육이 가장 적합한 방법이다.

11 ★★ 직업병과 직업종사자의 연결이 바르게 된 것은?

① 고산병 - 항공기조종사
② 열사병 - 비만자
③ 백내장 - 인쇄공
④ 잠수병 - 수영선수

해 • 잠수병 - 잠수부
• 열사병 - 제련공, 초자공
• 백내장 - 인쇄공

정답 06 ③ 07 ④ 08 ② 09 ② 10 ④ 11 ①

12 ★★★ 보균자는 감염병 관리상 어려운 대상이다. 그 이유와 관계가 가장 먼 것은?

① 색출이 어려우므로
② 활동영역이 넓기 때문에
③ 격리가 어려우므로
④ 치료가 되지 않으므로

해 **건강보균자**
병원체를 보유하고 있으나 증상이 없으며 체외로 이를 배출하는 자로서 감염병 관리에 가장 어려움
※ **어려운 이유**: 색출이 어렵고, 활동력이 넓어 격리가 어려움

13 ★★★ 다음 감염병 중 호흡기계 감염병에 속하는 것은?

① 콜레라 ② 백일해
③ 유행선 간염 ④ 장티푸스

해 **호흡기계 감염병**: 백일해, 디프테리아, 조류독감, 결핵

14 ★★★ 대기오염에 영향을 미치는 기상조건으로 가장 관계가 큰 것은?

① 강우, 강설 ② 고온, 고습
③ 기온역전 ④ 저기압

해 기온역전이란 태양이 없는 밤에 지표면의 열이 대기 중으로 복사되면서 발생하는 대기오염 현상의 하나이다.

15 ★★★ 출생 후 4주 이내에 기본접종을 실시하는 것이 효과적인 감염병은?

① 결핵 ② 볼거리
③ 일본뇌염 ④ 홍역

해
- 결핵 - 생후 1개월 이내 접종
- B형간염 - 생후 1~2개월 이내 접종
- 디프테리아, 백일해, 파상풍, 폴리오, 폐렴구균 - 1차 생후 2개월, 2차 생후 4개월, 3차 생후 6개월

16 ★★ 모기가 매개하는 감염병이 아닌 것은?

① 말라리아 ② 발진열
③ 사상충 ④ 뇌염

해 발진열은 벼룩에 의해 감염된다.

17 ★★★ 중간숙주와 관계없이 감염이 가능한 기생충은?

① 아니사키스충 ② 회충
③ 폐흡충 ④ 간흡충

해
- 아니사키스충 - 오징어, 대구
- 간흡충 - 붕어, 잉어
- 폐흡충 - 가재

18 ★★★ 페디스토마증의 제2 중간 숙주에 속하는 것은?

① 가재, 게 ② 다슬기, 어패류
③ 잉어, 참붕어 ④ 모래무지, 피라미

해
- 폐디스토마증
- 제1 중간숙주 - 다슬기
- 제2 중간숙주 - 가재, 게

정답 12 ④ 13 ② 14 ③ 15 ① 16 ② 17 ② 18 ①

19 ★ **지역사회의 보건수준을 비교할 때 쓰이는 지표가 아닌 것은?**

① 영아사망률 ② 평균수명
③ 일반사망률 ④ 국세조사

해 국세 조사는 세무서에서 세금을 위한 조사로서 보건 수준과는 무관하다.

20 ★★★ **수은중독의 증세와 관련 없는 것은?**

① 치은괴사 ② 호흡장애
③ 혈성구토 ④ 구내염

해 수은중독은 두통, 구토, 설사, 피로감, 기억력 감퇴, 치은괴사, 구내염 등의 증상이 나타난다.

정답 19 ④ 20 ②

5일차

예상문제3

01 ★★★ 감염병 예방법상 제2급에 해당되는 법정감염병은?

① 급성호흡기감염증
② A형간염
③ 신종감염병증후군
④ 중증급성호흡기증후군(SARS)

> 해 • ① 제4급 감염병
> • ③, ④ 제1급 감염병

02 ★★★ 호흡기계 감염병에 해당되지 않는 것은?

① 인플루엔자 ② 유행성 이하선염
③ 파라티푸스 ④ 홍역

> 해 파라티푸스는 소화기계 감염병에 속한다.

03 ★ 건강교육에 대한 설명으로 바른 사항은?

① 국가가 국민들이 건강한 상태가 되도록 도와주기 위한 교육적 과정
② 주부들만을 대상으로 건강에 대한 교양강좌를 개최하는 것
③ 소년 소녀 가장만을 대상으로 건강에 대한 교육을 시키는 것
④ 노숙자만을 위한 건강진단과 질병치료에 대한 안내를 하는 것

> 해 건강교육이란 국가가 전 국민을 대상으로 국민이 건강한 상태가 되도록 도와주기 위해 계획된 교육과정을 말한다.

04 ★★ 경련성의 유독성분을 함유하고 있는 미나리의 독소성분은?

① 솔라닌 ② 뉴린
③ 시큐톡신 ④ 팔린

> 해 • 솔라닌 - 감자
> • 뉴린&팔린 - 독버섯
> • 시큐톡신 - 독미나리

05 ★★★ 다음 중 직업병에 해당하는 것은?

㉠ 잠함병	㉡ 소음성 난청
㉢ 규폐증	㉣ 식중독

① ㉠, ㉡, ㉢ ② ㉠, ㉡, ㉢, ㉣
③ ㉠, ㉣ ④ ㉡, ㉣

> 해 • 고온 고열 - 열경련증, 열사병, 열중증
> • 이상 저온 - 동상, 참호족, 참수족
> • 이상 기압 - 잠항병, 이상 저압
> • 불량조명 - 안정 피로, 근시, 안구건조증
> • 분진 - 규폐증, 석면 폐증, 진폐증
> • 소음 - 청력장애, 소음성 난청

06 ★★ 진동이 심한 작업을 하는 사람에게 국소진동 장애로 생길 수 있는 직업병은?

① 레이노드병 ② 파킨슨씨병
③ 잠함병 ④ 진폐증

> 해 직업병중 진동이 심한 작업을 하는 경우 레이노드병이 생길 수 있다.

정답 01 ② 02 ③ 03 ① 04 ③ 05 ① 06 ①

07 ★★★ 다음 중 불량조명에 의해 발생되는 직업병이 아닌 것은?

① 안정피로　② 근시
③ 안구진탕증　④ 원시

해 불량조명에 의해 발생하는 직업병으로는 안정피로, 근시, 안구진탕증이 있다.

08 ★★ 다음 중 산업재해의 지표로 주로 사용되는 것은?

① 도수율(빈도율), 발생률(건수율), 강도율
② 건수율, 사망률
③ 도수율, 발생률
④ 도수율, 사망률, 발생율, 건수율

해 **산업 재해의 지표**
- **건수율**: 산업체 근로자 1000명당 재해 발생 건수
- **도수율**: 연 근로시간 100만 시간당 재해발생 건수
- **강도율**: 근로시간 1000시간당 발생한 근로손실 일수

09 ★★ 이따이이따이병의 원인물질로 주로 음료수를 통해 중독되며, 구토, 복통, 신장장애, 골연화증을 일으키는 유해금속물질은?

① 비소　② 카드뮴
③ 납　④ 다이옥신

해 이따이이따이병의 원인 물질은 카드뮴이다.

10 ★★★ 대기오염의 주원인 물질 중 하나로 연소할 때 산화되어 발생되며 만성기관지염과 산성비 등을 유발시키는 것은?

① 일산화탄소　② 질소산화물
③ 황산화물　④ 부유분진

해 만성기관지염과 산성비 등을 유발하는 물질은 황산화물이다.

11 ★★★ 직업병과 관련 직업이 맞게 연결된 것은?

① 근시안-식자공　② 규폐증-용접공
③ 열사병-세척공　④ 잠함병-제련공

해
- 규폐증-채석공, 채광부
- 열사병-제련공, 초자공
- 잠함병-잠수부

12 ★★★ 임신 초기에 감염이 되어 백내장아, 농아 출산의 원인이 되는 질환은?

① 심장질환　② 뇌질환
③ 풍진　④ 당뇨병

해 풍진은 제2급 감염병으로 임신 초기에 감염되면 태아의 90%가 선천성 풍진 증후군에 걸리게 된다.

13 ★★ 세계보건기구가 주장하는 건강교육의 목적으로 적당한 것은?

① 1개월에 한번씩 병원방문을 의무화시켜 건강을 유지시키도록 한다.
② 질병이 발생하면 건강을 위해 애쓰도록 한다.
③ 각 보건소의 가가호호 방문으로 건강서비스를 받을 수 있도록 해준다.
④ 자기 자신의 행동과 노력으로 자신의 건강을 유지할 수 있도록 돕는데 있다.

해 건강교육은 각자 자신의 행동과 노력으로 스스로의 건강을 유지할 수 있도록 돕는데 그 목적을 둔다.

14 ★★★ 다음 중 공중보건의 정의에 속하지 않는 것은?

① 생명연장　② 질병치료
③ 건강증진　④ 질병예방

해 공중보건학의 목적은 질병을 예방하고 생명을 연장시킴과 동시에 건강과 그 효율을 증진시키는 예술(기술) 및 과학이다.

정답 07 ④ 08 ① 09 ② 10 ③ 11 ① 12 ③ 13 ④ 14 ②

15 ★★ **불쾌지수를 산출하는데 고려해야 하는 요소들은?**

① 기류와 복사열 ② 기온과 기압
③ 기압과 복사열 ④ 기온과 기습

해 불쾌지수란 기온과 기습을 이용하여 사람이 느끼는 불쾌감의 정도를 수치로 나타낸 것

16 ★★ **다음 중 이 미용업소의 실내온도로 가장 알맞은 것은?**

① 10℃ ② 21℃
③ 26℃ ④ 14℃

해 **활동하기 가장 적합한 실내 조건**
온도 18℃~21℃ 습도 40~70%

17 ★★★ **감염병 예방법상 제4급 감염병에 속하는 것은?**

① 콜레라 ② 디프테리아
③ 급성호흡기 감염증 ④ 말라리아

해 **4급 감염병**
인플루엔자, 매독, 회충증, 요충증, 간흡충증, 폐흡충증, 장흡충증, 수족구염, 임질, 클라미디아 감염병, 연성하감, 성기단순포진, 첨규콘딜롬, 반코마이신내성장알균 감염증, 메티실린내성황색포도알균 감염증, 다제내성녹농균 감염증, 장관감염증, 급성호흡기 감염증, 해외유입기생충, 엔테로 바이러스 감염증, 사람 유두종 바이러스 감염증

18 ★★★ **다음 감염병 중 세균성인 것은?**

① 결핵 ② 말라리아
③ 일본뇌염 ④ 유행성간염

해 **세균성 감염병**
결핵, 콜레라, 장티푸스, 파라디푸스, 백일해, 페스트 등

19 ★★ **신경독소가 원인이 되는 세균성 식중독 원인균은?**

① 보툴리누스균 ② 병원성대장균
③ 살모넬라균 ④ 황색 포도상구균

해 보툴리누스균은 신경독소 섭취, 오염된 햄, 소시지 등의 섭취로 인해 나타난다.

20 ★★★ **다음 영양소 중 인체의 생리적 조절작용에 관여하는 조절소는?**

① 단백질 ② 지방질
③ 비타민 ④ 탄수화물

해 인체의 생리적 기능조절 작용을 하는 것으로는 비타민, 무기질, 물이있다.

정답 15 ④ 16 ② 17 ③ 18 ① 19 ① 20 ③

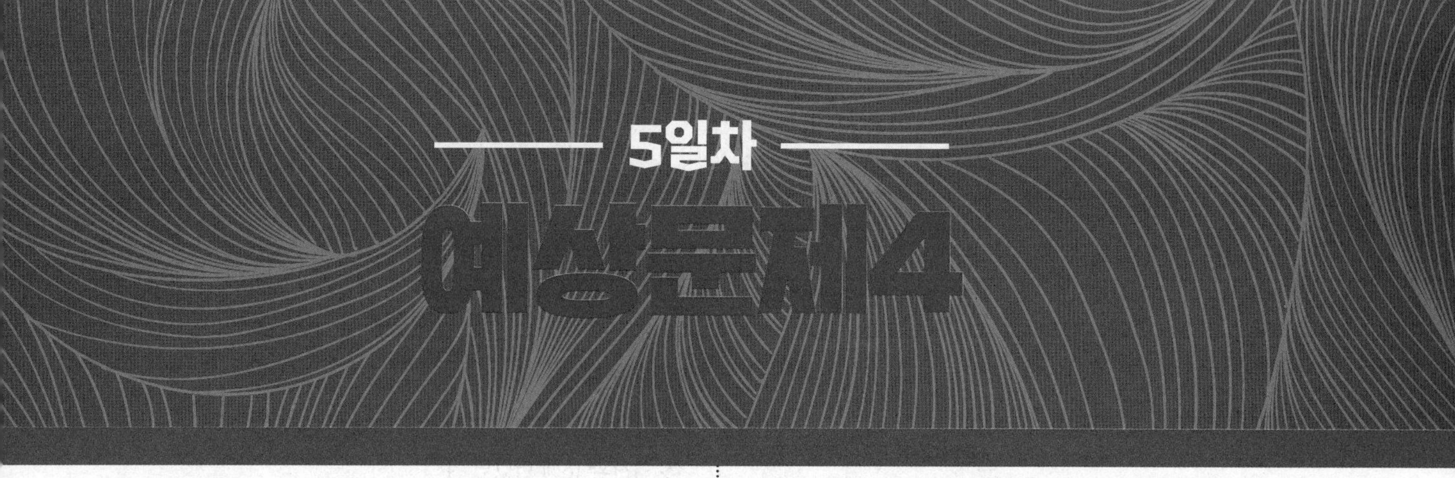

01 ★★★ 소독에 대한 설명이 가장 잘 표현된 것은?

① 미생물의 성장을 억제, 파괴하여 전파력 또는 감염의 위험성을 제거
② 물체에 있는 모든 미생물 및 아포까지 사멸
③ 병원성 미생물의 발육과 작용을 저지 정지
④ 유해한 미생물을 모두 제거

해 소독이란 비교적 약한 살균력의 작용으로 병원성 미생물의 성장을 억제, 파괴하여 감염의 위험성을 제거하는 것을 말한다.

02 ★★★ 과산화수소를 상처부위에 사용할 때 희석농도로 알맞은 것은?

① 2.5~3.5%　② 4~5%
③ 5%　④ 6%

해 과산화수소의 시판품은 과산화수소를 2.5~3.5%를 함유한다.

03 ★★★ 멸균에 대해 가장 적당한 설명은?

① 병원균의 발육을 정지시켜 감염력을 없애는 것
② 일반 세균은 물론 아포를 포함한 모든균을 파괴하는 것
③ 인체에 유해한 병원균만을 파괴하는 것
④ 병원균이 더 이상 성장하지 못하도록 억제하는 것

해 멸균은 물체에 있는 모든 미생물 및 아포까지 사멸시켜 무균 상태로 만드는 것

04 ★★ 다음은 미용에 대한 법률적 용어이다. 바르게 서술된 것은 다음 중 어느 것인가?

① 건물위생관리업이란 공중이 이용하는 시설물의 청결유지와 실내공기 정화를 위한 청소 등을 대행하는 영업을 말한다.
② 미용업이란 손님의 얼굴과 피부를 손질하여 모양을 단정하게 꾸미는 영업을 말한다.
③ 이용업이란 손님의 머리, 수염, 피부 등을 손질하여 외모를 꾸미는 영업을 말한다.
④ 공중위생영업이란 미용업, 숙박업, 목욕장업, 수영장업, 유기영업 등을 말한다.

05 ★★★ 다음 중 이 미용사의 면허를 받을수 없는 자는?

① 전문대학 이상의 학력이 있다고 교육인적자원부장관이 인정하는 학교 학과를 졸업한 자
② 면허증을 타인에게 대여하여 면허취소를 받은 후 1년이 경과된 자
③ 보건복지부장관이 인정하는 고등학교에서 1년 이상 이·미용과정을 이수한 자
④ 국가기술자격법에 의한 이 미용사의 자격을 취득한 자

해 교육인적자원부장관이 인정하는 학교, 학과를 졸업 또는 1년이상 미용과정을 이수한 자는 면허를 받을 수 있다.

정답 01 ① 02 ① 03 ② 04 ① 05 ③

06 ★★★ 크레졸수를 사용하여 수지, 피부 등의 소독을 하고자 하는 경우 몇 % 수용액이 적당한가?

① 3% ② 1~2%
③ 5% ④ 0.1~0.2%

> 해 • 수지, 피부 등의 소독 : 1~2%
> • 의류 침구 등의 소독 : 2~3%
> • 결핵환자의 객담소독 : 3%

07 ★★★ 석탄산수 소독의 단점에 해당되는 것은?

① 안정성이 높아 오래 두어도 화학변화가 적다.
② 거의 모든 균에 효과가 있다.
③ 용도범위가 넓다.
④ 금속제품을 부식시킨다.

> 해 1) 석탄산수의 단점
> • 저온에서 살균력이 떨어진다.
> • 금속을 부식시킨다.
> • 자극성과 마비성이 있다.
> 2) 석탄산수의 장점
> • 아포, 바이러스에 효과가 약하다.
> • 오래 두어도 소독력에 별 변화가 없다.
> • 경제적이다.
> • 사용범위가 넓다.

08 ★★★ 알콜 소독의 정점에 해당되지 <u>않는</u> 것은?

① 사용법이 간단하며 손쉽게 구할 수 있다.
② 결핵균 등의 세균에 효과가 있다.
③ 소독용 에탄올은 독성이 적다.
④ 아포가 있는 균에 효력이 있다.

> 해 알콜소독은 포자가 있는 균에는 효력이 없다.

09 ★★★ 우리나라 근로기준법상 보건상 유해하거나 위험한 사업에 종사하지 못하도록 규정되어 있는 대상은?

① 임신 중인 여자와 만 18세 미만인 자
② 산후 1년 6개월이 지나지 아니한 여성
③ 여자와 18세 미만인 자
④ 13세 미만의 어린이

> 해 사용자는 임신 중이거나 산후 1년이 지나지 않은 여성과 18세 미만자를 도덕성 또는 보건상 유해 위험한 사업에 사용하지 못한다.

10 ★★★ 저온 소독법에 대한 설명 중 그 내용이 정확하지 <u>못한</u> 것은?

① 포도주는 55도에서 10분간 가열하여 소독한다.
② 우유 중 결핵균과 대장균은 완전 사멸된다.
③ 파스퇴르에 의해서 고안되었다.
④ 세균의 감염을 방지하기 위해 우유를 소독하거나 술의 부패방지에 이용된다.

> 해 우유를 저온소독한 경우 결핵균은 완전 사멸하나 대장균은 완전 사멸되지 않는다.

11 ★★★ 역성비누액의 설명 중 <u>틀린</u> 것은?

① 결핵균에는 효과가 없으므로 객담소독에는 부적당하다.
② 일반비누와 병용하면 소독력이 강해진다.
③ 무색 또는 엷은 황색을 띈다.
④ 세정력은 거의 없다.

> 해 역성 비누는 일반비누와 중성세제와는 전기가 역이므로 함께 사용하면 안 된다.

정답 06 ② 07 ④ 08 ④ 09 ① 10 ② 11 ②

12 ★★★ **보건행정의 정의에 포함되는 내용과 거리가 먼 것은?**

① 수명연장 ② 질병치료
③ 공적인 행정활동 ④ 수질 및 대기보전

해 보건행정의 정의는 수명연장, 질병예방, 신체적 정신적 건강 증진을 달성하기 위해 공공의 책임하에 수행하는 행정활동이다.

13 ★★★ **소독의 세기를 순서대로 나타낸 것은?**

① 소독<방부<멸균
② 방부<멸균<소독
③ 소독>멸균>방부
④ 멸균>소독>방부

해
- **멸균**: 무균 상태로 만드는 것
- **소독**: 병원균을 죽여 전파력 감염력을 없애는 것
- **방부**: 약한 살균력으로 병원성 미생물의 발육과 작용을 저지, 정지시켜 음식물의 부패 및 발효를 방지하는 것

14 ★★ **우유를 저온살균할 경우 알맞은 조건은?**

① 62℃~63℃-약 30분
② 62℃~63℃-약 30초
③ 120℃~130℃-약 3초
④ 102℃~130℃-약 30분

해 파스퇴르에 의해 고안된 소독법으로 우유는 62~63℃ 30분, 아이스크림 원료는 80℃ 30분, 포도주 55℃ 10분, 건조과일 72℃ 30분으로 가열 소독한다.

15 ★★ **다음 중 건열소독에 적합하지 않은 것은?**

① 주사기 ② 종이
③ 유리제품 ④ 도자기

해 건열멸균법은 종이나 천의 색이 바래게 하거나 변색의 우려가 있으므로 부적합하다.

16 ★★★ **화학적 소독법에 대한 설명 중 그 내용이 잘못 설명 된 것은?**

① 생산이 용이하며 냄새가 없어야 한다.
② 화학약품들을 이용하여 세균을 사멸하는 것이다.
③ 가열할 수 없는 기구에 사용하면 좋다.
④ 농도와는 별 관계가 없다.

해 화학적 소독법은 그 농도에 따라 소독 대상물이나 소독 효과가 달라진다.

17 ★★★ **공중위생업자가 그 공중위생영업을 양도하거나 사망한 때에 그 지위를 승계한 자의 영업신고는?**

① 1월 이내 시장 군수 구청장에게 신고한다.
② 1월 이내 보건복지부장관에게 신고한다.
③ 2월 이내 소재지 경찰서장에게 신고한다.
④ 2월 이내 소재지 파출소장에게 신고한다.

해 공중위생영업자의 지위를 승계한 자는 1월 이내에 시장 군수 구청장에게 신고하여야 한다.

정답 12 ④ 13 ④ 14 ① 15 ② 16 ④ 17 ①

18 ★★★ 이 미용사의 손을 전체적으로 소독하려 할 때 가장 알맞은 것은?

① 역성비누액 ② 석탄산수
③ 크레졸수 ④ 희옥도정기

해 역성 비누액은 무취로 자극성이 적어 손, 기구 등의 소독에 적합하다.

19 ★★★ 석탄수 계수가 5이고 석탄산의 희석배수가 20인 경우 특정 소독약품의 희석배수는?

① 100배 ② 60배
③ 32배 ④ 28배

해 석탄산계수 = 소독약의 희석배수/석탄산의 희석배수

20 ★★★ 다음 중 아포를 포함한 모든 미생물을 사멸시킬 수 있는 멸균법은?

① 초음파멸균법 ② 세균여과법
③ 고압증기멸균법 ④ 자비소독법

해 높은 온도와 압력으로 모든 세균을 멸균할 수 있는 것은 고압증기멸균법이다.

정답 18 ① 19 ① 20 ②

01 ★★★ **자외선의 살균에 대한 설명으로 가장 적절한 것은?**

① 투과력이 강해 매우 효과적인 살균법이다.
② 직접 쪼여져 노출된 부위만 소독된다.
③ 짧은 시간에 충분히 소독된다.
④ 액체의 표면을 통과하지 못하고 반사한다.

해 자외선 살균은 표면적인 멸균 효과를 얻기 위한 방법이다.

02 ★★★ **당이나 혈청과 같이 열에 의해 변성되거나 불안정한 액체의 멸균에 이용되는 소독법은?**

① 저온살균법 ② 여과멸균법
③ 간헐멸균법 ④ 건열멸균법

해 열에 불안정한 액체의 멸균에 주로 이용되는 멸균법은 여과멸균법이다.

03 ★★★ **석탄산에 대한 설명이 틀린 것은?**

① 유기물에도 소독력이 약화되지 않는다.
② 금속 부식성이 없다.
③ 세균단백에 대한 살균작용이 있다.
④ 고온일수록 소독력이 강해진다.

해 석탄산은 금속 부식성이 있다.

04 ★★★ **자비소독에 관한 다음 설명 중 옳지 않은 것은?**

① 탄산나트륨을 1~2% 넣으면 살균력도 강해지고 녹스는 것도 방지한다.
② 비등 후 15~20분 정도면 충분히 그 목적을 이룰 수 있다.
③ 의료 기구는 멸균을 위하여 처음부터 넣고 끓인다.
④ 금속제품은 물이 끓기 시작한 후에 넣어야 한다.

해 의료 기구로 쓰이는 칼이나 가위 등은 높은 온도에서 반복적으로 가열하면 날에 변화를 줄 수 있으므로 다른 소독법을 이용하도록 한다.

05 ★★★ **다음의 소독제 중 할로겐계가 아닌 것은?**

① 표백분 ② 차아염소산나트륨
③ 크레졸 ④ 염소

해 할로겐은 염소가 가장 많이 존재하며 플루오르, 브롬, 요오드계 살균제가 있다.

06 ★★★ **공중위생관리법에서 정의하는 미용업의 정의에 대해 바르게 표현한 것은?**

① 손님의 머리카락 또는 수염을 깎거나 다듬어 용모를 단정하게 하는 영업
② 손님의 얼굴, 머리 등을 의약품을 이용하여 외모를 아름답게 꾸미는 영업
③ 손님의 얼굴, 머리 등을 손질하여 외모를 아름답게 꾸미는 영업
④ 손님의 얼굴, 의상 등을 손질하여 외모를 아름답게 꾸미는 영업

해 미용업은 손님의 얼굴, 머리, 피부 등을 손질하여 손님의 외모를 아름답게 꾸미는 영업을 말한다.

정답 01 ② 02 ② 03 ② 04 ③ 05 ③ 06 ③

07 ★★★ **공중위생감시원의 업무범위에 해당되지 않는 것은?**

① 시설 및 설비의 확인
② 영업자 준수사항 이행여부의 확인
③ 영업소 폐쇄명령 이행여부 확인
④ 이·미용영업소 직원의 근태 파악

해 **공중위생 감시원의 업무 범위**
- 위생 상태의 확인, 검사
- 위생관리 의무 및 영업자 준수사항 이행여부 확인
- 위생지도 및 개선명령 이행 여부의 확인
- 위생교육 이행 여부 확인
- 영업정지, 일부시설의 사용중지, 영업소 폐쇄명령 이행 여부의 확인

08 ★★★ **이·미용 영업을 하고자 하는 자가 보건복지부령이 정하는 시설 및 설비를 모두 갖춘 후 영업신고를 아니하고 영업을 한 때의 벌칙은?**

① 1천만원 이하의 벌금
② 500만원 이하의 벌금
③ 1년 이하의 징역 또는 천원 이하의 과태료
④ 1년 이하의 징역 또는 천만원 이하의 벌금

09 ★★ **이·미용사의 면허가 취소되거나 면허의 정지명령을 받은 자는 그 면허증을 누구에게 반납하여야 하는가?**

① 시장·군수·구청장
② 시·도지사
③ 보건복지부장관
④ 반납하지 않아도 된다.

해 **시장, 군수, 구청장의 업무 범위**
- 영업신고, 면경 신고, 페업신고, 영업 신고증 교부
- 면허발급, 면허 취소, 면허 반납, 면허 정지, 영업장 폐쇄 업무
- 위생 서비스 평가 및 위생 등급 관리
- 과태료 및 과징금 부과 및 청문 실시

10 ★★★ **멸균의 의미로 가장 옳은 표현은?**

① 병원성 균의 증식억제
② 병원성 균의 사멸
③ 아포를 포함한 모든 균의 사멸
④ 모든 균의 독성만을 파괴

해 멸균은 무균 상태를 의미한다.

11 ★★ **소독약품으로서 갖추어야 할 구비조건이 아닌 것은?**

① 안정성이 높을 것 ② 독성이 낮을 것
③ 용해성이 높을 것 ④ 부식성이 강할 것

해 **소독약의 구비 조건**
- 효과가 빠르고 소유 시간이 짧을 것
- 살균력은 강하지만 사용자에게는 안전 할 것
- 용해성이 높고 경제적이면서 구입이 용이 할 것
- 소독 대상이 부식되거나 변색 되지 않을 것

12 ★★★ **저온소독법에 이용되는 적절한 온도와 시간은?**

① 50~55℃, 1시간 ② 62~63℃, 30분
③ 65~68℃, 1시간 ④ 80~84℃, 30분

13 ★★★ **고압증기 멸균법의 단점은?**

① 멸균비용이 많이 든다.
② 많은 멸균 물품을 한꺼번에 처리할 수 없다.
③ 멸균물품에 잔류독성이 있다.
④ 수증기가 통과하므로 용해되는 물질은 멸균할 수 없다.

해 고압증기 멸균법은 멸균비용이 적게 들어 경제적인 소독방법이다. 많은 멸균물품을 한꺼번에 처리할 수 있으며 멸균물품에 잔류독성이 없다.

정답 07 ④ 08 ④ 09 ① 10 ③ 11 ④ 12 ② 13 ④

14 ★★★ **우유의 초고온 순간멸균법으로 140℃에서 가장 적절한 처리시간은?**

① 1~3초 ② 30~60초
③ 1~3분 ④ 5~6분

解 초고온 순간멸균법은 130~150℃에서 0.75~2초간 가열 후 급랭하는 방법으로 우유의 내열성 세균의 포자를 완전 사멸하는 방법으로 사용된다.

15 ★★★ **미생물의 발육과 그 작용을 제거하거나 정지시켜 음식물의 부패나 발효를 방지하는 것은?**

① 방부 ② 살균
③ 소독 ④ 살충

解
- 멸균은 무균 상태로 병원성 미생물과 비병원성미생물 및 포자를 가진 것을 전부 사멸
- 살균은 생활력을 가지고 있는 미생물을 물리 화학적작용에 의해 급속히 사멸
- 소독은 병원성 미생물의 생활력을 파괴하여 죽이거나 또는 제거하여 감염력을 없애는 것
- 방부는 병원성 미생물의 발육과 그 작용을제거하거나 정지 시켜 음식물의 부패나 발효를 방지

16 ★★★ **일광소독법은 햇빛 중의 어떤 영역에 의해 소독이 가능한가?**

① 적외선 ② 자외선
③ 감마선 ④ 가시광선

解 일광소독법은 자외선을 이용하는 방법으로 결핵균, 페스트균, 장티푸스균, 등의 사멸에 사용된다.

17 ★★★ **자외선 파장 중 가장 강한 범위는?**

① 200~220mm ② 260~280mm
③ 360~380mm ④ 300~320mm

解 자외선 파장 중 260~280mm에서 살균력이 가장 강하다.

18 ★★★ **다음 중 물리적 소독방법에 따른 사용기구의 연결이 잘못된 것은?**

① 고압증기멸균-오토클레이브
② 자비소독-쉼멜부쉬
③ 유통증기소독-아놀드 증기솥
④ 간헐멸균-세균여과기

解 건열멸균법은 아놀드 증기솥을 사용하여 소독한다.

19 ★★★ **소독약의 구비조건으로 틀린 것은?**

① 인체에 해가 없으며 취급이 간편하다.
② 살균하고자 하는 대상물을 손상시키지 않는다.
③ 살균력이 강하다.
④ 값이 비싸고 위험성이 없다.

解 **소독약의 구비 조건**
- 효과가 빠르고 소유 시간이 짧을 것
- 살균력은 강하지만 사용자에게는 안전할 것
- 용해성이 높고 경제적이면서 구입이 용이할 것
- 소독 대상이 부식되거나 변색되지 않을 것

20 ★★★ **방사선 멸균법의 단점이라 할 수 있는 것은?**

① 시설설비에 소요되는 비용이 비싸다.
② 투과력이 약해 포장된 물품에 소독효과가 없다.
③ 소독에 소요되는 시간이 길다.
④ 열에 약한 기구소독이 어렵다.

解 **방사선 멸균법**
- 코발트나 세슘 등의 감마선을 이용한 방법
- 포장 식품이나 약품의 멸균 등에 이용
- 시설비가 비싸다는 단점이 있다.

정답 14 ① 15 ① 16 ② 17 ② 18 ④ 19 ④ 20 ①

01 ★★★ 다음 멸균법에 대한 설명 중 잘못 짝지어진 것은?

① 유통증기 소독-100℃에서 30~60분 동안 지속한다.

② 자비소독-비등 후 100℃에서 15~20분동안 지속한다.

③ 건열멸균법-100~120℃ 1~2시간동안 지속한다.

④ 화염멸균법-직접 불꽃에 20초 동안 지속한다.

해 견열멸균기 속에 소독물을 넣고 160~180도에서 1~2시간 140도에서 4시간 정도 시행하여 미생물을 산화 또는 탄화시켜 멸균한다.

02 ★★★ 순수하고 성상이 안정되어 소독약의 살균력 지표로 사용되는 것은?

① 알콜 ② 자외선
③ 석탄산 ④ 크레졸

해 석탄산은 소독제의 평가기준인 석탄산계수라는 살균력을 나타내는 수치 표준으로 사용된다.

03 ★★★ 다음 중 공중이용시설의 위생관리 항목에 속하는 것은?

① 영업소 실내 공기

② 영업소 실내 청소 상태

③ 영업소 외부 환경 상태

④ 영업소에서 사용하는 수돗물

해 영업소 실내 공기 기준이 위생 관리 항목에 포함 되었다.

04 ★★★ 규정에 의한 공중위생영업의 신고를 한 자는 폐업한 날부터 몇일 이내에 시장, 군수, 구청장에게 신고하여야 하는가?

① 폐업즉시 ② 10일 이내
③ 20일 이내 ④ 1년 이내

해 폐업 신고는 폐업한 날부터 20일 이내에 시장 군수 구청장에게 신고하여야 한다.

05 ★★★ 공중 이용시설의 위생관리 기준이 아닌 것은?

① 소독을 한 기구와 소독을 하지 아니한 기구를 각각 다른 용기에 보관한다.

② 1회용 면도날을 손님 1인에 한하여 사용하여야 한다.

③ 영업소 내에 최종 지불 요금표를 게시하여야 한다.

④ 영업소 내에 화장실을 갖추어야 한다.

해 영업소 내부에 화장실 설치는 의무 사항은 아니다.

06 ★★★ 다음 중 이 미용사가 면허증 재교부 신청을 할 수 없는 것은?

① 주민등록번호를 변경하고자 할 때

② 면허증이 헐어서 못쓰게 되었을 때

③ 사진을 교체하고자 할 때

④ 면허증을 잃어버린 때

해 **면허증 재교부 신청**
면허증의 기재 사항에 변경이 있거나 면허증을 잃어버린 때, 면허증이 헐어 못쓰게 된 때

정답 01 ③ 02 ③ 03 ① 04 ③ 05 ④ 06 ③

07 ★★★ 소독에 영향을 미치는 인자가 아닌 것은?

① 온도 ② 시간
③ 풍속 ④ 수분

해 **소독에 영향을 주는 인자**
온도, 시간, 수분, 열, 농도, 자외선

08 ★★★ 살균작용 기전으로 산화작용을 주로 이용하는 소독제는?

① 알코올 ② 머큐로크롬
③ 석탄산 ④ 오존

해 산화작용 - 과산화수소, 오존, 염소, 과망간산칼륨

09 ★★★ 승홍수의 설명으로 틀린 것은?

① 금속을 부식시키는 성질이 있다.
② 피부점막에 자극성이 강하다.
③ 염화칼륨을 첨가하면 자극성이 완화된다.
④ 살균력이 일반적으로 약한 편이다.

해 승홍수는 강력한 살균력이 있다.

10 ★★★ 다음 중 이·미용업소에 손님에게서 나온 객담이 묻은 휴지 등을 소독하는 방법으로 가장 적합한 것은?

① 소각소독법 ② 자비소독법
③ 고압증기멸균법 ④ 저온소독법

해 객담이란 기침에 의해 나온 기도의 분비물로 병원체를 불로 태우는 소각법이 적당한 소독법이다.

11 ★★★ 다음 중 물리적 소독법에 해당하는 것은?

① 승홍소독 ② 크레졸소독
③ 건열소독 ④ 석탄산소독

해 건열소독은 직접 태워 살균하는 방법으로 물리적 소독법에 해당한다.

12 ★★★ 자비소독법으로 사멸되지 않는 균은??

① B형감염 ② 콜레라균
③ 포도상구균 ④ 임균

해 자비소독은 아포형성균, B형 간염바이러스에는 적합하지 않다.

13 ★★★ 위생교육에 대한 설명으로 틀린 것은?

① 공중위생 영업자는 매년 위생교육을 받아야 한다.
② 위생교육 시간은 3시간으로 한다.
③ 수료증, 교부대장 등 교육에 관한 기록은 1년 이상 보관 관리 한다.
④ 위생교육을 받지 아니한 자는 200만원 이하의 과태료에 처한다.

해 교육에 관한 기록은 2년 이상 보관해야 한다.

14 ★★★ 위생교육을 실시할 경우 교육의 내용과 거리가 먼 것은?

① 시사 상식 교육
② 기술 교육
③ 소양 교육
④ 공중위생관리법 및 관련 볍규

해 **위생교육의 내용**
- 공중위생관리법 및 관련규정
- 소양 교육
- 기술 교육
- 기타 공중 위생에 관하여 필요한 내용

정답 07 ③ 08 ① 09 ④ 10 ① 11 ③ 12 ① 13 ③ 14 ①

15 ★★★ 클레졸은 석탄산에 비해 살균력이 몇 배 정도가 높은가?

① 10배　② 2~3배
③ 5배　④ 1배

해 크레졸은 석탄산에 비해 2~3배 정도의 강한 살균력이 있다.

16 ★★★ 화학약품 중 포르말린 소독의 장점이 아닌 것은?

① 온도가 높을 때 소독력이 특히 강하다.
② 세균, 아포, 바이러스 등 많은 미생물에 작용한다.
③ 가스체로도 사용한다.
④ 높은 가격의 진공장치가 필요하다.

해 **포르말린 소독의 단점**
- 피부소독에 부적당하다.
- 실내온도가 내려가면 소독력이 낮아진다.
- 물체 내부의 소독을 위해서는 고가의 진공장치가 필요하다.

17 ★★★ 자비소독법에 대한 설명 중 틀린 것은?

① 아포형성균에는 부적당하다.
② 물에 탄산나트륨 1~2%를 넣으면 살균력이 강해진다.
③ 금속기구 소독 시 날이 무뎌질 수 있다.
④ 물리적 소독법에서 가장 효과적이다.

해 가장 빠르고 효과적인 소독법은 고압증기 멸균법이다.

18 ★★★ 이·미용업소에서 사용하는 수건의 소독방법으로 적합하지 않은 것은?

① 자비소독　② 증기소독
③ 역성비누소독　④ 건열소독

해 건열 멸균법은 유리기구, 금속기구, 도자기제품, 주사기 소독에 적합

19 ★★★ 보건복지부장관 또는 시장 군수 구청장은 영업의 폐쇄 명령을 받고도 계속 영업을 한 영업소에 대하여 어떤 조치를 해야 하는가?

① 행정처분 내용을 통보만 한다.
② 당해 영업소의 폐쇄여부만 확인한다.
③ 영업에 필요한 기구를 봉인한다.
④ 행정처분 내용을 당해 영업소의 장부 안에 기록하도록 한다.

해
- 간판 영업표시물의 제거
- 당해 영업소가 위법한 영업소임을 알리는 게시물 부착
- 영업에 필요한 기구 또는 시설물 봉인

20 ★★★ 미용업자가 점 빼기, 귓불 뚫기, 쌍꺼풀 수술, 문신, 박피술 기타 이와 유사한 의료행위를 하여 1차 위반했을 때의 행정처분을 다음 중 어느 것인가?

① 경고　② 면허취소
③ 영업정지 2개월　④ 영업장 폐쇄명령

해 **점빼기, 귓불뚫기, 쌍꺼풀 수술, 문신, 박피술 그밖에 유사한 의료 행위를 할 시**
- 1차-영업정지 2개월
- 2차-영업정지 3개월
- 3차-영업장 폐쇄 명령

정답 15 ② 16 ④ 17 ④ 18 ④ 19 ③ 20 ③

01 ★★★ 소독약의 농도표시에 대한 설명 중 틀린 것은?

① 소독약 1g을 1000cc의 물에 녹이면 1% 수용액이 된다.
② 고체인 소독약 1g을 100cc의 물에 녹이면 100배 용액이 된다.
③ 액체인 소독약 10cc에 물 90cc를 넣어면 10% 용액이 된다.
④ 퍼밀리는 용질량÷용액량x1,000으로 표시된다.

해 소독약 1g을 100cc에 녹이면 1% 수용액이 되며 이를 100배 용액이라 한다.

02 ★★★ 다음 중 화학 소독 방법이라 할 수 없는 것은?

① 포르말린　② 석탄산
③ 고압증기 멸균법　④ 크레졸 비누액

해 고압증기멸균법은 물리적 소독법이다.

03 ★★★ 고압증기 멸균법에서 20파운드(Lbs) 압력에서는 몇 분간 처리하는 것이 가장 적절한가?

① 40분　② 30분
③ 15분　④ 5분

해 **고압증기 소독 시간**
- 10파운드 115℃에서 30분
- 15파운드 120℃에서 20분
- 20파운드 125℃에서 15분

04 ★★★ 유리제품의 소독방법으로 가장 적합한 것은?

① 끓는 물에 넣고 10분간 가열한다.
② 건열멸균기에 넣고 소독한다.
③ 끓는 물에 넣고 5분간 가열한다.
④ 찬물에 넣고 75℃까지만 가열한다.

해 건열멸균법은 유리가구, 금속가구, 자기제품, 주사기, 분말 등의 멸균에 이용된다.

05 ★★★ 다음 중 습열멸균법에 속하는 것은?

① 자비소독법　② 화염멸균법
③ 소각소독법　④ 여과멸균법

해 **물리적 소독의 종류**
- 건열 멸균법 - 화염 멸균법, 소각법, 건열 멸균법
- 습열 멸균법 - 자비 소독법, 간헐 멸균법, 증기멸균법, 고압증기 멸균법, 저온 살균법, 초고온 살균법, 여과 멸균법, 무가열 멸균법

06 ★★★ 공중위생감시원의 자격 및 위촉 방법, 업무 범위 등에 관하여 필요한 사항은 누구의 령으로 하는가?

① 대통령령　② 보건복지부령
③ 노동부령　④ 재정경제부령

해 공중위생감시원의 자격 및 위촉방법, 업무범위 등에 관하여 필요한 사항은 대통령령으로 정한다.

정답 01 ① 02 ③ 03 ③ 04 ② 05 ① 06 ①

07 ★★★ **공중위생영업 신고시 제출 해야 하는 서류가 아닌 것은?**

① 영업 시설 및 설비 개요서
② 자격증 원본
③ 위생교육 필증
④ 면허증 원본

> 해 **공중위생영업을 신고 하려면**
> - 영업시설 및 설비개요서
> - 면허증 원본
> - 위생교육 필증을 지참하여 시장, 군수, 구청장에게 신고하여야 한다.

08 ★★★ **공중위생영업을 신고하고자 하는 영업자는 언제까지 위생교육을 받아야 하는가?**

① 영업 하기 전
② 영업 개시 후 10일
③ 영업 개시 후 15일
④ 영업 개시 후 30일

> 해 공중위생영업을 하고자 하는 영업자는 일반적으로 영업시작전 위생교육을 받아야 한다.

09 ★★★ **화학적 소독액과 그 사용농도에 대한 연결이 틀린 것은?**

① 머어큐로크롬-5% 수용액
② 석탄산수-3% 수용액
③ 크레졸수-2~3%비누액
④ 포르말린수-1% 수용액

> 해 머큐로크롬-2% 수용액

10 ★★★ **소독제에 따른 살균작용의 기전을 기술한 다음 사항 중 잘못 연결된 것은?**

① 석탄산-단백질의 응고작용
② 생석회-가수분해작용
③ 승홍수-균체 내 염의 형성작용
④ 염소-환원작용

> 해 **염소, 과산화수소, 과망산칼륨**:산화작용

11 ★★★ **다음 중 이·미용업소 내에 게시하여야 하는 것에 속하지 않는 것은?**

① 미용업 신고증
② 개설자의 면허증 원본
③ 미용 요금표
④ 위생교육 필증

> 해 미용사면허증 원본, 미용업 신고증, 미용 요금표를 영업소 안에 게시할 것

12 ★★★ **이·미용업소의 변경신고 사항이 아닌 것은?**

① 영업소의 소재지
② 영업소의 명칭 또는 상호
③ 직원의 채용
④ 신고한 영업장 면적의1/3 이상의 증감

> 해 **변경신고**
> - 영업소의 명칭 또는 상호 변경
> - 영업소의 소재지 변경
> - 신고한 영업장 면적의 1/3 이상의 증감
> - 대표자의 성명 변경(법인의 경우 해당)

정답 07 ② 08 ① 09 ① 10 ④ 11 ④ 12 ③

13 ★★★ **이·미용사의 면허증에 대한 설명으로 틀리지 않은 것은?**

① 영업소 내의 면허증 게시는 업주의 선택사항이다.
② 영업소 내의 면허증은 사본을 게시해도 무방하다.
③ 영업소 내의 면허증은 원본을 게시하여야 한다.
④ 면허증 분실 시 분실 사유서를 게시하여야 한다.

해 미용사면허증 원본, 미용업 신고증, 미용 요금표를 영업소 안에 게시할 것

14 ★★★ **다음 중 이·미용사의 면허를 받을 수 있는 자는?**

① 마약 기타 대통령령으로 정하는 약물 중독자
② 면허가 취소된 후 1년이 경과된 자
③ 전염병환자로서 보건복지부령이 정하는 자
④ 정신질환 또는 간질병자

해 **이용사 미용사의 면허를 받을 수 없는 자**
- 금치산자
- 정신질환자 또는 간질병자
- 전염병 환자로서 보건복지부령이 정하는 자
- 면허가 취소된 후 1년이 경과되지 아니한 자

15 ★★★ **이·미용사의 면허가 취소되거나 6월 이내의 면허 정지 처분을 받은 자가 면허증을 반납해야 하는 기간은?**

① 7일 이내
② 15일 이내
③ 반납하지 않아도 된다.
④ 지체 없이

해 면허취소나 면허정지의 경우 면허증은 지체없이 바로 반납하여야 한다.

16 ★★★ **법인의 대표자나 법인 또는 개인의 대리인, 사용인, 그 밖의 종업원이 그 법인의 업무에 관하여 위벌칙에 해당하는 행위 위반시 그 행위자를 벌하는 외에 그 법인에게도 해당 조문의 벌금형을 부과하는 것은?**

① 벌금 ② 과태료
③ 양벌규정 ④ 과징금

17 ★★★ **이·미용의 업무는 영업장소 이외의 장소에서 영업을 할 수 없으나 예외의 경우가 있는데 이러한 경우 누구의 령으로 하는가?**

① 보건복지부령 ② 재정경제부령
③ 노동부령 ④ 농림부령

해 이·미용사의 업무범위에 관하여 필요한 사항은 보건복지부령으로 정한다.

18 ★★★ **다음 중 미용사의 청문을 실시하는 경우가 아닌 것은?**

① 영업의 정지
② 일부 시설의 사용 중지
③ 영업소 폐쇄명령
④ 위생등급 결과 이의

해 **청문을 실시 하는 경우**
- 면허취소, 면허정지
- 공중위생영업의 정지
- 일부 시설의 사용 정지
- 영업소 폐쇄명령
- 공중위생영업 신고사항의 직권 말소

정답 13 ③ 14 ② 15 ④ 16 ③ 17 ① 18 ④

19 ★★★ **이·미용사 면허증을 분실하여 재교부를 받은 자가 분실한 면허증을 찾았을 때 취하여야 할 조치로 옳은 것은?**

① 발견 즉시 시장·군수·구청장에게 신고하고 찾은 면허증을 1개월 내로 반납한다.
② 본인이 모두 소지하여도 무방하다.
③ 재교부 받은 면허증을 반납한다.
④ 발견 즉시 시장·군수·구청장 에게 찾은 면허증을 반납한다.

해 발견 즉시 찾은 면허증을 반납해야 한다.

20 ★★★ **공익상 또는 선량한 풍속을 유지하기 위하여 필요하다고 인정하는 경우 영업시간 및 영업행위에 관해 제한할 수 있는 자는?**

① 시·도지사 ② 시장·군수·구청장
③ 보건복지부장관 ④ 대통령

해 **시·도지사 주요업무**
- 영업시간 및 영업행위 제한
- 위생 서비스 평가 계획 수립

정답 19 ④ 20 ①

01 ★★★ 폐쇄명령을 받은 이·미용 영업자는 몇 개월이 지나야 동일 장소에서 동일 영업을 할 수 있는가?

① 3개월 후 ② 6개월 후
③ 9개월 후 ④ 12개월 후

해 폐쇄명령을 받은 영업자는 6개월 이상 지나야 같은 장소에서 영업이 가능하고 면허취소의 경우 1년이 지나야 면허증을 취득할 수 있다.

02 ★★★ 다음 중 아포를 형성하는 세균에 대한 가장 좋은 소독법은?

① 적외선 소독 ② 자외선 소독
③ 고압증기멸균 소독 ④ 알코올 소독

해 포자를 형상하는 세균을 멸균하고 소독 방법 중 완전 멸균으로 가장 빠르고 효과적인 방법이다.

03 ★★★ 이·미용 영업소에 반드시 게시하여야 할 것은?

① 이·미용업소 종사자 인적사항 표
② 면허증 사본
③ 이·미용 최종 지불 요금표
④ 준수 사항 및 주의사항

해 **영업소 내에 반드시 게시 해야 하는 것**
- 최종 지불 요금표
- 면허증 원본
- 영업 신고증

04 ★★★ 고압증기 멸균법의 대상물로 가장 부적당한 것은?

① 음용수 ② 의류
③ 고무제품 ④ 의료기구

해 고압증기 멸균법은 의료기구, 유리기구, 금속기구, 의류, 고무제품, 미용기구 ,무균실 가구, 약액 등에 사용한다.

05 ★★★ 고압증기 멸균기의 열원으로 수증기를 사용하는 이유가 아닌 것은?

① 일정 온도에서 쉽게 열을 방출하기 때문
② 미세한 공간까지 침투성이 높기 때문
③ 열 발생에 소요되는 비용이 저렴하기 때문
④ 바세린이나 분말 등도 쉽게 통과할 수 있기 때문

해 고압증기 멸균기의 수증기는 용해되는 물질을 멸균할 수 없다.

06 ★★ 미용업소의 시설 및 설비 기준으로 적합한 것은?

① 미용업(피부)의 경우 작업장소 내 베드와 베드 사이에는 칸막이를 설치할 수 없다.
② 작업장소와 응접장소, 상담실, 탈의실 등을 분리하여 칸막이를 설치하려는 때에는 각각 전체벽면적의 2분의 1 이상은 투명하게 하여야 한다.
③ 소독기, 적외선 살균기 등 기구를 소독하는 장비를 갖추어야 한다.
④ 소독을 한 기구와 소독을 하지 아니한 기구를 구분하여 보관할 수 있는 용기를 비치하여야 한다.

해 작업 장소 내 칸막이를 설치할 수 있지만 출입문의 1/3이상 투명하게 하여야 하며 소독기, 자외선 살균기 등 소독 기구를 갖추어야 한다.

정답 01 ② 02 ③ 03 ③ 04 ① 05 ④ 06 ④

07 ★★★ **이용사 또는 미용사의 업무 등에 대한 설명 중 맞는 것은?**

① 이용사 또는 미용사의 업무범위는 보건복지부령으로 정하고 있다.
② 이용 또는 미용의 업무는 영업소 이외 장소에도 보편적으로 행할 수 있다.
③ 이용사의 업무범위는 파마, 면도, 머리피부 손질, 피부미용 등이 포함된다.
④ 이용사 또는 미용사의 면허를 받은 자가 아닌 경우, 일정기간의 수련과정을 마쳐야만 이용 또는 미용업무에 종사할 수 있다.

해 **영업소 이외의 장소에서 업무를 행할 경우**
- 1차 위반시 영업정지 1개월
- 2차 위반시 영업정지 2개월
- 3차 위반시 영업장 폐쇄명령을 받는다.
- 또한 면허를 받은자가 아닌 경우는 어떠한 경우라도 미용 시술 행위를 할 수 없고 보조 업무만 가능하다.

08 ★★★ **석탄산에 관한 내용 중 틀린 것은?**

① 사용농도는 3% 수용액을 주로 쓴다.
② 고무제품, 의류, 가구, 배설물 등의 소독에 적합하다.
③ 단백질 응고작용으로 살균기능을 가진다.
④ 세균포자나 바이러스에 효과적이다.

해 석탄산수는 세균포자나 바이러스에 작용력이 없다.

09 ★★★ **소독제의 살균력을 비교할 때 기준이 되는 소독약은?**

① 요오드 ② 알코올
③ 승홍 ④ 석탄산

해 소독약의 기준은 석탄산이다.

10 ★★★ **이·미용 기구 소독 기준으로 틀린 것은?**

① 자외선 소독: 1cm² 당 85㎼ 이상의 자외선을 10분 이상 쬐어준다.
② 석탄산수소독: 석탄산 3% 수용액에 10분 이상 담가둔다.
③ 크레졸 소독: 크레졸 3% 수용액에 10분 이상 담가둔다.
④ 열탕소독: 100℃ 이상의 물속에 10분 이상 끓여준다.

해 **자외선 소독**: 1cm² 당 85㎼ 이상의 자외선을 20분 이상 쬐어준다.
이·미용 기구의 소독 기준 및 방법
- **석탄산수소독**: 석탄산 3% 수용액에 10분 이상담가둔다.
- **크레졸 소독**: 크레졸 3% 수용액에 10분 이상 담가둔다.
- **알코올 소독**: 알코올 수용액 70%에 10분 이상 담가두거나 알코올 수용액을 머금은 면 또는 거즈로 닦아 준다.

11 ★★★ **영업소 폐쇄명령을 받고도 계속하여 영업을 하는 경우 관계 공무원으로 하여금 당해 영업소를 폐쇄하기 위하여 할 수 있는 조치가 아닌 것은?**

① 영업장 출입구를 들어가지 못하게 폐쇄
② 당해 영업소가 위법한 것임을 알리는 게시물 등의 부착
③ 영업을 위하여 필수불가결한 기구 또는 시설물을 이용할 수없게 하는 봉인
④ 당해 영업소의 간판 기타 영업표지물 제거

해 **폐쇄명령을 받고도 계속 해서 영업을 하는 경우에는**
- 간판, 표지물 제거
- 위법한 영업소임을 알리는 게시물 부착
- 시설 및 기구를 사용하지 못하게 봉인할 수 있다.
- 출입구 폐쇄는 안됨

12 ★★★ **다음 중 넓은 지역의 방역용 소독제로 적당한 것은?**

① 석탄산 ② 알코올
③ 과산화수소 ④ 역성비누액

해 석탄산은 넓은 지역의 방역용 소독제로 많이 사용된다.

정답 07 ① 08 ④ 09 ④ 10 ① 11 ① 12 ①

13 ★★★ **공중위생감시원의 자격에 해당되지 않는 자는?**

① 위생사 자격증이 있는 자
② 대학에서 미용학을 전공하고 졸업한 자
③ 외국에서 환경기사의 면허를 받은 자
④ 3년 이상 공중위생 행정에 종사한 경력이 있는 자

해 **공중위생 감시원 자격**
- 위생사 또는 환경기사 2급 이상 자격증이 있는자
- 대학에서 화학, 화공학, 환경 공학 또는 위생학을 전공하고 졸업한 자
- 1년 이상 공중위생 행정에 종사한 경력이 있는자
- 외국에서 위생사 또는 환경기사 면허를 받은 자

14 ★★★ **다음 소독약 중 독성이 가장 낮은 것은?**

① 석탄산 ② 승홍수
③ 포르말린 ④ 에틸알코올

해 일반적인 화학적 소독약은 물 97%에 소독액 3%를 희석해서 사용하지만 알코올은 물 30%에 알코올 70%를 혼합하여 사용한다.

15 ★★★ **다음 중 공중위생감시원의 업무범위가 아닌 것은?**

① 공중위생 영업 관련 시설 및 설비의 위생상태 확인 및 검사에 관한 사항
② 공중위생영업소의 위생서비스 수준평가에 관한 사항
③ 공중위생영업소 개설자의 위생교육 이행여부 확인에 관한 사항
④ 공중위생영업자의 위생관리의무 영업자준수 사항 이행여부의 확인에 관한 사항

해 **공중위생 감시원의 업무 범위**
- 위생 상태의 확인, 검사
- 위생관리 의무 및 영업자 준수사항 이행 여부 확인
- 위생지도 및 개선명령 이행 여부의 확인
- 위생교육 이행 여부 확인
- 영업정지, 일부시설의 사용중지, 영업소 폐쇄명령 이행 여부의 확인

16 ★★★ **다음 중 소독 실시에 있어 수증기를 동시에 혼합하여 사용할 수 있는 것은?**

① 승홍수 소독 ② 포르말린수 소독
③ 석회수 소독 ④ 석탄산수 소독

17 ★★ **다음 중 포르말린수 소독에 가장 적합하지 않은 것은?**

① 배설물 ② 플라스틱
③ 금속제품 ④ 고무제품

해 배설물 소독은 크레졸이나, 생석회, 석탄산이 적합하다.

18 ★★★ **다음 중 법에서 규정하는 명예공중위생감시원의 위촉 대상자가 아닌 것은?**

① 공중위생관련 협회장이 추천하는 자
② 소비자 단체장이 추천하는 자
③ 공중위생에 대한 지식과 관심이 있는 자
④ 3년 이상 공중위생 행정에 종사한 경력이 있는 공무원

해 **명예공중위생 감시원의 자격**
- 공중위생에 대한 지식과 관심이 있는자
- 공중위생관련 협회 또는 단체의 소속직원 중 단체장이 추천 하는 자

명예공중위생 감시원의 업무
- 공중위생 감시원이 행하는 검사 대상물의 수거
- 법령 위반행위에 대한 신고 및 자료 제공
- 공중위생에 관한 홍보, 계몽 등 공중위생관리 업무와 관련하여 시·도지사가 따로 정하여 부여하는 업무

정답 13 ② 14 ④ 15 ② 16 ② 17 ① 18 ④

19 ★★★ 다음 중 소독약품과 적정사용농도의 연결이 가장 거리가 먼 것은?

① 승홍수 - 1% ② 알코올 - 70%
③ 크레졸 - 3% ④ 석탄산 - 3%

해 승홍수는 0.1%농도의 수용액을 사용한다.

20 ★★★ 영업정지에 갈음한 과징금 부과의 기준이 되는 매출 금액은?

① 처분일이 속한 연도의 전년 1년간 총 매출액
② 처분일이 속한 연도의 전년 2년간 총 매출액
③ 처분일이 속한 연도의 전년 3년간 총 매출액
④ 처분일이 속한 연도의 전년 4년간 총 매출액

해 **과징금의 산정 기준**

- 영업정지 1월은 30일로 한다.
- 과징금 부과의 기준이 되는 매출 금액은 처분일이 속한연도의 전년도의 1년간 총 매출금액을 기준
- 신규 사업, 휴업 등으로 인하여 1년간의 총매출금액을 산출할 수 없거나 1년간 매출 금액을 기준으로 하는 것이 불합리 하다고 인정되는 경우에는 분기별, 월별 또는 일별 매출 금액을 기준으로 산정 또는 조정

정답 19 ① 20 ①

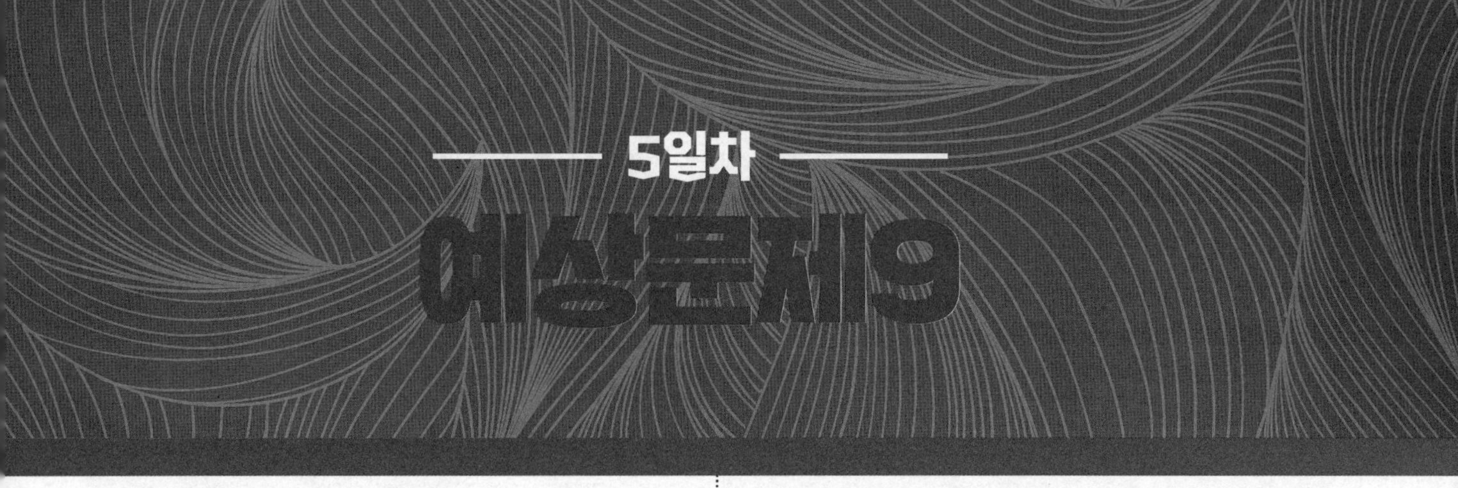

01 ★★ 미생물의 성장과 사멸에 주로 영향을 미치는 요소로 가장 거리가 먼 것은?

① 영양 ② 빛
③ 호르몬 ④ 온도

해 호르몬은 미생물의 성장과 사멸에 영향을 주지 않는다.

02 ★★ 다음 중 과태료 처분 대상에 해당되지 않는 자는?

① 관계공무원의 출입 · 검사 등 업무를 기피한 자
② 영업소 폐쇄명령을 받고도 영업을 계속한 자
③ 이 · 미용업소 위생관리 의무를 지키지 아니한 자
④ 위생교육 대상자 중 위생교육을 받지 아니한 자

해 ① 관계공무원의 출입·검사 등 업무를 기피한 자-300만원 이하의 과태료
② 영업소 폐쇄명령을 받고도 영업을 계속한 자-1년이하의 징역 또는 1000만원 이하의 벌금
③ 이·미용업소 위생관리 의무를 지키지 아니한 자-300만원 이하의 과태료
④ 위생교육 대상자 중 위생교육을 받지 아니한 자-200만원 이하의 과태료

03 ★★★ 석탄산의 희석배수 90배를 기준으로 할 때 어떤 소독약의 석탄산 계수가 4이었다면 이 소독약의 희석배수는?

① 90배 ② 94배
③ 360배 ④ 400배

해 석탄산 4계수의 의미는 살균력이 석탄산의 4배라는 의미이다.

정답 01 ③ 02 ② 03 ③ 04 ② 05 ③

04 ★★★ 이용사 또는 미용사의 면허를 받지 아니한 자가 이·미용 영업업무를 행하였을 때 벌칙사항은?

① 6월 이하의 징역 또는 500만원 이하의 벌금
② 300만원 이하의 벌금
③ 500만원 이하의 벌금
④ 400만원 이하의 벌금

해 **300만원 이하의 벌금**
- 다른사람에게 면허증을 빌려 주거나 빌린 사람 및 알선한 사람
- 면허의 취소 또는 정지 중에 미용업을 한 사람
- 면허를 받지 않고 미용업을 개설한 사람

05 ★★★ 이·미용사의 면허증을 다른 사람에게 대여한 때의 법적 행정처분 조치 사항으로 옳은 것은?

① 시 · 도지사가 그 면허를 취소하거나 6월이내의 기간을 정하여 업무정지를 명할 수 있다.
② 시 · 도지사가 그 면허를 취소하거나 1년이내의 기간을 정하여 업무정지를 명할 수 있다.
③ 시장, 군수, 구청장은 그 면허를 취소하거나 6월 이내의 기간을 정하여 업무정지를 명할 수 있다.
④ 시장, 군수, 구청장은 그 면허를 취소하거나 1년 이내의 기간을 정하여 업무정지를 명할 수 있다.

06 ★★★ 이·미용업소에서 1회용 면도날을 손님 2인에게 사용한 때의 1차 위반 시 행정처분은?

① 시정명령 ② 개선명령
③ 경고 ④ 영업정지 5일

해 소독한 기구와 소독하지 않은 기구를 각각 다른용기에 보관하지 않거나 1회용 면도날을 2인 이상 손님에게 사용 한 경우
- 1차 - 경고
- 2차 - 영업정지 5일
- 3차 - 영업정지 10일
- 4차 - 영업장 폐쇄 명령

07 ★★★ 신고를 하지 않고 영업소 명칭을 변경 또는 이·미용업소의 면적을 3분의 1이상 변경한 때에 대한 1차 위반시의 행정처분은?

① 주의 ② 영업정지 15일
③ 경고 또는 개선명령 ④ 영업정지 1개월

08 ★★★ 이·미용업 영업소에서 손님에게 음란한 물건을 관람·열람하게 한 때에 대한 1차 위반 시 행정처분 기준은?

① 영업장 폐쇄명령 ② 영업정지 15일
③ 경고 ④ 영업정지 1개월

해 음란한 물건을 관람, 열람하게 하거나 진열 또는 보관 시
- 1차 - 경고
- 2차 - 영업정지 15일
- 3차 - 영업정지 1개월
- 4차 - 영업장 폐쇄 명령

09 ★★★ 이·미용업 영업자가 업소 내 조명도를 준수하지 않았을 때에 대한 1차 위반 시 행정처분 기준은?

① 개선명령 또는 경고 ② 영업정지 10일
③ 영업정지 15일 ④ 영업정지 5일

해 미용업 신고증 및 면허증 원본을 게시하지 않거나 조명도를 준수 하지 않을 시
- 1차 - 경고 또는 개선 명령
- 2차 - 영업정지 5일
- 3차 - 영업정지 10일
- 4차 - 영업장 폐쇄 명령

10 ★★ 이·미용업에 있어 위반행위의 차수에 따른 행정처분 기준은 최근 어느 기간 동안 같은 위반행위로 행정처분을 받은 경우에 적용하는가?

① 6개월 ② 1년
③ 2년 ④ 3년

해 행정처분 기준은 1년이다.

11 ★★★ 영업소에서 무자격 안마사로 하여금 손님에게 안마행위를 하였을 때 1차 위반 시 행정처분은?

① 경고 ② 영업정지 15일
③ 영업정지 1개월 ④ 영업장 폐쇄

해 무자격 안마사로 하여금 안마 행위를 하게 된 때
- 1차 - 영업정지 1월
- 2차 - 영업정지 2월
- 3차 - 영업장 폐쇄 명령

정답 06 ③ 07 ③ 08 ③ 09 ① 10 ② 11 ③

12 ★★ **이·미용업소에서 음란행위를 알선 또는 제공 시 영업소에 대한 1차 위반 행정처분 기준은?**

① 경고 ② 영업정지 1개월
③ 영업정지 3개월 ④ 영업장 폐쇄명령

해 **(영업소) 손님에게 성매매 알선 및 제공 시**
- 1차-영업정지 3개월
- 2차-영업장 폐쇄 명령

13 ★★ **이·미용사의 면허증을 대여한 때의 1차 위반 행정처분 기준은?**

① 면허정지 3개월 ② 면허정지 6개월
③ 영업정지 3개월 ④ 영업정지 6개월

해 **면허증을 타인에게 대여 시**
- 1차-면허정지 3개월
- 2차-면허정지 6개월
- 3차-면허 취소

14 ★★ **위생서비스 평가의 결과에 따른 조치에 해당되지 않는 것은?**

① 이·미용업자는 위생관리 등급 표지를 영업소 출입구에 부착할 수 있다.
② 시·도지사는 위생서비스의 수준이 우수하다고 인정되는 영업소에 대한 포상을 실시할 수 있다.
③ 시장·군수는 위생관리 등급별로 영업소에 대한 위생 감시를 실시할 수 있다.
④ 구청장은 위생관리 등급의 결과를 세무서장에게 통보할 수 있다.

해 위생관리 등급은 해당 공중위생영업자에게 통보해야 한다.

15 ★★★ **공중위생관리법상의 위생교육에 대한 설명 중 옳은 것은?**

① 위생교육 대상자는 이·미용업 영업자이다.
② 위생교육 대상자는 이·미용사이다.
③ 위생교육 시간은 매년 8시간이다.
④ 위생교육은 공중위생관리법 위반자에 한하여 받는다.

해 위생교육은 영업자만 받고 종사자는 받지않는다.

16 ★★ **영업소 외의 장소에서 이용 및 미용의 업무를 할 수 있는 경우가 아닌 것은?**

① 질병으로 영업소에 나올 수 없는 경우
② 혼례 직전에 이용 또는 미용을 하는 경우
③ 야외에서 단체로 이용 또는 미용을 하는 경우
④ 사회복지시설에서 봉사활동으로 이용 또는 미용을 하는 경우

해 영업소 이외의 장소에서 이·미용 업무를 하는 경우는 미리 시장·군수·구청장에게 허가를 받아야 한다.

17 ★★ **영업소 출입·검사 관련 공무원이 영업자에게 제시해야 하는 것은?**

① 주민등록증 ② 위생검사 통지서
③ 위생 감시 공무원증 ④ 위생검사 기록부

해 영업소 출입, 검사 관련 공무원은 위생 감시 공무원증을 먼저 제시 하여야 한다.

정답 12 ③ 13 ① 14 ④ 15 ① 16 ③ 17 ③

18 ★★★ **다음 이·미용기구의 소독기준 중 잘못된 것은?**

① 열탕소독은 100℃ 이상의 물속에 10분 이상 끓여준다.
② 자외선소독은 1cm²당 85㎼ 이상의 자외선을 20분 이상 쬐어준다.
③ 건열멸균소독은 100℃ 이상의 건조한 열에 20분 이상 쐬어준다.
④ 증기소독은 100℃ 이상의 습한 열에 10분 이상 쐬어준다.

해 **증기소독은 100℃ 이상의 습한 열에 20분 이상 쐬어준다**
이·미용 기구의 소독 기준 및 방법
- **자외선 소독**:1cm²당 85㎼ 이상의 자외선을 20분 이상 쬐어준다.
- **건열멸균소독**:100℃ 이상의 건조한 열에 20분 이상 쐬어준다.
- **증기소독**:100℃ 이상의 습한 열에 20분 이상 쐬어준다.
- **열탕소독**:100℃ 이상의 물속에 10분 이상 끓여준다.

19 ★★★ **다음 중 이·미용사의 면허를 받을 수 없는 자는?**

① 전문대학의 이·미용에 관한 학과를 졸업한 자
② 교육부장관이 인정하는 고등기술학교에서 1년 이상 미용에 관한 소정의 과정을 이수한 자
③ 국가기술자격법에 의해 미용사의 자격을 취득한 자
④ 외국의 유명 이·미용학원에서 2년 이상 기술을 습득한 자

해 **이·미용 면허를 받을 수 있는 경우**
- 교육부 장관이 인정하는 이·미용 전문 대학 졸업자 또는 동등 이상의 학위가 있는 자
- 교육부 장관이 인정하는 고등학교에서 이·미용에 관한 학과를 졸업한 자
- 특성화고, 고등 기술학교 또는 동등 이상의 학교에서 1년 이상 이·미용 과정을 이수한 자
- 국가기술자격법에 의해 미용사 자격증을 취득한 자

20 ★★★ **이·미용 영업장의 조명은 얼마 이상 밝아야 하는가?**

① 50룩스 ② 75룩스
③ 100룩스 ④ 125룩스

정답 18 ④ 19 ④ 20 ②

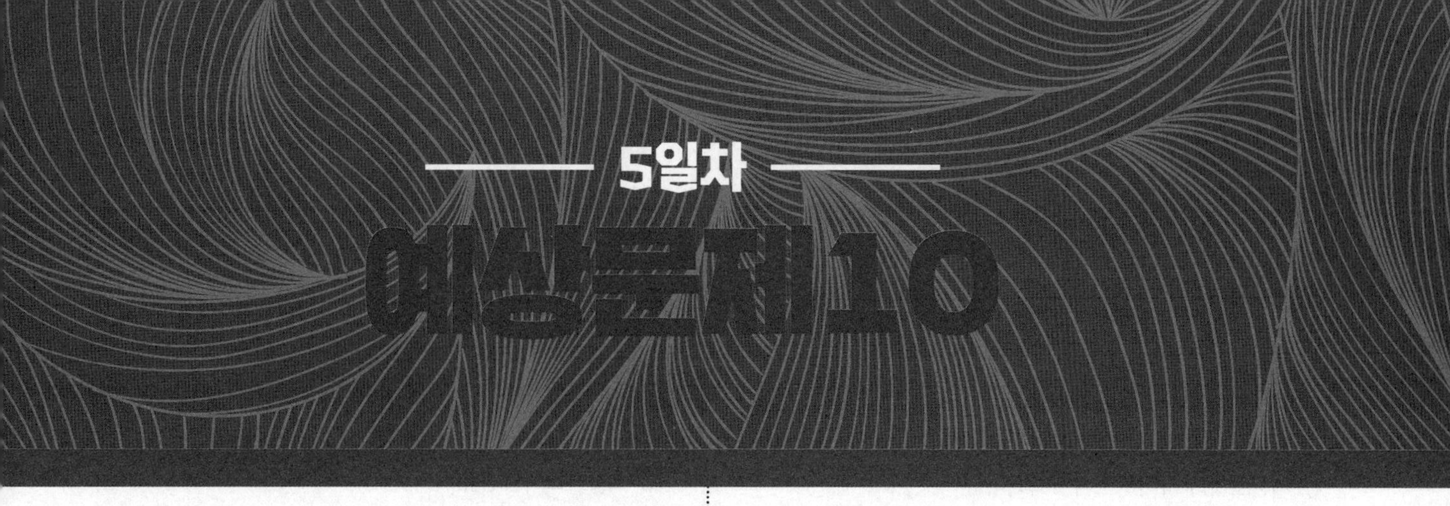

01 ★★ 다음 (　　) 안에 적합한 것은?

법이 준하는 절차에 따라 공중영업 관련시설을 인수하여 공중위생영업자의 지위를 승계한 자는 (　　)월 이내에 보건복지부령이 정하는 바에 따라 시장·군수·구청장에게 신고하여야 한다.

① 1　　② 2
③ 3　　④ 6

해 신고는 대부분 한달안에 시장·군수·구청장에게 해야 한다.

02 ★★ 이·미용실 바닥 소독용으로 가장 알맞은 소독약품은?

① 알코올　　② 크레졸
③ 생석회　　④ 승홍수

해 **크레졸 소독액의 특징**
- 3% 수용액을 주로 이용
- 손 소독에는 1~2%
- 석탄산에 비해 2배 소독력을 지님
- 물에 잘 녹지 않음
- 손, 오물, 배설물 소독
- 이·미용실 실내 소독용으로 사용

03 ★★★ 다음 중 이·미용사의 면허를 발급하는 기관이 아닌 것은?

① 서울시 마포구청장　　② 경기도지사
③ 제주도 서귀포시장　　④ 인천시 부평구청장

해 면허증을 발급하는 기관은 시장·군수·구청장이며 경기도지사는 시·도지사에 속한다.

04 ★★★ 공중위생영업자가 중요사항을 변경하고자 할 때 시장·군수·구청장에게 어떤 절차를 취해야 하는가?

① 허가　　② 신고
③ 통보　　④ 통고

해 이·미용업은 신고업으로 일정한 요건을 갖추고 신고를 하면 즉시 영업신고증을 발급 받을 수 있으며 일정한 기간내에 신고한 사항과 일치하는지 현장을 찾아와 검사한다.

05 ★★★ 역성비누액에 대한 설명으로 틀린 것은?

① 냄새가 거의 없고 자극이 적다.
② 소독력과 함께 세정력이 강하다.
③ 수지·기구·식기소독에 적당하다.
④ 물에 잘 녹고 흔들면 거품이 난다.

해 **역성 비누액의 특징**
- 이·미용영업자 손소독제로 주로 이용
- 세정력은 떨어지며, 소독력은 우수
- 냄새가 거의 없고 자극이 적다.
- 일반비누와 같이 사용하면 소독력이 떨어짐

06 ★★★ 공중위생관리법상 (　　) 속에 가장 적합한 것은?

공중위생관리법은 공중이 이용하는 영업의 (　　) 등에 관한 사항을 규정함으로써 위생수준을 향상시켜 국민의 건강증진에 기여함을 목적으로 한다.

① 위생　　② 위생관리
③ 위생과 소독　　④ 위생과 청결

정답　01 ①　02 ②　03 ②　04 ②　05 ②　06 ②

07 ★★★ **소독약으로서의 석탄산에 관한 내용 중 틀린 것은?**

① 사용농도는 3% 수용액을 주로 쓴다.
② 고무제품, 의류, 가구, 배설물 등의 소독에 적합하다.
③ 단백질 응고작용으로 살균기능을 가진다.
④ 세균포자나 바이러스에 효과적이다.

해 석탄산의 특징
- 소독제의 평가 기준
- 금속 부식성이 있다.
- 단백질 응고 작용으로 살균작용
- 고무, 의류, 가구, 배설물 등의 소독에 적합
- 넓은 지역 방역용 소독에 적합
- 세균포자나 바이러스에는 작용력이 없음
- 석탄수계수가 3.0이면 살균력이 3배를 의미함

08 ★★ **공중위생관리법의 목적을 적은 아래 조항 중 (   ) 속에 알맞은 것은?**

> 제1조(목적) 이 법은 공중이 이용하는 (   )의 위생관리 등에 관한 사항을 규정함으로써 위생수준을 향상시켜 국민의 건강증진에 기여함을 목적으로 한다.

① 영업소 ② 영업장
③ 위생영업소 ④ 영업

09 ★★★ **공중위생관리법에서 공중위생영업이란 다수인을 대상으로 무엇을 제공하는 영업으로 정의되고 있는가?**

① 위생서비스 ② 위생안전서비스
③ 위생관리서비스 ④ 공중위생서비스

해 공중위생 영업이란 다수인을 대상으로 위생관리 서비스를 제공하는 영업이라 명시되어 있다.

10 ★★★ **다음 중 화학적 소독법이 아닌 것은?**

① 자외선 ② 석탄산
③ 승홍수 ④ 생석회

해 화학적 소독의 종류
- 석탄산 - 소독제의 평가 기준, 넓은 지역 방역 소독
- 크레졸 - 이·미용실 실내 소독용, 3% 사용
- 역성비누 - 이·미용실 근무자 손소독용
- 에탄올 - 칼, 가위, 유리제품 소독용, 70% 사용
- 포르말린 - 훈증 소독용, 36% 사용
- 승홍수 - 금속 부식성이 있어 금속 소독에 부적합
- 염소 - 상수, 하수 소독, 음용수 수독
- 과산화 수소 - 피부상처, 구내염, 구강 세정제 3%
- 생석회 - 분변, 토사물, 산화칼슘 98%이상의 백색
- E.O가스 - 고압증기 멸균법에 비해 보존기간이 길다.
- 오존 - 물의 살균에 사용

11 ★★★ **공중 위생관리법규에서 규정하고 있는 이·미용업자의 준수사항이 아닌 것은?**

① 소독을 한 기구와 소독을 하지 아니한 기구는 각각 다른 용기에 넣어 보관하여야 한다.
② 손님의 피부에 닿는 수건은 반드시 세탁해야 한다.
③ 이·미용 최종 지불 요금표를 업소 내에 게시하여야 한다.
④ 이·미용업 신고증 개설자의 면허증 원본 등은 업소 내에 게시하여야 한다.

해 공중 위생관리법규에는 수건 사용에 관한 사항은 정해진 것이 없다.

12 ★★★ **화학적 약제를 사용하여 소독 시 소독약품의 구비조건으로 옳지 않은 것은?**

① 살균력이 강해야 한다.
② 용해성이 낮아야 한다.
③ 부식성, 표백성이 없어야 한다.
④ 경제적이고 사용방법이 간편해야 한다.

해 용해성이란 용질이 특정 용액에 대하여 녹는 성질을 말한다.

정답 07 ④ 08 ④ 09 ③ 10 ① 11 ② 12 ②

13 ★★★ 다음 중 미용사의 청문을 실시하는 경우가 아닌 것은?

① 영업의 정지
② 일부 시설의 사용 중지
③ 영업소 폐쇄명령
④ 위생등급 결과 이의

해 **청문을 실시 하는 경우**
- 면허취소, 면허정지
- 공중위생영업의 정지
- 일부 시설의 사용 정지
- 영업소 폐쇄명령
- 공중위생영업 신고사항의 직권 말소

14 ★★ 미생물을 대상으로 한 작용이 강한 것부터 순서대로 옳게 배열한 것은?

① 멸균>소독>살균>청결>방부
② 멸균>살균>소독>방부>청결
③ 살균>멸균>소독>방부>청결
④ 소독>살균>멸균>청결>방부

해
- 멸균은 무균 상태로 병원성 미생물과 비병원성 미생물및 포자를 가진 것을 전부 사멸
- 살균은 생활력을 가지고 있는 미생물을 물리 화학적 작용에 의해 급속히 사멸
- 소독은 병원성 미생물의 생활력을 파괴하여 죽이거나 또는 제거하여 감염력을 없애는 것
- 방부는 병원성 미생물의 발육과 그 작용을 제거하거나 정지시켜 음식물의 부패나 발효를 방지

15 ★★★ 시장·군수·구청장이 영업정지가 이용자에게 심한 불편을 주거나 그 밖에 공익을 해할 우려가 있는 경우에 영업정지 처분에 갈음한 과징금을 부과할 수 있는 금액기준은?

① 1천만원 이하 ② 2천만원 이하
③ 1억원 이하 ④ 4천만원 이하

해 영업정지가 이용자에게 심한 불편을 주거나 그 밖에 공익을 해할 우려가 있는 경우에는 영업정지 처분에 갈음하여 1억원 이하의 과징금을 부과할 수 있다.

16 ★★ 파스퇴르가 발명한 살균방법은?

① 저온살균법 ② 증기살균법
③ 여과살균법 ④ 자외선살균법

해 저온살균법은 우유속의 결핵균의 오염을 방지하는 살균법으로 파스퇴르가 발명하였다.

17 ★★ 멸균의 정의가 아닌 것은?

① 병원성 미생물을 죽이거나 죽이지는 못하더라도 활성을 낮추어서 감염력을 억제 하는 것
② 모든 미생물 일체를 사멸하는 것
③ 모든 미생물을 열과 약품으로 완전히 죽이거나 또는 제거하는 것
④ 병원성 또는 비병원성 미생물 및 포자를 가진 것을 전부 사멸 또는 제거하는 것

해
- 멸균은 저항성이 있는 미생물 포자 및 아포를 포함한 모든 미생물을 살균 또는 제거하여 무균상태로 만드는 것
- 소독은 병원성 미생물을 죽이거나 반드시 죽이지는 못 하더라도 활성을 낮추어서 감염력을 억제하는 것을 의미 한다.
- 소독의 경우는 미생물의 포자는 제거되지 않으며 비병원성 미생물은 남아 있어도 무방하다.

18 ★★★ 공중위생영업에 종사하는 자가 위생교육을 받지 아니한 경우에 해당되는 벌칙은?

① 300만원 이하의 벌금
② 300만원 이하의 과태료
③ 200만원 이하의 벌금
④ 200만원 이하의 과태료

해 위생교육을 받지 아니할 시 200만원 이하의 벌금

정답 13 ④ 14 ② 15 ③ 16 ① 17 ① 18 ④

19 ★★★ **고압증기 멸균법을 실시할 때 온도, 압력, 소요시간으로 가장 알맞은 것은?**

① 71℃에 10lbs 30분간 소독
② 105℃에 15lbs 30분간 소독
③ 121℃에 15lbs 20분간 소독
④ 211℃에 10lbs 10분간 소독

해 **고압증기 소독 시간**
- 10파운드 115℃에서 30분
- 15파운드 120℃에서 20분
- 20파운드 125℃에서 15분

20 ★★★ **3%의 크레졸 비누액 900ml를 만드는 방법으로 옳은 것은?**

① 크레졸 원액 270ml에 물 630ml를 가한다.
② 크레졸 원액 27ml에 물 873ml를 가한다.
③ 크레졸 원액 300ml에 물 600ml를 가한다.
④ 크레졸 원액 200ml에 물 700ml를 가한다.

해 0.3×900=27ml, 900-27=873ml

정답 19 ③ 20 ②

MEMO

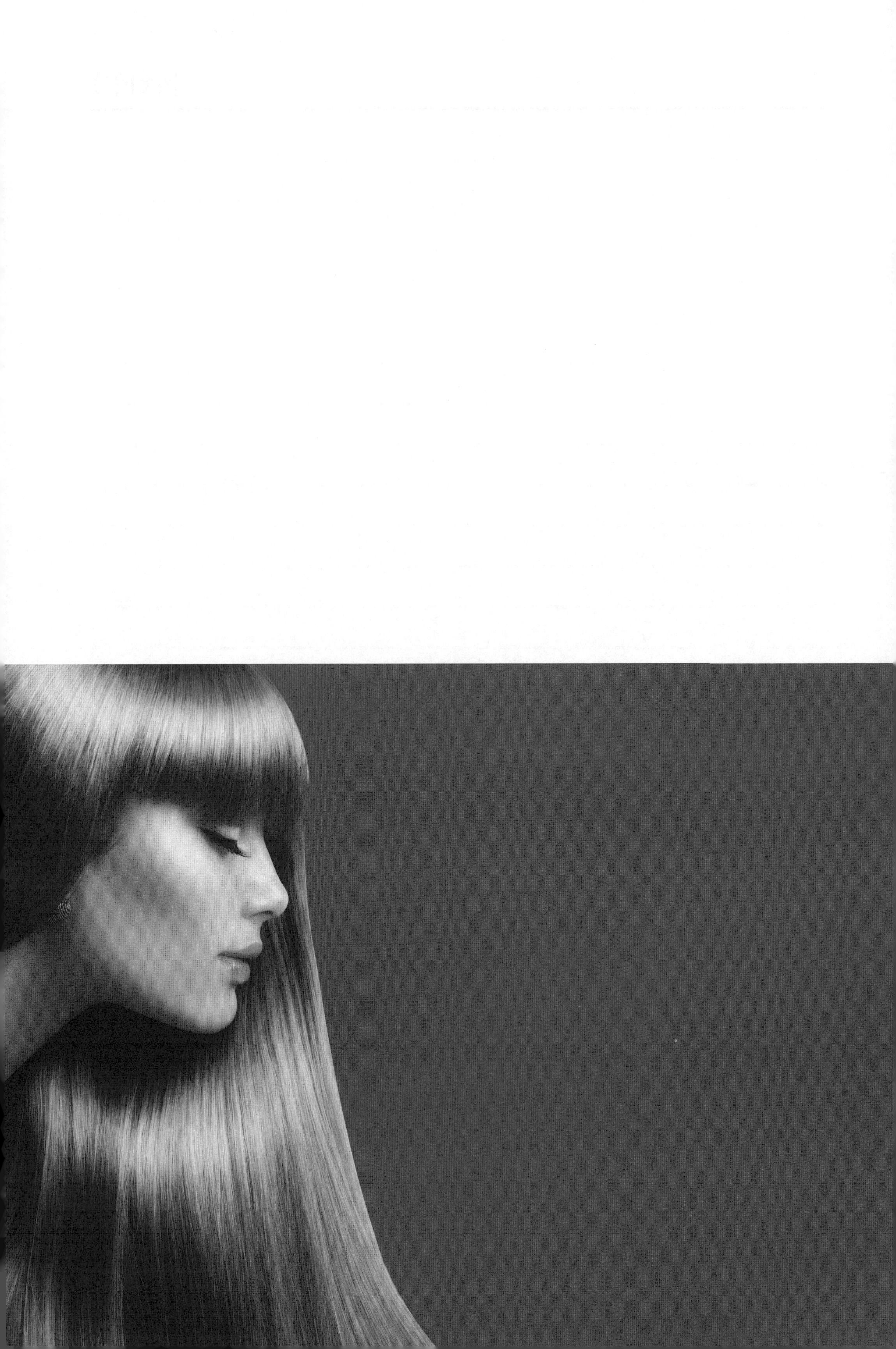

PART 6

:실전 모의고사

실전 모의고사
1회

01 조선시대 여성의 머리에 속하지 않은 것은?

① 얹은머리 ② 쪽머리
③ 떠구지 머리 ④ 높은 머리

해 높은 머리는 현대미용의 이숙종 여사에 의해 유행됨

02 공기의 자정 작용 현상이 아닌 것은?

① 산소, 오존, 과산화수소 등에 의한 산화 작용
② 태양 광선 중 자외선에 의한 살균 작용
③ 식품의 탄소 동화 작용에 의한 CO_2의 생산 작용
④ 공기 자체의 희석 작용

03 미용기술을 행할 때의 작업 자세에 대한 설명 중 가장 거리가 먼 것은?

① 작업 대상과 눈과의 거리는 정상시력 기준으로 약 25cm 정도를 유지할 것
② 적정한 힘을 분배하여 시술할 것
③ 항상 안정된 자세를 취할 것
④ 작업 대상의 위치는 심장의 높이보다 낮게 할 것

04 두피 상태에 따른 스캘프 트리트먼트의 시술 방법이 잘못된 것은?

① 지방이 부족한 두피 상태 - 드라이 스캘프 트리트먼트
② 지방이 과잉인 두피 상태 - 오일리 스캘프 트리트먼트
③ 비듬이 많은 두피 상태 - 핫 오일 스캘프 트리트먼트
④ 정상 두피 상태 - 플레인 스캘프 트리트먼트

해 비듬이 많은 두피 상태는 댄드러프

05 헤어 컬러링 때 두발색을 중화시켜 없애려고 하는 경우 이용되는 주된 방법은?

① 보색관계의 원리 ② 3원색의 원리
③ 염료침투의 원리 ④ 동일색상의 원리

해 두발색을 중화시켜 없애려고 할 때는 보색관계 원리를 이용한다.

06 콜드 퍼머넌트 웨이브의 제2액에 대한 설명으로 틀린 것은?

① 중화제라고 한다.
② 산화제라고 한다.
③ 정착제라고 한다.
④ 프로세싱 솔루션이라고 한다.

해 프로세싱 솔루션은 콜드 퍼머넌트 제1액에 대한 설명이다.

07 폐흡충증의 제2중간 숙주에 해당하는 것은?

① 잉어 ② 다슬기
③ 모래무지 ④ 가재

해 **폐흡충**:1숙주-다슬기, 2숙주-가재, 게

08 레이어 커트에 대한 설명으로 틀린 것은?

① 두발의 각 단차가 연결되어 층을 이룬다.
② 두발의 단차를 표현할 때 이용하는 기법이다.
③ 긴 두발과 짧은 두발에 폭넓게 이용된다.
④ 윗 두발의 길이는 길고 밑 두발의 길이는 짧아진다.

해 레이어 커트는 윗두발의 길이는 짧고 밑두발의 길이는 길어지는 형태이다.

09 미용의 의의가 아닌 것은?

① 미용의 소재는 손님의 신체의 전부로, 미용사의 창의적인 표현이 주된 목적이다.
② 미용은 사회의 미풍양속 보전에 크게 영향을 미친다.
③ 미용은 용모에 물리적 화학적인 방법으로 기교를 행하는 것이다.
④ 미용은 손님의 용모를 아름답게 보이도록 꾸미는 것이다.

10 신징의 목적에 적합하지 않은 것은?

① 잘라지거나 갈라진 두발로부터 영양물질이 흘러나오는 것을 막기 위해
② 불필요한 두발을 제거하고 건강한 두발의 순조로운 발육을 조성하기 위해
③ 비듬과 가려움증을 제거하기 위해
④ 온열자극에 의해 두부의 혈액순환을 촉진하기 위해

11 업스타일 시술을 할 때 백코밍의 효과를 크게 하고자 세모난 모양의 파트로 섹션을 잡는 것은?

① 스퀘어 파트 ② 트라이앵귤러 파트
③ 카우릭 파트 ④ 렉탱귤러 파트

해 • 모난 모양은 트라이 앵글
• 네모난 모양은 스퀘어

12 두발 염색에 있어 리터치란?

① 처녀모에 처음 행하는 염색
② 염색의 결과를 수정하기 위해 재차 행하는 염색
③ 염색 후 새로 자란 두발 염색
④ 백발의 염색

해 리터치는 다이 터치업이라고도 하며 뿌리염색을 말한다.

13 헤어커팅 시 두발의 길이를 짧게 하지 않으면서 전체적으로 두발 숱을 감소시키는 방법은?

① 틴닝 ② 클리핑
③ 트리밍 ④ 블런팅

14 핑거 웨이브의 주요 3대 요소에 해당되지 않은 것은?

① 루프의 크기 ② 트로프
③ 크레스트 ④ 리지

15 1875년 마셀 그라또(MarcelGuarteau)에 의해 처음으로 만든 웨이브는?

① 콜드 웨이브 ② 크로키놀식 웨이브
③ 마셀 웨이브 ④ 히트 펌 웨이브

16 다음 중 콜드 퍼머넌트 웨이브 시 제1액을 바른 후 1차적인 테스트 컬 시간으로 가장 적합한 것은??

① 20~30분　② 30~40분
③ 50분 후　④ 10~15분

17 산성린스에 대한 설명으로 틀린 것은?

① 표백작용이 있어 장시간 사용은 피해야 한다.
② 미지근한 물에 산성린스제를 녹여 사용한다.
③ 퍼머넌트 웨이빙 시술 전에 사용한다.
④ 비누의 알칼리 성분을 중화시키고 금속성 피막을 제거한다.

해 퍼머넌트 웨이브 시술 전에는 플레인 샴푸를 한다.

18 다음 중 배설물의 소독에 가장 적당한 것은?

① 크레졸　② 오존
③ 염소　④ 승홍

해 배설물 소독은 크레졸이나 생석회를 사용한다.

19 콤아웃(comb out) 기술 방법의 설명 중 틀린 것은?

① 브러시로 다듬을 수 없는 주요한 작은 부분은 콤잉에 의한다.
② 브러싱의 방법은 브러시를 넣을 때는 힘을 약하게, 뺄 때는 강하게 한다.
③ 두발을 똑바로 세우기 위해서는 근원에서 두발 끝을 향해 두발 길이 전체에 걸쳐 백코밍한다.
④ 회전브러시를 사용할 경우 오른손으로 브러시를 회전하고 왼손을 가볍게 그에 따라야 한다.

해 백코밍은 빗을 두발 스트랜드의 뒷면에 직각으로 넣고 두피 쪽을 향해 빗을 내리누르듯이 빗질하여 머리카락을 세우는 것을 말한다.

20 퍼머넌트 웨이브의 형성과 직접적인 관련이 있는 것은?

① 시스틴　② 알라닌
③ 멜라닌　④ 티로신

해 퍼머넌트 웨이브는 두발을 구성하고 있는 단백질 중 시스틴 결합을 화학적으로 절단시켜 웨이브를 형성한다.

21 다음 중 알칼리성 샴푸제의 pH로 가장 적합한 것은?

① pH6~7　② pH4~5
③ pH5.5~6.5　④ pH7.5~8.5

22 스탠드업 컬의 핀닝 시 루프에 대한 핀의 각도로 가장 적당한 것은?

① 120°　② 45°
③ 10°　④ 90°

23 레이저에 대한 설명 중 옳은 것은?

① 날 어깨의 두께가 일정하지 않아야 좋다.
② 날끝과 날등이 비틀어져야 좋다.
③ 솜털 등을 깎을 때는 외곡선상의 것이 좋다.
④ 날등과 날끝이 서로 평행하지 않아야 좋다.

24 다음 중 퍼머넌트 또는 염색이 주로 이루어지는 곳은?

① 모구　② 모피질
③ 모수질　④ 모표피

25 노란 모발과 붉은 모발에 많이 포함되어 있는 분사형 색소는?

① 페오멜라닌 ② 멜라노사이트
③ 티로신 ④ 유멜라닌

해 붉은모발 - 페오멜라닌, 검은 모발 - 유 멜라닌

26 피부를 윤기나게 해주는 작용을 하고 부족하면 각기증, 여드름, 알레르기를 유발시키는 것은?

① 무기질 ② 비타민 B 복합체
③ 비타민 D ④ 인지질

27 교원섬유와 탄력섬유로 구성되어 있어 강한 탄력성을 지니고 있는 곳은?

① 피하조직 ② 진피
③ 표피 ④ 근육

해 교원섬유 - 콜라겐, 탄력섬유 - 엘라스틴

28 다음 중 노화현상에 속하지 않는 것은?

① 혈판의 탄력성 감퇴
② 호흡할 때 잔기용적 감소
③ 시력의 저하
④ 위산 분비량 감소

29 브러시의 종류에 따른 사용 목적으로 옳지 않은 것은?

① 덴멘 브러시는 열에 강하여 모발에 텐션과 볼륨을 주는 데 사용한다.
② 롤 브러시는 롤의 크기가 다양하고 웨이브를 만들기에 적합하다.
③ 스켈톤 브러시는 여성의 헤어스타일이나 긴 머리 헤어스타일 정돈에 적합하다.
④ S 브러시는 바람머리 같은 방향성을 살린 헤어스타일 정돈에 적합하다.

해 스캘톤 브러쉬는 짧은 남성모발에 적합

30 켈로이드의 설명으로 옳은 것은?

① 멜라닌 세포의 증대
② 결합조직의 증대
③ 탄력섬유의 감소
④ 기질의 감소

31 레인 방어막의 역할이 아닌 것은?

① 체액이 외부로 새어나가는 것을 방지한다.
② 피부염 유발을 억제한다.
③ 외부로부터 침입하는 각종 물질을 방어한다.
④ 피부의 색소를 만든다.

32 다음 중 자외선이 피부에 미치는 영향이 아닌 것은?

① 색소침착 ② 살균효과
③ 홍반형성 ④ 비타민 A 합성

33 다양한 크기를 지닌 부종성 융기로 수 분 내에 갑자기 생성되었다가 사라지는 현상은?

① 두드러기 ② 태선화
③ 낭종 ④ 반점

34 식중독에 대한 설명으로 틀린 것은?

① 버섯, 야생동물을 통해서도 식중독은 발생할 수 있다.
② 살모넬라균은 사람에게만 나타나며 가축에서는 나타나지 않는다.
③ 독성있는 무기물이 혼합된 음식을 섭취할 때 발생할 수 있다.
④ 방부제가 많은 음식을 먹으면 일으킬 수 있다.

35 후천성면역결핍증(AIDS)은 감염병 또는 예방법 중 어디에 속하는 법정감염병인가?

① 제2급 감염병 ② 제1급 감염병
③ 제3급 감염병 ④ 지정 감염병

36 소독에 영향을 미치지 않는 인자는?

① 온도 ② 수분
③ 시간 ④ 바람

37 다음 중 푸른곰팡이로부터 페니실린이라는 항생물질을 발견한 사람은?

① 파스퇴르 ② 플레밍
③ 제너 ④ 리스터

38 다음 중 상수오염의 대표적인 생물학적 지표는?

① 대장균 ② 경도
③ 장티푸스균 ④ 탁도

해 상수오염의 지표 대장균 수

39 3%의 크레졸 비누액 900ml를 만드는 방법으로 옳은 것은?

① 크레졸 원액 270ml에 물 630ml를 가한다.
② 크레졸 원액 27ml에 물 873ml를 가한다.
③ 크레졸 원액 30ml에 물 600ml를 가한다.
④ 크레졸 원액 200ml에 물 700ml를 가한다.

40 콜레라에 관한 설명 중 틀린 것은?

① 예방대책으로 예방접종 시 생균백신 접종이 가장 효과적이다.
② 검역 질병으로 검역기간은 120시간이다.
③ 제2급 법정감염병으로서, 환자의 분변이나 토사물이 감염원인이다.
④ 구토, 설사, 탈수 등이 주 증상이다.

해 콜레라는 사균백신

41 습열멸균과 건열멸균을 비교한 설명으로 옳은 것은?

① 습열멸균이 건열멸균보다 능률적이고 효과적이다.
② 건열멸균은 아포소독에 효과적이다.
③ 건열멸균은 저온에서 효과적이다.
④ 습열멸균은 초고온 시에만 소독효과가 나타난다.

42 다음 중 금속제 기구 소독에 적합하지 않은 것은?

① 알코올 ② 승홍수
③ 크레졸 ④ 역성비누액

43 혈청이나 약재, 백신 등 열에 불안정한 액체의 멸균에 주로 이용되는 멸균법은?

① 여과멸균법 ② 초음파멸균법
③ 초단파멸균법 ④ 방사선멸균법

44 화장실, 하수도, 쓰레기통 등의 소독에 가장 적합한 것은?

① 생석회 ② 알코올
③ 승홍수 ④ 염소

45 다음 중 소독의 정의를 가장 잘 표현한 것은?

① 병원균의 침입을 예방하는 것
② 병원균을 파괴하여 감염성을 없애는 것
③ 모든 균을 사멸시키는 것
④ 병원균의 발육 성장을 억제시키는 것

46 다음 중 가정용 락스를 이용한 소독법의 적용에 부적절한 것은?

① 금속 ② 유리
③ 플라스틱 ④ 타올

47 핑거 웨이브의 종류 중 큰 움직임을 보는 것 같은 웨이브는?

① 스웰 웨이브 ② 스윙 웨이브
③ 하이 웨이브 ④ 덜 웨이브

48 영업소 폐쇄 명령을 받고도 계속하여 영업을 하는 영업소를 폐쇄하기 위한 조치사항 중 틀린 것은?

① 당해 영업소의 간판 기타 영업표시물의 제거
② 당해 영업소의 직원 및 관계자 출입 통제
③ 당해 영업소가 위법한 영업소임을 알리는 게시물 등의 부착
④ 영업을 위하여 필수불가결한 기구 또는 시설물을 사용할 수 없게 하는 봉인

49 공중위생영업에 해당하지 않는 것은?

① 숙박업 ② 목욕장업
③ 이·미용업 ④ 외식업

50 다음 중 이·미용사 면허를 받을 수 없는 자는?

① 금치산자
② 비감염성 피부질환자
③ 비감염성 결핵환자
④ 전과자

51 위생 서비스 평가의 결과에 따른 조치에 해당하지 않는 것은?

① 이·미용업자는 위생 관리 등급 표지를 영업소 출입구에 부착할 수 있다.
② 시·도지사는 위생 서비스의 수준이 우수하다고 인정되는 영업소에 대한 포상을 실시할 수 있다.
③ 시장·군수는 위생 관리 등급별로 영업소에 대한 위생 감시를 실시할 수 있다.
④ 구청장은 위생 관리 등급의 결과를 세무서장에게 통보할 수 있다.

해 위생과 세무서는 아무 관계가 없다.

52 위반 시 1년 이하 징역 또는 1천만원 이하 벌금에 처해지는 자를 모두 짝지은 것은?

A. 공중위생업자의 지위 승계 시 신고하지 않은 자
B. 시설 사용 중지 명령을 받고도 계속 사용한 자
C. 면허 취소 후 계속 업무를 행한 자
D. 영업소 폐쇄 명령 이후 계속 영업한 자

① B, D ② A, B, C, D
③ A, C ④ A, B, C

53 미용업 영업자가 지켜야 하는 의무사항에 해당하지 않는 것은?

① 의료기구와 의약품을 사용하지 아니하는 순수한 화장 또는 피부미용을 하여야 한다.
② 면도기는 1회용 면도날만을 손님 1인에 한하여 사용하여야 한다.
③ 미용기구는 소독한 기구와 소독하지 아니한 기구를 분리 보관하여야 한다.
④ 미용사 자격증을 영업소 내에 게시해야 한다.

54 세안, 피부정돈, 피부보호를 목적으로 하는 화장품은?

① 방향 화장품 ② 메이크업 화장품
③ 모발 화장품 ④ 기초 화장품

55 기능성 화장품의 범위와 종류에 대한 설명으로 틀린 것은?

① 자외선차단 제품-자외선 차단
② 미백 제품-피부 색소 침착 방지
③ 보습 제품-피부 유·수분 공급 및 탄력강화
④ 주름개선 제품-피부탄력 강화 및 표피의 신진대사 촉진

해 기능성 화장품은 크게 자외선차단, 미백, 주름개선으로 나누어 진다.

56 향수의 휘발성 성분의 증발을 억제하기 위하여 첨가하는 물질은?

① 정착제 ② 연화제
③ 방향제 ④ 유화제

57 바디관리용 화장품의 목적과 제품으로 가장 적합하게 짝지어진 것은?

① 피부 보호-파우더 ② 제모-웜왁스
③ 세정-선스크린 ④ 땀 억제-버블바스

58 **화장품의 정의로 틀린 것은?**

① 인체를 청결 · 미화하여 매력을 더한다.
② 용모를 밝게 변화시키거나 피부 또는 모발의 건강을 유지시킨다.
③ 일정기간을 사용하고 특정부위만 바른다.
④ 화장품은 인체를 대상으로 사용하는 것이다.

해 **화장품의 정의**
인체를 청결, 미화하여 매력을 더하고 용모를 밝게 변화시키기 위해 사용되는 물품.

59 **이 · 미용업의 영업장 실내 조명 기준은?**

① 30Lux 이상 ② 50Lux 이상
③ 75Lux 이상 ④ 120Lux 이상

해 조명은 75룩스 이상이 좋다.

60 **이 · 미용 영업소 안에 면허증 원본을 게시하지 않은 경우 1차 행정처분 기준은?**

① 경고 또는 개선 명령
② 영업 정지 5일
③ 영업 정지 10일
④ 영업 정지 15일

정답				
01 ④	02 ③	03 ④	04 ③	05 ①
06 ④	07 ④	08 ③	09 ①	10 ③
11 ②	12 ③	13 ①	14 ①	15 ③
16 ④	17 ③	18 ①	19 ③	20 ①
21 ④	22 ④	23 ③	24 ②	25 ①
26 ②	27 ②	28 ②	29 ③	30 ②
31 ④	32 ④	33 ①	34 ②	35 ③
36 ④	37 ②	38 ①	39 ②	40 ①
41 ①	42 ②	43 ①	44 ①	45 ②
46 ①	47 ②	48 ②	49 ④	50 ①
51 ④	52 ①	53 ④	54 ④	55 ③
56 ①	57 ②	58 ③	59 ③	60 ①

실전 모의고사 2회

01 먼셀의 색상환표에서 가장 먼 거리를 두고 서로 마주보는 관계의 색채를 의미하는 것은?

① 한색　② 난색
③ 보색　④ 잔여색

해 신징은 신징왁스나 신징기를 이용하여 모발을 적당히 그슬리거나 지지는 시술법으로 온열 자극에 의해 두부의 혈액순환을 돕는다.

02 모발에 도포한 약액의 침투를 도와 시술 시간을 단축하고자 할 때 필요하지 않은 것은?

① 스팀타월　② 헤어 스티머
③ 신징　④ 히팅캡

03 다음 중 절족 동물 매개 감염병이 아닌 것은?

① 페스트　② 유행성 출혈열
③ 말라리아　④ 탄저

해 절족동물이란 몸속에 뼈가 없이 여러개의 환절로 되어 마디가 있는 발이 달린 곤충류이며 탄저는 소, 말 등 초식동물에게 감염되는 인수공통 감염병이다.

04 다음 전자파 중 소독에 일반적으로 사용되는 것은?

① 음극선　② 엑스선
③ 자외선　④ 중성자

05 웨이브의 형성을 위해 펌 제1제를 주로 적용하는 부위는?

① 모수질　② 모근
③ 모피질　④ 모표피

06 우리나라 여성의 머리 모양 중 비녀를 꽂은 것은?

① 얹은머리　② 쪽진머리
③ 종종머리　④ 귀밑머리

07 한국 현대 미용사에 대한 설명으로 옳은 것은?

① 경술국치 이후 일본인들에 의해 미용이 발달했다.
② 1933년 일본인이 우리나라에 처음으로 미용원을 개원했다.
③ 해방 전 우리나라 최초의 미용교육기관은 정화고등기술학교이다.
④ 오엽주가 1933년 화신백화점 내에 미용원을 열었다.

08 컬이 오래 지속되며 움직임이 가장 적은 것은?

① 논 스템　② 하프 스템
③ 풀 스템　④ 컬 스템

해 논스템은 루프가 베이스에 들어가 있는 형태로 스템의 길이가 짧아 움직임이 적고 컬이 오래간다.

09 다음 중 두발에 볼륨을 주지 않기 위한 컬 기법은?

① 스탠드업 컬　② 플랫 컬
③ 리프트 컬　④ 논스템 컬

> 해 플랫컬은 컬의 루프가 두피에서 0도로 평평하고 납작하게 눕혀진 컬로 두발에 볼륨을 주지 않는다.

10 네이프선까지 가지런히 정돈하여 묶어 청순한 이미지를 부각시킨 스타일로 1940년대에 유행했으며, 아르헨티나의 대통령 부인이었던 에바 페론의 헤어스타일로 유명한 업스타일은?

① 링고 스타일　② 시뇽 스타일
③ 킨키 스타일　④ 퐁파두르 스타일

11 스캘프 트리트먼트의 목적이 아닌 것은?

① 원형 탈모증 치료
② 두피 및 모발을 건강하고 아름답게 유지
③ 혈액순환 촉진
④ 비듬 방지

12 염색한 두발에 가장 적합한 샴푸는?

① 댄드러프 샴푸　② 논스트리핑 샴푸
③ 프로테인 샴푸　④ 약용 샴푸

> 해 • 댄드러프 - 비듬방지
> • 논스트르핑 - 염색모발
> • 프로테인 - 다공성모

13 플러프 뱅에 관한 설명으로 옳은 것은?

① 포워드 롤을 뱅에 적용시킨 것이다.
② 컬이 부드럽고, 아무런 꾸밈도 없는 듯이 보이도록 볼륨을 주는 것이다.
③ 가르마 가까이에 작게 낸 뱅이다.
④ 뱅으로 하는 부분의 두발을 업콤하여 두발 끝을 플러프해서 내린 것이다.

14 미백 화장품의 기능으로 틀린 것은?

① 각질세포의 탈락을 유도하여 멜라닌 색소 제거
② 타로시나아제를 활성화하여 도파 산화 억제
③ 자외선 차단 성분이 자외선 흡수 방지
④ 멜라닌 합성과 확산을 억제

15 저항성 두발 염색 전 행하는 기술로 옳지 않은 것은?

① 염모제 침투를 돕기 위해 사전에 두발을 연화시킨다.
② 과산화수소 30mL, 암모니아수 0.5mL정도를 혼합한 연화제를 사용한다.
③ 사전 연화기술을 프레-소프트닝이라고 한다.
④ 50~60분 방치 후 드라이로 건조시킨다.

16 비사볼롤은 어디에서 얻은 수 있는가?

① 프로폴리스　② 캐모마일
③ 알로에베라　④ 알개

17 자연독에 의한 식중독 원인 물질과 서로 관계 없는 것으로 연결된 것은?

① 테트로도톡신-복어 ② 솔라닌-감자
③ 무스카린-버섯 ④ 에르고톡신-조개

해 에르고 톡신은 맥각에 의한 자연독

18 다음 중 지구 온난화 현상의 주원인이 되는 가스는?

① CO_2 ② C
③ Ne ④ NO

19 다음 중 감염병 관리에 가장 어려움이있는 사람은?

① 회복기 보균자 ② 잠복기 보균자
③ 건강 보균자 ④ 병후 보균자

해 건강 보균자는 병원체를 보유하고 있으나 증상이 없어 감염병 관리가 어렵다.

20 다음 중 가족 계획과 뜻이 가장 가까운 것은?

① 불임시술 ② 임신 중절
③ 수태 제한 ④ 계획 출산

21 진동이 심한 작업장 근무자에게 다발하는 질환으로 청색증과 동통, 저림 증세를 보이는 질병은?

① 레이노드씨병 ② 진폐증
③ 열경련 ④ 잠함병

22 컬의 목적으로 가장 옳은 것은?

① 텐션, 루프, 스템을 만들기 위해
② 웨이브, 볼륨, 플러프를 만들기 위해
③ 슬라이싱, 스퀘어, 베이스를 만들기 위해
④ 세팅, 뱅을 만들기 위해

23 두정부의 가마로부터 방사상으로 나눈 파트는?

① 카우릭 파트 ② 이어 투 이어 파트
③ 센터 파트 ④ 스퀘어 파트

24 다음 중 바르게 짝지어진 것은?

① 아이론 웨이브-1830년 프랑스의 무슈 끄로와뜨
② 콜드 웨이브-1936년 영국의 스피크먼
③ 스파이럴 퍼머넌트 웨이브-1925년 영국의 조셉 메이어
④ 크로키놀식 웨이브-1875년 프랑스의 마셀 그라또우

해
- 아이론웨이브-마셀 그라또우
- 스파이럴 퍼머넌트-찰스 네슬러
- 크로키놀식 웨이브-조셉 메이어

25 땋거나 스타일링하기에 쉽도록 3가닥 혹은 1가닥으로 만들어진 헤어피스는?

① 웨프트 ② 스위치
③ 폴 ④ 위글렛

26 비누에 대한 설명으로 틀린 것은?

① 비누의 세정작용은 오염과 피부 사이에 비누 수용액이 침투해 부착을 약화시켜서 오염이 떨어지기 쉽게 하는 것이다.
② 거품이 풍성하고 잘 헹구어져야 한다.
③ pH가 중성인 비누는 세정 작용뿐만 아니라 살균·소독 효과가 뛰어나다.
④ 메디케이티드 비누는 소염제를 배합한 제품으로 여드름, 면도 상처 및 피부 거칠음 방지 효과가 있다.

27 염모제로서 헤나를 처음으로 사용했던 나라는?

① 그리스 ② 이집트
③ 로마 ④ 중국

28 미용의 특수성에 해당하지 않는 것은?

① 자유롭게 소재를 선택한다.
② 시간적 제한은 받는다.
③ 손님의 의사를 존중한다.
④ 여러 가지 조건에 제한을 받는다.

29 세포의 분열 증식으로 모발이 만들어지는 곳은?

① 모모세포 ② 모유두
③ 모구 ④ 모소피

30 세안용 화장품의 구비 조건으로 부적당한 것은?

① 안정성-물이 묻거나 건조해지면 형과 질이 잘 변해야 한다.
② 용해성-냉수나 온수에 잘 풀려야 한다.
③ 기포성-거품이 잘 나고 세정력이 있어야 한다.
④ 자극성-피부를 자극시키지 않아야 한다.

31 다음 중 콜드 퍼머넌트 웨이브 시술 시 두발에 부착된 제1제를 씻어내는 데 가장 적합한 린스는?

① 에그 린스 ② 산성 린스
③ 레몬 린스 ④ 플레인 린스

32 피부 색소 침착에서 과색소 침착 증상이 아닌 것은?

① 기미 ② 백반증
③ 주근깨 ④ 검버섯

해 백반증은 피부에 멜라닌 세포의 결핍으로 희게 변하는 저색소 침착이다.

33 피부 발진 중 일시적인 증상으로 가려움증을 동반하여 불규칙적인 모양을 한 피부 현상은?

① 농포 ② 팽진
③ 구진 ④ 결절

해 팽진은 원발진으로 1차적 피부장애이며 가려움증을 동반하는 두드러기이다.

34 혈색을 좋게 만드는 철분을 많이 함유한 식품과 거리가 가장 먼 것은?

① 감자 ② 시금치
③ 조개류 ④ 어류

35 피부 표피층 중에서 가장 두꺼운 층으로 세포 표면에는 가시 모양의 돌기를 가지고 있는 것은?

① 유극층 ② 과립층
③ 각질층 ④ 기저층

해 피부의 표피중 가장 두꺼운 층은 유극층이다.

36 폐경기의 여성이 골다공증에 걸리기 쉬운 이유와 관련이 있는 것은?

① 에스트로겐의 결핍
② 안드로겐의 결핍
③ 테스토스테론의 결핍
④ 티록신의 결핍

해 여성 호르몬-에트로겐, 남성 호르몬-안드로겐

37 다음 중 이·미용실에서 사용하는 수건을 철저하게 소독하지 않았을 때 주로 발생할 수 있는 감염병은?

① 장티푸스 ② 트라코마
③ 페스트 ④ 일본뇌염

해 트라코마는 이·미용실 수건을 통해 전염되는 눈병이다.

38 소독약을 사용하여 균 자체에 화학 반응을 일으킴으로써 세균의 생활력을 빼앗아 살균하는 것은?

① 물리적 멸균법 ② 건열 멸균법
③ 여과 멸균법 ④ 화학적 멸균법

39 보건복지부장관은 공중위생관리법에 의한 권한의 일부를 무엇이 정하는 바에 의해 시·도지사에게 위임할 수 있는가?

① 대통령령 ② 시장·군수·구청장
③ 안전행정부령 ④ 보건복지부령

40 점 빼기, 귓불 뚫기, 쌍커풀 수술, 문신, 박피 수술 그 밖에 이와 유사한 의료 행위를 한 때 2차 위반 시 행정처분 기준은?

① 영업 정지 1개월 ② 영업 정지 2개월
③ 영업 정지 3개월 ④ 영업장 폐쇄 명령

41 법정 감염병 중 제3급 감염병에 속하지 않는 것은?

① A형 간염 ② 공수병
③ 렙토스피라증 ④ 쯔쯔가무시증

해 A형 감염은 제2급 감염병이다.

42 한 나라의 보건 수준을 측정하는 지표로서 가장 적절한 것은?

① 의과대학 설치 수 ② 국민 소득
③ 감염병 발생률 ④ 영아 사망률

43 수인성 감염병이 아닌 것은?

① 일본뇌염 ② 이질
③ 콜레라 ④ 장티푸스

해 수인성 감염병은 병원성 미생물을 통해 발생하는 질병으로 콜레라, 장티푸스, 파라티푸스, 이질, 소아마비, A형간염 등이 있다.

44 1차 위반 시의 행정처분 기준이 경고 또는 개선명령이 아닌 것은?
① 위생 교육을 받지 아니한 때
② 영업자의 지위를 승개한 후 1개월 이내에 신고하지 아니한 때
③ 영업신고증, 요금표를 게시하지 아니하거나 업소 내 조명도를 준수하지 아니한 때
④ 영업 정지 처분을 받고도 그 영업 정지기간 중 영업을 한 때

45 웨트 커팅의 설명으로 적합한 것은?
① 손상모를 손쉽게 추려낼 수 있다.
② 모발의 전체적인 형태 파악이 용이하다.
③ 길이 변화를 많이 주지 않을 때 이용한다.
④ 모발의 손상을 최소화할 수 있다.

46 탈모의 원인으로 볼 수 없는 것은?
① 과도한 스트레스로 인한 경우
② 다이어트와 불규칙한 식사로 인한 영양 부족일 경우
③ 여성 호르몬의 분비가 많은 경우
④ 땀, 피지 등의 노폐물이 모공을 막고 있는 경우

해 탈모는 남성 호르몬인 안드로겐의 영향을 많이 받는다.

47 알칼리성 비누로 샴푸한 모발에 가장 적당한 린스는?
① 레몬 린스 ② 플레인 린스
③ 컬러 린스 ④ 알칼리성 린스

48 정상적인 두발 상태의 온도 조건에서 콜드 웨이빙 시술 시 프로세싱의 가장 적당한 방치 시간은?
① 5분 ② 10~15분
③ 30~35분 ④ 20~30분

49 식중독에 대한 설명으로 옳은 것은?
① 음식 섭취 후 장시간 뒤에 증상이 나타난다.
② 근육통 호소가 가장 빈번하다.
③ 병원성 미생물에 오염된 식품 섭취 후 발병한다.
④ 독성을 나타내는 화학 물질과는 무관하다.

50 콜레라 예방 접종은 어떤 면역 방법인가?
① 인공 수동 면역 ② 인공 능동 면역
③ 자연 수동 면역 ④ 자연 능동 면역

51 퍼머넌트 웨이브 시술 후 디자인에 맞춰서 커트하는 것은?
① 스트로크 커트 ② 드라이 커트
③ 프레 커트 ④ 에프터 커트

해 퍼머넌트웨이브의 시술 전의 커트를 프레커트, 시술 후의 커트를 에프터 커트라고 한다.

52 다음 중 이·미용사의 면허를 발급하는 기관이 아닌 것은?
① 서울시 마포구청장
② 제주도 서귀포시장
③ 인천시 부평구시장
④ 경기도지사

53 공중위생업소가 의료법을 위반하여 폐쇄 명령을 받았다면, 최소한 어느 정도의 기간이 경과되어야 동일 장소에서 동일 영업이 가능한가?
① 3개월 ② 6개월
③ 9개월 ④ 12개월

54 공중 위생 서비스 평가를 위탁받을 수 있는 기관은?

① 관련 전문 기관 및 단체
② 소비자 단체
③ 동사무소
④ 시청

55 공중위생영업을 하고자 하는 자는 위생교육을 언제 받아야 하는가?(단, 예외조항은 제외)

① 영업소 개설을 통보한 후에 위생 교육을 받는다.
② 영업소를 운영하면서 자유로운 시간에 위생 교육을 받는다.
③ 영업신고 전에 미리 위생 교육을 받는다.
④ 영업소 개설 후 3개월 이내에 위생 교육을 받는다.

56 여드름 관리에 효과적인 성분은?

① 유황 ② 하이드로퀴논
③ 코직산 ④ 알부틴

57 시·도지사 또는 시장·군수·구청장은 공중위생관리상 필요하다고 인정하는 때에 공중위생영업자 등에 대하여 필요한 조치를 취할 수 있다. 이 조치에 해당 하는 것은?

① 보고 ② 청문
③ 감독 ④ 협의

58 금속성 식기, 면 종류의 의류, 도자기의 소독에 적합한 소독 방법은?

① 화염 멸균법 ② 건열 멸균법
③ 소각 멸균법 ④ 자비 소독법

59 공중위생감시원의 자격에 해당되지 않는 자는?

① 위생사 자격증이 있는 자
② 대학에서 미용학을 전공하고 졸업한 자
③ 외국에서 환경기사의 면허를 받은 자
④ 1년 이상 공중위생 행정에 종사한 경력이 있는 자

해 **공중위생감시원의 자격**
- 위생사 또는 환경기사 2급 이상
- 대학에서 화학, 화공학, 환경공학, 위생학 전공
- 외국에서 위생사, 환경기사 면허를 받은 자
- 1년 이상 공중 위생행정에 종사한 자

60 균체의 단백질 응고 작용과 관계가 가장 적은 소독약은?

① 석탄산 ② 크레졸액
③ 알코올 ④ 과산화수소수

정답				
01 ③	02 ③	03 ④	04 ③	05 ③
06 ②	07 ④	08 ①	09 ②	10 ②
11 ①	12 ②	13 ②	14 ②	15 ④
16 ②	17 ④	18 ①	19 ③	20 ④
21 ①	22 ②	23 ①	24 ②	25 ②
26 ③	27 ②	28 ①	29 ①	30 ①
31 ④	32 ②	33 ②	34 ①	35 ①
36 ①	37 ②	38 ④	39 ①	40 ③
41 ①	42 ④	43 ①	44 ④	45 ④
46 ③	47 ①	48 ②	49 ③	50 ②
51 ④	52 ④	53 ②	54 ①	55 ③
56 ①	57 ①	58 ④	59 ②	60 ④

실전 모의고사 3회

01 B-림프구의 생성 장소는?

① 흉관 ② 췌장
③ 골수 ④ 비장

02 아이론을 쥔 상태에서 아이론을 여닫을 때 사용하는 손가락은?

① 엄지와 약지 ② 소지와 약지
③ 중지와 약지 ④ 검지와 약지

03 피지 조절, 항 우울과 함께 분만 촉진에 효과적인 아로마 오일은?

① 라벤더 ② 로즈마리
③ 자스민 ④ 오렌지

04 퍼머넌트 웨이브 시술 결과 컬이 강하게 형성된 원인과 거리가 먼 것은?

① 모발의 길이에 비해 너무 가는 로드를 사용한 경우
② 강한 약액을 선정한 경우
③ 프로세싱 시간이 긴 경우
④ 고무 밴드가 강하게 걸린 경우

05 개체변발의 설명으로 틀린 것은?

① 고려시대에 한동안 일부 계층에서 유행했던 남성의 머리 모양이다.
② 남성의 머리카락을 끌어올려 정수리에서 틀어 감아 맨 모양이다.
③ 머리 변두리의 머리카락을 삭발하고 정수리 부분만 남겨 땋아 늘어뜨린 형태이다.
④ 몽고의 풍습에서 전래되었다.

해 남성의 머리카락을 끌어 올려 정수리에서 틀어 감아 맨 모양은 상투를 말한다.

06 얼굴과 두발, 손톱, 피부 등의 상태를 개선, 미화시키는 기술을 무엇이라 하는가?

① 미용술 ② 미화술
③ 미조술 ④ 미안술

07 두상의 명칭을 다섯 부분으로 나눌 때 속하지 않는 부분은?

① 전두부 ② 두정부
③ 백포인트 ④ 측두부

08 고분벽화에 나타난 여인의 두발 형태가 아닌 것은?

① 픈 기명 머리 ② 쪽 머리
③ 새앙 머리 ④ 얹은 머리

해 고분벽화는 고구려의 머리모양을 알 수 있는 것으로 얹은머리, 쪽머리, 푼 기명식 머리, 중발머리, 쌍상투 머리 등이 고구려 시대 머리 형태이다.

09 한국인 최초로 서울 종로 화신백화점 내에 화신미용원을 오픈한 사람은?

① 권정희 ② 오엽주
③ 이숙종 ④ 김활란

10 고려시대 여염집 여인들의 화장법은?

① 분대화장 ② 기생화장
③ 짙은화장 ④ 비분대화장

11 빗의 작용이 바르게 연결되지 않은 것은?

① 빗 목 : 균형 잡는 역할을 하며, 일직선으로 단단해야 한다.
② 빗살 끝 : 빗살 끝이 너무 둔탁한 것은 빗질의 효과가 떨어진다.
③ 빗살뿌리 : 빗살뿌리가 균등하며 끝은 뾰족한 것이 좋다.
④ 빗살 : 빗살 전체가 가늘고 균등하게 형성되어 있어야 한다.

12 미용용구 중 미용도구에 대한 설명으로 옳은 것은?

① 최신 시설의 용구
② 기계 등을 이용한 용구
③ 미용사의 손과 손가락 움직임을 돕는 기능
④ 정리 정돈이 필요한 용구

13 웨트 샴푸에 속하지 않는 것은?

① 에그 파우더 샴푸 ② 플레인 샴푸
③ 스페셜 샴푸 ④ 에그 샴푸

해 에그 파우더 샴푸는 드라이 샴푸이다.

14 두발의 자연색을 원하는 색보다 밝게 탈색시키는 것은?

① 프레 레프트닝 ② 프레 그로인
③ 프레 시스틴 ④ 프레 라이트닝

15 건성 두피 마사지를 할 때 헤어 스티머 사용 시간으로 적당한 것은?

① 5분 ② 10분
③ 15분 ④ 20분

16 연수, 경수에도 사용할 수 있는 세발법은?

① 플레인 샴푸 ② 에그 샴푸
③ 토닉 샴푸 ④ 핫 오일 샴푸

17 밀봉식품으로 중독될 수 있는 균은?

① 포도상구균 ② 장염비브리오균
③ 보툴리누스균 ④ 살모넬라균

18 헤어 샴푸 시 일반적인 순서로 바르게 나열된 것은?

① 전두부-측두부-두정부-후두부
② 후두부-두정부-측두부-전두부
③ 두정부-후두부-전두부-측두부
④ 두정부-전두부-측두부-후두부

19 헤어커트를 할 때 원하는 스타일의 기준 두발 길이를 정하는데, 이 기준이 되는 두발을 무엇이라고 하는가?

① 가이드라인 ② 센터라인
③ 절단면 ④ 햄 라인

해 기준이 되는 두발길이를 가이드라인이라고 한다.

20 다음 중 아로마 오일의 보관 방법으로 알맞지 않은 것은?

① 사용 1~2일 전에 만들어 사용하면 좋다.
② 블랜딩한 아로마 오일은 갈색 병에 담아 보관한다.
③ 캐리어 오일은 맥아 오일 등을 10%정도의 비율로 혼합하는 것이 좋다.
④ 블랜딩한 오일은 반드시 한꺼번에 다 사용해야 한다.

21 퍼머넌트 시술 전 샴푸로 옳은 것은?

① 알칼리성 샴푸 ② 산성 샴푸
③ 중성 샴푸 ④ 토닉 샴푸

해 퍼머넌트 시술 전에는 플레인 샴푸가 적당하다.

22 다음 중 항산화제의 역할을 하지 않는 것은?

① 수퍼옥사이드 디스뮤타제
② 베타-카로틴
③ 비타민 F
④ 비타민 E

23 다음 중 모유두에서 하는 역할은?

① 피지 공급 ② 세포 파괴
③ 단백질 공급 ④ 영양 공급

24 위생 교육을 받아야 하는 자의 범위, 교육의 방법, 절차, 기타 필요한 사항은 누구의 령으로 정하는가?

① 보건복지부령 ② 시·도지사령
③ 대통령령 ④ 시장·군수·구청장령

25 다음 중 탈색 시술 도구로 적당하지 않은 것은?

① 밝은 컬러 수건 ② 굵은 빗
③ 꼬리 빗 ④ 고무장갑

26 클렌징 크림의 주된 역할은?

① 모공 안의 노폐물 제거
② 수분 공급
③ 유분 공급
④ 피부 유연

27 세균 증식 시 높은 염도를 필요로 하는 호염성균에 속하는 것은?

① 콜레라 ② 장티푸스
③ 장염비브리오 ④ 이질

28 유연 화장수의 작용으로 가장 거리가 먼 것은?

① 피부에 보습을 주고 윤택하게 해 준다.
② 피부에 남아 있는 비누의 알칼리 성분을 중화시킨다.
③ 각질층에 수분을 공급해 준다.
④ 피부의 모공을 넓혀 준다.

해 • **유연화장수**: 피부의 수분공급 및 피부를 유연하게 함
• **수렴 화장수**: 수분 공급 및 모공 축소, 피지과잉 분비억제, 지방성 피부에 적합

29 다음 중 손톱의 주성분으로 옳은 것은?

① 시스틴 ② 인
③ 칼슘 ④ 케라틴

30 쇼트 헤어에서 롱 헤어로 변화시킬 때 사용되는 가발의 이름은?

① 위글렛 ② 폴
③ 위그 ④ 스위치

해 • **폴**: 짧은 머리를 일시적으로 긴머리로 변화
• **위글렛**: 두상의 특정 부위에 볼륨을 준다.
• **위그**: 두부 전체 가발
• **스위치**: 여성스러운 스타일, 쉽게 1~3가닥으로 만듦

31 미용 업무를 관장하는 부서 중 위생국과 관계 없는 곳은?

① 공중위생과 ② 위생제도과
③ 사회복지과 ④ 위생감시과

32 인구 정의의 약적 문제 중 3M에 해당하지 않는 것은?

① 기아 ② 공해
③ 질병 ④ 사망

33 제1급 감염병이 아닌 것은?

① 두창 ② 페스트
③ 일본뇌염 ④ 신종인플루엔자

해 일본뇌염은 제3급 감염병

34 일산화탄소와 가장 관계가 없는 것은?

① 색깔이 있다. ② 냄새가 없다.
③ 공기보다 가볍다. ④ 불완전연소체이다.

35 보건학적으로 가장 쾌적한 온도는?

① 15~17℃ ② 18~20℃
③ 20~23℃ ④ 37~40℃

36 곤충이 매개하는 질병으로 잘못 연결된 것은?

① 파리 - 콜레라, 이질, 장티푸스
② 벼룩 - 황열, 댕기열
③ 모기 - 말라리아, 일본뇌염, 사상충증
④ 바퀴벌레 - 콜레라, 이질, 장티푸스

37 샴푸 시술 시 주의점으로 틀린 것은?

① 시술자는 손톱을 짧게 자른다.
② 화학 시술 전에는 두피를 너무 자극하지 않는다.
③ 샴푸 시 물 온도는 17~25℃가 적당하다.
④ 반지, 악세서리는 하지 않는다.

38 식중독의 원인인 버섯의 독성은?

① 무스카린 ② 솔라닌
③ 에르고타민 ④ 아코니틴

39 전염성 질환의 발병 전 병원체를 배출하는 보균자는?

① 잠복기 보균자 ② 일시 보균자
③ 병후 보균자 ④ 건강 보균자

40 다음 중 3대 영양소가 아닌 것은?

① 탄수화물 ② 지방
③ 단백질 ④ 무기질

41 다음 유성 성분 중 식물성 오일은 무엇 인가?

① 실리콘 오일 ② 밍크 오일
③ 피마자유 ④ 바세린

42 다음 중 사용 목적과 제품의 연결이 바르지 않은 것은?

① 세안-클렌징 크림
② 포인트 메이크업-파운데이션
③ 향취 부여-오데코롱
④ 신체 보호-바디오일

43 물 또는 오일 성분에 미세한 고체 입자가 계면활성제에 의해 균일하게 혼합된 상태의 제품을 무엇이라 하는가?

① 분산 제품 ② 가용화 제품
③ O/W 에멀전 ④ W/O 에멀전

44 모발이 지나치게 건조하거나 염색 시술에 실패했을 때 적합한 샴푸는?

① 핫 오일 샴푸 ② 드라이 샴푸
③ 에그 샴푸 ④ 플레인 샴푸

45 유아용 제품과 저자극성 제품에 많이 사용되는 계면활성제에 대한 설명 중 옳은 것은?

① 물에 용해될 때, 친수기에 양이온과 음이온을 동시에 갖는 계면활성제
② 물에 용해될 때, 이온으로 해리하지 않는 수산기, 에테르결합, 에스테르 등을 분자 중에 갖고 있는 계면활성제
③ 물에 용해될 때, 친수기 부분이 음이온으로 해리되는 계면활성제
④ 물에 용해될 때, 친수기 부분이 양이온으로 해리되는 계면활성제

해 유아용 제품과 저자극성 제품은 친수기에 양이온과 음이온을 동시에 갖는 양쪽성 계면활성제가 많이 사용된다.

46 손상 모발의 불필요한 모발 끝을 제거하기 위해 사용되는 커트 방법은?

① 슬리더링 ② 트리밍
③ 싱글링 ④ 클리핑

47 향수는 시간의 흐름에 따라 향이 달라지는데, 여러 시간이 지난 후 자신의 체취와 섞여서 나는 향취를 무엇이라 하는가?

① 노트 ② 탑 노트
③ 베이스 노트 ④ 미들 노트

해
- **탑노트**: 휘발성이 강해 바로 향을 맡을 수 있음
- **베이스노트**: 휘발성이 낮아 시간이 지난 뒤에 향을 맡을 수 있음
- **미들 노트**: 부드럽고 따뜻한 느낌의 향으로 대부분의 오일에 해당함

48 헤어 코트 제품의 특징이 아닌 것은?

① 코팅 효과 ② 세정성
③ 내수성 ④ 윤활성

49 다음 중 자외선 차단제의 설명으로 옳은 것은?

① 홍반을 일으키는 자외선양을 나타낸다.
② SPF는 UV-A에 대한 방어 효과를 나타내는 지수이다.
③ 자외선 흡수제로 이산화티탄이 사용된다.
④ SPF 수치가 클수록 자외선 차단지수가 높으며, 민감한 피부에 적합하지 않다.

해 SPF는 UV-B 방어 효과를 나타내는 지수이다.

50 다음 중 에센스의 주요 효과가 아닌 것은?

① 피부 정돈 ② 피부 보호
③ 보습 ④ 영양 공급

해 피부 정돈은 화장수, 팩, 마사지 크림의 효과이다.

51 다음 중 미용사가 될 수 있는 자는?

① 당뇨병 환자 ② 피성년후견인
③ 감염병 환자 ④ 약물 중독자

52 이·미용사 면허를 받고자 할 때 누가 정하는 바에 따라 수수료를 납부해야 하는가?

① 대통령 ② 광역시장
③ 구청장 ④ 시장

53 이·미용업소에 반드시 게시해야 하는 것은?

① 신분증 ② 면허증 원본
③ 신고필증 ④ 임대계약서 원본

54 위생 서비스 평가의 결과에 따른 위생관리 등급은 누구에게 통보하는가?

① 시장·군수·구청장
② 시·도지사
③ 해당 공중위생영업자
④ 보건복지부장관

55 소독한 기구와 소독을 하지 아니한 기구를 각각 다른 용기에 보관하지 않았을 때 1차 행정처분은?

① 경고 ② 폐쇄 명령
③ 영업 정지 1개월 ④ 영업 정지 2개월

56 미용사 면허를 신규로 신청할 때 신청 시 지불하는 수수료는 얼마인가?

① 2,000원 ② 5,000원
③ 5,500원 ④ 7,500원

57 위생 관리 등급의 최우수 업소는 무엇인가?

① 백색 등급 ② 황색 등급
③ 적색 등급 ④ 녹색 등급

해 최우수업소 - 녹색, 우수업소 - 황색, 일반관리업소 - 백색

58 이용사의 업무 범위가 아닌 것은?

① 이발 ② 머리 피부 손질
③ 면도 ④ 손 · 발톱의 손질 및 화장

59 예비 처리 - 본 처리 - 오니 처리 순서로 진행되는 것은?

① 하수 처리 ② 쓰레기 처리
③ 상수도 처리 ④ 지하수 처리

해 가정이나 공장에서 배출하는 하수는 생태계를 파괴하는 원인이 되므로 예비 처리, 본 처리, 오니 처리를 통해 강이나 바다로 방류시킨다.

60 위생 관리 기준을 지키지 아니한 자로서 개선 명령에 따르지 아니한 자에 대한 벌금은?

① 300만 원 이하의 과태료
② 200만 원 이하의 과태료
③ 300만 원 이하의 벌금
④ 200만 원 이하의 벌금

해 **300만원 이하의 과태료**
- 공중위생관리상 필요한 보고를 하지 않거나 관계공무원의 출입, 검사, 기타 조치를 거부 방해 또는 기피 시
- 위생관리의무에 대한 개선 명령 위반 시
- 시설 및 설비 기준에 대한 개선명령 위반 시

정답

01 ③	02 ②	03 ③	04 ④	05 ②
06 ①	07 ③	08 ③	09 ②	10 ④
11 ③	12 ③	13 ①	14 ④	15 ②
16 ④	17 ③	18 ①	19 ①	20 ④
21 ③	22 ③	23 ④	24 ①	25 ①
26 ①	27 ③	28 ④	29 ④	30 ②
31 ③	32 ②	33 ③	34 ①	35 ②
36 ②	37 ③	38 ①	39 ①	40 ④
41 ③	42 ②	43 ①	44 ③	45 ①
46 ②	47 ③	48 ②	49 ④	50 ①
51 ①	52 ①	53 ②	54 ③	55 ①
56 ③	57 ④	58 ④	59 ①	60 ①

실전 모의고사

01 퍼머넌트 웨이브 시술 시 웨이브의 크기를 결정하는 가장 큰 요소는?

① 로드의 굵기 ② 산화액
③ 제1액 ④ 시간

해 웨이브의 크기는 로드의 굵기가 가장 중요하다.

02 우리나라 현대미용의 역사에 있어 연결이 틀린 것은?

① 김상진 - 현대미용학원
② 오엽주 - 화신미용원
③ 김활란 - 다나까 미용학원
④ 권정희 - 정화고등기술학교

해 김활란은 단발머리

03 석탄산 90배 희석액과 어느 소독제 135배 희석액이 같은 살균력을 나타낸다면 이 소독제의 석탄계수는?

① 0.5 ② 1.2
③ 1.5 ④ 2.0

해 135에서 90을 나눈 값이다.

04 석탄산계수가 3.0인 의미는?

① 살균력이 석탄산의 3분의 1이다.
② 살균력이 석탄산과 같다.
③ 살균력이 석탄산의 3배이다.
④ 살균력이 석탄산의 3분의 2이다.

05 두발의 끝이 컬의 중심이 되는 컬은?

① 포워드 스텐드업 컬
② 핀컬
③ 스컬프쳐 컬
④ 리버스 스탠드업 컬

해 두발 끝이 컬의 중심이 되는 컬은 스컬프쳐 컬이며, 모근부분이 컬의 중심이 되는 컬은 메이폴 컬, 핀 컬이라고 한다.

06 고객의 추구하는 미용의 목적과 필요성 시각적으로 느끼게 하는 과정으로 가장 적합한 것은?

① 보정 ② 소재
③ 구상 ④ 제작

07 공중위생감시원의 업무범위에 해당하는 것은?

① 영업자와 소비자 간의 분쟁조정
② 위생서비스 수준의 평가에 따른 포상
③ 위생관리상태의 확인 및 검사
④ 위생서비스 수준의 평가계획 수립

08 센터 파트로 핑거웨이브를 시술할 때 뱅은 모두 몇 개로 만드는 것이 가장 바람직한가?

① 2개 ② 5개
③ 3개 ④ 4개

09 신징의 목적에 해당하지 않는 것은?

① 온열자극에 의해 두부의 혈액순환을 촉진시킨다.
② 잘라지거나 갈라진 두발로부터 영양물질이 흘러나오는 것을 막는다.
③ 양이 많은 두발에 숱을 쳐내는 것이다.
④ 불필요한 두발을 제거하고 건강한 두발의 순조로운 발육을 조장한다.

해 모량이 많은 두발에 숱을 쳐내는 것은 틴닝기법이다.

10 헤어드라이어 기기의 사용 설명 중 틀린 것은?

① 로션 등에 의해 젖은 모발을 빨리 말려준다.
② 젖은 모발을 빨리 드라이하면서 스타일을 완성할 수 있다.
③ 모근의 두피부분의 신경을 자극하여 혈액이나 림프순환을 좋게 한다.
④ 드라이어로 과도하게 모발을 드라이하면 피지분비를 조절하는 효과를 준다.

11 두발염색 시의 주의사항에 해당하지 않는 것은?

① 시술자는 반드시 고무장갑을 껴야 한다.
② 두피에 상처나 질환이 있을 때는 염색을 해서는 안 된다.
③ 퍼머넌트 웨이브와 염색을 해야 할 경우에는염색부터 먼저 해야 한다.
④ 유기합성 염모제를 사용할 때에는 패치테스트를 해야 한다.

해 퍼머넌트웨이브와 염색을 해야 할 경우에는 퍼머넌트웨이브부터 시술하는 것이 좋다.

12 땋거나 스타일링하기에 쉽도록 3가닥 혹은 1가닥으로 만들어진 헤어피스는?

① 위글렛 ② 스위치
③ 폴 ④ 웨프트

13 감염병 전파방식 중 생물학적 전파에 의한 전파 방법과 매개체 및 감염병 간의 연결이 틀린 것은?(전파방법 - 매개체 - 감염병 순)

A. 발육형 전파 - 모기 - 뎅기열
B. 발육증식형 전파 - 체체파리 - 수면병
C. 증식형 전파 - 벼룩 - 페스트
D. 경란성 전파 - 진드기 - 록키산 홍반열

① A ② B
③ C ④ D

14 레이저 테이퍼링 중 보스 사이드 테이퍼링이란?

① 45도로 스트랜드의 오른쪽에서 왼쪽으로 진행하는 기법
② 스트랜드 바깥쪽을 테이퍼링하는 기법
③ 스트랜드 양면을 테이퍼링하는 기법
④ 스트랜드 안쪽을 테이퍼링하는 기법

15 스캘프 트리트먼트의 목적이 아닌 것은?

① 혈액순환 촉진
② 비듬방지
③ 두피 및 모발을 건강하고 아름답게 유지
④ 원형 탈모증 치료

16 미용의 과정에서 소재를 파악하고 구상하여야 하는 단계에서 염두에 두고 관철하여야 될 사항이 아닌 것은?

① 손님의 연령과 직업, 의상 등을 파악하고 그 시대의 유행과 조화를 염두에 둔다.
② 손님 한 사람마다의 얼굴형, 표정, 동작의 특징 등을 염두에 둔다.
③ 미용의 소재는 사람의 신체의 일부라는 것을 염두에 둔다.
④ 손님의 가문의 내력과 학력, 재산상태를 염두에 둔다.

17 콜드 웨이브가 완성된 시기와 성공시킨 사람은?

① 1916년 프랑스, 마셀 그라또
② 1936 영국, J.B 스피크먼
③ 1905 독일 찰스 네슬러
④ 1915년 영국, 조셉 메이어

해 콜드 웨이브는 스피크먼

18 겨드랑이의 냄새는 어떤 분비물의 증가가 이상이 있기 때문인가?

① 아포크린선 ② 에크린선
③ 콜레스테롤 ④ 스테로이드

19 pH가 낮은 산성으로 두발을 자극하지 않으며 기존 염색의 색상 유지력이 있어 염색모에 적합한 샴푸는?

① 컬러 샴푸 ② 향비듬성 샴푸
③ 논스트리핑 샴푸 ④ 알칼리성 샴푸

20 감염병 예방법 중 제1급 감염병인 것은?

① 세균성이질 ② 말라리아
③ 신종인플루엔자 ④ B형간염

21 헤어스티머에 대한 설명으로 틀린 것은?

① 손상된 두발에 약액의 작용을 촉진시킨다.
② 헤어다이, 스캘프 트리트먼트, 미안술에 사용한다.
③ 180~190도의 스팀을 발생한다.
④ 온도를 높이면 약액 침투가 촉진되어 피부조직을 수축시킨다.

22 두발 세트 시술을 위해 아이론을 가장 바르게 쥔 상태는?

① 그루브는 아래쪽, 프롱은 위쪽의 일직선 상태
② 그루부는 위쪽, 프롱은 아래쪽의 사선상태
③ 그루브는 아래쪽, 프롱은 위쪽의 사선 상태
④ 그루부는 위쪽, 프롱은 아래쪽의 일직선 상태

해 프롱을 위로 그루브를 아래

23 헤어 블리치 시술상의 주의사항에 해당하지 않는 것은?

① 사후손질로서 헤어 리컨디셔닝은 가급적 피하도록 한다.
② 미용사의 손을 보호하기 위하여 장갑을 반드시 낀다.
③ 두피에 질환이 있는 경우 시술하지 않는다.
④ 시술 전 샴푸를 할 경우 브러싱을 하지 않는다.

24 두드러기의 특징으로 <u>틀린</u> 것은?

① 국부적 혹은 전신적으로 나타난다.
② 크기가 다양하며 소양증을 동반하기도 한다.
③ 주로 여자보다는 남자에게 많이 나타난다.
④ 급성과 만성이 있다.

25 다음의 헤어커트 모형 중 후두부에 무게감을 가장 많이 주는 것은?

① 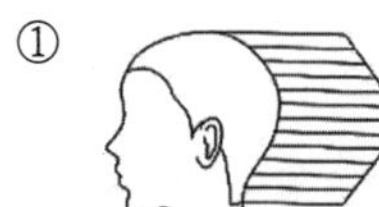 
② 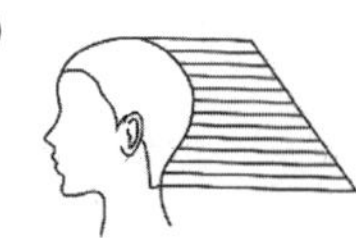
③ 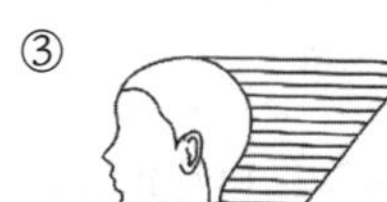 
④ 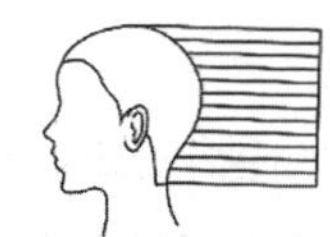

> 해 후두부에 무게감을 주는 모양은 그라데이션 커트 형태이다.

26 콜드 퍼머넌트 시 환원제로 주로 사용되는 것은?

① 브롬산칼륨 ② 취소산나트륨
③ 과산화수소 ④ 티오글리콜산염

> 해 콜드 퍼머넌트 환원제는 1제를 의미하며 티오글리콜산염 이나 시스테인을 주로 사용한다.

27 다음 중 원발진에 해당하는 피부질환은?

① 가피 ② 반흔
③ 면포 ④ 미란

28 다음 중 여성에게 안드로겐의 영향으로 복부, 가슴, 사지 등에 남성형의 모발분포를 나타내는 질환은?

① 다모증 ② 백모증
③ 탈모증 ④ 조모증

29 1905년 찰스 네슬러가 퍼머넌트 웨이브를 발표한 나라는?

① 미국 ② 독일
③ 프랑스 ④ 영국

30 피부면역에 관련된 설명 중 옳은 것은?

① 우리 몸의 모든 면역세포는 기억능력이 있어 기억에 의해 반응한다.
② 표피에서는 랑게르한스세포가 항원을 인식하여 림프구로 전달한다.
③ 피부의 각질층도 피부면역작용을 한다.
④ 미생물은 피부로 침투하지 못한다.

31 탄수화물의 최종 분해산물은?

① 지방산 ② 글리세롤
③ 아미노산 ④ 포도당

32 적외선을 피부에 조사시킬 때 나타나는 생리적 영향의 설명으로 <u>틀린</u> 것은?

① 전신의 체온저하에 영향을 미친다.
② 신진대사에 영향을 미친다.
③ 식균작용에 영향을 미친다.
④ 혈관을 확장시켜 순환에 영향을 미친다.

33 구연산 등에 의해 역산성이 조절되어 퍼머넌트 웨이브 시술 후 사용하기 적당한 샴푸는?

① 드라이 샴푸　② 약용 샴푸
③ 산성 샴푸　④ 향비듬성 샴푸

34 환경위생 사업과 가장 거리가 먼 것은?

① 구충구서　② 예방접종
③ 상수도 관리　④ 오물처리

35 헤어커트 시 크로스 체크 커트란?

① 최초의 슬라이스선과 교차되도록 체크 커트하는 것
② 세로로 잡아 체크 커트하는 것
③ 모발의 무게감을 없애주는 것
④ 전체적인 길이를 처음보다 짧게 커트하는 것

해 크로스 체크란 최초의 슬라이스선과 교차되도록 체크 커트하는 커트이다.

36 음용수 수질오염의 가장 대표적인 생물학적 지표가 되는 것은?

① 대장균　② 탁도
③ 경도　④ 증발 잔유물

해 수질오염의 지표는 대장균 수

37 일반적으로 인간이 기초대사에 사용하는열량은 체중 1kg당 24시간에 몇 Kcal 인가?

① 1 Kcal　② 24 Kcal
③ 240 Kcal　④ 1200 Kcal

38 이·미용실에서 사용하는 쓰레기통의 소독으로 적절한 소독제는?

① 역성비누액　② 생석회
③ 포르말린수　④ 에탄올

39 생명표의 작성에 사용되는 인자들을 모두 나열한 것은?

ㄱ. 생존수	ㄴ. 사망수
ㄷ. 생존률	ㄹ. 평균연령

① ㄴ, ㄹ　② ㄱ, ㄷ
③ ㄱ, ㄴ, ㄷ, ㄹ　④ ㄱ, ㄴ, ㄷ

40 다음 중 이환 후 영구적인 면역력을 가질 수 있는 감염병은?

① 성병　② 폴리오
③ 인플루엔자　④ 말라리아

41 겉 표면에서 소독이 가능하나 침투성이 약한 물리적 소독법은?

① 일광소독법　② 간헐소독법
③ 증기소독법　④ 화염소독법

42 스킵 웨이브의 설명이 틀린 것은?

① 아주 가는 모발에 적합
② 핑거 웨이브와 핀컬이 교대로 조합되어진 것
③ 퍼머넌트 웨이브가 지나치게 꼬불거리게 나온 경우 효과가 적음
④ 폭이 넓고 부드럽게 흐르는 버티컬 웨이브를 만들고자 하는 경우에 좋음

43 그림과 같은 도면으로 커트 했을 경우 완성되는 커트의 기법은?

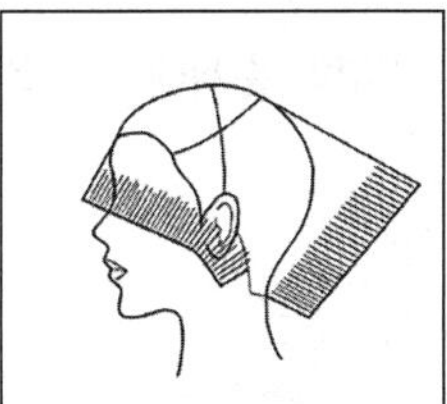

① 원랭스 커트
② 이사도라 커트
③ 레이어 커트
④ 그래듀에이션 커트

44 작업환경의 관리원칙은?

① 대치-격리-폐기-교육
② 대치-격리-환기-교육
③ 대치-격리-재생-교육
④ 대치-격리-연구-홍보

해
- **대치** : 공정변경, 시설변경, 물질변경
- **격리** : 작업장과 유해인자 사이를 차단하는 방법
- **환기** : 작업장 내 오염된 공기를 제거하고 신선한 공기로 바꾸는 것
- **교육** : 작업훈련을 통해 얻은 지식을 실제로 이용

45 이·미용기구 소독에 가장 부적합한 것은?

① 소각소독법 ② 간헐소독법
③ 자외선멸균법 ④ 자비소독법

46 이·미용 영업자의 지위를 승계한 자는 얼마의 기간 이내에 신고하여야 하는가?

① 15일 ② 1월
③ 20일 ④ 7일

47 다음 중 넓은 지역의 방역용 소독제로 적당한 것은?

① 석탄산 ② 알코올
③ 역성비누액 ④ 과산화수소

해 넓은 지역의 소독제로 적합한 소독제는 소독약의 기준이 되는 석탄산수이며 보통 3%의 원액에 97%의 물을 혼합하여 사용한다.

48 공중위생관리법상 이·미용업자가 반드시 지켜야 할 준수사항으로 옳은 것은?

① 이 · 미용사는 깨끗한 위생복을 착용하여야 한다.
② 업소 내에는 반드시 위생 음료수를 비치하여야 한다.
③ 영업장안의 조명도는 75룩스 이상이 되도록 유지하여야 한다.
④ 청소를 자주 실시하여 머리카락이 날리는 일이 없도록 하여야 한다.

49 이·미용 영업자가 영업소 외의 장소에서 업무를 행한 때의 1차 위반 행정처분기준은?

① 영업정지 15일 ② 영업정지 1월
③ 영업정지 2월 ④ 개선명령

50 다음 ( ) 안에 알맞은 것은?

> 공중위생관리법규상 위생교육 실시단체의 장은 위생교육을 수료한 자에게 수료증을 교부하고, 교육실시 결과를 교육 후 (A) 이내에 시장·군수·구청장에게 통보하여야 하며, 수료증 교부대장 등 교 육에 관한 기록을 (B) 이상 보관·관리하여야 한다..

① A:2개월, B:3년 ② A:1개월, B:2년
③ A:5개월, B:5년 ④ A:3개월, B:10년

51 유기합성 염모제에 대한 설명 중 틀린 것은?

① 유기합성염모제 제품은 알칼리성의 제1액과 산화제인 제2액으로 나누어 진다.
② 제1액은 산화염료가 암모니아수에 녹아있다.
③ 제1액은 산성을 띠고 있다.
④ 제2액은 과산화수소로 멜라닌색소의 파괴와 산화염료를 산화시켜 발색 시킨다.

해 유기합성 염모제의 제1액은 산성이 아니라 알칼리성 이며 암모니아를 사용한다.

52 스트랜드 테스트에 대한 설명 중 옳은 것은?

① 두발에 염모제를 바르고 염모제의 사용설명서에 명시된 프로세싱 타임 후 씻고 말리어 색상과소요시간을 결정하는 것
② 탈염제 사용 후 24시간 후에 발적 상황을 판단하는 것
③ 귀 뒤에 염모제를 바르고 35~45분 후 발적상황을 판단 하는 것
④ 귀의 뒤에나 팔 안쪽에 소량의 염모제를 바르고 24시간 후에 그 부분의 발적상황을 판단하는 것

해 2, 3, 4번은 알레르기 테스트인 패치 테스트에 대한 설명이다.

53 공중위생관리법상 이·미용 업무에 관한 설명으로 틀린 것은?

① 이·미용사가 아니면 원칙적으로 미용의 업무에 종사할 수 없다.
② 이·미용사의 업무범위에 관하여 필요한 사항은 보건복지부령으로정한다.
③ 이·미용사 면허가 없는 자는 이·미용사의 감독을 받아 미용업무의 보조를 행할 수 있다.
④ 이·미용의 업무는 어떠한 경우에도 영업소 외의 장소에서 행할 수 없다.

54 다음 중 향수의 부향률이 높은 것부터 순서대로 나열된 것은?

① 퍼퓸 > 오데퍼퓸 > 오데코롱 > 오데토일렛
② 퍼퓸 > 오데토일렛 > 오데코롱 > 오데퍼퓸
③ 퍼퓸 > 오데퍼퓸 > 오데토일렛 > 오데코롱
④ 퍼퓸 > 오데코롱 > 오데퍼퓸 > 오데토일렛

해 향수의 부향률은 희석정도에 따라 분류하는 방법이며 퍼퓸 > 오데퍼퓸 > 오데토일렛 > 오데코롱 > 샤워코롱 순이다.

55 계면활성제에 대한 설명 중 옳지 않은 것은?

① 계면을 활성화시키는 물질이다.
② 친수성기와 친유성기를 모두 소유하고 있다.
③ 표면장력을 높이고 기름을 유화시키는 등의 특성을 지니고 있다.
④ 표면활성제라고도 한다.

56 오일의 설명으로 옳은 것은?
① 식물성 오일-향은 좋으나 부패하기 쉽다.
② 동물성 오일-무색투명하고 냄새가 없다.
③ 광물성 오일-색이 진하며 피부 흡수가 늦다.
④ 합성 오일-냄새가 나빠 정제한 것을 사용한다.

57 모발화장품에서 정전기 방지제, 컨디셔닝제로 사용되며 비교적 피부자극이 강한 계면활성제의 종류는?
① 음이온성 계면활성제
② 양이온성 계면활성제
③ 비이온성 계면활성제
④ 양쪽성 계면활성제

58 화장품 제조에 대한 설명 중 옳은 것은?
① 유화기술-불용성고체입자를 균일하게 분산시킨다.
② 분산기술-수성에 소량의 유성성분을 균일하게 분산시킨다.
③ 마이크로에멀전-가용화되는 오일, 또는 물의 양이 많다.
④ 가용화 기술-수성에 균일한 유성성분을 녹인다.

59 아로마 오일에 대한 설명 중 틀린 것은?
① 면역기능을 높여준다.
② 염증치유에도 쓰인다.
③ 감기, 피부미용에 효과적이다.
④ 피지에 쉽게 용해되지 않으므로 캐리어오일과 반드시 혼합하여 사용한다.

해 아로마오일을 피부에 쉽고 효과적으로 침투시키기 위해서 캐리어 오일과 혼합해서 사용한다.

60 화장품의 분류와 사용 목적, 제품이 일치하지 않은 것은?
① 모발화장품-정발-헤어스프레이
② 방향 화장품-향취 부여-오데코롱
③ 메이크업 화장품-색채 부여-네일 에나멜
④ 기초화장품-피부정돈-클렌징 폼

해 클렌징 폼은 기초 화장품 중 피부정돈이 아니라 피부 세안용이다.

정답				
01 ①	02 ③	03 ③	04 ③	05 ③
06 ①	07 ③	08 ④	09 ③	10 ④
11 ③	12 ②	13 ①	14 ③	15 ④
16 ④	17 ②	18 ①	19 ③	20 ③
21 ④	22 ①	23 ①	24 ③	25 ③
26 ④	27 ③	28 ①	29 ④	30 ②
31 ④	32 ①	33 ③	34 ②	35 ①
36 ①	37 ②	38 ②	39 ③	40 ②
41 ①	42 ①	43 ④	44 ②	45 ①
46 ②	47 ①	48 ③	49 ②	50 ②
51 ③	52 ①	53 ④	54 ③	55 ③
56 ①	57 ②	58 ③	59 ④	60 ④

실전 모의고사

5회

01 조선시대에 사람 머리카락으로 만든 가체를 얹은머리 형은?

① 큰머리 ② 쪽진머리
③ 귀밑머리 ④ 조짐머리

해 **가체** : 여성들이 치장을 위해 가발을 머리 위에 얹은 것

02 아이론의 열을 이용하여 웨이브를 형성하는 것은?

① 마셀 웨이브 ② 콜드 웨이브
③ 핑거 웨이브 ④ 섀도우 웨이브

해 **마셀 웨이브** : 마셀 그라또우가 창시했으며 아이론을 이용하여 웨이브를 만들었다.

03 화학 약품만의 작용에 의한 콜드 웨이브를 처음으로 성공시킨 사람은?

① 마셀 그라또우 ② 조셉 메이어
③ J. B. 스피크먼 ④ 찰스 네슬러

해 **콜드 웨이브** : 전열 기구를 사용하지 않고 화학적인 반응 만으로 웨이브를 만드는 방식으로 스피크먼이 창시

04 프라이머의 사용 방법이 아닌 것은?

① 프라이머는 한 번만 바른다.
② 주요 성분은 메타크릴릭산이다.
③ 피부에 닿지 않게 조심해서 다루어야 한다.
④ 아크릴 볼이 잘 접착되도록 자연 손톱에 바른다.

05 현재 우리나라 근로기준법상에서 보건상 유해하거나 위험한 사업에 종사하지 못하도록 규정 되어 있는 대상은?

① 임신 중인 여성과 18세 미만인 자
② 산후 1년 6개월이 지나지 아니한 여성
③ 여성과 18세 미만인 자
④ 13세 미만인 어린이

06 다음 중 바이러스성 피부 질환은?

① 모낭염 ② 절종
③ 용종 ④ 단순포진

해 **단순포진** : 헤르페스 바이러스에 의한 외성기 및 항문의 감염

07 다음 중 블런트 커트와 같은 의미인 것은?

① 클립커트 ② 싱글링
③ 클리핑 ④ 트리밍

해 **블런트 커트** : 클럽커트라고도 하며 일자로 커트하는 방식 모발의 손상이 적고 커트 선이 분명한 직선 커트

08 원랭스 커트에 해당하지 않는 것은?

① 평행보브형 ② 이사도라형
③ 스파니엘형 ④ 레이어형

해 **원랭스 커트**: 솔리드 커트라고도 하며 형태선 모양에 따라 수평 보브 커트, 앞쪽이 길어지는 스파니엘 커트, 앞쪽이 짧아지는 이사도라 커트, 버섯 모양의 머쉬룸 커트가 있다.

09 베이스는 컬 스트랜드의 근원에 해당한다. 다음 중 오블롱 베이스는 어느 것인가?

① 오형 베이스 ② 정방형 베이스
③ 장방형 베이스 ④ 아크 베이스

10 퍼머넌트 웨이브의 제2제 주제로서 취소산나트륨과 취소산칼륨은 몇 %의 적정 수용액을 만들어서 사용하는가?

① 1~2% ② 3~5%
③ 5~7% ④ 7~9%

해 퍼머넌트 2제는 산화제. 정착제, 중화제라고 하며 3~5%의 취소산칼륨, 취소산 나트륨, 브롬산 칼륨, 브롬산 나트륨으로 만들어진다.

11 플러프 뱅에 관한 설명으로 옳은 것은?

① 포워드 롤을 뱅에 적용시킨 것이다.
② 컬이 부드럽고 아무런 꾸밈도 없는 듯이 보이도록 볼륨을 주는 것이다.
③ 뱅으로 하는 부분의 두발을 업콤하여 두발 끝을 플러프해서 내린 것이다.
④ 가르마 가까이에 작게 낸 뱅이다.

12 다음 중 공기의 접촉 및 산화와 관계있는 것은?

① 흰 면포 ② 검은 면포
③ 구진 ④ 팽진

13 무기질의 설명으로 옳은 것은?

① 조절 작용을 한다.
② 수분과 산, 염기의 평형을 조절한다.
③ 뼈와 치아를 형성한다.
④ 에너지 공급원으로 이용된다.

14 피부 표면에 물리적인 장벽을 만들어 자외선을 반사하고 분신하는 자외선산란제 성분은?

① 옥틸메톡시신나메트 ② 아보벤존
③ 이산화티탄 ④ 벤조페논

15 모발을 태우면 노린내가 나는 것은 어떤 성분 때문인가?

① 나트륨 ② 이산화탄소
③ 유황 ④ 탄소

16 다음 중 습열멸균법에 속하는 것은?

① 자비 소독법 ② 화염 멸균법
③ 여과 멸균법 ④ 소각 소독법

해 습열 멸균법은 자비 소독법, 간헐 멸균법, 증기 멸균법, 고압 증기 멸균법, 저온 살균법, 초고온 살균법이 있다.

17 자외선의 파장 중 가장 강한 범위는?

① 200~220nm ② 200~280nm
③ 300~320nm ④ 360~380nm

18 일자 형태의 머리 손질 시 가장 적합한 가위는?

① 틴닝 가위 ② R가위
③ 미니 가위 ④ 커팅 가위

19 다음 중 인수 공통 감염병이 아닌 것은?

① 공수병 ② 탄저
③ 나병 ④ 일본뇌염

해 동물과 사람간에 서로 전파되는 병원체에 의하여 발생되는 감염병

20 헤어피스 및 위그에 대한 설명 중 틀린 것은?

① 헤어피스는 하이패션 헤어스타일로 변화시키는데 현저한 효과가 있다.
② 헤어피스와 위그에는 인모와 합성섬유 등이 사용된다.
③ 인모인 헤어피스는 물에 담궈도 상관없다.
④ 위그는 두발 전체를 덮도록 만들어진 모자형이다.

21 고대 미용의 발상지로 가발을 이용하고 진흙으로 두발에 컬을 만들었던 국가는?

① 그리스 ② 프랑스
③ 이집트 ④ 로마

22 다음 중 그라데이션에 대한 설명으로 옳은 것은?

① 모든 모발이 동일한 선상에 떨어진다.
② 모발의 길이에 변화를 주어 무게를 더해 줄 수 있는 기법이다.
③ 모든 모발의 길이를 균일하게 잘라 모발의 무게를 덜어 줄 수 있는 기법이다.
④ 전체적인 모발의 길이 변화 없이 소수 모발만을 제거하는 기법이다.

해 그라데이션 커트는 층이 적어 무거운 느낌이며 가로로 확장되어 보이는 특징이 있다.

23 쿠퍼로즈라는 용어는 어떠한 피부 상태를 표현하는데 사용하는가?

① 거친 피부
② 매우 건조한 피부
③ 모세혈관이 확장된 피부
④ 피부의 pH 밸런스가 불균형인 피부

24 헤어 컬링에서 컬의 목적과 관계가 가장 먼 것은?

① 웨이브를 만들기 위해서
② 플러프를 만들기 위해서
③ 볼륨을 주기 위해서
④ 색상을 만들기 위해서

25 우리나라 고대 여성의 머리 장식품 중 재료의 이름을 붙여서 만든 비녀로만 짝지어진 것은?

① 산호잠, 옥잠 ② 석류잠, 호두잠
③ 국잠, 금잠 ④ 봉잠, 용잠

해 산호잠은 산호를 재료로 옥잠은 옥으로 만든 비녀이다.

26 헤어스타일에 다양한 변화를 줄 수 있는 뱅은 주로 두부의 어느 부위에 하는가?

① 앞이마 ② 네이프
③ 양 사이드 ④ 크라운

27 가위의 선택 방법으로 옳은 것은?

① 양날의 견고함이 동일하지 않아도 무방하다.
② 만곡도가 큰 것을 선택한다.
③ 협신에서 날 끝으로 내곡선상으로 된 것을 선택한다.
④ 만곡도와 내곡선상을 무시해도 사용상 불편함이 없다.

28 퍼머넌트 웨이브를 하기 전의 조치사항 중 틀린 것은?

① 필요시 샴푸를 한다.
② 정확한 헤어 디자인을 한다.
③ 린스 또는 오일을 바른다.
④ 두발의 상태를 파악한다.

29 예방접종에 있어 생균 백신을 사용하는 것은?

① 파상풍 ② 결핵
③ 디프테리아 ④ 백일해

30 콜드 퍼머넌트 웨이빙 시 비닐 캡을 씌우는 목적 및 이유에 해당하지 않는 것은?

① 라놀린의 약효를 높여 주므로 제1제의 피부염 유발 위험을 줄인다.
② 체온의 방산을 막아 솔루션의 작용을 촉진한다.
③ 퍼머넌트액의 작용이 모발에 골고루 진행되도록 돕는다.
④ 휘발성 알칼리의 휘산작용을 방지한다.

31 물결상이 극단적으로 많은 웨이브로 곱슬곱슬하게 된 퍼머넌트의 두발에서 주로 볼 수 있는 것은?

① 와이드 웨이브 ② 섀도 웨이브
③ 내로우 웨이브 ④ 마셀 웨이브

32 블런트 커트와 같은 뜻을 가진 것은?

① 프레 커트 ② 애프터 커트
③ 클럽 커트 ④ 드라이 커트

33 고대 중국 당나라시대의 메이크업과 가장 거리가 먼 것은?

① 백분, 연지로 얼굴형 부각
② 액황을 이마에 발라 입체감을 살림
③ 10가지 종류의 눈썹 모양으로 개성을 표현
④ 일본에서 유입된 가부키 화장이 서민에게까지 성행

34 마셀 웨이브에서 건강모인 경우 아이론의 적정 온도는?

① 80~100℃ ② 100~120℃
③ 120~140℃ ④ 140~160℃

35 다량의 유성 성분을 물에 일정 기간 동안 안전한 상태로 균일하게 혼합시키는 화장품 제조 기술은?

① 유화 ② 경화
③ 분산 ④ 가용화

36 집에 서식하고 있는 바퀴벌레에 대한 설명 중 틀린 것은?
① 낮에는 따뜻하고 먹이와 물이 적당하게있는 부엌의 그늘진 곳에 숨어 산다.
② 군집성을 이루지 않고 개체별로 서식하며 불량한 조건에서는 저항력이 약하다.
③ 잡식성으로 주로 야간 활동성이다.
④ 이질, 콜레라 등의 병원균을 전파한다.

37 하수 오염이 심할수록 BOD는 어떻게 되는가?
① 수치가 낮아진다.
② 수치가 높아진다.
③ 아무런 영향이 없다.
④ 높아졌다가 낮아지기를 반복한다.

해 BOD는 산소요구량 으로 높아질수록 물이 오염되어 있다.

38 어류인 송어, 연어 등을 날로 먹었을 때 주로 감염될 수 있는 것은?
① 갈고리촌충 ② 긴촌충
③ 폐디스토마 ④ 선모충

39 모유수유에 대한 설명으로 옳지 않은 것은?
① 모유에는 림프구, 대식세포 등의 백혈구가 들어가 있어 각종 감염으로부터 장을 보호하고 설사를 예방하는데 큰 효과를 갖고 있다.
② 수유 전 산모의 손을 씻어 감염을 예방해야 한다.
③ 모유수유를 하면 배란을 촉진시켜 임신예방을 하는 효과가 없다.
④ 초유는 영양가가 높고 면역체가 있으므로 반드시 아기에게 먹이도록 한다.

40 한 국가나 지역사회 간의 보건 수준을 비교하는데 사용되는 대표적인 3대 지표는?
① 영아 사망률, 비례사망지수, 평균 수명
② 영아 사망률, 사인별 사망률, 평균 수명
③ 유아 사망률, 모성 사망률, 비례사망지수
④ 유아 사망률, 사인별 사망률, 영아 사망률

41 다음 중 음용수 소독에 사용되는 약품은?
① 석탄산 ② 액체 염소
③ 승홍 ④ 알코올

42 소독법의 구비 조건에 부적합한 것은?
① 장시간에 걸쳐 소독의 효과가 서서히 나타나야 한다.
② 소독 대상물에 손상을 입혀서는 안 된다.
③ 인체 및 가축에 해가 없어야 한다.
④ 방법이 간단하고 비용이 적게 들어야 한다.

43 핑거 웨이브와 핀컬이 교대로 조합되어진 것으로 말린 방향은 동일하며 폭이 넓고 부드럽게 흐르는 버티컬웨이브를 만들고자 하는 경우에 좋은 것은?
① 하이 웨이브 ② 스킵 웨이브
③ 로우 웨이브 ④ 스윙 웨이브

44 즉시 색소 침착 작용을 하는 광선으로 인공 선탠에 사용되는 것은?
① UV-A ② UV-B
③ UV-C ④ UV-D

해 UV-A 는 인공선탠

45 피부에서 땀과 함께 분비되는 천연 자외선 흡수제는?

① 우로칸산 ② 글리콜산
③ 글루탐산 ④ 레틴산

46 피지 분비와 가장 관계가 있는 호르몬은?

① 에스트로겐 ② 프로게스테론
③ 인슐린 ④ 안드로겐

47 다음 중 한선의 설명으로 틀린 것은?

① 체온을 조절한다.
② 땀은 피부의 피지막과 산성막을 형성한다.
③ 땀을 많이 흘리면 영양분과 미네랄을 잃는다.
④ 땀샘은 손, 발바닥에는 없다.

해 한선은 입술을 제외한 전신에 분포

48 다음 질병 중 병원체가 바이러스인 것은?

① 장티푸스 ② 쯔쯔가무시병
③ 폴리오 ④ 발진열

49 일명 도시형, 유입형이라고도 하며, 생산층 인구가 전체 인구의 50% 이상이 되는 인구 구조성의 유형은?

① 별형 ② 항아리형
③ 농촌형 ④ 종형

50 고도가 상승함에 따라 기온도 상승하여 상부의 기온이 하부의 기온보다 높게 되어 대기가 안정화되고 공기의 수직 확산이 일어나지 않게 되며, 대기 오염이 심화되는 현상은?

① 고기압 ② 기온 역전
③ 엘리뇨 ④ 열섬

51 영업신고를 하지 아니하고 영업소의 소재지를 변경한 때 1차 행정처분은?

① 경고 ② 면허정지
③ 면허취소 ④ 영업정지 1월

52 이·미용의 업무를 영업소 이외에서 행하였을 때에 대한 처벌 기준은?

① 3년 이하의 징역 또는 1천만원 이하의 벌금
② 500만원 이하의 과태료
③ 200만원 이하의 과태료
④ 100만원 이하의 벌금

53 영업소 안에 면허증을 게시하도록 '위생관리 의무 등'의 규정에 명시된 자는?

① 이·미용업을 하는 자
② 목욕장업을 하는 자
③ 세탁업을 하는 자
④ 위생관리용역업을 하는 자

54 이·미용업 영업소에서 손님에게 음란한 물건을 관람·열람하게 한 때에 대한 1차 위반 시 행정처분 기준은?

① 영업정지 15일 ② 영업정지 1월
③ 영업장 폐쇄 명령 ④ 경고

55 이·미용 업자에게 과태료를 부과·징수할 수 있는 처분권자에 해당하지 않는 자는?

① 보건복지부장관 ② 시장
③ 군수 ④ 구청장

56 관계 공무원의 출입·검사 기타 조치를 거부·방해 또는 기피했을 때의 과태료 부과 기준은?

① 300만원 이하 ② 200만원 이하
③ 100만원 이하 ④ 50만원 이하

57 위법 사항에 대하여 청문을 시행할 수 없는 기관장은?

① 경찰서장 ② 구청장
③ 군수 ④ 시장

58 이·미용업 영업과 관련하여 과태료 부과 대상이 아닌 사람은?

① 위생 관리 의무를 위반한 자
② 위생 교육을 받지 않은 자
③ 무신고 영업자
④ 관계 공무원 출입 및 검사 방해자

59 다음 위법사항 중 가장 무거운 벌칙 기준에 해당하는 자는?

① 영업신고를 하지 아니하고 영업한 자
② 무면허로 시술한 자
③ 변경 신고를 하지 않고 영업한자
④ 관계 공무원 출입, 검사를 거부한 자

해 영업신고를 하지 않고 영업을 한 자는 1년이하의 징역 또는 1천만원 이하의 벌금이며 무면허 시술자는 300만원 이하의 벌금형에 처해진다.

60 다음 중 과태료 처분 대상에 해당되지 않는 자는?

① 관계공무원의 출입·검사 등 업무를 기피한 자
② 영업소 폐쇄명령을 받고도 영업을 계속한 자
③ 이·미용업소 위생관리 의무를 지키지 아니한 자
④ 위생교육 대상자 중 위생교육을 받지 아니한 자

정답				
01 ①	02 ①	03 ③	04 ①	05 ①
06 ④	07 ①	08 ④	09 ③	10 ②
11 ②	12 ②	13 ④	14 ③	15 ③
16 ①	17 ②	18 ④	19 ③	20 ③
21 ③	22 ②	23 ③	24 ④	25 ①
26 ①	27 ③	28 ③	29 ②	30 ①
31 ③	32 ③	33 ④	34 ③	35 ①
36 ②	37 ②	38 ②	39 ③	40 ①
41 ②	42 ①	43 ②	44 ①	45 ①
46 ④	47 ④	48 ③	49 ①	50 ②
51 ④	52 ③	53 ①	54 ④	55 ①
56 ①	57 ①	58 ③	59 ①	60 ②

실전 모의고사
6회

01 장염 비브리오 식중독의 설명으로 가장 거리가 먼 것은?

① 원인균은 보균자의 분변이 주원인이다.
② 복통, 설사, 구토 등이 생기면 발열이 있고, 2~3일이면 회복된다.
③ 저온 저장, 조리기구·손 등의 살균을 통해서 예방할 수 있다.
④ 여름철에 집중적으로 발생한다.

해 **장염** : 여름철 어패류 생식을 통한 2차 감염형 식중독

02 식후 12~16시간이 경과되어 정신적, 육체적으로 아무것도 하지 않고 가장 안락한 자세로 조용히 누워 있을 때 생명을 유지하는데 소요되는 최선의 열량을 의미하는 것은?

① 순환대사량 ② 기초대사량
③ 활동대사량 ④ 상대대사량

03 다음 중 공중위생감시원을 둘 수 없는 곳은?

① 도 ② 시, 군, 구
③ 특별시, 광역시 ④ 읍, 면, 동

해 공중위생감시원은 인구가 적은 지역에는 둘 수 없다.

04 헤어 세팅에 있어 오리지널 세트의 중요 요소에 해당하지 않은 것은?

① 헤어 웨이빙 ② 헤어 컬링
③ 콤 아웃 ④ 헤어 파팅

05 염모제에 대한 설명 중 틀린 것은?

① 제1제의 알칼리제로는 휘발성이라는 특성을 가진 암모니아가 사용된다.
② 염모제 제1제는 제2제 산화제(과산화수소)를 분해하며 발생기 수소를 발생시킨다.
③ 과산화수소는 모발의 색소를 분해하여 탈색한다.
④ 과산화수소는 산화 염료를 산화해서 발색시킨다.

06 가용화 기술을 적용하여 만들어진 것은?

① 마스카라 ② 향수
③ 립스틱 ④ 크림

해 가용화물에 소량의 오일 성분이 계면활성제에 의해 투명하게 용해되어 있는 상태로 화장수, 에센스, 향수, 헤어토닉, 헤어 리퀴드 등이 있다.

07 피부 클렌저로 사용하기에 적합하지 않은 것은?

① 강알칼리성 비누
② 약산성 비누
③ 탈지를 방지하는 클렌징 제품
④ 보습 효과를 주는 클렌징 제품

08 피부 세포가 기저층에서 생성되어 각질층이 되어 떨어져 나가기까지의 기간을 피부의 1주기(각화 주기)라 한다. 성인에 있어서 건강한 피부인 경우 1주기는 보통 며칠인가?

① 45일 ② 28일
③ 15일 ④ 7일

09 헤모글로빈을 구성하는 매우 중요한 물질로 피부의 혈색과도 밀접한 관계에 있으며, 결핍되면 빈혈이 일어나는 영양소는?

① 철분 ② 칼슘
③ 요오드 ④ 마그네슘

10 모성보건의 3대 사업이 아닌 것은?

① 산전 보호 관리 ② 의료 관리
③ 산욕 보호 관리 ④ 분만 보호 관리

11 실험기기, 의료용기, 오물 등의 소독에 사용되는 석탄산수의 적절한 농도는?

① 석탄산 0.1% 수용액
② 석탄산 1%의 수용액
③ 석탄산 3%의 수용액
④ 석탄산 50%의 수용액

12 다음 중 세균의 포자를 사멸시킬 수 있는 것은?

① 포르말린 ② 알코올
③ 음이온 계면활성제 ④ 차아염소산소다

13 공중위생영업소의 위생 서비스 수준의 평가는 몇 년마다 실시하는가?

① 4년 ② 2년
③ 6년 ④ 5년

14 예방 접종에 있어 생균 백신을 사용하는 것은?

① 파상풍 ② 결핵
③ 디프테리아 ④ 백일해

해 • **생균백신**: 결핵, 홍역, 경구 폴리오
• **사균백신**: 장티푸스, 콜레라, 백일해, 경피, 폴리오
• **순화독소**: 파상풍, 디프테리아

15 미용사의 업무 범위에 속하지 않는 것은?

① 머리카락 모양내기 ② 머리 감기
③ 머리카락 자르기 ④ 조발, 면도

해 조발과 면도는 이용사의 업무 범위이다.

16 미용의 연출 제작 과정으로 옳은 것은?

① 소재-구상-제작-보정
② 소재-제작-구상-보정
③ 구상-소재-제작-보정
④ 구상-제작-소재-보정

17 우리나라 여성들이 분을 바르기 시작한 시기는?

① 고구려 시대 ② 신라시대
③ 삼국시대 ④ 조선시대

18 예방접종으로 획득되는 면역의 종류는?

① 자연능동면역 ② 자연수동면역
③ 인공능동면역 ④ 인공수동면역

해 예방접종으로 얻어지는 면역은 인공 능동면역이다.

19 빗 소독 방법으로 옳지 않은 것은?

① 자비 소독 ② 역성비누액
③ 크레졸수 ④ 자외선

해 빗이나 가위의 소독은 자비소독으로 하면 날이 무뎌질 수 있으므로 바람직하지 않다.

20 뱅은 주로 어느 부위에 사용되는가?

① 전두부 ② 측두부
③ 후두부 ④ 두정부

21 크레스트가 뚜렷하지 못해 가장 자연스러운 웨이브는?

① 내로우 웨이브 ② 와이드 웨이브
③ 섀도우 웨이브 ④ 호리존탈 웨이브

22 핑거 웨이브의 3대 요소에 해당하지 않는 것은?

① 크레스트 ② 리지
③ 트로프 ④ 베이스

해 • **웨이브의 3요소**: 크레스트, 리지, 트로프
• **컬의 3요소**: 베이스, 스템, 루프

23 컬의 줄기 부분을 무엇이라고 하는가?

① 베이스 ② 롤링
③ 뱅 ④ 스템

24 스캘톤 브러시 사용 용도로 가장 적당한 것은?

① 방향성을 살린 헤어 스타일 정돈에 적합하다.
② 가장 일반적으로 많이 사용하는 브러시이다.
③ 남성 헤어 스타일이나 짧은머리에 주로 사용한다.
④ 부드러운 웨이브를 만들기 적합하다.

25 아이론의 프롱(쇠막대기 부분)이 담당하는 역할은?

① 컬을 만드는 작용 ② 고정 시키는 작용
③ 모류 정리 작업 ④ 위에서 누르는 작업

해 프롱은 쇠막대 부분으로 모발이 감기며 누르는 역할을 하며 그루브는 모발을 잡아 컬을 만드는 역할을 한다.

26 퍼머넌트 웨이브가 잘 나오지 않은 경우로 틀린 것은?

① 와인딩 시 텐션을 주어 말았을 경우
② 사전 샴푸 시 비누와 경수로 샴푸하여 두발에 금속염이 형성된 경우
③ 두발이 저항성 모발이거나 발수성 모발로 경모인 경우
④ 오버 프로세싱으로 시스틴이 지나치게 파괴된 경우

해 와인딩 시 텐션을 주지 않고 느슨하게 말면 모발 끝이 자지러지므로 텐션을 주어서 말아야 한다.

27 대기 오염에 영향을 미치는 기상 조건으로 가장 관계가 큰 것은?

① 강우, 강설　　② 고온, 고습
③ 기온 역전　　④ 저기압

28 다음 중 환자의 격리가 가장 중요한 관리 방법이 되는 것은?

① 파상풍, 백일해　　② 일본뇌염, 성홍열
③ 결핵, 한센병　　④ 폴리오, 풍진

29 음용수의 일반적인 오염 지표로 사용되는 것은?

① 탁도　　② 일반 세균 수
③ 대장균 수　　④ 경도

30 물리적 소독법에 해당되지 <u>않는</u> 것은?

① 열을 가한다.
② 건조시킨다.
③ 물을 끓인다.
④ 포름알데히드를 사용한다.

31 비교적 가격이 저렴하고 살균력이 있으며 쉽게 증발되어 잔여량이 <u>없는</u> 살균제는?

① 알코올　　② 요오드
③ 크레졸　　④ 페놀

32 질병 발생의 역학적 삼각형 모형에 속하는 요인이 <u>아닌</u> 것은?

① 병인적 요인　　② 숙주적 요인
③ 감염적 요인　　④ 환경적 요인

해 질병 발생의 삼각형 모형은 병인, 숙주, 환경이다.

33 다음 미생물 중 크기가 가장 작은 것은?

① 세균　　② 곰팡이
③ 리케차　　④ 바이러스

34 일광 소독법은 햇빛의 어떤 영역에 의해 소독이 가능한가?

① 적외선　　② 자외선
③ 가시광선　　④ 우주선

35 자외선 B의 홍반 발생 능력은 자외선 A의 몇 배 정도인가?

① 10배　　② 100배
③ 1000배　　④ 10000배

36 신체 부위 중 피부 두께가 가장 얇은 곳은?

① 손등 피부　　② 볼 부위
③ 눈꺼풀 피부　　④ 둔부

37 다음 사마귀 종류 중 얼굴, 턱, 입 주위와 손등에 잘 발생하는 것은?

① 심상성 사마귀　② 족저 사마귀
③ 첨규 사마귀　④ 편평 사마귀

38 다음 중 모발 구조 안이 벌집 모양으로 생긴 곳은 어느 부위인가?

① 모수질　② 모피질
③ 모표피　④ 모근

39 모발이 세로로 갈라지며 영양이 좋지 않을 때 일어나는 증상은?

① 비강성 탈모증　② 결절성 탈모증
③ 증후성 탈모증　④ 결발성 탈모증

40 유기합성 염모제에 대한 설명 중 틀린 것은?

① 염모제는 제1제와 제2제로 구성되어 있다.
② 제1제는 산화제, 제2제는 염료로 구성되어 있다.
③ 산화제는 인공 색소를 탈색시키는 역할을 한다.
④ 대표적인 유기 색소는 파라페닐렌디아민이다.

해 유기합성 염모제의 1제는 알칼리제이며 2제는 산화제이다.

41 다음 중 블리치 조제 비율 중 암모니아 농도는?

① 3%　② 6%
③ 9%　④ 28%

해 두발과 염색과 탈색에 가장 적당한 농도는 과산화수소 6%+암모니아수28%이다.

42 염모제 헤나에 대한 설명을 틀린 것은?

① 일시적 염모제이다.
② 부작용이 거의 없다.
③ 지속성 염모제이다.
④ 식물성 염모제이다.

해 헤나는 식물성 염모제로서 영구적 염모제이다.

43 임신 초기에 감염 될 경우 태아에게 치명적인 영향을 주어 선천성 기형아를 낳을 수 있는 질환은 무엇인가?

① 성홍열　② 풍진
③ 홍역　④ 디프테리아

44 공중위생영업자의 현황을 매월 파악하고 관리해야 하는 자는?

① 시장 · 군수 · 구청장　② 경찰서장
③ 세무서장　④ 시 · 도지사

45 다음 중 소독 실시에 있어 수증기를 동시에 혼합하여 사용할 수 있는 것은?

① 승홍수 소독　② 포르말린 소독
③ 석회수 소독　④ 석탄산수 소독

해 포르말린은 훈증 소독

46 영업소 폐쇄 명령을 받은 이·미용업소가 계속하여 영업을 하는 때의 당국의 조치 내용 중 옳은 것은?

① 당해 영업소의 간판 기타 영업표지물 제거
② 당해 영업소의 강제 폐쇄 집행
③ 당해 영업소의 출입자 통제
④ 당해 영업소의 금지구역 설정

해 간판제거, 위반업소를 알리는 스티커 부착, 시설물 봉인을 할 수 있다.

47 자외선의 설명 중 틀린 것은?

① 가장 확실한 소독법으로 재생이 불가능하다.
② 비타민 D를 생성하며 피부암을 유발한다.
③ 수술실, 무균실, 제약 공장에서 이용한다.
④ 하루 중 소독 효과가 가장 좋은 때는 오전10시~오후 2시이다.

48 웨이브의 리지선이 비스듬하게 된 웨이브는?

① 다이애고널 웨이브 ② 버티컬 웨이브
③ 와이드 웨이브 ④ 호리존탈 웨이브

해 다이애거널 웨이브리지가 사선인 대각 웨이브

49 기원전 1세기경에 부인들이 머리 형태를 혁신적으로 유행시킨 나라는?

① 그리스 ② 영국
③ 프랑스 ④ 로마

50 식중독 발생 원인인 테트로도톡신은 무엇에 의한 식중독인가?

① 감자 ② 복어
③ 청매 ④ 버섯

51 공중위생영업자가 풍속 관련 법령 등에 위반하여 관계 행정 기관장의 요청이 있을 때 당국이 취할 수 있는 조치사항은?

① 개선 명령
② 국가기술자격 취소
③ 일정 기간 동안의 업무 정지
④ 6개월 이내 기간의 영업 정지

52 공중위생영업자가 공중위생관리법상 필요한 보고를 당국에 하지 않았을 때의 법적 조치는?

① 100만원 이하의 과태료
② 300만원 이하의 과태료
③ 200만원 이하의 과태료
④ 100만원 이하의 벌금

53 위생 서비스 평가의 결과에 따른 위생 관리 등급은 누구에게 통보하고 이를 공표해야 하는가?

① 해당 공중위생영업자
② 시장·군수·구청장
③ 시·도지사
④ 보건소장

54 세안 시 사용할 물로서 경수를 연수로 만들 때 사용하는 약품은?

① 붕사 ② 에탄올
③ 석탄산 ④ 크레졸

55 다음 중 청문을 실시해야 할 경우에 해당되는 것은?

① 영업소의 필수불가결한 기구의 봉인을 해제하려 할 때
② 폐쇄 명령을 받은 후 폐쇄 명령을 받은 영업과 같은 종류의 영업을 하려 할 때
③ 벌금을 부과 처분하려 할 때
④ 영업소 폐쇄 명령을 처분하고자 할 때

해 청문을 실시하는 경우는 영업정지, 영업장 폐쇄, 면허정지, 면허 취소인 경우이다.

56 일반적으로 공기 중 이산화탄소는 약 몇 %를 차지하고 있는가?

① 0.03% ② 0.3%
③ 3% ④ 13%

57 위생 서비스 평가의 전문성을 높이기 위하여 필요하다고 인정하는 경우에 관련전문기관 및 단체로 하여금 위생 서비스 평가를 실시하게 할 수 있는 자는?

① 시장 · 군수 · 구청장 ② 대통령
③ 보건복지부장관 ④ 시 · 도지사

58 헤어 커팅 시 두발의 양이 적을 때나 두발 끝을 테이퍼해서 표면을 정돈할 때 스트랜드의 1/3이내의 두발 끝을 테이퍼하는 것은?

① 노멀 테이퍼 ② 엔드 테이퍼
③ 딥 테이퍼 ④ 미디움 테이퍼

59 공중위생영업자의 영업 정지 또는 일부시설의 사용 중지 등의 처분을 하고자 하는 때에는 무엇을 실시해야 하는가?

① 열람 ② 공중위생감사
③ 청문 ④ 위생 서비스 수준의 평가

60 소독약의 구비 조건으로 잘못된 것은?

① 용해성이 높을 것 ② 표백성이 있을 것
③ 사용이 간편할 것 ④ 가격이 저렴할 것

정답				
01 ①	02 ②	03 ④	04 ③	05 ②
06 ②	07 ①	08 ②	09 ①	10 ②
11 ③	12 ①	13 ②	14 ②	15 ④
16 ①	17 ④	18 ③	19 ①	20 ①
21 ③	22 ④	23 ④	24 ③	25 ④
26 ①	27 ③	28 ③	29 ③	30 ④
31 ①	32 ③	33 ④	34 ②	35 ③
36 ③	37 ④	38 ①	39 ②	40 ②
41 ④	42 ①	43 ②	44 ①	45 ②
46 ①	47 ①	48 ①	49 ①	50 ②
51 ④	52 ②	53 ①	54 ①	55 ④
56 ①	57 ①	58 ②	59 ③	60 ②

실전 모의고사
7회

01 각 용어에 대한 설명으로 옳지 않은 것은?
① 버티컬 웨이브 : 웨이브 흐름이 수평
② 리세트 : 세트를 다시 마는 것
③ 호리존탈 웨이브 : 웨이브 흐름이 가로 방향
④ 오리지널 세트 : 기초가 되는 최초의 세트

해 **버티컬** : 수직 웨이브

02 헤어 블리치제의 산화제로서 오일 베이스제는무엇에 유황유가 혼합된 것인가?
① 과붕산나트륨　② 탄산마그네슘
③ 라놀린　④ 과산화수소수

03 물의 살균에 많이 이용되고 있으며 산화력이 강한 것은?
① 포름알데히드　② 오존
③ EO 가스　④ 에탄올

해 물의 소독은 오존이나 염소를 주로 이용한다.

04 광노화와 거리가 먼 것은?
① 피부 두께가 두꺼워진다.
② 섬유아세포 수의 양이 감소한다.
③ 콜라겐이 비정상적으로 늘어난다.
④ 점다당질이 증가한다.

해 광노화는 외인성 노화라고 하며 각질층의 피부가 두꺼워지고 콜라겐이 줄어 탄력성이 줄어든다.

05 여드름 피부에 맞는 화장품 성분으로 가장 거리가 먼 것은?
① 카퍼　② 로즈마리 추출물
③ 알부틴　④ 하마멜리스

06 스트로크 커트 테크닉에 사용하기 가장 적합한 것은?
① 리버스 시저스　② 미니 시저스
③ 직선날 시저스　④ 곡선날 시저스

해 스트로크 커트는 R-시저스 가위가 적합하다.

07 조선 중엽 상류사회 여성들이 얼굴의 및 화장으로 사용한 기름은?
① 동백기름　② 콩기름
③ 참기름　④ 파마자기름

08 멋내기 염색방법에 속하지 않는 것은?
① 헤어 티핑　② 헤어 스트리핑
③ 헤어 스템핑　④ 헤어 스트레이트

09 헤어 컬링 시 사용되는 색상환에 있어 적색의 보색은?

① 보라색 ② 청색
③ 녹색 ④ 황색

해 보색의 원리 적색의 보색은 녹색이다.

10 다음 중 모발의 성장 단계를 바르게 나타낸 것은?

① 성장기→휴지기→퇴화기
② 휴지기→발생기→퇴화기
③ 퇴화기→성장기→발생기
④ 성장기→퇴화기→휴지기

11 스탠드업 컬에 있어 루프가 귓바퀴 반대방향으로 말린 컬은?

① 플랫 컬
② 포워드 스탠드업 컬
③ 리버스 스탠드업 컬
④ 스컬프쳐 컬

해 포워드 스탠드업 컬은 귓바퀴 방향
리버스 스탠드업 컬은 귓바퀴 반대방향

12 삼한시대의 머리형에 관한 설명으로 틀린 것은?

① 포로나 노비는 머리를 깎아서 표시했다.
② 수장 급은 모자를 썼다.
③ 일반인은 상투를 틀게 했다.
④ 귀천의 차이가 없이 자유로운 머리 모양을 했다.

13 완성된 두발선 위를 가볍게 다듬어 커트하는 방법은?

① 테이퍼링 ② 틴닝
③ 트리밍 ④ 싱글링

14 미용의 특수성과 가장 거리가 먼 것은?

① 시간적 제한을 받는다.
② 정적 예술로서 미적효과의 변화를 나타낸다.
③ 유행을 창조하는 자유예술이다.
④ 손님의 요구가 반용된다.

15 다공성 모발에 대한 설명으로 틀린 것은?

① 두발의 간층 물질이 소실되어 두발의 조직 중에 공동이 많고 보습 작용이 줄어들어 두발이 건조해지기 쉬운 손상모를 말한다.
② 다공성 모발은 두발이 얼마나 빨리 유액을 흡수하느냐에 따라 그 정도가 결정된다.
③ 다공성 정도에 따라서 콜드 웨이빙의 프로세싱 타임과 웨이빙 용액의 정도가 결정된다.
④ 다공성의 정도가 클수록 모발의 탄력이 약하므로 프로세싱 타임을 길게 잡는다.

해 다공성 정도가 클수록 프로세싱타임을 짧게 하고 부드러운 웨이브 용액을 사용한다.

16 콜드 웨이브의 제2제에 관한 설명으로 옳은 것은?

① 두발의 구성 물질을 환원시키는 작용을 한다.
② 약액은 티오글리콜산염이다.
③ 형성된 웨이브를 고정시켜 준다.
④ 시스틴의 구조를 변화시켜 모발 구조를 갈라지게 한다.

해 콜드 웨이브제의 2제는 정착액, 산화제, 중화제의 역할을 한다.

17 우리나라에서 현대 미용의 시초라고 볼 수 있는 시기는?

① 조선 중엽
② 강제 한일합방조약 이후
③ 해방 이후
④ 6.25전쟁 이후

18 헤어 틴트 시 패치 테스트를 반드시 해야 하는 염모제는?

① 글리세린이 함유된 염모제
② 합성 왁스가 함유된 염모제
③ 파라페닐렌디아민이 함유된 염모제
④ 과산화수소가 함유된 염모제

19 루프가 귓바퀴를 따라 말리고 두피에 90°로 세워져 있는 컬은?

① 리버스 스탠드업 컬
② 포워드 스탠드업 컬
③ 스컬프쳐 컬
④ 플랫 컬

20 염모제를 바르기 전에 스트랜드 테스트를 하는 목적이 아닌 것은?

① 색상 선정이 올바르게 이루어졌는지 알기위해서
② 원하는 색상을 시술할 수 있는 정확한 염모제의 작용 시간을 추정하기 위해서
③ 염모제에 의한 알레르기성 피부염이나 접촉성 피부염 등의 유무를 알아보기 위해서
④ 퍼머넌트 웨이브나 염색, 탈색 등으로 모발이 단모나 변색될 수 있는지 여부를 알기 위해서

해 알레르기성 피부염이나 접촉성 피부염 유무 테스트는 패치 테스트이다.

21 윈슬로우가 정의한 공중보건의 정의로서 조작된 지역사회의 공동 노력을 통해 질병예방, 생명연장과 함께 증진해야 할 항목으로 설정한 것은?

① 예방의학　② 사회적 활동력
③ 육체적, 정신적 효율　④ 질병 치료

22 강철을 연결시켜 만든 것으로 협신부는 연강으로 되어 있고 날 부분은 특수강으로 되어 있는 것은?

① 착강 가위　② 전강 가위
③ 틴닝 가위　④ 레이저

23 다음 중 파리가 옮기지 않는 병은?

① 장티푸스　② 이질
③ 콜레라　④ 유행성 출혈열

24 다음 영양소 중 인체의 생리적 조절 작용에 관여하는 조절소는?

① 단백질　② 비타민
③ 지방질　④ 탄수화물

25 잠함병의 직접적인 원인은?

① 혈중 CO_2 농도 증가
② 체액 및 혈액 속의 질소 기포 증가
③ 혈중 O_2 농도 증가
④ 혈중 CO 농도 증가

26 다음 중 살모넬라균의 예방 대책이 아닌 것은?

① 식품의 가열 처리
② 화농된 사람의 식품 취급
③ 도축장의 위생 검사 철저
④ 파리 및 서족 금지

27 다음 중 일광과민(일광화상을 잘 입는)과 가장 거리가 먼 사람은?

① 일반적으로 마른사람
② 피부에 점이나 주근깨가 많은 사람
③ 비타민 B군이 부족한 사람
④ 간이 나쁜 사람

28 헤어 컬의 목적이 아닌 것은?

① 볼륨을 만들기 위해서
② 컬러를 만들기 위해서
③ 웨이브를 만들기 위해서
④ 플러프를 만들기 위해서

29 핫 오일 샴푸에 대한 설명 중 잘못된 것은?

① 플레인 샴푸 전에 실시한다.
② 오일을 따뜻하게 데워서 바르고 마사지한다.
③ 핫 오일 샴푸 후 펌을 시술한다.
④ 올리브유 등의 식물성 오일이 좋다.

해 플레인 샴푸 후에 펌을 시술한다.

30 우리나라 고대 미용에 대한 설명 중 틀린 것은?

① 고구려시대 여인의 두발 형태는 여러 가지였다.
② 신라시대 부인들은 금, 은, 주옥으로 꾸민 가체를 사용했다.
③ 백제에서는 기혼녀는 머리를 틀어 올리고 처녀는 땋아 내렸다.
④ 계급에 상관없이 부인들은 모두 머리 모양이 같았다.

31 여러 가지 꽃 향이 혼합된 세련되고 로맨틱한 향으로 아름다운 꽃다발을 안고 있는 듯 화려하면서도 우아한 느낌을 주는 향수 타입은?

① 싱글 플로랄 ② 플로랄 부케
③ 우디 ④ 오리엔탈

32 미생물을 대상으로 한 작용이 강한것부터 순서대로 배열된 것은?

① 소독 > 살균 > 멸균 > 청결 > 방부
② 멸균 > 살균 > 소독 > 방부 > 청결
③ 살균 > 멸균 > 소독 > 방부 > 청결
④ 멸균 > 소독 > 살균 > 청결 > 방부

33 피지선에 대한 설명으로 틀린 것은?

① 진피층에 위치하는 피지를 분비하는 선이다.
② 손바닥에는 피지선이 전혀 없다.
③ 피지의 1일 분비량은 10~20g 정도이다.
④ 피지선이 많은 부위는 코 주위이다.

해 피지의 1일 분비량은 약 1~2g이다.

34 표피에서 자외선에 의해 합성되며, 칼슘과 인의 대사를 도와주고, 발육을 촉진시키는 비타민은?

① 비타민 A ② 비타민 C
③ 비타민 E ④ 비타민 D

35 개달전염과 무관한 것은?

① 식품 ② 의복
③ 책상 ④ 장난감

해 개달전염은 환자가 사용했던 물품을 통해 전염되는 것을 말한다.

36 다음 중 객담이 묻은 휴지의 소독 방법으로 가장 알맞은 것은?

① 고압 멸균법 ② 소각 소독법
③ 자비 소독법 ④ 저온 소독법

37 섭씨 100~135℃ 고온의 수증기를 미생물, 아포 등과 접속시켜 가열 살균하는 방법은?

① 간헐 멸균법 ② 건열 멸균법
③ 고압 증기 멸균법 ④ 자비 소독법

38 양이온 계면활성제의 장점이 아닌 것은?

① 물에 잘 녹는다.
② 색과 냄새가 거의 없다.
③ 결핵균에 효력이 있다.
④ 인체에 독성이 적다.

39 천연보습인자에 속하지 않는 것은?

① 아미노산 ② 암모니아
③ 젖산염 ④ 글리세린

40 비타민에 대한 설명 중 틀린 것은?

① 비타민 A가 결핍되면 피부가 건조해지고 거칠어진다.
② 비타민 C는 교원질 형성에 중요한 역할을 한다.
③ 레티노이드는 비타민 A를 통칭하는 용어이다.
④ 많은 양의 비타민 A가 피부에서 합성된다.

41 피부소독용으로 가장 많이 사용하는 알코올 소독제의 농도는?

① 에틸알코올 70% ② 에틸알코올 80%
③ 메틸알코올 90% ④ 메틸알코올 70%

42 손 소독에 가장 적당한 크레졸수의 농도는?

① 1~2% ② 0.1~0.3%
③ 4~5% ④ 6~8%

해 크레졸수 1~2%는 피부소독, 10%는 바닥 소독에 사용된다.

43 운동성을 지닌 세균의 사상부속기관은 무엇인가?

① 아포 ② 편모
③ 원형질막 ④ 협막

44 다음 중 2도 화상에 속하는 것은?

① 햇볕에 탄 피부
② 진피층까지 손상되어 수포가 발생한 피부
③ 피하지방층까지 손상된 피부
④ 피하지방층 아래의 근육까지 손상된 피부

해 수포 발생은 2도 화상이다.

45 액취증의 원인이 되는 아포크린 한선이 분포되어 있지 않은 곳은?

① 배꼽 주변 ② 겨드랑이
③ 사타구니 ④ 발바닥

해 냄새를 동반하는 아포크린 선은 모공을 통해 나오며 손바닥, 발바닥은 냄새가 없는 에크린 선이다.

46 백반증에 관한 내용 중 틀린 것은?

① 멜라닌세포의 과다한 증식으로 일어난다.
② 백색 반점이 피부에 나타난다.
③ 후천적 탈색소 질환이다.
④ 원형, 타원형 또는 부정형의 흰색 반점이 나타난다.

47 공중위생영업을 하고자 하는 자는 원칙적으로 위생교육을 언제 받아야 하는가?

① 영업소 개설 후 3개월 이내 위생교육을 받는다.
② 영업소를 운영하면서 자유로운 시간에 위생교육을 받는다.
③ 영업신고를 하기 전에 미리 위생교육을 받는다.
④ 영업소 개설을 통보한 후에 위생교육을 받는다.

48 음용수 소독에 사용할 수 있는 소독제는?

① 요오드 ② 페놀
③ 염소 ④ 승홍수

49 자비 소독 시 살균력을 높이기 위해 첨가하는 물질이 아닌 것은?

① 2% 붕산 ② 2% 탄산나트륨
③ 5% 알코올 ④ 2~3% 크레졸

해 자비 소독시 탄산나트륨, 붕산, 크레졸, 석탄산을 넣으면 살균력이 높아진다.

50 승홍수의 설명으로 틀린 것은?

① 금속을 부식시키는 성질이 있다.
② 피부 소독에는 0.1%의 수용액을 사용한다.
③ 염화칼륨을 첨가하면 자극성이 완화된다.
④ 일반적으로 살균력이 약한 편이다.

해 승홍수는 0.1%를 사용하고 금속 부식성이 있어 금속 소독에는 적합하지 않으며 상처가 없는 피부에는 사용 가능하며, 무색 무취이므로 취급을 주의해야 한다.

51 영업소 이외의 장소에서 예외적으로 이·미용 영업을 할 수 있도록 규정한 법령은?

① 대통령령 ② 국무총리령
③ 보건복지부령 ④ 시·군·구령

52 이·미용 업무의 보조를 할 수 있는자는?

① 이·미용사의 감독을 받는 자
② 이·미용사 응시자
③ 이·미용학원 수강자
④ 시·도지사가 인정한 자

53 과징금을 기한 내에 납부하지 아니한 경우에 이를 징수하는 방법은?

① 지방세 체납처분의 예에 의하여 징수
② 부가가치세 체납처분의 예에 의하여 징수
③ 법인세 체납처분의 예에 의하여 징수
④ 소득세 체납처분의 예에 의하여 징수

54 위생 교육에 대한 설명으로 틀린 것은?

① 공중위생영업 신고를 하고자 하는 자는 미리 위생 교육을 받아야 한다.
② 공중위생영업자는 매년 위생 교육을 받아야 한다.
③ 위생 교육에 관한 기록을 1년 이상 보관, 관리해야 한다.
④ 위생 교육을 받지 아니한 자는 200만원 이하의 과태료에 처한다.

해 위생교육에 관한 기록은 2년동안 보관해야 한다.

55 영업소에서 무자격 안마사로 하여금 손님에게 안마 행위를 하였을 때 2차 위반 시 행정처분은?

① 영업 정지 15일 ② 영업 정지 1개월
③ 영업 정지 2개월 ④ 영업장 폐쇄 명령

56 영업자의 위생 관리 의무가 아닌 것은?

① 영업소에서 사용하는 기구는 소독한 것과 소독하지 않은 것을 분리 보관한다.
② 영업소에서 사용하는 1회용 면도날은 손님 1인에 한하여 사용한다.
③ 자격증을 영업소 안에 게시한다.
④ 면허증을 영업소 안에 게시한다.

57 행정처분 위반 행위와 차수에 따른 행정처분 기준은 최근 몇 년간 같은 행위로 행정처분을 받은 경우 이를 적용하는가?

① 1년 ② 2년
③ 5년 ④ 10년

58 다음 중 보습제가 갖추어야 할 조건으로 옳은 것은?

① 응고점이 높을 것
② 휘발성이 있을 것
③ 환경의 변화에 따라 쉽게 영향을 받을 것
④ 다른 성분과의 혼용성이 좋을 것

해 보습제가 갖추어야 할 조건은 적절한 보습력이 있어야 하며, 보습력이 주위환경에 영향을 쉽게 받지 않아야 하며, 피부 친화성이 좋고, 다른 성분과 혼용성이 좋으며, 응고점이 낮고 휘발성이 없어야 한다.

59 다음 중 이용사 또는 미용사의 면허를 받을 수 있는 자는?

① 약물 중독자 ② 암환자
③ 정신질환자 ④ 피성년후견인

60 공중위생의 관리를 위한 지도, 계몽 등을 행하게 하기 위해 둘 수 있는 것은?

① 명예공중위생감시원
② 공중위생조사원
③ 공중위생평가단체
④ 공중위생전문교육원

정답				
01 ①	02 ④	03 ②	04 ③	05 ③
06 ④	07 ③	08 ④	09 ③	10 ④
11 ③	12 ④	13 ③	14 ③	15 ④
16 ③	17 ②	18 ③	19 ②	20 ③
21 ③	22 ①	23 ④	24 ②	25 ②
26 ②	27 ①	28 ②	29 ③	30 ④
31 ②	32 ②	33 ③	34 ④	35 ①
36 ②	37 ③	38 ③	39 ④	40 ④
41 ①	42 ①	43 ②	44 ②	45 ④
46 ①	47 ③	48 ③	49 ③	50 ④
51 ③	52 ①	53 ①	54 ③	55 ③
56 ③	57 ①	58 ④	59 ②	60 ①

실전 모의고사

8회

01 미용업소에 있어 미용사의 개인위생에 유의하여야 할 사항과 관계가 가장 적은 것은?

① 비만관리 ② 복장
③ 청결 ④ 구강위생

02 다음 중 두발의 볼륨을 주지 않기 위한 컬 기법은?

① 스탠드업 컬 ② 플랫 컬
③ 리프트 컬 ④ 논스템 롤러 컬

해 플랫컬은 두발에 볼륨을 주지 않기 위한 컬 기법이다.
스탠드업 컬은 90도, 리프트 컬은 45도이다.

03 17세기 여성들의 두발 결발사로 종사하던 최초의 남자 결발사는?

① 마셀 그라또우 ② 스피크먼
③ 샴페인 ④ 찰스 네슬러

04 콜드 웨이브 직후 헤어 다이를 하면 두피가 과민해져서 피부염을 일으키게 될 우려가 있다. 이 경우 최소 며칠 정도 지나서 헤어 다이를 하는 것이 적당한가?

① 20일 후 ② 3일 후
③ 30일 후 ④ 1주일 후

05 다음 중 유성린스가 아닌 것은?

① 레몬 린스 ② 올리브유 린스
③ 라놀린 린스 ④ 크림 린스

해 레몬린스는 산성린스이다.

06 다음 중 스퀘어 파트에 대하여 설명한 것은?

① 사이드 파트로 나눈 것
② 파트의 선이 곡선으로 된 것
③ 세모꼴의 가르마를 타는 것
④ 이마의 양쪽은 사이드 파트를 하고, 두정부 가까이에서 얼굴의 두발이 난 가장자리와 수평이 되도록 모나게 가르마를 타는 것

해 스퀘어 파트는 수평이 되게 가르마 타는 것이다.

07 히팅캡의 사용 목적에 해당하지 않는 것은?

① 퍼머와인딩 후 1액의 흡수력을 돕는다.
② 스캘프 트리트먼트, 헤어 트리트먼트 시 바른 약액을 고루 침투되도록 한다.
③ 펌 등의 시술 시간을 단축시킨다.
④ 헤어 세팅을 할 때 컬을 고정시키거나 웨이브를 완성하는데 용이하도록 한다.

해 히팅캡은 온도를 높여 약액의 침투를 도와주는 역할을 하며 컬을 고정 시키는 역할을 하지는 않는다.

08 드라이 스캘프 트리트먼트와 관계가 없는 것은?

① 헤어 오일 ② 벤젠

③ 에그 샴푸 ④ 헤어 컨디셔너

해 벤젠은 리퀴드 드라이 샴푸에 사용되는 가발 세정제이다.

09 퍼머넌트 웨이브와 염색 시술 후 모발에 남아 있는 알칼리 성분을 중화하고 모발의 pH 균형을 회복시켜 주는 린스는?

① 산성 린스 ② 컬러 픽스 린스

③ 컨디셔닝 린스 ④ 플레인 린스

해 퍼머넌트 후에 남아 있는 알칼리 성분을 중화하기 위해 산성린스로 pH균형을 맞춰준다.

10 우리나라 옛 여인의 머리모양 중 앞머리 양쪽에 틀어 얹은 머리 모양은?

① 쌍상투머리 ② 쪽진머리

③ 픈 기명식머리 ④ 낭자머리

11 3% 소독액 1000mL를 만드는 방법으로 옳은 것은?(소독액 원액의 농도는 100%)

① 원액 3mL에 물 1000mL를 가한다.

② 원액 3mL에 물 997mL를 가한다.

③ 원액 30mL에 물 970mL를 가한다.

④ 원액 30mL에 물 700mL를 가한다.

12 정상적인 두발상태와 온도조건에서 콜드 웨이빙 시술 시 적당한 프로세싱 시간은?

① 10~15분 ② 2~7분

③ 30~40분 ④ 20~30분

13 슬리더링에 대한 설명 중 맞는 것은?

① 두발의 길이는 약간 짧아진다.

② 모근부에서 가위를 닫고 두발 끝 쪽으로 갈 때 벌리도록 한다.

③ 적어도 10회 이상 반복하면서 시술한다.

④ 가위는 모근 쪽에서 열고 두발 끝 쪽으로 돌아갈 때에는 약간 닫아주어야 한다.

해 슬리더링은 가위를 이용해 모발을 틴닝하는 방법으로 모근부로 갈 때 가위를 닫고 두발끝으로 갈 때 가위를 벌려주며 모발의 양에 따라 2~3회 반복한다.

14 다음 중 성격이 다른 것은?

① 결절 ② 팽진

③ 농포 ④ 태선화

해 1, 2, 3은 1차 피부장애인 원발진의 종류이며 태선화는 2차 증상이 더해지는 속발진의 종류이다.

15 커트가위를 선택하는 방법 중 옳지 않은 것은?

① 피봇의 잠금나사가 느슨하지 않을 것

② 날의 두께는 두껍고 다리는 약한 것

③ 양날의 견고함이 똑같을 것

④ 가위 몸은 자연스럽게 약간 안쪽으로 구부러진 것

16 클럽 커팅 기법에 해당하는 것은?

① 틴닝 ② 스퀘어 커트
③ 스트로크 커트 ④ 테이퍼링

해 클럽커트는 그래쥬에이션, 레이어, 스퀘어, 머쉬룸, 이사도라, 보브, 스파니엘 등 의 커트에 사용되는 커트

17 산화염모제의 제1액 중 알칼리의 주 역할은?

① 머리카락 속의 색소를 분해하여 탈색시킨다.
② 산화염료를 직접 발색시킨다.
③ 제2제의 환원제를 분해하여 수소를 발생시킨다.
④ 머리카락을 팽창시켜 산화염료가 잘 침투되도록 한다.

18 시술 도중 고객의 피나 고름이 수건에 묻은 경우의 처리법으로 가장 적합한 것은?

① 고압증기 멸균 처리한다.
② 세탁기를 이용하여 세탁한다.
③ 따뜻한 물로 세탁한다.
④ 찬물로 세탁한다.

19 강철을 연결시켜 만든 것으로 협신부는 연강으로 되어 있고 날 부분은 특수강으로 되어 있는 것은?

① 레이저 ② 틴닝가위
③ 전강가위 ④ 착강가위

해 가위는 전체가 특수강으로 만들어진 전강가위와 연강과 특수강으로 만들어진 착강가위가 있다.

20 다음 용어의 설명으로 <u>틀린</u> 것은?

① 버티컬 웨이브-웨이브 흐름이 수평
② 리세트-세트를 다시 마는 것
③ 호리존탈 웨이브-웨이브 흐름이 수평
④ 오리지널 세트-기초가 되는 최초의 세트

해 버티컬은 수직, 호리존탈은 수평

21 얼굴형에 따른 헤어스타일에 있어 전두부를 낮게 하고 사이드에 볼륨을 주는 것이 가장 적합한 얼굴형은?

① 장방향 얼굴 ② 원형 얼굴
③ 마름모 얼굴 ④ 사각형 얼굴

22 핑거 웨이브와 관계<u>없는</u> 것은?

① 세팅로션, 물, 빗
② 크레스트, 리지, 트로프
③ 포워드 비기닝, 리버스 비기닝
④ 테이퍼링, 싱글링

23 두부의 탑부분의 두발에 특별한 효과를 연출하기 위해 사용하는 헤어피스는?

① 스위치 ② 위그
③ 폴 ④ 위글렛

24 누룩의 발효를 통해 얻은 물질로 멜라닌 활성을 도와주는 티로시니아제 효소의 작용을 억제하는 미백화장품의 성분은?

① 코직산 ② AHA
③ 감마-오리자놀 ④ 비타민C

25 프레 커트에 대한 내용이 아닌 것은?

① 두발 숱이 너무 많을 때 로드를 감기쉽도록 두발 끝을 1~2cm 정도 테이퍼한다.
② 튀어나오거나 빠져나온 두발을 커트한다.
③ 두발의 길이를 디자인할 길이보다 1~2mm 정도 길게 커트한다.
④ 가지런하지 않은 두발의 길이를 정리하여 와인딩하기 쉽게 커트한다.

해 프레커트는 퍼머넌트 전 커트로 디자인 할 길이보다 1~2mm가 아니라 1~2cm 길게 커트해야 한다.

26 기미를 약화시키는 주요한 원인이 아닌 것은?

① 경구 피임약의 복용 ② 내분비 이상
③ 자외선 차단 ④ 임신

해 자외선 차단은 기미가 생기는 것을 방지한다.

27 프로세싱에 대한 설명으로 옳은 것은?

① 언더프로세싱의 경우 너무 많은 시스틴 결합이 끊어진 상태이다.
② 프로세싱 시간을 두배로 늘리면 컬은 두배로 강하게 나온다.
③ 오버프로세싱의 경우 모발이 젖었을 때 꼬불거리고 건조되면 웨이브가 부스러진다.
④ 다공성 모발은 반드시 장시간 프로세싱을 해야 한다.

해 언더 프로세싱은 1액의 침투 시간을 기준 이하로 한 것을 의미하며 프로세싱 타임을 두배로 늘리면 컬이 지나치게 형성되어 모발이 부스러지는 현상이 일어난다.
다공성 모발은 프로세싱 타임을 짧게 해야 된다.

28 인체 내에서 단백질의 주 기능으로 옳은 것은?

① 인체조직의 성장과 재생
② 건강한 뼈와 치아의 구성
③ 에너지원
④ 체내의 생리작용 조절

29 표피의 가장 바깥층으로 각질이 되어 탈락하게 되는 피부층은?

① 각질층 ② 과립층
③ 기저층 ④ 표피층

30 광노화 현상이 아닌 것은?

① 체내 수분 증가
② 멜라닌세포 이상항진
③ 진피내의 모세혈관 확장
④ 표피두께 증가

31 모발의 기능이 아닌 것은?

① 보온작용 ② 보호작용
③ 저장작용 ④ 감각작용

32 B 세포가 관여하는 면역은?

① 체액성 면역 ② 세포 매개성 면역
③ 선천적 면역 ④ 자연면역

33 조명방법에 있어 눈을 보호하는데 가장 좋은 것은?

① 간접조명 ② 반간접조명
③ 반직접조명 ④ 직접조명

34 인구구성 중 14세 이하가 65세 이상 인구의 2배 정도이며 출생률과 사망률이 모두 낮은 형은?

① 항아리형 ② 종형
③ 별형 ④ 피라미드형

35 자비소독에 대한 설명 중 옳은 것은?

① 자비소독은 아포형성균을 사멸시킬 수 있다.
② 비등 후 15~25분 정도면 충분히 자비소독의 효과를 거둘 수 있다.
③ 금속제 기구는 물이 끓기 전에 넣고 가열 비등시킨다.
④ 유리기구는 물이 끓을 때 넣고 비등시킨다.

36 감염병의 예방 및 관리에 관한 법률상 즉시 신고해야 하는 감염병이 아닌 것은?

① 수두 ② 페스트
③ 탄저 ④ 두창

37 세균성 식중독의 특성이 아닌 것은?

① 다량의 균에 의해 발생한다.
② 수인성 전파는 드물다.
③ 감염병보다 잠복기가 길다.
④ 2차 감염률이 낮다.

38 공중위생관리법령상 명예공중위생감시원의 업무범위에 해당되지 않는 것은?

① 법령 위반행위에 대한 자료 제공
② 공중위생감시원이 행하는 검사대상물의 수거
③ 법령 위반행위에 대한 신고
④ 영업시설의 위생상태 확인 및 검사

해 4번은 공중위생 감시원의 업무 범위이다.

39 성층권의 오존층을 파괴시키는 대표적인 가스는?

① 아황산가스 ② 이산화탄소
③ 염화불화탄소 ④ 일산화탄소

40 한나라의 건강수준을 나타내며 다른 나라들과의 보건수준을 비교할 수 있는 세계보건기구가 제시한 지표는?

① 비례사망지수 ② 질병이환율
③ 영유아사망률 ④ 인구증가율

41 두발의 다공성에 대한 설명으로 틀린 것은?

① 다공성 테스트는 마른 상태의 두발에 한다.
② 다공성모의 사전처리로는 PPT 제품을 도포한다.
③ 다공성모는 수분을 밀어내는 성질을 지닌 두발이다.
④ 두발의 다공성이 클수록 프로세싱 타임을 짧게 한다.

해 3번은 발수성모에 관한 설명이다.

42 다음 중 에탄올에 의한 소독 대상물로서 가장 적합한 것은?

① 고무제품 ② 유리제품
③ 플라스틱제품 ④ 셀룰로이드 제품

43 습윤 멸균법에 속하지 않는 것은?

① 저온 소독법 ② 간헐 멸균법
③ 방사선멸균법 ④ 고압증기멸균법

44 퍼머넌트 웨이브 시 제1액을 바르고 비흡수성 캡을 써야하는 이유로 가장 알맞은 것은?

① 휘발성이 강한 약액의 발산을 촉진하기 위함
② 퍼머넌트 와인딩의 흐트러짐 방지를 위함
③ 약물이 얼굴에 떨어지는 것을 방지하기 위함
④ 체온으로 제1액의 환원력을 높여주기 위함

45 병원미생물 중 대부분의 중온균이 가장 잘 자라는 최적 온도는?

① 25~37℃ ② 50~60℃
③ 0~15℃ ④ 12~22℃

46 다음 중 간염을 일으키는 감염원은 주로 어디에 속하는가?

① 세균 ② 바이러스
③ 진균 ④ 리케차

47 이용사 또는 미용사의 업무 등에 대한 내용으로 옳은 것은?

① 이·미용사의 업무범위는 보건복지부령으로 정하고 있다.
② 이·미용사의 면허를 받는 자가 아닌 경우, 일정기간 수련과정을 완료하여야만 이용 또는 미용업무에 종사할 수 있다.
③ 이용 또는 미용의 업무는 영업소 이외의 장소에서도 보편적으로 행할 수 있다.
④ 미용사의 업무범위는 파마, 아이론, 면도, 머리피부 손질, 피부미용 등이 포함된다.

48 다음 감염병 중에서 감수성(접촉감염)지수가 가장 큰 것은?

① 백일해 ② 디프테리아
③ 홍역 ④ 성홍열

49 화장품의 분류에 관한 설명 중 틀린 것은?

① 모발용 화장품 - 샴푸, 린스
② 스페셜 화장품 - 팩, 마사지크림
③ 방향 화장품 - 퍼퓸, 오데코롱
④ 기능성 화장품 - 자외선차단제, 태닝제품

50 다음 중 이·미용업 시설의 위생관리 항목에 해당하는 것은?

① 실내공기 ② 실내 청소상태
③ 수돗물 ④ 외부 환경상태

51 공중위생관리법규상 위생관리등급의 구분이 아닌 것은?

① 녹색등급 ② 적색등급
③ 백색등급 ④ 황색등급

52 이·미용업 영업소에서 손님에게 성매매알선 등의 행위 또는 음란행위를 하게 하거나 이를 알선 또는 제공한 때의 영업소에 대한 1차 위반 시 행정 처분기준은?

① 영업정지 2월 ② 영업정지 1월
③ 영업장 폐쇄명령 ④ 영업정지 3월

53 샤워 후 바디에 산뜻하고 상쾌함을 유지시키고자 한다면 부향률은 어느 정도로 하는 것이 좋은가?

① 1~3% ② 3~5%
③ 6~8% ④ 12~15%

해 샤워 코롱에 대한 설명이며 샤워코롱의 부향률은 1~3%이다.

54 이·미용 영업자가 준수하여야 하는 위생관리 기준 등이 아닌 것은?

① 이·미용 기구 중 소독을 한 기구와 소독을 하지 않은 기구를 각각 다른 용기에 넣어 보관하여야 한다.
② 영업소 내에 화장실을 갖추어야 한다.
③ 1회용 면도날은 손님 1인에 한하여 사용하여야 한다.
④ 영업소 내에 최종지불요금표를 부착하여야 한다.

55 AHA에 대한 설명으로 옳은 것은?

① 물리적으로 각질을 제거하는 기능을 한다.
② 글리코산은 침투력이 좋다.
③ pH3.5 이상에서 15% 농도가 각질 제거에 가장 효과적이다.
④ AHA보다 안정성은 떨어지나 효과가 좋은 BHA가 많이 사용된다.

56 이·미용 면허증을 다른 사람에게 대여한 때의 1차 행정 처분기준은?

① 면허정지 3월 ② 면허정지 6월
③ 면허취소 ④ 면허증 압수

57 화장수에 대한 설명 중 올바르지 않은 것은?

① 수렴화장수는 아스트린젠트라고 불린다.
② 수렴화장수는 지성, 복합성 피부에 효과적으로 사용된다.
③ 유연화장수는 건성 또는 노화피부에 효과적으로 사용된다.
④ 유연화장수는 모공을 수축시켜 피부결을 섬세하게 정리해 준다.

해 모공을 수축 시켜주는 것은 수렴화장품이다.

58 기능성 화장품의 범위와 종류에 대한 설명으로 틀린 것은?

① 자외선 차단 제품 - 자외선 차단
② 주름개선 제품 - 피부탄력 강화
③ 보습제품 - 피부에 유·수분 공급, 피부탄력강화
④ 미백 제품 - 피부 색소 침착 방지

59 SPF에 대한 설명으로 틀린 것은?

① 자외선 차단지수를 말한다.
② UV-B 방어효과를 나타낸 지수이다.
③ 오존층으로부터 자외선이 차단되는 정도를 알아보기 위한 목적으로 이용된다.
④ 피부로부터 자외선이 차단되는 정도를 알아보기 위한 목적으로 이용된다.

해 3번오존층으로부터 자외선을 차단하는 지수가 아니라 피부로부터 자외선을 차단하는지수이다.

60 영업신고증을 재교부하는 경우에 해당하지 않는 것은?

① 영업신고증이 헐어 못쓰게 되었을 때
② 대표자의 성명 또는 생년월일이 변경된 때
③ 영업장의 면적이 신고한 면적에 비해 1/4 이 증가하였을 때
④ 영업신고증을 분실했을 때

정답				
01 ①	02 ②	03 ③	04 ④	05 ①
06 ④	07 ④	08 ②	09 ①	10 ①
11 ③	12 ①	13 ②	14 ④	15 ②
16 ②	17 ④	18 ①	19 ④	20 ①
21 ①	22 ④	23 ④	24 ①	25 ③
26 ③	27 ③	28 ①	29 ①	30 ①
31 ③	32 ①	33 ①	34 ②	35 ②
36 ①	37 ③	38 ④	39 ③	40 ①
41 ③	42 ②	43 ③	44 ④	45 ①
46 ②	47 ①	48 ③	49 ②	50 ①
51 ②	52 ④	53 ①	54 ②	55 ②
56 ①	57 ④	58 ③	59 ③	60 ③

실전 모의고사 9회

01 일반적으로 헤어 블리치제의 산화제로 사용하는 과산화수소의 적당한 농도는?

① 20% ② 12%
③ 70% ④ 6%

02 두부의 가르마 가까이에 작게 만든 뱅은?

① 프린지 뱅 ② 프렌치 뱅
③ 플러프 뱅 ④ 웨이브 뱅

해 가르마 부근 프린지 뱅

03 루프가 귓바퀴를 따라 말리고 두피에 90도로 세워져 있는 컬은?

① 포워드 스탠드업 컬
② 리버스 스탠드업 컬
③ 플랫 컬
④ 스컬프처 컬

해
- **포워드 스탠드업**: 루프가 귓바퀴 따라 말리고 90도로 세워진 컬
- **리버스 스탠드업**: 루프가 귓바퀴 반대방향으로 말리고 90도로 세워진 컬

04 헤어 컬링시 1개의 컬을 할 만큼의 두발량을 얇게 갈라 잡는 것을 무엇이라 하는가?

① 와인딩 ② 롤링
③ 세팅 ④ 슬라이싱

해 컬링 시 1개의 컬을 할 만큼 두발량을 잡는 것을 슬라이싱이라 한다.

05 업스타일을 시술할 때 세모난 모양의 파트로 섹션을 잡는 것은?

① 트라이앵귤러 파트 ② 카우릭 파트
③ 스퀘어 파트 ④ 렉탱귤러 파트

06 시스테인 퍼머넌트에서 환원제로 쓰이는 것은?

① 아미노산의 일종인 시스테인
② 브롬산 나트륨
③ 과산화수소
④ 티오글리콜산

해 시스테인 퍼머넌트의 1액은 시스테인이다.

07 다음 중 염색시술 시 모표피의 안정과 염색의 퇴색을 방지하기 위해 가장 적합한 것은?

① 산성균형 린스 ② 샴푸
③ 플레인 린스 ④ 알칼리 린스

해 염색 시술 시 pH 균형을 위해 산성균형린스를 사용하면 좋다.

08 이·미용의 영업소 외의 장소에서 업무수행에 관한 설명으로 옳은 것은?

① 호텔 등의 구내 장소
② 학교 등의 구내 장소
③ 사회복지시설에서 하는 봉사활동
④ 시장의 상인이 거주하는 구내

해 봉사활동은 영업 외 장소에서 시술이 가능하다.

09 헤어스타일의 다양한 변화를 위해 사용되는 헤어피스가 아닌 것은?

① 위그 ② 위글렛
③ 웨프트 ④ 폴

해 위그는 전체 가발을 말한다.

10 고객이 추구하는 미의 목적을 달성하기 위하여 미용사가 작업하는 커트 과정으로 옳은 것은?

① 얼굴형 - 스타일 - 컷트 - 콤아웃
② 스타일 - 컷트 - 얼굴형 - 콤아웃
③ 스타일 - 얼굴형 - 컷트 - 콤아웃
④ 얼굴형 - 커트 - 스타일 - 콤아웃

해 피지선은 손바닥, 발바닥을 제외한 전신에 존재 한다.

11 시술자의 조정에 의해 바람을 일으켜 직접 내보내는 블로우 타입으로 주로 드라이 세트에 많이 사용되는 것은?

① 스탠드 드라이어
② 핸드 드라이어
③ 적외선 램프 드라이어
④ 에어 드라이어

12 다음 중 피지선이 없는 곳은?

① 손바닥 ② 가슴
③ 유두 ④ 목

13 우리나라 여성의 머리형 중 비녀를 꽂은 머리에 해당하는 것은?

① 쌍상투 머리 ② 얹은 머리
③ 푼 기명식 머리 ④ 조짐 머리

14 다음 중 다크 빌 클립은?

① ②
③  ④ 

해 ① 헤어 핀, ② 웨이브 클립, ③ 더블프롱 클립, ④ 다크 빌

15 향장품을 선택할 때 검토해야 하는 조건이 아닌 것은?

① 보존성이 좋아서 잘 변질되지 않는것
② 알레르기를 일으킬 염려가 없는 것
③ 구성 성분이 균일한 성상으로 혼합되어 있지 않는 것
④ 불쾌감이 없고 사용감이 산뜻한 것

16 퍼머넌트 웨이브를 하기 전의 조치사항 중 틀린 것은?

① 정확한 헤어디자인을 한다.
② 린스 또는 오일을 바른다.
③ 두발의 상태를 파악한다.
④ 필요시 샴푸를 한다.

해 퍼머넌트 후에 린스나 오일을 바르는 것이 좋다.

17 프랑스 미용의 기초를 마련한 사람은?

① 캐더린 오프 메디시 ② 찰스 네슬러
③ J.B 스피크먼 ④ 퀴인 메리나

18 두발이 지나치게 건조해 있을 때나 두발의 염색에 실패했을 때의 가장 적합한 샴푸 방법은?

① 드라이 샴푸 ② 에그 샴푸
③ 토닉 샴푸 ④ 약산성 샴푸

19 실내 공기오염에 대한 설명으로 옳지 않은 것은?

① CO_2를 실내 공기오염의 지표로 한다.
② 실내에서 호흡에 의하여 배출된 CO_2의 농도가 증가될 때 중독이나 신체의 장애가 생긴다.
③ CO_2는 다수인이 밀집해 있을 eo 농도가 증가한다.
④ 일반적인 CO_2의 서한량은 0.1%이다.

20 표피에서 멜라닌세포 숫자가 후천적으로 감소되거나 소실됨으로써 나타나는 증상은?

① 백반증 ② 과색소 침착증
③ 모반 ④ 백색증

21 드라이 커트에 대한 설명으로 가장 거리가 먼 것은?

① 웨이브나 컬 상태의 두발에 한다.
② 전체적인 형태의 파악이 용이하도록 하는 경우에 한다.
③ 두발을 손상시키지 않고 정확한 커트를 할 수 있다.
④ 지나치게 길이를 변화시키지 않고 수정하는 경우에 한다.

해 드라이 커트는 두발의 전체적인 형태파악이 용이하나, 두발의 손상을 줄 수 있고 정확한 커트선을 찾기 어렵다.

22 콜레라에 관한 설명이 틀린 것은?

① 경구 감염병이다.
② 제1급 법정 감염병이다.
③ 검역 감염병이다.
④ 수인성 감염병이다.

23 미용사로서의 직업적, 인간적 자질을 갖추는데 필요한 측면이 아닌 것은?

① 문화적 측면 ② 미적 측면
③ 위생적 측면 ④ 지역적 측면

24 두발을 손상시킬 수 있는 원인과 거리가 먼 것은?

① 화학 약품 ② 오버 블리칭
③ 헤어 팩 ④ 오버 프로세싱

25 탈모의 원인과 거리가 가장 먼 것은?
① 유지성분의 부족으로 인한 두발의 건조
② 내분비의 장해
③ 영양결핍
④ 모유두 세포의 파괴

해 탈모는 유지성분 과다에 의한 모공 막힘 현상 때문에 일어난다.

26 다음 모발에 관한 설명으로 틀린 것은?
① 모근부와 모간부로 구성되어 있다.
② 하루 약 0.2~0.5mm 정도 자란다.
③ 퇴행기-성장기-탈락기-휴지기의 성장단계를 가진다.
④ 모발의 수명은 보통 3~6년이다.

해 성장기-퇴행기-휴지기

27 헤어 커팅 시 사용하는 일상용 레이저와 셰이핑 레이저에 대한 설명으로 옳은 것은?
① 셰이핑 레이저는 작업시간상 능률적이다.
② 일상용 레이저는 미용 시술 초보자에게 적당하다.
③ 셰이핑 레이저는 레이저 날에 닿는 두발량이 제한된다.
④ 셰이핑 레이저는 세밀한 작업이 용이하다.

28 다음 중 항산화제의 역할을 하지 않는 것은?
① 수퍼옥사이드 디스뮤타제
② 베타-카로틴
③ 비타민 E
④ 비타민 F

29 비타민 A와 관련된 화합물의 총칭으로 피부세포 분화와 증식에 영향을 주고 손상된 콜라겐과 엘라스틴의 회복을 촉진하는 것은?
① 알부틴 ② 레티노이드
③ 폴리페놀 ④ 피토스핑고신

30 피부에 나타나는 1차적 스트레스 증상이 아닌 것은?
① 소양감 ② 결절
③ 홍반 ④ 두드러기

31 태양의 자외선에 의해 피부에서 만들어지며 칼슘과 인의 흡수를 촉진하는 기능이 있어 골다공증의 예방에 효과적인 것은?
① 비타민 D ② 비타민 K
③ 비타민 E ④ 비타민 F

32 화장품의 제형에 따른 특징의 설명으로 틀린 것은?
① 가용화제품-물에 소량의 오일이 계면활성제에 의해 투명하게 용해되어있는 상태의 제품
② 유용화제품-물에 다량의 오일성분이 계면활성제에 의해 현탁하게 혼합된 제품
③ 유화제품-물에 오일성분이 계면활성제에 의해 백탁화된 상태의 제품
④ 분산제품-물 또는 오일 성분에 미세한 고체입자가 계면활성제에 의해 균일하게 혼합된 상태의 제품

33 두발 커트 시 두발 끝 1/3 정도를 테이퍼링 하는 것은?

① 보스 사이드 테이퍼 ② 엔드 테이퍼링
③ 노멀 테이퍼링 ④ 딥 테이퍼링

34 질병에 이환 된 정도를 측정하는 방법을 뜻하는 것은?

① 위험도(비교, 기여) ② 정확도
③ 신뢰도 ④ 타당도

35 퍼머넌트, 염색 등의 화학적 처치를 받은 두발에 적합한 린스는?

① 약용 린스 ② 산성 린스
③ 오일 린스 ④ 중성 린스

36 다음 ( )에 맞는 내용으로 짝지어진 것은?

식품위생이란 식품, 식품 첨가물, ( ) 또는 ( ), ( )을 대상으로 하는 음식에 관한 위생이다.

① 기계, 기구, 용기 ② 기구, 용기, 포장
③ 재료, 기계, 용기 ④ 유통, 저장, 가공

37 공중위생관리법상 미용업소에서 의료기기를 사용한 때의 1차 위반 행정처분 기준은?

① 영업정지 1월 ② 영업정지 2월
③ 영업정지 3월 ④ 영업정지15일

38 실내의 보건학적 조건으로 가장 먼 것은?

① 중성대는 천정 가까이에 형성한다.
② 기류는 5m/sec 정도이다.
③ 기습은 40~70% 정도이다.
④ 기온은 18±2℃

39 경영의 관리과정 중 한 단계로서 조직이나 기관의 공동목표 달성을 위한 조직원 또는 부서간의 협의 회의, 토의 등을 통하여 행동통일을 가져오도록 집단적인 노력을 하게 하는 "행정활동"을 뜻하는 것은?

① 조정 ② 기획
③ 지휘 ④ 조직

40 원랭스 커트형에 해당되지 않는 것은?

① 평행 보브형 ② 이사도라형
③ 스파니엘형 ④ 레이어형

41 소독 살균제의 작용기전 중 주로 산화작용을 일으키는 것을 이용한 것은?

① 염소 ② 포르말린
③ 과산화수소 ④ 승홍

해 **산화작용 기전에 의한 소독**: 과산화수소, 오존

42 무면허자가 이·미용 업무에 종사한 경우의 벌칙 기준은?

① 300만원 이하의 벌금
② 200만원 이하의 과태료
③ 200만원 이하의 벌금
④ 300만원 이하의 과태료

해
- **1년 이하의 징역 또는 일천만원 이하의 벌금**
  영업에 관한 잘못을 한 경우
- **6개월 이하의 징역 또는 500만원 이하의 벌금**
  신고에 대한 잘못을 한 경우
- **300만원 이하의 벌금**
  면허에 대한 잘못을 한 경우

43 아포형성균을 사멸하여 고압증기멸균법에 의한 가열온도에서 파괴될 위험이 있는 물품을 멸균할 때 이용되는 멸균법은?

① 자비 소독법　② 초음파 멸균법
③ 간헐 멸균법　④ 여과 멸균법

44 영구적 염모제의 주성분이 되는 것으로 단순히 백발을 흑색으로 염색하기 위해 사용되는 것은?

① 파라페닐렌 디아민
② 니트로페닐렌 디아민
③ 파라트릴렌 디아민
④ 모노니트로페닐렌 디아민

해 백발을 흑색 모발로 염색하는 것은 파라페닐렌 디아민이 주성분이다.

45 금속제품을 소독하려고 할 때 가장 적합하지 <u>않은</u> 소독제는?

① 알코올　② 역성비누
③ 승홍수　④ 크레졸

46 대부분의 인체 병원성 미생물은 다음 중 어느 온도에 속하는가?

① 저온(0~20℃)　② 중온(15~45℃)
③ 고온(40℃ 이상)　④ 초저온(0℃ 이하)

47 미생물의 정의를 바르게 표현한 것은?

① 0.01mm이하의 미세한 생물체를 말한다.
② 0.1mm이하의 미세한 생물체를 말한다.
③ 1mm이하의 미세한 생물체를 말한다.
④ 10mm이하의 미세한 생물체를 말한다.

48 공중위생관리법상 이·미용업 영업장 안의 조명도는 얼마 이상이어야 하는가?

① 50룩스　② 60룩스
③ 100룩스　④ 75룩스

49 이·미용실에서 사용하는 타월 소독에 가장 좋은 방법은?

① 초음파 살균법　② 건열소독
③ EO 가스소독　④ 고압증기멸균소독

50 미용사가 영업소 안에 미용사면허증을 게시하지 않을 시 과태료는?

① 500만원 이하　② 200만원 이하
③ 100만원 이하　④ 10만원 이하

51 콜드 퍼머넌트 2욕법의 제2액 작용과 거리가 먼 것은?

① 공기 중의 산소에 의해 자연 산화를 이용한 방법이다.
② 산화작용, 정착작용, 중화작용을 한다.
③ 1액으로 인해 변화두발구조를 정상구조로 환원시킨다.
④ 주성분으로 취소산 염류를 사용한다.

해 콜드 퍼머넌트 2욕법의 제2액은 취소산 염류를 사용하여 산화, 정착, 중화 작용을 하여 1액으로 인하여 변한 두발구조를 정상구조로 환원 시키는 역할을 한다.

52 페이스 파우더의 사용목적은?

① 파운데이션의 번들거림 완화
② 주름살과 피부결함을 감추기 위함
③ 파운데이션을 사용하지 않기 위함
④ 깨끗하지 않은 부분을 감추기 위함

53 감염병 예방법의 제1급, 제2급, 제3급 감염병의 순서가 바르게 연결된 것은?

① 페스트-장티푸스-파상풍
② 디프테리아-말라리아-홍역
③ 콜레라-홍역-백일해
④ 백일해-파라티푸스-일본뇌염

54 공중위생업자가 매년 받아야 하는 위생교육시간은?

① 3시간 ② 4시간
③ 5시간 ④ 2시간

55 기능성 화장품이 아닌 것은?

① 자외선 흡수를 돕는 제품
② 피부 주름 개선에 도움을 주는 제품
③ 피부를 곱게 태워주는 제품
④ 피부미백에 도움을 주는 제품

56 산화된 피지가 쌓여 모공의 때나 코 주변의 번들거림이 쉽게 눈에 띄어 세안이 중요한 계절은?

① 봄 ② 여름
③ 가을 ④ 겨울

해 여름철에는 피지분비가 많이 일어나 다른 계절에 비해 세안이 중요하다.

57 세정용 화장수의 일종으로 가벼운 화장의 제거에 사용하기 적합한 것은?

① 클렌징 워터 ② 클렌징 오일
③ 클렌징 크림 ④ 클렌징 로션

58 공중위생관리법상 공중위생영업에 해당하지 않는 것은?

① 위생관리업 ② 이·미용업
③ 목욕장업 ④ 세탁업

59 아로마 오일에 대한 설명으로 가장 적합한 것은?

① 수증기 증류법에 의해 얻어진 아로마오일을 주로 사용하고 있다.
② 아로마 오일은 주로 향기식물의 줄기나 뿌리부위에서만 추출된다.
③ 아로마 오일은 공기 중의 산소나 빛에 안정하기 때문에 주로 투명용기에 보관하여 사용한다.
④ 아로마 오일은 주로 베이스 노트이다.

60 역성비누액과 관계가 없는 것은?

① 자극성과 독성이 거의 없다.
② 붉은 색으로 살균력이 약하다.
③ 물에 잘 녹는다.
④ 냄새가 거의 없다.

해 역성비누는 세정력은 약하지만 소독력은 강해 손소독제로 많이 사용한다.

정답				
01 ④	02 ①	03 ①	04 ④	05 ①
06 ①	07 ①	08 ③	09 ①	10 ①
11 ②	12 ①	13 ④	14 ④	15 ③
16 ②	17 ①	18 ②	19 ②	20 ①
21 ③	22 ②	23 ④	24 ③	25 ①
26 ③	27 ③	28 ④	29 ②	30 ①
31 ①	32 ②	33 ②	34 ①	35 ②
36 ②	37 ②	38 ②	39 ①	40 ④
41 ③	42 ①	43 ③	44 ①	45 ③
46 ②	47 ②	48 ④	49 ④	50 ②
51 ①	52 ①	53 ①	54 ①	55 ①
56 ②	57 ①	58 ①	59 ①	60 ②

실전 모의고사

10회

01 퍼머넌트 웨이브 후 두발이 자지러지는 원인이 아닌 것은?

① 사전 커트 시 두발 끝은 심하게 테이퍼링한 경우
② 로드의 굵기가 너무 가는 것을 사용한 경우
③ 와인딩 시 텐션을 주지 않고 느슨하게 한 경우
④ 오버 프로세싱을 하지 않은 경우

해 **오버프로세싱**: 1액의 방치시간이 적정한 시간이상으로 길어진 경우이며 지나치게 컬이 형성 되므로 두발이 자지러진다고 표현한다.

02 이·미용업자의 위생관리기준에 대한 내용 중 틀린 것은?

① 의료행위를 하지 않을 것
② 1회용 면도날은 손님 1인에 한하여 사용할 것
③ 요금표 이외의 요금을 받지 않을 것
④ 의료용구를 사용하지 않을 것

해 보건복지부령으로 최종 요금표를 영업소 내에 기재하라고 되어 있다.

03 다음 중 커트의 목적이 아닌 것은?

① 헤어스타일을 완성할 수 있도록 기초를 만든다.
② 모발을 빨리 자라게 한다.
③ 모발을 원하는 스타일에 맞게 정확한 길이로 정리한다.
④ 모발의 형태를 만든다.

04 피부의 멜라닌 색소는 주로 어떤 광선의 침투를 막아주는가?

① 자외선 ② 가시광선
③ 적외선 ④ X-선

05 두피의 상태와 스캘프 트리트먼트의 시술법을 잘못 연결한 것은?

① 지방과잉두피 - 오일리 스캘프 트리트먼트
② 건조한 두피 - 드라이 스캘프 트리트먼트
③ 정상(보통)두피 - 플레인 스캘프 트리트먼트
④ 비듬이 많은 두피 - 베이럼 스캘프 트리트먼트

06 동절기 산모에게 행하는 샴푸 방법으로 가장 적당한 것은?

① 플레인 샴푸 ② 드라이 샴푸
③ 핫 오일 샴푸 ④ 에그 샴푸

해 임산부와 병상의 환자들은 동절기에 샴푸하기가 어려우므로 웨트 샴푸가 아닌 물을 많이 사용하지 않는 드라이 샴푸를 사용하는 것이 좋다.

07 다음 중 식물성 염모제인 헤나의 설명으로 옳지 않은 것은?

① 염색시간이 오래 걸리는 편이다.
② 식물성 염모제 중 착색이 비교적 강하다.
③ 합성 염모제보다 독성이나 자극성이 적다.
④ 색의 종류가 20여 종 이상된다.

해 식물성 염모제인 헤나는 시간이 오래 걸리고 색상이 한정적이다.

08 고대의 미용의 역사에 있어서 약 5000년 이전부터 가발을 즐겨 사용했던 고대 국가는?

① 이집트　　② 잉카제국
③ 그리스　　④ 로마

09 헤어 블리치제의 산화제로 오일베이스제는 무엇에 유황유가 혼합되는 것인가?

① 과산화수소　　② 라놀린
③ 과붕산나트륨　　④ 탄산마그네슘

10 헤어 파팅의 종류로 두정부의 가마로부터 방사상으로 나눈 파트에 해당되는 것은?

① 스퀘어 파트　　② 사이드 파트
③ 라운드 사이드 파트　　④ 카우릭 파트

11 화장품을 만들 때 필요한 4대 조건은?

① 안전성, 안정성, 사용성, 유효성
② 안정성, 방부성, 방향성, 유효성
③ 발림성, 안정성, 방부성, 사용성
④ 방향성, 안정성, 발림성, 사용성

12 다음 중 웨이브 클립은?

①　②
③　④

해 ① 헤어핀　　② 웨이브 클립
③ 다크빌 클립　　④ 더블프롱 클립

13 다음 중 블런트 커트와 같은 의미인 것은?

① 클럽커트　　② 싱글링
③ 트리밍　　④ 클리핑

14 다음 중 두부 라인의 명칭 중에서 코의 중심을 통해 두부 전체를 수직으로 나누는 선은?

① 정중선　　② 측중선
③ 수평선　　④ 측두선

15 모발을 여러 가닥으로 땋아 만든 헤어피스는?

① 폴　　② 브레이드
③ 스위치　　④ 위그렛

16 아이론의 선택법 중 틀린 것은?

① 로드와 그루브의 접촉면이 부드러우며 요철이 있어야 한다.
② 양쪽 핸들이 바로 되어있어야 하며 스크류가 느슨해서는 안 된다.
③ 발열상태, 절연상태가 정확해야 한다.
④ 로드, 그루브, 스크루와 양쪽 핸들이 녹슬거나 갈라지지 않아야 한다.

17 헤어 트리트먼트 기술에 속하지 않는 것은?

① 클리핑　② 헤어 리컨디셔닝
③ 싱글링　④ 신징

해 헤어 트리트먼트 기술로는 클리핑, 신징, 헤어팩, 헤어리 컨디셔닝이 있다.

18 가발을 즐겨 사용하였으며, 알칼리 토양을 이용하여 퍼머넌트를 행한 나라는?

① 그리스　② 로마
③ 이집트　④ 스파르타

19 포도상구균으로 인한 식중독의 특징과 거리가 먼 것은?

① 잠복기가 짧다.
② 독소형 식중독이다.
③ 사망률이 비교적 낮다.
④ 고열이 발생한다.

해 포도상구균의 증상은 복통과 구토, 설사이다.

20 다음 중 노멀 테이퍼 커팅은?

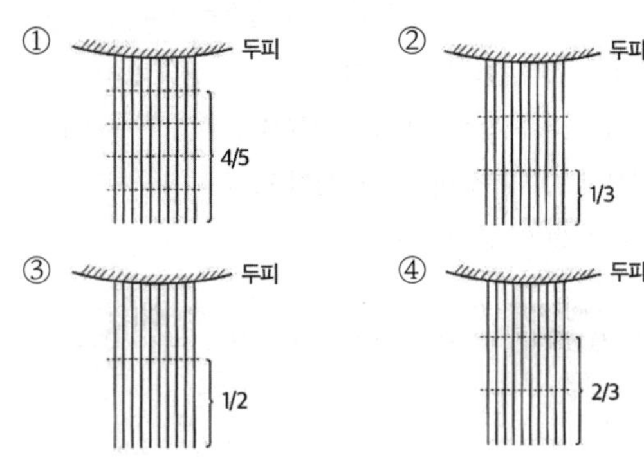

21 가르마 가운데 위에 꽂아 존비 표시를 나타낸 옛 두발용 장신구는?

① 떨잠　② 비녀
③ 화관　④ 첩지

22 다음 각 파트의 설명 중 틀린 것은?

① 센터 파트 - 헤어라인 중심에서 두정부를 향해 직선으로 나눈 파트
② 센터 백 파트 - 후두부를 정중선으로 똑바로 가르는 파트
③ 라운드 파트 - 둥글게 가르마를 타는 파트
④ 스퀘어 파트 - 두정부의 가마로부터 방사상으로 가르마를 만든 파트

23 퍼머넌트 웨이브 시술시 사용되는 프로세싱 솔루션은?

① 중화제　② 과산화수소
③ 티오글리콜산염　④ 산화제

24 샴푸제 선정 시 다공성 두발에 가장 적합한 것은?

① 산성 샴푸제 ② 프로테인 샴푸제
③ 중성 샴푸제 ④ 알칼리성 샴푸제

25 헤어 커트 시 셰이핑 레이저를 사용했을 때의 장점은?

① 똑바른 두발 외형선을 만든다.
② 일률적인 그라데이션을 만든다.
③ 마른 두발에 사용한다.
④ 두발 외형선의 자연스러움을 만든다.

26 표피의 세포층 중에서 세포형성이 되어지는 층은?

① 기저층 ② 유극층
③ 투명층 ④ 과립층

해 표피의 기저층은 각질세포를 형성하고 새로운 세포를 형성하는 기능을 가지고 있다.

27 다음 중 가족계획의 목표와 관련하여 가장 관련이 있는 것은?

① 임신 중절 ② 수태 제한
③ 계획 출산 ④ 불임 시술

28 바이러스성 질환으로 수포가 입술 주위에 잘 생기고 흉터 없이 치유되나 재발이 잘 되는 것은?

① 습진 ② 단순포진
③ 대상포진 ④ 태선

29 피부의 광노화에 대한 설명으로 옳은 것은?

① 표피층이 얇아진다.
② 엘라스틴 함량이 증가한다.
③ 색소침착을 동반한다.
④ 모세혈관 확장증세가 완화된다.

30 심상성 좌창이라고도 하는 것으로 주로 사춘기 때 잘 발생하는 피부질환은?

① 여드름 ② 건선
③ 신경성 피부염 ④ 아토피 피부염

31 두발 끝을 너무 당겨서 와인딩 할 경우에 나타나는 현상은?

① 1번 형태 ② 2번 형태
③ 3번 형태 ④ 4번 형태

해 ① 적당한 프로세싱
② 너무 당겨서 와인딩하여 끝부분에 웨이브가 형성되지 않았음
③ 언더 프로세싱
④ 오버 프로세싱

32 노화 피부의 전형적인 증세는?

① 지방이 과다 분비되어 번들거린다.

② 항상 촉촉하고 매끈하다.

③ 수분이 80% 이상이다.

④ 유분과 수분이 부족하다.

33 보건기획과정의 단계가 가장 타당하게 전개된 것은?

① 환경분석-사정-평가-구체적 행동계획

② 환경분석-평가-목표 설정-구체적 행동계획

③ 전체-예측-목표 설정-구체적 행동계획

④ 조정-예측-목표 설정-구체적 행동계획

34 미용업을 하는 자는 보건복지부령이 정하는 중요사항 변경이 있을 때에는 변경신고를 하여야 한다. 변경신고를 하지 않았을 때의 벌칙 기준은?

① 영업취소

② 6월 이하의 징역 또는 500만원 이하의 벌금

③ 영업정지

④ 1년 이하의 징역 또는 1천만원 이하의 벌금

35 손 소독, 주사를 위한 피부소독 등에 사용되는 에틸알코올이 가장 많이 사용되는 농도는?

① 30% 이하 ② 50% 이하

③ 70~80% ④ 80~90%

36 국가기술자격법에 따라 이·미용사 자격정지 처분을 받을 때에 대한 1차 위반 시의 행정처분 기준은?

① 면허취소 ② 영업정지 3월

③ 면허정지 ④ 영업장 폐쇄명령

37 유해물질 분류에서 화학적 성질에 의한 분류에 속하지 <u>않는</u> 것은?

① 연무질 ② 할로겐 화합물

③ 알칼리 화합물 ④ 아민류

해 연무질은 화학적 분류가 아닌 물리적 분류이다.

38 일생생활의 지적온도는?(단, 습도 65%를 기준으로 한다.)

① 18±2℃ ② 22±2℃

③ 20±2℃ ④ 24±2℃

39 사망률과 관련하여 보건 수준이 가장 높을 때의 α-index 값은?

① 2.0에 가까울 때

② 2.0~3.0 이하일 때

③ 1.0에 가장 가까울 때

④ 1.0 이상~2.0 이하일 때

해 α-index 값이 1일 때 가장 보건수준이 높다.

40 다음 중 아포를 포함한 모든 미생물을 완전히 멸균시킬 수 있는 멸균 방법은?

① 고압증기 멸균법 ② 유통증기 멸균법
③ 자비 멸균법 ④ 자외선 멸균법

> 해 고압증기 멸균법은 아포와 B형감염까지 완전 멸균시킬 수 있다.

41 다음 중 손바닥과 발바닥에 주로 있으며 생명력이 없는 상태의 무색, 무핵층은?

① 기저층 ② 과립층
③ 투명층 ④ 각질층

> 해 손바닥, 발바닥은 투명층

42 높은 온도와 습도에 견딜 수 있는 금속재료 등을 소독하기에 가장 좋은 방법은?

① 고압증기 멸균법 ② 초음파 살균법
③ EO 가스 멸균법 ④ 건열 멸균법

43 세균의 편모가 주로 하는 역할은?

① 세균의 운동기관 ② 세균의 생식기관
③ 세균의 증식기관 ④ 세균의 유전기관

> 해 편모는 운동기관에 해당한다.

44 피부에 좋은 영양성분을 농축해 만든 것으로 소량의 사용만으로도 큰 효과를 볼 수 있는 것은?

① 화장수 ② 팩
③ 로션 ④ 에센스

45 살균력이 강하여 바이러스를 박멸시키는 능력이 있으며 일반적으로 10%의 용액을 사용하는 소독제는?

① 표백분
② 소디움 차아염소산염
③ 옥도정기(요오드팅크)
④ 페놀

46 콜드 웨이브 시술 후 머리끝이 자지러지는 원인에 해당되지 않는 것은?

① 너무 가는 로드를 사용했다.
② 모질에 비하여 약이 강하거나 프로세싱 타임이 길었다.
③ 텐션이 약하여 로드에 감기지 않았다.
④ 사전커트 시 머리끝을 테이퍼하지 않았다.

> 해 커트 전 모발끝을 너무 많은 테이퍼링을 하면 모발이 자지러질 수 있다.

47 면역과 가장 관계가 깊고, 표피에 존재하는 세포는?

① 머켈세포 ② 랑게르한스세포
③ 멜라닌세포 ④ 섬유아세포

> 해 랑게르한스세포는 유극층에 존재하며 면역을 담당한다.

48 영업소 외의 장소에서 이·미용업무를 행할 수 있는 사유가 아닌 것은?

① 기관에서 특별히 요구하여 단체로 이·미용을 하는 경우
② 질병 등의 사유로 영업소에 나올 수 없는 자에 대하여 이·미용을 하는 경우
③ 혼례나 그 밖의 의식에 참여자에 대하여 그 의식 직전에 이·미용을 하는 경우
④ 특별한 사정이 있다고 시장·군수·구청장이 인정하는 경우

해 시장·군수·구청장의 허가를 받지 않으면 영업소 이외의 장소에서 특별한 사유 없이 업무를 행할 수 없다.

49 공중위생관리법상 공중위생영업을 모두 짝지은 것은?

a. 이용업	b. 미용업
c. 세탁업	d. 외식업

① a, b, c, d　② b, d
③ a, c　④ a, b, c

50 헤어살롱에서 레이저 사용 시, 교차 감염을 예방하기 위해 주의할 점으로 틀린 것은?

① 레이저 날이 한 몸체로 분리가 안 되는 경우 70%알코올을 적신 솜으로 반드시 소독 후 사용한다.
② 면도날을 매번 고객마다 갈아 끼우기 어렵지만, 하루에 한 번은 반드시 새것으로 교체해야만 한다.
③ 매 고객마다 새로 소독된 면도날을 사용해야 한다.
④ 면도날을 재사용해서는 안 된다.

51 블로우 드라이를 할 때 가장 적합한 드라이어의 온도는?

① 60~80°　② 160~180°
③ 90~120°　④ 45~55°

해 블로우 드라이의 적정 온도는 60~80도이며 아이론의 적정온도는 120도에서 140도이다.

52 오염된 주사기, 면도날 등으로 인해 감염이 잘되는 만성 감염병은?

① B형 간염　② 렙토스피라증
③ 파라티푸스　④ 트라코마

53 다음 중 공중위생감시원의 자격으로 옳은 것은?

① 외국에서 위생사 또는 환경기사의 면허를 받은 자
② 6개월 이상 공중위생 행정에 종사한 경력이 있는자
③ 교육학을 전공하고 졸업한 자 또는 이와 동등 이상의 자격이 있는 자
④ 고등교육법에 의한 대학에서 사회복지 분야를 전공하고 졸업한 자

54 기능성 화장품에 속하지 않는 것은?

① 미백에 도움을 주는 제품
② 여드름 완화에 도움을 주는 제품
③ 주름개선에 도움을 주는 제품
④ 자외선으로부터 피부를 보호하는 데 도움을 주는 제품

55 크레졸은 석탄산에 비하여 몇 배의 소독력이 있는가?

① 4~5배　② 6~7배
③ 2~3배　④ 8~9배

56 화장품과 의약품의 차이를 바르게 정의한 것은?

① 의약품의 사용대상은 정상적인 상태인 자로 한정되어 있다.
② 의약품의 부작용은 어느 정도까지는 인정된다.
③ 화장품은 특수부위만 사용 가능하다.
④ 화장품의 사용 목적은 질병의 치료 및 진단이다.

해 의약품은 부작용이 어느 정도까지는 인정되지만 화장품은 부작용이 인정 되지 않는다.

57 천연보습인자의 설명으로 틀린 것은?

① NMF
② 수소이온농도의 지수유지를 말한다.
③ 피부수분 보유량을 조절한다.
④ 아미노산, 젖산, 요소 등으로 구성되고 있다.

58 이·미용사의 면허를 받을 수 없는 자는?

① 국가기술자격법에 의한 이·미용사의 자격을 취득한 자
② 교육부장관이 인정하는 고등기술학교에서 1년 이상 이·미용에 관한 소정의 과정을 이수한 자
③ 전문대학의 이·미용에 관한 학과를 졸업한 자
④ 외국의 유명 이·미용학원에서 2년 이상 기술을 습득한 자

59 다음 중 기초화장품의 사용목적에 해당되지 않는 것은?

① 베이스 메이크업 ② 세안
③ 피부정돈 ④ 피부보호

60 헤어 세트에 관한 설명 중 틀린 것은?

① 컬을 할 때 한 묶음씩 작게 나누는 것을 슬라이싱이라 한다.
② 최초의 세트를 오리지널 세트라고 한다.
③ 끝마무리할 때 하는 세트를 리세트라 한다.
④ 핑거 웨이브 시술 시 로드를 사용한다.

해 핑거웨이브는 로드를 사용하지 않고 세트로션, 물, 빗을 이용하여 손으로 웨이브를 만든다.

정답				
01 ④	02 ③	03 ②	04 ①	05 ④
06 ②	07 ④	08 ①	09 ①	10 ④
11 ①	12 ②	13 ①	14 ①	15 ③
16 ①	17 ③	18 ③	19 ④	20 ③
21 ④	22 ④	23 ③	24 ②	25 ④
26 ①	27 ③	28 ②	29 ③	30 ①
31 ②	32 ④	33 ③	34 ②	35 ③
36 ③	37 ①	38 ①	39 ③	40 ①
41 ③	42 ①	43 ①	44 ④	45 ③
46 ④	47 ②	48 ①	49 ④	50 ②
51 ①	52 ①	53 ①	54 ②	55 ③
56 ②	57 ②	58 ④	59 ①	60 ④

실전 모의고사

11회

01 다음 중 콜드 퍼머넌트 웨이브 시술 시 두발에 부착된 제1액을 씻어내는 데 가장 적합한 린스는?

① 에그 린스(Egg Rinse)
② 산성 린스(Acid Rinse)
③ 레몬 린스(Lemon Rinse)
④ 플레인 린스(Plain Rinse)

해 두발에 부착된 제1액을 씻어내는데 적합한 플레인 린스

02 가위에 관한 설명으로 틀린 것은?

① 커트하고 셰이핑하는데 틴닝가위가 좋다.
② 착장가위는 협신부가 연강이다.
③ 전강가위는 전체가 특수강이다.
④ 착장가위는 전강가위보다 부분적인 수정을 할 때 조정이 쉽다.

해 틴닝 가위는 모발의 길이는 조절하지 않고 모발의 양을 조절하는 가위이다.

03 스캘프 트리트먼트의 시술 과정에서 화학적 방법과 관련 없는 것은?

① 양모제 ② 헤어토닉
③ 헤어크림 ④ 헤어스티머

해 헤어스티머는 화학적 방법이 아닌 전열 기구이다.

04 블런트 커트의 특징이 아닌 것은?

① 커트 형태선이 가볍고 자연스럽다.
② 잘린 부분이 명확하다.
③ 모발손상이 적다.
④ 입체감을 내기 쉽다.

해 블런트 커트의 특징은 잘린 부분이 명확하고 입체감을 내기 쉬우며 모발 손상이 적고 커트선이 무거운 편이다.

05 알칼리성 비누로 샴푸한 모발에 가장 적당한 린스 방법은?

① 레몬 린스(Lemon Rinse)
② 플레인 린스(Plain Rinse)
③ 컬러 린스(Color Rinse)
④ 알칼리성 린스(Alkali Rinse)

06 다음 중 레이어 커트의 시술 특징으로 가장 알맞은 것은?

① 두발 절단면의 외형선은 일자로 형성된다.
② 슬라이스는 사선 45° 로 하여 직선으로 자른다.
③ 블로킹은 4등분을 한다.
④ 전체적으로 층이 골고루 나 있다.

해 레이어 커트는 상부의 모발이 짧고 하부로 갈수록 길게 커트하는 방법으로 층이 골고루 나 있음.

07 레이저 커트 시 스트랜드의 끝부분 2/3지점에서 테이퍼하는 기법을 무엇이라 하는가?

① 딥 테이퍼 ② 엔드 테이퍼
③ 노멀 테이퍼 ④ 슬리더링

08 미용의 과정이 바른 순서로 나열된 것은?

① 소재→구상→제작→보정
② 소재→보정→구상→제작
③ 구상→소재→제작→보정
④ 구상→제작→보정→소재

09 헤어세트 용 빗의 사용과 취급 방법에 대한 설명 중 틀린 것은?

① 두발의 흐름을 아름답게 매만질 때는 빗살이 고운살로 된 세트빗을 사용한다.
② 엉킨 두발을 빗을 때는 빗살이 얼레살로 된 얼레빗을 사용한다.
③ 빗은 사용 후 브러시로 털거나 비눗물에 담가 브러시로 닦은 후 소독하도록 한다.
④ 빗의 소독은 손님 약 5인에게 사용했을 때 1회씩 하는 것이 적합하다.

10 라벤더 에센셜 오일의 효능에 대한 설명으로 가장 거리가 먼 것은?

① 재생 작용 ② 화상 치유 작용
③ 이완 작용 ④ 모유 생성 작용

11 신징의 목적에 해당하지 않는 것은?

① 불필요한 두발을 제거하고 건강한 두발의 순조로운 발육을 조장한다.
② 잘리거나 갈라진 두발로부터 영양 물질이 흘러나오는 것을 막는다.
③ 양이 많은 두발의 숱을 쳐내는 것이다.
④ 온열 자극으로 두부의 혈액순환을 촉진한다.

해 3번은 틴닝에 대한 설명이다.

12 빗의 보관 및 관리에 관한 설명 중 옳은 것은?

① 빗은 사용 후 소독액에 계속 담가 보관한다.
② 소독액에서 빗을 꺼낸 후 물로 닦지 않고 그대로 사용해야 한다.
③ 증기소독은 자주 해주는 것이 좋다.
④ 소독액은 석탄산수, 크레졸비누액 등이 좋다.

13 고객이 추구하는 미용의 목적과 필요성을 시각적으로 느끼게 하는 과정은 어디에 해당하는가?

① 소재 ② 구상
③ 제작 ④ 보정

14 비듬이 없고 두피가 정상적인 상태일 때 실시하는 것은?

① 댄드러프 스캘프 트리트먼트
② 오일리 스캘프 트리트먼트
③ 플레인 스캘프 트리트먼트
④ 드라이 스캘프 트리트먼트

해 정상적인 두피에는 플레인 스캘프 트리트먼트를 사용한다.

15 두피 타입에 알맞은 스캘프 트리트먼트의 시술 방법의 연결이 틀린 것은?

① 건성 두피-드라이 스캘프 트리트먼트
② 지성 두피-오일리 스캘프 트리트먼트
③ 비듬성 두피-핫오일 스캘프 트리트먼트
④ 정상 두피-플레인 스캘프 트리트먼트

해 비듬성 두피-댄드러프 스캘프 트리트먼트

16 헤어 샴푸의 목적과 가장 거리가 먼 것은?

① 두피와 두발에 영양을 공급
② 헤어 트리트먼트를 쉽게 할 수 있는 기초
③ 두발의 건전한 발육 촉진
④ 청결한 두피와 두발을 유지

17 손을 대상으로 하는 제품 중 알코올을 주된 베이스로 하며, 청결 및 소독을 주된 목적으로 하는 제품은?

① 새니타이저 ② 핸드워시
③ 비누 ④ 핸드크림

18 두피에 피지가 너무 부족할 때 알맞은 트리트먼트는?

① 플레인 스캘프 트리트먼트
② 댄드러프 스캘프 트리트먼트
③ 오일리 스캘프 트리트먼트
④ 드라이 스캘프 트리트먼트

19 컬의 목적으로 가장 올바른 것은?

① 텐션, 루프, 스템을 만들기 위해
② 웨이브, 볼륨, 플러프를 만들기 위해
③ 슬라이싱, 스퀘어, 베이스를 만들기 위해
④ 세팅, 뱅을 만들기 위해

20 퍼머넌트 직후의 처리로 옳은 것은?

① 플레인 린스 ② 샴푸
③ 테스트컬 ④ 테이퍼링

21 고기압 상태에서 올 수 있는 인체 장애는?

① 안구 진탕증 ② 잠함병
③ 레이노이드병 ④ 섬유증식증

해 잠함병은 이상고압 상태의 직업병의 종류이다.

22 산업재해 방지를 위한 산업장 안전관리대책으로만 짝지어 진 것은?

ㄱ. 정기적인 예방접종
ㄴ. 작업환경 개선
ㄷ. 보호구 착용 금지
ㄹ. 재해방지 목표 설정

① ㄱ, ㄴ, ㄷ ② ㄱ, ㄷ
③ ㄴ, ㄹ ④ ㄱ, ㄴ, ㄷ, ㄹ

23 환경오염의 발생요인인 산성비의 가장 주요한 원인과 산도는?

① 이산화탄소 pH 5.6 이하
② 아황산가스 pH 5.6 이하
③ 염화불화탄소 pH 6.6 이하
④ 탄화수소 pH 6.6 이하

24 수질오염의 지표로 사용하는 '생물학적 산소 요구량'을 나타내는 용어는?

① BOD ② DO
③ COD ④ SS

25 주로 7~9월 사이에 많이 발생되며, 어패류가 원인이 되어 발병, 유행하는 식중독은?

① 포도상구균 식중독
② 살모넬라 식중독
③ 보툴리누스균 식중독
④ 장염 비브리오 식중독

26 지역사회에서 노인층 인구에 가장 적절한 보건교육 방법은?

① 신문 ② 집단교육
③ 개별접촉 ④ 강연회

해 노인층의 적절한 보건교육 방법은 개별접촉이 가장 적절하다.

27 색소를 염료와 안료로 구분 할 때 그 특징에 대해 잘못 설명한것은?

① 안료는 물과 오일에 모두 잘 녹지 않는다.
② 무기안료는 커버력이 우수하고 유기안료는 빛, 산, 알칼리에 약하다.
③ 염료는 메이크업 화장품을 만드는데 주로 사용한다.
④ 염료는 물이나 오일에 녹는다.

해 물에 잘 녹는 색소는 수용성 염료, 오일에 잘 녹는 색소는 유용성 염료, 메이크업 제품은 안료를 사용한다.

28 야간 작업의 폐해가 아닌 것은?

① 주야가 바뀐 부자연스런 생활
② 수면 부족과 불면증
③ 피로회복 능력 강화와 영양 저하
④ 식사시간, 습관의 파괴로 소화불량

29 다음 중 항원을 탐지하여 면역작용을 하는 면역세포는?

① 랑게르한스세포 ② 각질형성세포
③ 멜라닌세포 ④ 머켈세포

30 기온 측정 등에 관한 설명 중 틀린 것은?

① 실내에서는 통풍이 잘되는 직사광선을 받지 않은 곳에 매달아 놓고 측정하는 것이 좋다.
② 평균기온은 높이에 비례하여 하강하는데, 고도 11,000m 이하에서는 보통 100m 당 0.5~0.7도 정도이다.
③ 측정할 때 수은주 높이와 측정자의 눈의 높이가 같아야 한다.
④ 정상적인 날의 하루 중 기온이 가장 낮을 때는 밤 12시경이고 가장 높을 때는 오후 2시경이다.

해 정상적인 날의 하루 중 기온이 가장 낮을 때는 새벽 4시~5시이다.

31 소독의 정의로서 옳은 것은?

① 모든 미생물 일체를 사멸하는 것
② 모든 미생물을 열과 약품으로 완전히 죽이거나 또는 제거하는 것
③ 병원성 미생물의 생활력을 파괴하여 죽이거나 또는 제거하여 감염력을 없애는 것
④ 균을 적극적으로 죽이지 못하더라도 발육을 저지하고 목적하는 것을 변화시키지 않고 보존하는 것

32 광견병의 병원체는 어디에 속하는가?

① 세균 ② 바이러스
③ 리케차 ④ 진균

33 소독약 10ml를 용액(물) 40ml에 혼합시키면 몇 %의 수용액이 되는가?

① 2% ② 10%
③ 20% ④ 50%

해 소독약 10ml를 40ml에 혼합 시키면 50ml 가 되며 100%로 환산하면 20%가 된다.

34 기미를 악화시키는 주요한 원인이 아닌 것은?

① 경구피임약의 복용 ② 임신
③ 자외선 차단 ④ 내분비 이상

35 소독약의 살균력 지표로 가장 많이 이용되는 것은?

① 알코올 ② 크레졸
③ 석탄산 ④ 포름알데히드

36 인공조명을 할 때의 고려사항으로 틀린 것은?

① 광색은 주광색에 가깝고, 유해 가스의 발생이 없어야 한다.
② 열의 발생이 적고, 폭발이나 발화의 위험이 없어야 한다.
③ 균등한 조도를 위해 직접 조명이 되도록 해야 한다.
④ 충분한 조도를 위해 빛은 좌상방에서 비추어야 한다.

37 다음 중 화학적 살균법이라고 할 수 없는 것은?

① 자외선 살균법 ② 알코올 살균법
③ 염소 살균법 ④ 과산화수소 살균법

38 소독제의 살균력 측정 검사의 지표로 사용되는 것은?

① 알코올 ② 크레졸
③ 석탄산 ④ 포르말린

39 소음이 인체에 미치는 영향으로 가장 거리가 먼 것은?

① 불안증 및 노이로제 ② 청력장애
③ 중이염 ④ 작업 능률 저하

해 중이염은 소음과 관계가 없다.

40 소독작용에 영향을 미치는 요인에 대한 설명으로 틀린 것은?

① 온도가 높을수록 소독 효과가 크다.
② 유기물질이 많을수록 소독 효과가 크다.
③ 접속 시간이 길수록 소독 효과가 크다.
④ 농도가 높을수록 소독 효과가 크다.

해 소독은 온도가 높을수록, 시간이 길수록, 농도가 높을수록, 유기 물질이 적을수록 효과가 크다.

41 주로 사춘기 때 잘 발생하는 피부질환으로 심상성좌창이라고도 하는 것은?

① 여드름 ② 건선
③ 아토피 피부염 ④ 신경성 피부염

42 다음 중 안면의 각질 제거를 용이하게 하는 것은?

① 비타민 C ② 토코페놀
③ AHA ④ 비타민 E

43 인공 선탠에 사용되며, 즉시 색소 침착작용을 하는 광선은?

① UV-A ② UV-B
③ UV-C ④ UV-D

해 • UV-A 인공선탠
• UV-B 홍반 동반
• UV-C 오존층에서 흡수

44 세균의 형태가 S자형 혹은 가늘고 길게 만곡되어 있는 것은?

① 구균 ② 간균
③ 구간균 ④ 나선균

45 글리세린의 가장 중요한 작용이라 할 수 있는 것은?

① 소독 작용 ② 수분유지 작용
③ 탈수 작용 ④ 금속염 제거 작용

46 다음 중 피지에 대한 설명으로 잘못된 것은?

① 피지는 피부나 털을 보호하는 작용을 한다.
② 피지가 외부로 분출이 안되면 여드름 요소인 면포로 발전한다.
③ 일반적으로 남자는 여자보다도 피지의 분비가 많다.
④ 피지는 아포크린선에서 분비된다.

해 피지는 피지선에서 분비된다.

47 공중위생관리법상 시장·군수·구청장이 청문을 실시하도록 명시된 경우가 아닌 것은?

① 공중위생영업의 정지를 할 경우
② 이·미용사 면허의 취소 및 정지를 할 경우
③ 법령에 위반하여 과태료를 부과할 경우
④ 영업소 폐쇄명령을 하고자 할 경우

해 청문을 실시 하는 경우
영업장 폐쇄, 영업정지, 면허정지, 면허취소

48 피부에서 땀과 함께 분비되는 물질로 천연 자외선 흡수제라고 할 수 있는 것은?

① 우로칸산 ② 글리콜산
③ 글루탐산 ④ 레틴산

49 다음 중 세포의 분열 증식으로 모발이 만들어지는 곳은?

① 모모세포 ② 모유두
③ 모구 ④ 모소피

50 다음 중 피지 분비와 가장 관련 있는 호르몬은?

① 에스트로겐 ② 프로게스테론
③ 인슐린 ④ 안드로겐

해 남성 호르몬 : 안드로겐 여성 호르몬 : 에스트로겐

51 미용업 영업소에서 영리를 목적으로 무자격 안마사로 하여금 안마 시술행위를 한 때에 대한 1차 위반 시의 행정처분 기준은?

① 면허취소 ② 영업정지 1월
③ 영엉정지 2월 ④ 영업장 폐쇄명령

52 영업소 외의 장소에서 이·미용 업무를 행할 수 있는 경우가 아닌 것은?

① 질병으로 영업소에 나올 수 없는 경우
② 결혼식 등의 의식 직전의 경우
③ 손님의 간곡한 요청이 있을 경우
④ 시장·군수·구청장이 인정하는 경우

53 영업소 폐쇄명령을 받고도 계속하여 영업을 하는 경우 해당 공무원으로 하여금 당해 영업소를 폐쇄하기 위하여 할 수 있는 조치가 아닌 것은?

① 당해 영업소의 간판 기타 영업표지물의 제거
② 당해 영업소가 위법한 것임을 알리는 게시물 등의 부착
③ 영업을 위하여 필수불가결한 기구 또는 시설물을 이용할 수 없게 하는 봉인
④ 영업시설물의 철거

해 폐쇄명령을 받고난 뒤에도 명령을 지키지 않고 영업을 계속해서 하는 경우에는 간판제거, 위법한 영업소임을 알리는 스티커 부착, 필수불가결한 기구 봉인을 할 수 있다.

54 시장·군수·구청장이 영업정지가 이용자에게 심한 불편을 주거나 그 밖에 공익을 해할 우려가 있는 경우에 영업정지 처분에 갈음한 과징금을 부과할 수 있는 금액기준은?

① 1천만원 이하 ② 2천만원 이하
③ 1억원 이하 ④ 2억원 이하

55 다음 중 이·미용사의 면허정지를 명할 수 있는 자는?

① 행정안전부 장관 ② 시·도지사
③ 시장·군수·구청장 ④ 경찰서장

56 공중위생영업자가 준수하여야 할 위생관리 기준은 다음 중 어느 것인가?

① 대통령령 ② 국무총리령
③ 고용노동부령 ④ 보건복지부령

57 다음 중 이·미용사 면허를 받을 수 없는 경우는?

① 전문대학 또는 동등 이상의 학력이 있다고 교육부장관이 인정하는 학교에서 이용 또는 미용에 관한 학과 졸업자
② 교육부장관이 인정하는 인문계학교에서 1년 이상 이·미용사 자격을 취득한 자
③ 국가기술자격법에 의한 이·미용사 자격을 취득한 자
④ 교육부장관이 인정한 고등기술학교에서 1년 이상 이·미용에 관한 소정의 과정을 이수한 자

58 위생영업단체의 설립 목적으로 가장 적합한 것은?

① 공중위생과 국민보건 향상을 기하고 영업 종류별 조직을 확대하기 위하여
② 국민보건의 향상을 기하고 공중위생 영업자의 정치·경제적 목적을 향상시키기 위하여
③ 영업의 건전한 발전을 도모하고 공중위생 영업의 종류별 단체의 이익을 옹호하기 위하여
④ 공중위생과 국민보건 향상을 기하고 영업의 건전한 안전을 도모하기 위하여

59 유화의 파괴형태 중 설명이 틀린 것은?

① 응집 - 유화업자들 사이의 반데르발스 인력에 의해 서로붙지 않는 현상
② 크림화 - 유화입자들이 위로 떠오르거나 아래로 가라앉는 현상
③ 분리 - 유상과 수상의 두층으로 분리되는 현상
④ 합일 - 입자들이 서로 합쳐서 하나의 입자를 형성하는 현상

60 비사볼롤은 어디에서 얻어 지는가?

① 프로폴리스 ② 알로에베라
③ 알개 ④ 캐모마일

해 비사볼롤은 캐모마일에서 얻을 수 있다.

정답				
01 ④	02 ①	03 ④	04 ①	05 ①
06 ④	07 ①	08 ①	09 ④	10 ④
11 ③	12 ④	13 ④	14 ③	15 ③
16 ①	17 ①	18 ④	19 ②	20 ①
21 ②	22 ③	23 ②	24 ①	25 ④
26 ③	27 ③	28 ③	29 ①	30 ④
31 ③	32 ②	33 ③	34 ③	35 ③
36 ③	37 ①	38 ③	39 ③	40 ②
41 ①	42 ③	43 ①	44 ④	45 ②
46 ④	47 ③	48 ①	49 ①	50 ④
51 ②	52 ③	53 ④	54 ③	55 ③
56 ④	57 ②	58 ④	59 ①	60 ④

실전 모의고사

12회

01 오리지널 세트에 있어서 기초적인 요소에 해당하지 않는 것은?

① 플러프 뱅 ② 롤러 컬링
③ 헤어 웨이빙 ④ 헤어 파팅

> 해 **오리지널 세트의 종류**
> 헤어 파팅, 헤어 세이핑, 헤어 컬링, 헤어 웨이빙

02 한국의 고대 미용의 발달시에 대한 설명 중 옳지 않은 것은?

① 헤어스타일(모발형)에 관해서 문헌에 기록된 고구려 벽화는 없었다.
② 헤어스타일(모발형)은 신분의 귀천을 나타냈다.
③ 헤어스타일(모발형)은 조선시대 때 쪽진머리, 큰머리, 조짐머리가 성행하였다.
④ 헤어스타일(모발형)에 관해서 삼한시대에 기록한 내용이 있다.

03 정상적인 두발 상태와 온도 조건에서 콜드 웨이빙 시술 시 프로세싱의 가장 적당한 방치 시간은?

① 1~5분 정도 ② 10~15분 정도
③ 15~20분 정도 ④ 20~30분 정도

> 해 프로세싱 적정 방치시간은 10분~15분 정도

04 로드를 말기 쉽도록 두상을 나누어 구획하는 작업은?

① 블로킹 ② 와인딩
③ 베이스 ④ 스트랜드

05 한국 현대 미용사에 대한 설명으로 바른 것은?

① 경술국치 이후 일본인들에 의해 미용이 발달했다.
② 1933년 일본인이 우리나라에 처음으로 미용원을 열었다.
③ 해방 전 우리나라 최초의 미용교육기관은 정화고등기술학교이다.
④ 오엽주씨가 화신백화점 내에 미용원을 열었다.

06 물에 적신 모발을 와인딩한 후 퍼머넌트 웨이브 제1액을 도포하는 방법은?

① 슬래핑 ② 스파이럴
③ 워터래핑 ④ 크로키놀

07 두발 중 발수성모는 모표피에 지방분이 많고 수분을 밀어내는 성질을 지닌 두발로 콜드 웨이브 용액의 침투가 시간이 걸린다. 이때 사전처리법으로 맞는 것은?

① 헤어 트리트먼트 크림을 도포한다.
② ppt제품을 도포한다.
③ 특수 활성제를 도포한다.
④ 린스를 도포한다.

> 해 다공성모의 전처리제는 ppt, 발수성모와 저항성모는 특수 도포활성제를 전처리제로 사용한다.

08 **퍼머넌트 웨이브 시술 시 굵은 모발에 대한 와인딩을 바르게 설명한 것은?**

① 블로킹은 작게, 로드 직경은 작은걸로
② 블로킹은 작게, 로드 직경은 큰 걸로
③ 블로킹은 크게, 로드 직경은 작은 걸로
④ 블로킹은 크게, 로드 직경은 큰 걸로

해 모발이 굵은 경우 웨이브가 잘 나오지 않기 때문에 블로킹은 작게하고 로드도 작은 걸로 와인딩 해야 웨이브가 잘 나온다.

09 **퍼머넌트를 한 직후에 아이론을 하면 일반적으로 나타나는 주된 현상은?**

① 두발이 변색된다.
② 탈모의 원인이 된다.
③ 머릿결이 부스러지며 손상된다.
④ 머릿결이 억세진다.

해 퍼머넌트 한 직후에 뜨거운 아이론을 하면 모발이 부스러지면서 모발이 손상된다.

10 **보기 중 미용의 특수성으로 옳지 않은 것은?**

① 자유롭게 소재를 선택한다.
② 여러 가지 조건에 제한을 받는다.
③ 손님의 의사를 존중한다.
④ 시간적 제한을 받는다.

해 미용의 특수성 중 소재선정의 제한

11 **레이어 커트의 특징으로 틀린 것은?**

① 커트라인이 얼굴 정면에서 네이프 라인과 일직선인 스타일이다.
② 머리형이 가볍고 부드러워 다양한 스타일을 만들 수 있다.
③ 두피 면에서의 모발의 각도를 90도 이상으로 커트한다.
④ 네이프 라인에서 탑 부분으로 올라가면서 모발의 길이가 점점 짧아지는 커트이다.

12 **모발의 각도를 120도로 빗어서 로드를 감으면 논스템이 되는 섹션 베이스는?**

① 오프 베이스 ② 트위스트 베이스
③ 온 하프 오프 베이스 ④ 온 베이스

해 온 베이스는 모발의 각도가 90~120°이며 로드를 감으면 논 스템이 되어 볼륨감이 크고 베이스 강도가 강하다.

13 **다음 중 시스테인 퍼머넌트에 대한 설명으로 옳지 않은 것은?**

① 모발에 대한 잔류성이 높아 주의가 필요하다.
② 환원제로 티오글리콜산염이 사용된다.
③ 아미노산의 일종인 시스테인을 사용한 것이다.
④ 연모, 손상모의 시술에 적합하다.

14 **레이저에 대한 설명 중 가장 거리가 먼 것은?**

① 셰이핑 레이저를 이용하여 커팅하면 안정적이다.
② 초보자는 오디너리 레이저를 사용하는 것이 좋다.
③ 셰이핑 레이저는 시술 시간이 길다.
④ 오디너리 레이저는 전문가용이다.

15 다음 중 웨이브 클립은?

해 ① 웨이브클럽, ② 더블프롱, ③ 헤어핀, ④ 다크빌 클립

16 다음 중 완성된 두발선 위를 가볍게 다듬어 커트하는 방법은?

① 테이퍼링 ② 틴닝
③ 트리밍 ④ 싱글링

17 피부가 느끼는 감각 중에서 가장 예민한 감각은?

① 압각 ② 냉각
③ 통각 ④ 촉각

해 통각 > 압각 > 촉각 > 냉각 > 온각

18 다음 중 가위에 대한 설명으로 틀린 것은?

① 양날의 견고함이 동일해야 한다.
② 가위의 길이나 무게가 미용사의 손에 맞아야 한다.
③ 가위 날이 반듯하고 두꺼운 것이 좋다.
④ 협신에서 날 끝으로 갈수록 약간 내곡선인 것이 좋다.

19 모발의 구조와 성질에 대한 설명 중 맞지 않는 것은?

① 케라틴의 폴리펩타이드는 쇠사슬 구조로서, 두발의 장축방향으로 배열되어 있다.
② 케라틴은 다른 단백질에 비하여 유황의 함유량이 많은데, 황(S)은 시스틴에 함유되어 있다.
③ 시스틴 결합(-S-S)은 알칼리에는 강한 저항력을 갖고 있으나 물, 알코올, 약산성이나 소금류에 대해서 약하다.
④ 두발은 주요 부분을 구성하고 있는 모표피, 모피질, 모수질 등으로 이루어졌으며, 주로 탄력성이 풍부한 단백질로 이루어져 있다.

20 피부구조에 있어 물이나 일부의 물질을 통과 시키지 못하게 하는 흡수 방어벽층은 어디에 있는가?

① 투명층과 과립층 사이
② 각질층과 투명층 사이
③ 기저층과 유두층 사이
④ 유극층과 기저층 사이

해 레인 방어막은 투명층과 과립층 사이에 위치 한다.

21 특별한 장치 없이 일반적으로, 실내의 자연적인 환기에 가장 큰 비중을 차지하는 요소는?

① 실내의 공기 중 CO_2의 함량의 차이
② 실내외 공기의 습도차이
③ 실내외 공기의 기온차이 및 기류
④ 실내외 공기의 불쾌지수 차이

22 다음 중 납중독과 가장 거리가 먼 증상은?

① 뇌중독 증상 ② 신경마비
③ 빈혈 ④ 과다 행동 장애

23 **다음 중 보건행정에 대한 설명으로 가장 올바른 것은?**

① 공중보건의 목적을 달성하기 위해 공공의 책임하에 수행하는 행정 활동
② 국가 간의 질병교류를 막기 위해 공공의 책임하에 수행하는 행정 활동
③ 개인보건의 목적을 달성하기 위해 공공의 책임하에 수행하는 행정 활동
④ 공중보건의 목적을 달성하기 위해 개인의 책임하에 수행하는 행정 활동

24 **다음 중 피부색을 결정하는 요소가 아닌 것은?**

① 멜라닌 ② 혈관분포와 혈색
③ 각질층의 두께 ④ 티록신

25 **불안정한 온도 변화, 대기 중 꽃가루 등으로 인한 피부 트러블이 가장 잦은 계절은?**

① 봄 ② 여름
③ 가을 ④ 겨울

해 불안정한 온도 변화, 꽃가루 등은 봄에 가장 많이 발생한다.

26 **면역의 종류 중에서 장티푸스, 결핵, 파상풍등의 예방 접종에 관한 것은?**

① 인공능동면역 ② 인공수동면역
③ 자연능동면역 ④ 자연수동면역

27 **모발 위에 얹어지는 힘 혹은 당김을 의미하는 말은?**

① 엘레베이션 ② 웨이트
③ 텐션 ④ 텍스쳐

28 **위생해충에 관해 가장 효과적이고 근본적인 해결책은?**

① 성충 구제 ② 살충제 사용
③ 유충 구제 ④ 발생원 제거

해 근본적인 해결책은 발생원을 제거 하는 것이다.

29 **가장 치명률이 높은 식중독은?**

① 연쇄상구균중독 ② 포도상구균중독
③ 살모넬라증 ④ 보툴리누스균중독

해 치명률이 가장 높은 식중독은 보툴리누스균

30 **실내에 다수인이 밀집했을 경우 실내공기가 보이는 변화는?**

① 기온 상승-습도 증가-이산화탄소 감소
② 기온 하강-습도 증가-이산화탄소 감소
③ 기온 상승-습도 증가-이산화탄소 증가
④ 기온 상승-습도 감소-이산화탄소 증가

31 **소독과 멸균에 대한 용어 해설로 옳지 않은 것은?**

① 살균 : 생활력을 가지고 있는 미생물을 여러 가지 물리화학적 작용에 의해 급속히 죽이는 것을 말한다.
② 방부 : 병원성 미생물의 발육과 그 작용을 제거하거나 정지시켜서 음식물의 부패나 발효를 방지하는 것을 말한다.
③ 소독 : 사람에게 유해한 미생물을 파괴시켜 감염의 위험성을 제거하는 비교적 강한 살균작용으로 세균의 포자까지 사멸하는 것을 말한다.
④ 멸균 : 병원성 또는 비병원성 미생물 및 포자를 가진 것을 전부 사멸 또는 제거하는 것을 말한다.

해 소독은 세균의 포자까지 사멸하지 못한다.

32 **단백질의 최종 가수분해물질은?**

① 아미노산 ② 카로틴
③ 지방산 ④ 콜레스테롤

33 **일반적으로 병원성 미생물의 증식이 가장 활발한 조건의 pH의 범위는?**

① 3.5~4.5 ② 4.5~5.5
③ 5.5~6.5 ④ 6.5~7.5

34 **이·미용사의 손을 소독하려 할 때 가장 적합한 것은?**

① 역성비누액 ② 과산화수소수
③ 포르말린수 ④ 석탄산수

해 **이미용실 손소독** : 역성비누

35 **사마귀의 원인은?**

① 바이러스 ② 진균
③ 내분비 이상 ④ 당뇨병

36 **다음 중 살균력이 좋고 자극이 적어 상처소독에 많이 사용되는 용액은?**

① 포르말린 ② 과산화수소
③ 승홍수 ④ 석탄산

37 **B형 간염의 감염을 방지하기 위해 업소에서 특히 어느 기구를 가장 철저히 소독하여야 하는가?**

① 클리퍼(전동형) ② 머리빗
③ 면도칼 ④ 수건

38 **음료수를 소독할 때 가장 적절한 방법은?**

① 증기 소독 ② 자외선등 사용
③ 염소 소독 ④ 일광 소독

39 **다음 중 소독에 대한 설명으로 가장 바른 것은?**

① 병원성 미생물의 성장을 억제하거나 파괴하여 감염의 위험성을 없애는 것이다.
② 소독은 포자를 가진 것 전부를 사멸하는 것을 말한다.
③ 소독은 병원 미생물의 발육과 그 작용을 제지 및 정지시키며 특히 부패 및 발효를 방지시키는 것이다.
④ 소독은 무균 상태를 말한다.

40 다음 중 용액 100ml 속에 용질의 함량을 표시하는 수치로 소독액을 표시할 때 사용하는 단위는?

① 푼 ② 퍼센트
③ 퍼밀리 ④ 피피엠

해 퍼센트 100ml, 퍼밀리 1000ml, 피피엠 100만

41 임신 7개월(28주)까지의 분만을 뜻하는 것은?

① 유산 ② 조산
③ 사산 ④ 정기산

해 **임신 7개월** : 유산

42 다음 중 노화 피부의 특징에 해당하지 않는 것은?

① 노화 피부는 탄력이 없고 수분이 많다.
② 색소침착 불균형이 나타난다.
③ 주름이 형성되어 있다.
④ 피지 분비가 원활하지 못하다.

43 각화정상화 및 피부 재생을 돕고 노화 방지에 효과가 있으며 상피조직의 신진대사에 관여하는 비타민은?

① 비타민 K ② 비타민 E
③ 비타민 A ④ 비타민 C

44 다음 중 비타민에 관한 설명으로 틀린 것은?

① 레티노이드는 비타민 A를 통칭하는 용어다.
② 비타민 A는 많은 양이 피부에서 합성된다.
③ 비타민 A가 결핍되면 피부가 건조해지고 거칠어진다.
④ 비타민 C는 교원질 형성에 중요한 역할을 한다.

45 다음 중 군집독의 가장 큰 원인은?

① 저기압
② 공기의 이화학적 조성변화
③ 대기오염
④ 질소감소

해 군집독의 가장 큰 원인은 공기의 이화학적 조성변화

46 강한 탄력성을 지니고 있으며 교원섬유와 탄력섬유로 구성되어 있는 곳은?

① 피하조직 ② 진피
③ 표피 ④ 근육

47 EO가스의 폭발 위험성을 감소시키기 위해 흔히 혼합하여 사용하는 물질은?

① 질소 ② 산소
③ 아르곤 ④ 이산화탄소

48 식물성 오일에 해당하지 않는 것은?

① 올리브 오일 ② 피마자 오일
③ 아보카도 오일 ④ 실리콘 오일

49 다음 중 AHA에 관한 내용으로 바르지 않은 것은?

① 미백작용
② 글리콜산, 젖산, 주석산, 능금산, 구연산
③ 각질세포의 응집력 강화
④ 화학적 필링

50 다음 괄호 안에 알맞은 내용은?

> 이·미용업 영업자가 공중위생관리법을 위반하여 관계행정기관의 장의 요청이 있는 때에는 (　　) 이내의 기간을 정하여 영업의 정지 또는 일부 시설의 사용 중지 혹은 영업소 폐쇄 등을 명할 수 있다.

① 1개월　　② 3개월
③ 6개월　　④ 1년

51 대통령령이 정하는 바에 의하여 과태료처분이 내려졌을 때 불복이 있는 자가 이의를 제기할 수 있는 기간은?

① 과태료 처분의 고지를 받은 날부터 7일 이내
② 과태료 처분이 내려진 날부터 30일 이내
③ 과태료 처분이 내려진 날부터 20일 이내
④ 과태료 처분의 고지를 받은 날부터 30일 이내

> 해 이의 제기 기간은 과태료 고지를 받은날로부터 30일 이내에 이의 신청을 할 수 있다.

52 다음 중 이·미용업 영업자가 변경신고를 해야 하는 사항을 모두 고른 것은?

> ㄱ. 영업소의 소재지
> ㄴ. 영업소 바닥의 면적의 3분의 1 이상의 증감
> ㄷ. 종사자의 변동사항
> ㄹ. 영업자의 재산변동사항

① ㄱ　　② ㄱ, ㄴ
③ ㄱ, ㄴ, ㄷ　　④ ㄱ, ㄴ, ㄷ, ㄹ

53 아름다운 꽃다발을 안고 있는 듯 화려하면서도 우아한 느낌을 주는 향수 타입으로 여러 가지 꽃 향이 혼합된 세련되고 로맨틱한 향의 향수는?

① 우디　　② 플로럴 부케
③ 싱글플로럴　　④ 오리엔탈

54 공중위생영업소를 개설할 자는 부득이한 사유가 없는 한 언제까지 위생교육을 받아야 하는가?

① 영업개시 전
② 영업개시 후 1개월 이내
③ 영업개시 후 2개월 이내
④ 영업개시 후 3개월 이내

55 이·미용사 면허를 취득할 수 없는 자에 해당하는 경우는?

① 전과기록자
② 독감환자
③ 마약중독자
④ 면허 취소 후 1년 경과자

56 다음 중 공중위생서비스 평가를 위탁받을 수 있는 기관은?

① 소비자단체 ② 동사무소
③ 보건소 ④ 관련 전문기관 및 단체

57 이·미용사의 면허를 받지 아니한 경우에도 이·미용사 업무에 종사할 수 있는 자는?

① 학원 설립·운영에 관한 법률에 의하여 설립된 학원에서 3월 이상 이·미용에 관한 강습을 받은 자
② 이·미용사로서 업무정지 처분 중에 있는 자
③ 이·미용업소에서 이·미용사의 감독을 받아 이·미용업무를 보조하고 있는 자
④ 이·미용 업무에 숙달된 자로 이·미용사 자격증이 없는 자

58 영업소 외의 장소에서 이·미용 업무를 행할 수 있는 경우로 보건복지부령이 정하는 특별한 사유에 해당하지 않는 것은?

① 기관에서 특별히 요구하여 단체로 이·미용을 하는 경우
② 질병으로 인하여 영업소에 나올 수 없는 자에 대하여 이·미용을 하는 경우
③ 혼례에 참여하는 자에 대하여 그 의식 직전에 이·미용을 하는 경우
④ 시장·군수·구청장이 특별한 사정이 있다고 인정한 경우

59 다음 중 대통령령이 정하는 바에 의하여 관계전문기관 등에 공중위생관리업무의 일부를 위탁할 수 있는 자는?

① 보건소장 ② 시장·군수·구청장
③ 보건복지부장관 ④ 시·도지사

60 다음 중 공중위생관리법상의 위생교육에 대한 설명으로 바른 것은?

① 위생교육 대상자는 이·미용영업자이다.
② 위생교육 시간은 매년 6시간이다.
③ 위생교육 대상자는 이·미용종사자이다.
④ 위생교육은 공중위생관리법 위반자에 한하여 받는다.

해 위생교육 대상자는 매년 3시간 위생교육을 받아야 하며, 대상자는 이·미용 영업자이다.

정답				
01 ①	02 ①	03 ②	04 ①	05 ④
06 ③	07 ③	08 ①	09 ③	10 ①
11 ①	12 ④	13 ②	14 ②	15 ②
16 ③	17 ③	18 ③	19 ③	20 ①
21 ③	22 ④	23 ①	24 ④	25 ①
26 ①	27 ③	28 ④	29 ④	30 ③
31 ③	32 ①	33 ④	34 ①	35 ①
36 ②	37 ③	38 ③	39 ①	40 ②
41 ①	42 ①	43 ③	44 ②	45 ②
46 ②	47 ④	48 ④	49 ③	50 ③
51 ④	52 ②	53 ②	54 ①	55 ③
56 ④	57 ③	58 ①	59 ③	60 ①

실전 모의고사

13회

01 다음 중 위그 치수 측정 시 이마의 헤어라인에서 정중선을 따라 네이프의 움푹 들어간 지점까지의 길이는?

① 머리 길이　② 머리 높이
③ 이마 폭　④ 머리 둘레

해 위그 측정시 헤어라인 중앙에서 정중앙선을 따라 네이프까지 들어간 지점까지의 길이는 머리길이이다.

02 다음 중 핑거 웨이브의 3대 요소에 해당하지 않는 것은?

① 스템　② 트로프
③ 리지　④ 크레스트

해 **웨이브의 3대요소**: 크레스트, 리지, 트로프

03 퍼머 제 1액 처리에 따른 프로세싱 중 언더프로세싱에 대한 설명으로 틀린 것은?

① 제1액의 처리 후 두발의 테스트컬로 언더프로세싱 여부가 판명된다.
② 언더프로세싱일 때에는 두발의 웨이브가 거의 나오지 않는다.
③ 언더프로세싱일 때에는 처음에 사용한 솔루션보다 약한 제1액을 다시 사용한다.
④ 언더프로세싱일 때에는 두발의 웨이브가 자지러진다.

해 언더 프로세싱은 1액의 침투 시간을 기준보다 짧게 본 경우이며 웨이브가 나오지 않고 처음 사용한 액보다 약하게 다시 작업한다.

04 다음 중 자외선에 대한 민감도가 가장 낮은 인종은?

① 흑인종　② 회색인종
③ 황인종　④ 백인종

05 얼굴이나 턱에 붙은 털이나 비듬 또는 백분을 털어내는데 사용하며 동물의 부드럽고 긴 털을 사용하는 것이 많은 브러시는?

① 롤 브러시　② 쿠션 브러시
③ 페이스 브러시　④ 포마드 브러시

06 미용 작업을 할 때의 자세에 대한 설명으로 바르지 않은 것은?

① 작업 대상의 위치가 심장의 위치보다 높아야 좋다.
② 명시거리는 정상 시력의 사람은 안구에서 약 25cm 거리이다.
③ 과다한 에너지 소모를 피해 적당한 힘의 배분이 되도록 배려한다.
④ 서서 작업을 하므로 근육의 부담이 적게 각 부분의 밸런스를 배려한다.

해 작업의 높이는 심장의 위치와 같이하는 것이 좋다

07 일반적으로 모발 길이가 30cm 이상인 처녀모에 염색약을 바를 때 머리카락의 어느 부분을 가장 나중에 바르는가?(컨디셔너를 쓰지 않은 경우)

① 머리카락의 두피 부분
② 머리카락의 중간 부분
③ 머리카락의 끝 부분
④ 상관 없음

해 버진 헤어에는 큐티클이 단단하여 염모제가 침투하는데 시간이 걸리기 때문에 중간부분-두피부분-끝부분 순서로 바르는 것이 좋다.

08 다음 중 브러시의 올바른 세정법은?

① 세정 후 털은 아래로 하여 양지에서 말린다.
② 세정 후 털은 아래로 하여 응달에서 말린다.
③ 세정 후 털은 위로 하여 양지에서 말린다.
④ 세정 후 털은 위로 하여 응달에서 말린다.

09 커트를 하기 위한 순서로 가장 바른 것은?

① 위그→수분→빗질→블로킹→슬라이스→스트랜드
② 위그→수분→스트랜드→빗질→블로킹→슬라이스
③ 위그→수분→슬라이스→빗질→블로킹→스트랜드
④ 위그→수분→빗질→블로킹→스트랜드→슬라이스

10 다음 중 모세혈관 기능을 정상화시키고 갑상선의 기능과 관계있는 것은?

① 철분 ② 인
③ 칼슘 ④ 요오드

해 갑상선은 요오드, 어린이 집단 감염은 요충

11 다음 중 빗의 사용과 취급 방법에 관한 설명으로 틀린 것은?

① 빗은 사용 후 브러시로 털거나 비눗물에 담가 브러시로 닦은 후 소독하도록 한다.
② 엉킨 두발을 빗을 때는 빗살이 얼레살로된 얼레빗을 사용한다.
③ 두발의 흐름을 아름답게 매만질 때는 빗살이 고운살로 된 세트 빗을 사용한다.
④ 빗의 소독은 손님 약 5인에게 사용했을 때 1회씩 하는 것이 적합하다.

해 빗은 손님 1인 1사용을 원칙으로 한다.

12 다음 중 원랭스의 정의에 대한 내용으로 가장 올바른 것은?

① 두발의 길이에 단차가 있는 상태의 커트
② 완성된 두발을 빗으로 빗어 내렸을 때 모든 두발이 하나의 선상으로 떨어지도록 자르는 커트
③ 전체의 머리 길이가 똑같은 커트
④ 머릿결을 맞추지 않아도 되는 커트

13 다음 중 퍼머넌트 웨이브 시술 중 테스트 컬을 하는 목적은?

① 산화제의 작용이 미묘하기 때문에 확인하기 위해서이다.
② 굵은 모발, 혹은 가는 두발에 로드가 제대로 선택되었는지 확인하기 위해서이다.
③ 2액의 작용 여부를 확인하기 위해서이다.
④ 정확한 프로세싱 시간을 결정하고 웨이브 형성 정도를 조사하기 위해서이다.

해 테스트컬은 정확한 프로세싱 타임을 조사하기 위함이다.

14 다음 질환 중 돼지와 가장 관련이 없는 것은?

① 일본뇌염 ② 살모넬라증
③ 유구조충 ④ 발진티푸스

해 발진티푸스는 이가 사람의 상처를 통해 침입한다.

15 다음 중 3가닥 혹은 1가닥으로 만들어져 땋거나 스타일링 하기에 좋은 헤어피스는?

① 웨프트 ② 스위치
③ 폴 ④ 위글렛

해 여성스러움을 강조한 헤어피스는 스위치이다.

16 다음 중 샴푸제의 성분에 해당하지 않는 것은?

① 기포증진제 ② 점증제
③ 계면활성제 ④ 산화제

17 다음 중 건강한 모발의 pH 범위에 해당하는 것은?

① pH 3.5~4.5 ② pH 4.5~5.5
③ pH 6.5~7.5 ④ pH 8.5~9.5

18 다음 중 머리 모양이나 화장에서 개성미를 발휘하기 위한 첫 단계는?

① 소재의 확인 ② 보정
③ 구상 ④ 제작

19 화장품의 굳기를 증가시켜 주며 고형의 유성성분으로 고급 지방산에 고급 알코올이 결합된 에스테르를 말하는 것은?

① 왁스 ② 바셀린
③ 피마자유 ④ 밍크오일

20 다음 중 콜드 퍼머넌트 웨이브를 성공한 사람은?

① J.B. 스피크먼 ② 마셀그라또우
③ 찰스네슬러 ④ 조셉 메이어

21 물에 녹아있는 유리산소를 의미하며 수질오염을 측정하는 지표는?

① 용존산소 ② 수소이온농도
③ 화학적산소요구량 ④ 생물화학적산소요구량

해 물에 녹아 있는 유리산소는 DO라고 하고 생물학적 산소요구량은 BOD 라고한다.

22 다음 질병 중 접촉자의 색출 및 치료가 가장 중요한 것은?

① 성병 ② 일본뇌염
③ 당뇨병 ④ 암

23 상호 관계가 없는 것으로 연결된 보기는?

① 대기오염의 지표-SO_2
② 실내공기 오염의 지표-CO_2
③ 상수 오염의 생물학적 지표-대장균
④ 하수 오염의 지표-탁도

해 하수오염의 지표는 BOD 와 DO이다.

24 건강의 정의 중 세계보건기구(WHO)에서 규정한 내용으로 가장 적절한 것은?

① 질병이 없고 허약하지 않은 상태
② 정신적으로 완전히 양호한 상태
③ 육체적으로 완전히 양호한 상태
④ 육체적, 정신적, 사회적 안녕이 완전한 상태

25 다음 중 공중보건학의 목적과 가장 거리가 먼 것은?

① 질병 치료
② 질병 예방
③ 신체적, 정신적 건강 증진
④ 수명 연장

26 다음 중 플랫 컬의 특징으로 가장 올바른 것은?

① 컬의 루프가 두피에 대하여 0°로 평평하고 납작하게 형성되어진 컬을 말한다.
② 두발의 끝에서부터 말아온 컬을 말한다.
③ 루프가 반드시 90°로 두피 위에 세워진 컬로 볼륨을 내기 위한 헤어스타일에 주로 이용된다.
④ 일반적 컬 전체를 말한다.

27 다음 중 생균제제를 사용하는 예방접종은?

① 파상풍　② 장티푸스
③ 결핵　④ 디프테리아

해 생균제를 사용하는 예방접종은 결핵, 폴리오, 홍역이다.

28 비타민과 그 결핍증과의 연결이 옳지 않은 것은?

① 비타민 B_2-구순염　② 비타민 D-구루병
③ 비타민 A-야맹증　④ 비타민 C-각기병

해 각기병은 B_1이 결핍하면 생기는 병이며 비타민C 결핍시에는 괴혈병, 빈혈 잇몸질환 등이 생긴다.

29 다음 중 일반적인 이·미용업소 실내의 쾌적한 습도범위로 가장 적절한 것은?

① 10~20%　② 20~40%
③ 40~70%　④ 70~90%

30 우리나라가 세계보건기구(WHO)에 가입한 때와 소속한 지역사무국의 연결로 바른 것은?

① 1947년, 동남아시아 지역사무국
② 1948년, 동남아시아 지역사무국
③ 1949년, 서태평양 지역사무국
④ 1948년, 서태평양 지역사무국

31 다음 중 고압멸균기를 사용하여 소독하기에 가장 부적절한 것은?

① 유리기구　② 금속기구
③ 약액　④ 가죽제품

32 이·미용기구소독 방법 중 AIDS나 B형간염 등과 같은 질환을 예방하기에 가장 좋은 방법은?

① 고압증기 멸균기　② 알코올
③ 음이온계면활성제　④ 자외선 소독기

해 B형간염이나 아포형성균은 고압증기멸균을 사용하면 좋다.

33 열에 대한 저항력이 커서 자비소독법으로 사멸되지 않는 균은?

① 살모넬라균 ② 결핵균
③ 콜레라균 ④ B형간염 바이러스

34 다음의 건열멸균법에 관한 설명 중 옳지 않은 것은?

① 젖은 손으로 조작하지 않는다.
② 유리제품이나 주사기 등에 적합하다.
③ 드라이 오븐을 사용한다.
④ 110~130℃에서 1시간 내에 실시한다.

35 역성비누액에 대한 설명으로 틀린 것은?

① 물에 잘 녹고 흔들면 거품이 난다.
② 소독력과 함께 세정력이 강하다.
③ 수지, 기구, 식기소독에 적당하다.
④ 냄새가 거의 없고 자극이 적다.

해 역성비누는 소독력은 강하고 세정력이 약하지만 세정력이 강한 일반비누와 혼용하여 사용하면 좋지 않다.

36 다음 중 산소가 있어야만 잘 성장하는 균은?

① 호기성균 ② 혐기성균
③ 통기혐기성균 ④ 호혐기성균

37 석탄산계수가 2인 소독약 A를 석탄산계수 4인 소독약 B와 같은 효과를 내려면 그 농도를 어떻게 조정하면 되는가?

① A를 B보다 2배 묽게 조정한다.
② A를 B보다 4배 묽게 조정한다.
③ A를 B보다 2배 짙게 조정한다.
④ A를 B보다 4배 짙게 조정한다.

38 소독약의 구비조건에 해당하지 않는 것은?

① 높은 살균력을 가질 것
② 인축에 해가 없어야 할 것
③ 저렴하고 구입과 사용이 간편할 것
④ 기름, 알코올 등에 잘 용해되어야 할 것

해 소독약은 물에 잘 용해되어야 하지만 기름이나 알코올에는 잘 용해되면 좋지 않다.

39 화장실, 하수도, 쓰레기통을 소독할 때 가장 적합한 것은?

① 알코올 ② 염소
③ 승홍수 ④ 생석회

40 다음 중 소독용 알코올의 가장 적합한 실용농도는?

① 40% ② 50%
③ 70% ④ 90%

41 탄수화물, 지방, 단백질이 지칭하는 영양소로 바른 것은?

① 구성영양소 ② 열량영양소
③ 조절영양소 ④ 구조영양소

42 다음 중 빗의 손질법으로 틀린 것은? (단, 금속빗은 제외)

① 빗살 사이의 때는 솔로 제거하거나 심한 경우는 비눗물에 담근 후 브러시로 닦고 나서 소독한다.
② 증기소독과 자비소독 등 열에 의한 소독과 알코올 소독을 해준다.
③ 빗을 소독할 때는 크레졸수, 역성비누액 등이 이용되며 세정이 바람직하지 않은 재질은 자외선으로 소독한다.
④ 소독용액에 오랫동안 담가두면 빗이 휘어지는 경우가 있어 주의하고 끄집어낸 후 물로 헹구고 물기를 제거한다.

43 외부의 충격으로 피부의 산성도가 파괴된 후 자연적으로 재연 되는데 걸리는 최소한의 시간은?

① 약 1시간 경과 후　② 약 2시간 경과 후
③ 약 4시간 경과 후　④ 약 6시간 경과 후

44 다음 중 마셀 웨이브 시술에 대한 설명으로 틀린 것은?

① 프롱은 아래쪽, 그루브는 위쪽을 향하도록 한다.
② 아이론의 온도가 균일할 때 웨이브가 일률적으로 완성된다.
③ 아이론을 회전시키기 위해서는 먼저 아이론을 정확하게 쥐고 반대쪽에 45° 각도로 위치시킨다.
④ 아이론의 온도는 120~140℃를 유지시킨다.

45 피지선과 가장 관련 깊은 질환으로 옳은 것은?

① 백반증　② 주사
③ 한관종　④ 사마귀

46 멜라닌 색소를 함유하고 있는 부분으로 바른 것은?

① 모표피　② 모피질
③ 모수질　④ 모유두

47 다공성 모발에 대한 설명 중 바르지 않은 것은?

① 다공성의 정도에 따라서 콜드웨이빙의 프로세싱 타임과 웨이빙의 용액의 정도가 결정된다.
② 다공성모는 두발이 얼마나 빨리 유액을 흡수하느냐에 따라 그 정도가 결정된다.
③ 다공성모란 두발의 간충 물질이 소실되어 두발 조직 중에 공동이 많고 보습작용이 적어져서 두발이 건조해지기 쉬운 손상모를 말하다.
④ 다공성모의 정도가 클수록 모발의 탄력이 적으므로 프로세싱 타임을 길게한다.

해 다공성 모발은 손상모라서 프로세싱 타임을 짧게 한다.

48 피부의 면역기능과 관계 있는 것으로 가장 대표적인 것은?

① 각질형성 세포　② 랑게르한스세포
③ 말피기 세포　④ 머켈 세포

49 피지 분비를 억제하며, 피부의 각화작용을 정상화시키므로 각질 연화제로 많이 사용되고, 산과 합쳐지면 레티놀산이 되는 비타민은?

① 비타민 A　② 비타민 B 복합체
③ 비타민 C　④ 비타민 D

50 다음 중 세안용 화장품의 구비조건으로 적절하지 않은 것은?

① 안정성 - 물이 묻거나 건조해지면 형질이 잘 변해야 한다.
② 자극성 - 피부를 자극시키지 않고 쾌적한 방향이 있어야 한다.
③ 기포성 - 거품이 잘나고 세정력이 있어야 한다.
④ 용해성 - 냉수나 온탕에 잘 풀려야 한다.

51 이·미용업 영업자의 지위를 승계한 자가 관계 기관에 신고를 해야 하는 기간으로 바른 것은?

① 9개월 이내 ② 6개월 이내
③ 3개월 이내 ④ 1개월 이내

52 다음 중 이·미용업에 있어 청문을 실시하여야 하는 경우로 적절하지 않은 것은?

① 면허취소 처분을 하고자 하는 경우
② 면허정지 처분을 하고자 하는 경우
③ 일부시설의 사용중지 처분을 하고자 하는 경우
④ 위생교육을 받지 아니하여 1차 위반한 경우

53 영업자의 지위를 승계한 자가 신고를 하지 아니하였을 경우 해당하는 처벌 기준으로 바른 것은?

① 1년 이하의 징역 또는 1천만원 이하의 벌금
② 6개월 이하의 징역 또는 500만원 이하의 벌금
③ 300만원 이하의 벌금
④ 200만원 이하의 벌금

해 신고에 대한 사항의 처벌은 6개월 이하의 징역 또는 500만원이하의 벌금이다.

54 미용업영업소가 영업정지 처분을 받은 후, 정지 기간 중 영업을 한 때에 대한 1차 위반 시의 행정처분 기준은?

① 영업정지 1개월 ② 영업정지 3개월
③ 영업장 폐쇄명령 ④ 면허취소

55 이·미용사가 면허증을 분실하여 재교부를 받은 자가 분실한 면허증을 찾았을 때 해야 할 조치로 옳은 것은?

① 시·도지사에게 찾은 면허증을 반납한다.
② 시장·군수에게 찾은 면허증을 반납한다.
③ 본인이 모두 소지하여도 무방하다.
④ 재교부 받은 면허증을 반납한다.

56 이·미용 영업소에서 1회용 면도날을 손님 2인에게 사용한 때의 1차 위반 시 행정처분은?

① 시정명령 ② 개선명령
③ 경고 ④ 영업정지 5일

57 이·미용의 면허가 취소된 후에도 계속하여 업무를 행한 경우 벌칙사항으로 바른 것은?

① 6월 이하의 징역 또는 300만원 이하의 벌금
② 500만원 이하의 벌금
③ 300만원 이하의 벌금
④ 200만원 이하의 벌금

해 면허에 대한 사항의 처벌은 300만원 이하의 벌금이다.

58 다음 중 이·미용기구의 소독기준 및 방법을 정한 것은?

① 환경부령 ② 보건복지부령
③ 대통령령 ④ 보건소령

59 다음 중 이·미용 영업과 관련된 청문을 실시하여야 하는 경우는?

① 폐쇄명령을 받은 후 재개업을 하려 할 때
② 공중위생영업의 일부 시설의 사용중지 처분을 하고자 할 때
③ 과태료를 부과하려 할 때
④ 영업소의 간판 기타 영업표시물을 제거하려 할 때

60 위생서비스 수준의 평가를 하는 자로 적합한 자는?

① 시장·군수·구청장 ② 시·도지사
③ 보건소장 ④ 보건복지부장관

정답				
01 ①	02 ①	03 ①	04 ①	05 ③
06 ①	07 ③	08 ②	09 ①	10 ④
11 ④	12 ②	13 ④	14 ④	15 ②
16 ④	17 ②	18 ①	19 ①	20 ①
21 ①	22 ①	23 ④	24 ④	25 ①
26 ①	27 ③	28 ④	29 ③	30 ③
31 ④	32 ①	33 ④	34 ④	35 ②
36 ①	37 ③	38 ④	39 ④	40 ③
41 ②	42 ②	43 ②	44 ①	45 ②
46 ②	47 ④	48 ②	49 ①	50 ①
51 ④	52 ④	53 ②	54 ③	55 ②
56 ③	57 ③	58 ②	59 ②	60 ①

실전 모의고사

14회

01 다음 중 물에 적신 모발을 와인딩 한 후 퍼머넌트 웨이브 제 1제를 도포하는 기법은?

① 워터래핑 ② 스파이럴 랩
③ 슬래핑 ④ 크로키놀 랩

02 스퀘어 파트에 대하여 설명으로 바른 것은?

① 이마의 양쪽은 사이드 파트를 하고, 두정부 가까이에서 얼굴의 두발이 난 가장자리와 수평이 되도록 모나게 가르마를 타는 것
② 이마의 양각에서 나누어진 선이 두정부에서 함께 만난 세모꼴의 가르마를 타는 것
③ 사이드 파트로 나눈 것
④ 파트의 선이 곡선으로 된 것

03 미용의 필요성에 관하여 옳지 <u>않은</u> 내용은?

① 현대생활에서는 상대방에게 불쾌감을 주지 않는 것이 중요하므로 필요하다.
② 미용의 기술로 외모의 결점 부분까지도 보완하여 개성미를 연출해 주므로 필요하다.
③ 노화를 전적으로 방지해 주므로 필요하다.
④ 인간의 심리적 욕구를 만족시키고 생산의욕을 높이는 데 도움을 주므로 필요하다.

04 불량 조명에 의해 발생되는 직업병이 <u>아닌</u> 것은?

① 안정피로 ② 근시
③ 근육통 ④ 안구진탕증

05 두발의 양이 적고 얇은 경우 옳은 와인딩과 로드의 관계는?

① 스트랜드를 작게 하고, 로드의 직경도 작은 것을 사용
② 스트랜드를 크게 하고, 로드의 직경 큰 것을 사용
③ 스트랜드를 크게 하고, 로드의 직경도 작은 것을 사용
④ 스트랜드를 작게 하고, 로드의 직경도 큰 것을 사용

해 모발이 자지러지는 것을 방지하기 위해 두발의 양이 적고 얇은 모발은 모발을 많이 잡고 큰 로드로 말아야 한다.

06 산성 린스의 종류에 해당하지 <u>않는</u> 것은?

① 레몬 린스 ② 비니거 린스
③ 오일 린스 ④ 구연산 린스

해 산성린스는 레몬, 구연산, 비니거가 있다.

07 염색에 실패했을 때나 두발이 지나치게 건조해 있을 때 적합한 샴푸 방법은?

① 토닉 샴푸 ② 에그 샴푸
③ 약산성 샴푸 ④ 플레인 샴푸

08 다음 중 과산화수소(산화제) 6%의 볼륨 설명이 적합한 것은?

① 10볼륨 ② 20볼륨
③ 40볼륨 ④ 60볼륨

해 일반적인 산화제는 6% 20vol이다.

09 다음 중 웨트 커팅의 설명으로 바른 것은?

① 길이 변화를 많이 주지 않을 때 이용한다.
② 웨이브나 손상이 심한 모발에 적합한 방법이다.
③ 손상모를 손쉽게 추려낼 수 있다.
④ 두발의 손상을 최소화 할 수 있다.

10 1920년대에 최초로 단발머리를 하여 현대미용에서 우리나라 여성들의 머리형에 혁신적인 변화를 일으키게 된 계기를 만든 사람은?

① 이숙종 ② 김활란
③ 김가원 ④ 오엽주

11 다음 나라들 중 염모제로서 해나를 처음으로 사용했던 곳은?

① 로마 ② 이집트
③ 그리스 ④ 중국

12 다음 중 두발 커트 시 두발 끝 1/3 정도를 테이퍼링하는 것은?

① 보스 사이드 테이퍼 ② 노멀 테이퍼링
③ 엔드 테이퍼링 ④ 딥 테이퍼링

해 앤드 테이퍼링 1/3, 노멀 테이퍼링 1/2, 딥 테이퍼링 2/3

13 다음의 유기합성 염모제에 대한 설명 중 옳지 않은 것은?

① 유기합성 염모제 제품은 알칼리성의 제 1액과 산화제인 제 2액으로 나누어진다.
② 제1액은 산화염료가 암모니아수에 녹아있다.
③ 제1액의 용액은 산성을 띠고 있다.
④ 제2액은 과산화수소로서 멜라닌 색소의 파괴와 산화염료를 산화시켜 발색시킨다.

해 유기합성 염모제의 1액은 알칼리성을 띠고있다.

14 면역방법 중 콜레라 예방접종이 속하는 면역방법은?

① 인공수동면역 ② 인공능동면역
③ 자연수동면역 ④ 자연능동면역

15 다음 중 핑거 웨이브와 가장 관계가 먼 것은?

① 포워드비기닝, 리버스비기닝
② 크레스트, 리지, 트로프
③ 세팅로션, 물, 빗
④ 테이퍼링, 싱글링

16 고객에게 시술한 커트의 명칭으로 알맞은 것은?

퍼머넌트를 하기 위해 찾은 고객에게 먼저 커트를 시술하고 퍼머넌트를 한 후 손상모와 삐져나온 불필요한 모발을 다시 가볍게 잘라 주었다.

① 프레 커트, 트리밍
② 에프터 커트, 틴닝
③ 프레 커트, 슬리더링
④ 에프터 커트, 테이퍼링

해 퍼머넌트 시술 전 커트는 프레 커트이고 불필요한 모발을 가볍게 잘라주는 커트는 트리밍 커트이다.

17 레이저에 대한 설명으로 틀린 것은?

① 세이핑 레이저를 이용하여 커팅하면 안정적이다.
② 초보자는 오디너리 레이저를 사용하는 것이 좋다.
③ 솜털 등을 깎을 때 외곡선상의 날이 좋다.
④ 녹이 슬지 않게 관리를 한다.

해 초보자는 셰이핑 레이저를 사용하는 것이 좋다.

18 다음 중 두정부의 가마로부터 방사상으로 나눈 파트는?

① 카우릭 파트
② 이어 투 이어 파트
③ 센터 파트
④ 스퀘어 파트

19 다음 중 모발의 측쇄 결합이 아닌 것은?

① 시스틴 결합
② 염 결합
③ 수소 결합
④ 폴리펩타이드 결합

해 폴리펩타이드 결합은 주쇄결합이다.

20 펌 2액에 사용되는 취소산 염류의 농도로 알맞은 것은?

① 1~2%
② 3~5%
③ 6~7.5%
④ 8~9.5%

21 다음의 영구적 염모제에 대한 설명 중 옳지 않은 것은?

① 제 1액의 알칼리제로는 휘발성이라는점에서 암모니아가 사용된다.
② 제 2제인 산화제는 모피질 내로 침투하여 수소를 발생시킨다.
③ 제 1제 속의 알칼리제가 모표피를 팽윤시켜 모피질 내 인공색소와 과산화수소를 침투시킨다.
④ 모피질 내의 인공색소는 큰 입자의 유색염료를 형성하여 영구적으로 착색된다.

해 영구적 염모제의 제2제인 산화제는 모피질 내로 침투하여 산소를 발생시킨다.

22 피부 노화방지 작용과 불임증 및 생식불능과 가장 관계가 깊은 비타민 결핍증은?

① 비타민 A
② 비타민 B 복합체
③ 비타민 E
④ 비타민 D

해 지용성 비타민의 결핍

- **비타민 A**: 피부 건조, 야맹증, 안구 건조
- **비타민 E**: 불임, 노화, 피부 건조
- **비타민 D**: 백내장, 골다공증, 구순염
- **비타민 K**: 출혈, 피부 응고 지연

23 다음의 감염병 중 간헐적으로 유행할 가능성이 있어 지속적으로 그 발생을 감시하고 방역 대책의 수립이 필요한 것은?

① C형 간염
② 콜레라
③ 디프테리아
④ 유행성이하선염

24 일반적 상황에서 이·미용업소의 수건 소독법으로 가장 적합한 것은?

① 석탄산 소독
② 크레졸 소독
③ 자비 소독
④ 적외선 소독

25 가장 대표적으로 사용하고 있는 국가의 건강 수준 지표는?
① 인구증가율 ② 조사망률
③ 영아사망률 ④ 질병발생률

26 다음 중 헤어 컨디셔너제의 사용 목적에 해당하지 않는 것은?
① 시술과정에서 두발이 손상되는 것을 막아주고 이미 손상된 두발을 완전히 치유해 준다.
② 상한 두발의 표피층을 부드럽게 해주어 빗질을 용이하게 한다.
③ 퍼머넌트 웨이브, 염색, 블리치 후의 pH농도를 중화시켜 두발의 산성화를 방지하는 역할을 한다.
④ 두발에 윤기를 주는 보습역할을 한다.

27 독소형식중독 중 식품을 통한 식중독은?
① 포도상구균 식중독
② 살모넬라균에 의한 식중독
③ 장염 비브리오 식중독
④ 병원성 대장균 식중독

해 **독소형**: 포도상구균, 웰치균, 보툴리누스균

28 일산화탄소가 인체에 미치는 영향으로 옳지 않은 것은?
① 신경기능 장애를 일으킨다.
② 세포 내에서 산소와 Hb의 결합을 방해한다.
③ 혈액 속에 기포를 형성한다.
④ 세포 및 각 조직에서 O_2부족 현상을 일으킨다.

29 감염병 중 파리에 의해 주로 전파되는 것은?
① 페스트 ② 장티푸스
③ 사상충증 ④ 황열

30 환경보전에 영향을 미치는 공해 발생 원인에 해당하지 않는 것은?
① 실내의 흡연 ② 산업장 폐수방류
③ 공사장의 분진 발생 ④ 공사장의 굴착작업

31 20파운드의 압력에서는 고압증기 멸균법을 몇 분간 처리하는 것이 적절한가?
① 40분 ② 30분
③ 15분 ④ 5분

해 고압증기 10파운드-30분, 15파운드-20분, 20파운드-15분

32 다음 중 이상적인 소독제의 구비 조건이 아닌 것은?
① 생물학적 작용을 충분히 발휘할 수 있어야 한다.
② 빨리 효과를 내고 살균 소요시간이 짧을수록 좋다.
③ 독성이 적으면서 사용자에게도 자극성이 없어야 한다.
④ 원액 또는 희석된 상태에서 화학적으로는 불안정된 것이라 한다.

33 공중위생관리법에서 규정하고 있는 공중위생영업의 종류가 아닌 것은?
① 이·미용업 ② 위생관리 용역업
③ 학원영업 ④ 세탁업

34 일회용 면도기를 사용하여 예방 가능한 질병은?(단, 정상적인 사용의 경우를 말한다.)

① 음(개선)병 ② 일본뇌염
③ B형 간염 ④ 무좀

35 음용수 소독에 사용되는 약품으로 가장 대표적인 것은?

① 석탄산 ② 액체염소
③ 승홍 ④ 알코올

36 제1종 감염병에 대한 설명으로 틀린 것은?

① 감염속도가 빨라 환자의 격리가 즉시 필요하다.
② 패스트, 탄저, 디프테리아가 속한다.
③ 환자의 수를 매월 1회 이상 관할 보건소장을 거쳐 보고한다.
④ 높은 수준의 격리가 필요한 감염병이다.

37 다음 중 체조직 구성 영양소에 대한 내용으로 옳지 않은 것은?

① 지질은 체지방의 형태로 에너지를 저장하며 생체막 성분으로 체구성 역할과 피부의 보호 역할을 한다.
② 지방이 분해되면 지방산이 되는데 이 중 불포화지방산은 인체 구성성분으로 중요한 위치를 차지하므로 필수지방산으로도 부른다.
③ 필수지방산은 식물성 지방보다 동물성 지방을 먹는 것이 좋다.
④ 불포화 지방산은 상온에서 액체 상태를 유지한다.

38 다음 중 소독제 살균력을 비교의 기준으로 사용하는 소독약은?

① 요오드 ② 승홍
③ 석탄산 ④ 알코올

39 가위, 레이저 등 이·미용실 기구 소독에 가장 적당한 약품은?

① 70~80%의 알코올
② 100~200배의 희석 역성비누
③ 5% 크레졸 비누액
④ 50%의 페놀액

40 다음 중 패치 테스트에 대한 설명으로 바르지 않은 것은?

① 처음 염색할 때 실시하여 반응의 증상이 없을 때는 그 후 계속해서 패치 테스트를 생략해도 된다.
② 반응의 증상이 심할 경우에는 피부전문의에게 진료를 받아야 한다.
③ 테스트에 쓸 염모제는 실제로 사용할 염모제와 동일하게 조합한다.
④ 테스트할 부위는 귀 뒤나 팔꿈치 안쪽에 실시한다.

41 다음 중 피부 구조에서 진피에 속하는 것은?

① 과립층 ② 유극층
③ 유두층 ④ 기저층

해 진피는 유두층, 망상층이다.

42 다음 중 천연보습인자(NMF)에 해당하지 않는 것은?

① 아미노산 ② 암모니아
③ 젖산염 ④ 글리세린

43 다음 중 습한 곳에서 발생 빈도가 가장 높고 피부 진균에 의하여 발생하는 것은?

① 모낭염 ② 족부백선
③ 봉소염 ④ 티눈

해 족부백선은 무좀을 말한다.

44 일반적인 수준에서 건강한 모발의 상태에 속하는 것은?

① 단백질 10~20%, 수분 10~15%, pH 2.5~4.5
② 단백질 20~30%, 수분 70~80%, pH 4.5~5.5
③ 단백질 50~60%, 수분 25~40%, pH 7.5~8.5
④ 단백질 70~80%, 수분 10~15%, pH 4.5~5.5

해 건강한 모발은 단백질이 70~80%에 수분 10% pH는 5.5이다.

45 소독약의 구비조건에 부적합한 것은?

① 장시간에 걸쳐 소독의 효과가 서서히 나타나야 한다.
② 소독대상물에 손상을 입혀서는 안 된다.
③ 인체 및 가축에 해가 없어야 한다.
④ 방법이 간단하고 비용이 적게 들어야 한다.

46 다음 중 피부색소의 멜라닌을 만드는 색소 형성세포가 위치한 층으로 바른 것은?

① 과립층 ② 유극층
③ 각질층 ④ 기저층

47 다음 중 영업소 외에서 이·미용업무를 할 수 없는 경우는?

① 관할 소재지 지역 내에서 주민에게 이·미용을 하는 경우
② 질병, 기타의 사유로 인하여 영업소에 나올 수 없는 자에 대하여 미용을 하는 경우
③ 혼례나 기타 의식에 참여하는 자에 대하여 그 의식의 직전에 미용을 하는 경우
④ 특별한 사정이 있다고 인정하여 시장·군수·구청장이 인정하는 경우

48 필수 아미노산에 해당하지 않는 것은?

① 트립토판 ② 트레오닌
③ 발린 ④ 알라닌

49 광노화와 가장 거리가 먼 내용은?

① 피부 두께가 두꺼워진다.
② 섬유아세포 수의 양이 감소한다.
③ 콜라겐이 비정상적으로 늘어난다.
④ 점다당질이 증가한다.

50 다음 중 살균, 소독작용이 가장 강한 오일은?

① 타임 오일 ② 주니퍼 오일
③ 로즈마리 오일 ④ 클라리세이지 오일

51 다음 중 고압증기멸균법에 대한 올바른 설명은?

① 멸균 물품에 잔류독성이 많다.
② 포자를 사멸시키는 데 멸균 시간이 짧다.
③ 비경제적이다.
④ 많은 물품을 한꺼번에 처리할 수 없다.

52 다음 중 공중위생감시원의 자격·임명·업무·범위 등에 필요한 사항을 정한 것은?

① 법률
② 대통령령
③ 보건복지부령
④ 당해 지방자치단체 조례

해 공중위생감시원은 대통령령에 의한다.

53 자외선에 의한 효과 중 부정적인 효과는?

① 홍반 반응 ② 비타민 D 형성
③ 살균 효과 ④ 강장 효과

54 이·미용업소 내 반드시 게시하여야 할 사항은?

① 이·미용업 신고증 및 면허증 사본, 요금표를 게시하면 된다.
② 이·미용업 신고증만 게시하면 된다.
③ 요금표 및 준수사항만 게시하면 된다.
④ 이·미용업 신고증, 면허증 원본, 요금표를 게시하여야 한다.

55 공중위생영업을 하고자 할 때 법적으로 필요한 것은?

① 허가 ② 통보
③ 인가 ④ 신고

해 공중위생영업은 신고만으로 영업을 시작할 수 있는 신고업이다.

56 다음 중 처분 기준이 2백만원 이하의 과태료가 아닌 것은?

① 규정을 위반하여 영업소 이외 장소에서 이·미용 업무를 행한 자
② 위생교육을 받지 아니한 자
③ 위생관리 의무를 지키지 아니한 자
④ 관계 공무원의 출입·검사·기타조치를 거부·방해 또는 기피한 자

해 관계공무원의 출입, 검사, 기타조치를 거부, 방해 또는 기피하는 자는 300만원이하의 과태료에 처한다.

57 영업자의 지위를 승계한 후 누구에게 신고하여야 하는가?

① 세무서장
② 시·도지사
③ 시장·군수·구청장
④ 보건복지부장관

58 이·미용업소이 조명시설은 얼마 이상이 가장 적절한가?

① 65룩스 ② 75룩스
③ 105룩스 ④ 125룩스

59 신고 없이 영업소 명칭(상호)을 바꾼 경우에 대한 1차 위반 시의 행정처분은?

① 주의 ② 경고 또는 개선명령
③ 영업정지 15일 ④ 영업정지 1월

60 다음 중 이·미용사의 면허증을 재교부 받을 수 있는 자는?

① 공중위생관리법의 규정에 의한 명령을 위반한 자
② 간질병자
③ 면허증을 다른 사람에게 대여한 자
④ 면허증이 헐어 못쓰게 된 자

해 면허증을 헐어 못쓰게 된 자는 시장, 군수, 구청장에게 면허증을 재교부 받을 수 있다.

정답				
01 ①	02 ①	03 ③	04 ③	05 ②
06 ③	07 ②	08 ②	09 ④	10 ②
11 ②	12 ③	13 ③	14 ②	15 ④
16 ①	17 ②	18 ①	19 ④	20 ②
21 ②	22 ③	23 ①	24 ③	25 ③
26 ①	27 ①	28 ③	29 ②	30 ①
31 ③	32 ④	33 ③	34 ③	35 ②
36 ③	37 ③	38 ③	39 ①	40 ①
41 ③	42 ④	43 ②	44 ④	45 ①
46 ④	47 ①	48 ④	49 ③	50 ①
51 ②	52 ②	53 ①	54 ④	55 ④
56 ④	57 ③	58 ②	59 ②	60 ④

실전 모의고사

15회

01 주로 짧은 헤어스타일에서 두부 상부에 있는 두발은 길고 하부로 갈수록 짧게 커트해서 두발의 길이에 작은 단차가 생기게 한 커트 기법은?

① 레이어 커트 ② 원랭스 커트
③ 스퀘어 커트 ④ 그라데이션 커트

해 탑부분은 길고 네이프로 갈수록 짧아지며 층이 있으면 그라데이션 커트 기법이다.

02 다음 중 소독약의 구비조건에 대한 내용으로 바르지 않은 것은?

① 값이 비싸고 위험성이 없다.
② 인체에 해가 없으며 취급이 간편하다.
③ 살균하고자 하는 대상물을 손상시키지 않는다.
④ 살균력이 강하다.

03 다음 중 스트로크 커트 테크닉에 사용하기 가장 적합한 것은?

① 직선날 시저스 ② 미니 시저스
③ 리버스 시저스 ④ 곡선날 시저스

해 스트로크 커트는 곡선날 R 시저스가위를 사용한다.

04 다음 중 색의 3속성 중의 명도만을 갖고 있는 무채색에 해당하는 것은?

① 청색 ② 황색
③ 적색 ④ 백색

해 무채색은 흰색, 검정색, 회색이다.

05 헤어블리치에 관한 설명으로 옳지 않은 것은?

① 헤어블리치제는 과산화수소에 암모니아수 소량을 더하여 사용한다.
② 헤어블리치는 산화제의 작용으로 두발의 색소를 옅게 한다.
③ 과산화수소는 산화제이고 암모니아수는 알칼리제이다.
④ 과산화수소에서 방출된 수소가 멜라닌색소를 파괴시킨다.

06 모발에 영양을 공급해 주며 누에고치에서 추출한 성분과 난황 성분을 함유한 샴푸는?

① 드라이 샴푸 ② 컨디셔닝 샴푸
③ 프로테인 샴푸 ④ 산성 샴푸

해 누에고치에서 추출한 성분으로 만든 샴푸는 프로테인 샴푸이다.

07 다음 중 로드를 말기 쉽도록 두상을 나누어 구획하는 작업은?

① 블로킹　② 스트랜드
③ 베이스　④ 와인딩

08 다음 중 콜레라 예방접종은 어떤 면역방법에 해당하는가?

① 인공수동면역　② 인공능동면역
③ 자연수동면역　④ 자연능동면역

09 다음 중 콜드 퍼머넌트 시 제1액을 바르고 비닐캡을 씌우는 이유가 아닌 것은?

① 휘발성 알칼리의 휘산작용을 방지하기 위하여
② 제1액의 작용이 두발 전체에 골고루 행하여지게 하기 위하여
③ 체온으로 솔루션의 작용을 빠르게 하기 위하여
④ 두발을 구부러진 형태대로 정착시키기 위하여

해 두발을 구부러진 형태로 정착시키는 것은 퍼머넌트 2제의 정착제의 기능이다.

10 다음 중 첩지에 대한 내용으로 옳지 않은 것은?

① 첩지는 내명부나 외명부의 신분을 밝혀주는 중요한 표시이기도 했다.
② 첩지는 조선시대 사대부의 예장 때 머리 위 가르마를 꾸미는 장식품이다.
③ 왕비는 개구리첩지를 사용하였다.
④ 첩지의 모양은 봉과 개구리 등이 있다

11 소독의 정의를 가장 잘 표현한 보기는?

① 오염된 미생물을 깨끗이 씻어내는 작업
② 병원성 미생물의 생활력을 파괴 또는 멸살시켜 감염 또는 증식력을 없애는 조작
③ 모든 미생물의 생활력을 파괴 또는 멸살시키는 조작
④ 미생물의 발육과 생활을 제지 또는 정지시켜 부패 또는 발효를 방지할 수 있는 것

12 이상 상태로 손톱에서 라놀린 연고나 핫오일 매니큐어로 교정이 가능한 것은?

① 테리지움　② 오니콕시스
③ 몰드　④ 파로키니아

13 퍼머넌트 웨이브 시 사용되는 프로세싱 솔루션에 대한 내용으로 바른 것은?

① 퍼머넌트 웨이브 제2액의 주제로서 산화제를 말한다.
② 퍼머넌트 웨이브 제1액의 주제로서 취소산나트륨과 칼륨을 말한다.
③ 퍼머넌트 웨이브 제1액의 주제로서 환원제를 말한다.
④ 퍼머넌트 웨이브 제2액의 주제로서 티오글리콜산을 말한다.

14 다음 중 스컬프처컬에 관한 내용으로 바른 것은?

① 두발 끝이 컬의 바깥쪽이 된다.
② 두발 끝이 컬의 우측이 된다.
③ 두발 끝이 컬 루프의 중심으로 된다.
④ 두발 끝이 컬의 좌측이 된다.

15 퍼머넌트 웨이브와 염색 후 알칼리 성분을 중화하기 위해 사용하는 린스로 가장 적합한 것은?

① 플레인 린스 ② 산성 린스
③ 유성 린스 ④ 컬러 린스

16 다음 중 바르게 짝지어진 것은?

① 아이론 웨이브 - 1925년 영국의 조셉 메이어
② 콜드 웨이브 - 1936년 영국의 스피크먼
③ 스파이럴 퍼머넌트 웨이브 - 1830년 프랑스의 무슈끄로와뜨
④ 크로키놀식 웨이브 - 1875년 영국의 찰스네슬러

17 다음 중 피부에서 멜라노사이트가 가장 많이 존재하고 있는 곳은?

① 표피의 유두층 ② 표피의 기저층
③ 진피의 각질층 ④ 진피의 망상층

해 멜라노사이트는 피부색을 결정하는 기저층에 존재한다.

18 옛 여인들의 머리 모양 중 뒤통수에 낮게 머리를 땋아 틀어 올리고 비녀를 꽂은 머리 모양은?

① 푼 기명식 머리 ② 얹은머리
③ 민머리 ④ 쪽진머리

19 다음 중 탈모의 원인으로 보기 <u>힘든</u> 것은?

① 과도한 스트레스
② 다이어트와 불규칙한 식사로 인한 영양 부족
③ 여성 호르몬의 과도한 분비
④ 땀, 피지 등의 노폐물이 모공을 막음

해 탈모는 남성 호르몬인 안드로겐과 연관이 있다.

20 다음 중 언더메이크업에 대한 설명으로 가장 바른 것은?

① 베이스 컬러라고도 하며 피부색과 피부결을 정돈하여 자연스럽게 해준다.
② 유분과 수분, 색소의 양과 질은 제조 공정에 따라 여러 종류로 구분된다.
③ 효과적인 보호막을 결정해주며 피부의 결점을 감추려 할 때 효과적이다.
④ 파운데이션이 고루 잘 펴지게 하며 화장이 오래 잘 지속되게 해주는 작용을 한다.

21 간흡충증(간디스토마)의 제1중간 숙주는?

① 게 ② 외우렁
③ 피라미 ④ 다슬기

22 인구구성형 중 출생률보다 사망률이 낮으며 14세 이하 인구가 65세 이상 인구의 2배를 초과하는 것은?

① 피라미드형 ② 항아리형
③ 종형 ④ 별형

23 건조에 저항성이 크고 산란과 동시에 감염능력이 있어 집단감염이 가장 잘 되는 기생충은?

① 회충 ② 십이지장충
③ 광절열두조충 ④ 요충

해 어린이 집단감염은 요충

24 다음 중 헤어 린스의 목적과 가장 관계가 먼 것은?
① 두발의 엉킴 방지
② 알칼리성을 약산성화
③ 이물질 제거
④ 모발의 윤기 부여

25 다음 중 생물학적 산소요구량과 용존산소량의 값의 관계로 바른 것은?
① BOD와 DO는 무관하다.
② BOD가 낮으면 DO는 낮다.
③ BOD가 높으면 DO는 낮다.
④ BOD가 높으면 DO는 높다.

해 BOD는 산소요구량이고 DO는 산소량이므로 산소요구량과 산소량은 반비례 한다.

26 헤어살롱에서 레이저 사용 시, 교차 감염을 예방하기 위해 주의할 점으로 틀린 것은?
① 레이저 날이 한 몸체로 분리가 안 되는 경우 70%알코올을 적신 솜으로 반드시 소독 후 사용한다.
② 면도날을 매번 고객마다 갈아 끼우기 어렵지만, 하루에 한 번은 반드시 새것으로 교체해야만 한다.
③ 매 고객마다 새로 소독된 면도날을 사용해야 한다.
④ 면도날을 재사용해서는 안 된다.

해 레이저 및 면도날은 손님 1인 1사용을 원칙으로 해야 한다.

27 한 국가의 지역사회의 건강 수준을 나타내는 지표에 대표적으로 사용되는 것은?
① 신생아사망률 ② 영아사망률
③ 질병이환률 ④ 조사망률

28 다음 중 저온 폭로에 의한 건강 장애와 그 에 대한 내용으로 옳게 짝지어진 것은?
① 참호족-동상-전신 체온 상승
② 참호족-동상-전신 체온 하강
③ 동상-무좀-전신 체온 상승
④ 동상-기억력 저하-참호족

29 일반적으로 돼지고기 생식에 의해 감염될 수 없는 회충은?
① 살모넬라 ② 무구조충
③ 선모충 ④ 유구조충

해 무구조충은 소고기 생식으로 감염되는 회충이다.

30 다음의 이·미용업자의 준수사항 중 바르지 않은 것은?
① 소독한 기구와 하지 아니한 기구는 각각 다른 용기에 넣어 보관할 것
② 조명은 75룩스 이상 유지되도록 할 것
③ 신고증과 함께 면허증 사본을 게시할 것
④ 1회용 면도날은 손님 1인에 한하여 사용할 것

해 영업소 내에는 면허증 원본, 영업신고증, 최종지불 요금표를 게시해야 한다.

31 소독 약품의 사용과 보존에 대한 일반적인 주의사항으로 옳지 않은 것은?
① 병원체의 종류나 저항성에 따라 방법과 시간을 고려한다.
② 소독 대상 물품에 적당한 소독약과 소독방법을 선정한다.
③ 약품을 냉암소에 보관한다.
④ 한 번에 많은 양을 제조하여 필요할 때마다 조금씩 덜어 사용한다.

해 소독약은 필요할 때마다 조제해서 사용하는 것이 좋다.

32 다음 중 수분에 의해 일시적으로 변형되었다가 드라이어의 열을 가하면 다시 재결합되어 형태가 변하는 것으로 옳은 것은?

① 염 결합 ② 펩타이드 결합
③ 수소 결합 ④ S-S 결합

33 일반적으로 사용되는 소독용 알코올의 적정한 농도는 어느 정도인가?

① 50% ② 70%
③ 80% ④ 60%

34 국가 또는 지방자치단체의 책임하에 생활 유지 능력이 없거나 생활이 어려운 국민의 최저 생활을 보장하고, 자립을 지원하는 제도는?

① 의료보장 ② 사회보험
③ 공공부조 ④ 사회보장

35 다음 중 이·미용업자에게 과태료를 부과·징수할 수 있는 처분권자가 아닌 경우는?

① 보건복지부장관 ② 시장
③ 군수 ④ 구청장

36 다음 중 소독 약품의 구비조건으로 옳지 않은 것은?

① 가격이 저렴한 것 ② 표백성이 있을 것
③ 사용이 간편할 것 ④ 용해성이 높을 것

37 우리나라에서 음용수의 소독에 사용되는소독제로 옳은 것은?

① 염소 ② 요오드팅크
③ 과산화수소 ④ 석탄산

38 관련법상 이·미용사의 위생교육에 대한 바른 설명은?

① 위생교육 대상자는 이·미용업 영업자이다.
② 위생교육 시간은 분기 당 4시간으로 한다.
③ 위생교육은 시장·군수·구청장만이 할 수 있다.
④ 위생교육 대상자에는 이·미용의 면허를 가지고 이·미용업에 종사하는 모든 자가 포함된다.

해 위생교육은 1년에 3시간씩 이·미용 영업자가 받아야 한다.

39 세균의 단백질 변성과 응고 작용에 의한 반응을 이용하여 살균하는 방법은?

① 가열 ② 여과
③ 냉각 ④ 희석

40 기초화장품의 주된 사용 목적과 거리가 먼 것은?

① 피부 정돈 ② 피부 필링
③ 피부 보호 ④ 피부 채색

41 피부의 각질, 털, 손톱, 발톱의 구성성분인 케라틴을 가장 많이 함유한 것은?

① 동물성 단백질 ② 탄수화물
③ 식물성 지방질 ④ 동물성 지방질

42 다음 중 상처 소독에 가장 적당하지 않은 것은?

① 과산화수소 ② 요오드팅크제
③ 승홍수 ④ 머큐로크롬

해 승홍수는 0.1%를 사용하는 강한 소독약이지만 피부소독은 가능하다 하지만 상처가 있는 피부에는 적당하지 않다.

43 다음 중 기계적 손상에 의한 피부질환에 해당하지 않는 것은?

① 굳은살 ② 티눈
③ 종양 ④ 욕창

44 다음 중 이·미용업이 속하는 것은?

① 공중위생영업 ② 위생관련영업
③ 위생처리업 ④ 위생관리 용역업

45 피부의 생리작용 중 지각 작용에 대한 설명은?

① 피부의 생리작용에 의해 생긴 노폐물을 운반한다.
② 피부에는 땀샘, 피지선 모근은 피부생리 작용을 한다.
③ 피부 전체에 퍼져 있는 신경에 의해 촉각, 온각, 냉각, 통각 등을 느낀다.
④ 피부 표면에 수증기를 발산한다.

46 혈액순환 촉진 성분 중 박하에 함유된 시원한 느낌을 주는 것은?

① 자일리톨 ② 멘톨
③ 알코올 ④ 마조람 오일

47 다음 중 공익상 또는 선량한 풍속유지를 위하여 필요하다고 인정하는 경우에 이·미용업의 영업시간 및 영업행위에 관한 필요한 제한을 할 수 있는 자는?

① 관련 전문기관 및 단체장
② 보건복지부장관
③ 시·도지사
④ 시장·군수·구청장

48 우리나라에서 두발 염색이 시작된 시대는?

① 신라시대 ② 고려시대
③ 고구려시대 ④ 조선시대

49 다음 중 AHA에 대한 내용으로 바르지 않은 것은?

① 화학적 필링
② 글리콜산, 젖산, 주석산, 능금산, 구연산
③ 각질세포의 응집력 강화
④ 미백작용

50 다음 중 자연 노화에 의한 피부 증상에 해당하지 않는 것은?

① 망상층이 얇아진다.
② 피하지방세포가 감소한다.
③ 각질층의 두께가 감소한다.
④ 멜라닌 세포의 수가 감소한다.

해 노화에는 자연노화인 내인성 노화와 광노화인 외인성 노화가 있다 내인성 노화는 각질층이 얇아지고 외인성 노화는 각질층이 두꺼워진다.

51 다음 중 이·미용사의 면허를 받을 수 없는 사람은?
① 국가기술자격법에 의한 이·미용 자격 취득 자
② 교육부장관이 인정하는 이·미용고등학교를 졸업한 자
③ 교육부장관이 인정하는 고등기술학교에서 6개월 수료한 자
④ 전문대학에서 이용 또는 미용에 관한 학과를 졸업한 자

해 교육부 장관이 인정하는 고등기술 학교에서 1년 이상 수료한 자는 면허를 받을 수 있다.

52 어떤 영양물질이 결핍되면 피부 표면이 경화되어 거칠어지는가?
① 단백질과 비타민 A ② 무기질
③ 탄수화물 ④ 비타민 D

53 이·미용업소의 가장 올바른 면도기 사용은?
① 1회용 면도날만을 손님 1인에 한하여 사용
② 정비용 면도기를 손님 1인에 한하여 사용
③ 정비용 면도기를 소독 후 계속 사용
④ 매 손님마다 소독한 정비용 면도기 교체 사용

54 다음 중 피지선의 활성을 높여주는 호르몬은?
① 안드로겐 ② 멜라닌
③ 인슐린 ④ 에스트로겐

55 다음 중 미용업소에서 유지하여야 하는 조명도는 몇 룩스 이상인가?
① 60룩스 ② 75룩스
③ 90룩스 ④ 120룩스

56 영업자의 지위를 승계한 자는 몇 개월 이내에 시장·군수·구청장에게 신고를 하여야 하는가?
① 1개월 ② 2개월
③ 3개월 ④ 6개월

57 다음 중 제1군 감염병 환자의 배설물을 처리하는 데 적합한 감염병 예방법은?
① 건조법 ② 건열법
③ 매몰법 ④ 소각법

해 1군 감염병 환자의 배설물은 소각해야 한다.

58 일반적으로 이·미용업소에서 종업원이 손을 소독할 때 가장 적절한 것은?
① 석탄수 ② 과산화수소
③ 역성비누 ④ 승홍수

59 파리가 전파할 수 있는 소화기계 감염병은?
① 페스트 ② 황열
③ 장티푸스 ④ 일본뇌염

해 파리가 전파할 수 있는감염병은 콜레라, 장티푸스, 파라티푸스, 이질이 있다.

60 이·미용 업소에서 음란행위를 알선 또는 제공을 하였을 시, 영업소에 대한 1차 위반 행정 처분 기준은?

① 경고　　② 영업정지 1월
③ 영업정지 3월　　④ 영업장 폐쇄명령

해 음란행위 알선 1차 위반은 영업자는 영업정지 3월, 종사자는 면허정지 3개월이다.

정답				
01 ④	02 ①	03 ④	04 ④	05 ④
06 ③	07 ①	08 ②	09 ④	10 ③
11 ②	12 ①	13 ③	14 ③	15 ②
16 ②	17 ②	18 ④	19 ③	20 ④
21 ②	22 ①	23 ④	24 ③	25 ③
26 ②	27 ②	28 ②	29 ②	30 ③
31 ④	32 ③	33 ②	34 ③	35 ①
36 ②	37 ①	38 ①	39 ①	40 ④
41 ①	42 ③	43 ③	44 ①	45 ③
46 ②	47 ③	48 ②	49 ③	50 ③
51 ③	52 ①	53 ①	54 ①	55 ②
56 ①	57 ④	58 ③	59 ③	60 ③

MEMO

MEMO

2022 - 2023 미용사(일반) 필기&기출문제

발행일 2022년 4월 30일 **발행인** 조순자
편저자 박효정 **편집·표지디자인** 김현수
발행처 지식오름(인성재단)

※ 낙장이나 파본은 교환해 드립니다.

정 가 20,000원 **ISBN** 979-11-91292-56-5